최신 직업정보와 노동시장

한성덕 · 주석진

KNOWLEDGE COMMUNITY 공동체

서문

이 책을 쓰는 목적은 다음과 같다.

첫째, 대학생들이 자신의 직업을 찾는 데에 도움을 주기 위한 목적이다. 대학에 갓 입학한 신입생의 경우, 자신이 다니는 학과를 졸업한 후에 어떤 직업을 갖게 되는지, 어떻게 하면 전공과 관련된 직업을 얻게 되는지를 사실상 모른 채 한 학기 또는 1학년을 마치는 경우가 적지 않다. 나아가 1학년을 마치고 고학년이 되었어도 자신의 직업진로를 알지 못한 채 시간을 허비하는 대학생이 적지 않다. 이러한 상황이 생기는 원인은 한두 가지가 아니겠으나 가장 중요한 이유는 우리나라의 노동시장의 상황과 직업정보를 대학생들이 잘 모르기 때문인 것으로 여겨진다. 이러한 상황을 감안하여 각 대학에서 교양과목으로서 또는 전공과목으로서 노동시장론을 포함한 직업정보론이 대학생들의 직업선택을 위하여 개설되고 있다. 전공계열이 이공계이든 인문계이든 예체능계이든 학과와 관계없이 이 책이 도움이 되기를 바라는 마음으로 집필하였다.

둘째, 직업상담사 자격증을 취득하는 데에 도움을 주기 위한 목적이다. 직업상담사는 1급과 2급 자격증으로 구분되는데 이 책은 2급 자격증을 취득하기 위한 시험준비서로 활용할 수 있도록 집필하였다. 즉, 직업상담사 2급 자격 취득을 위한 시험과목은 직업상담학, 직업심리학, 직업정보론, 노동시장론, 노동관계법규 등 5과목이다. 이 책의 내용은 5과목 중 노동시장론과 직업정보론 등 2과목의 시험에 도움을 주기 위한 목적으로 집필되었다.

이 책은 2011년 8월 출간된 직업정보와 노동시장을 기반으로 쓰여졌다. 금번 최신 직업정보와 노동시장에서는 많은 부분이 수정되었다. 한국표준직업분류체계, 국가직무능력표준(NCS), 한국직업사전, 직업정보시스템 등에 대하여 개정 및 보완할 내용을 수정하고 첨가하였다. 수정과 첨가는 주석진 박사의 노고로 이루어졌기 때문에 이 저서는 저자와 공동집필의 형태로 출판되었음을 밝힌다.

저술하는 과정에서 내용상 부족한 점은 물론 깊이 있게 다루지 못한 부분이 적지 않을 것으로 여겨진다. 서술된 내용이 이론적으로 깊이 있게 다룬 내용이 아님은 물론 새로운 내용이 아니기 때문에 이와 관련된 책자와 자료를 대단히 많이 인용하였음을 밝혀두며, 아울러 게재된 내용에 대하여 다른 견해가 있을 것으로 예상된다. 이러한 점에 대하여 독자 여러분의 조언과 질정이 있기를 바란다.

끝으로 이 책의 집필과정에서 대구대학교 대학원 상담학과 박사과정을 수료한 김인규 군, 대구대학교 대학원 산업복지학과 석사를 마치고 한국노인인력개발원에서 일하는 유영현 군과 경북경영자총협회 영천시 취업지원센터에서 일하는 이현우 군의 수고가 있었음을 밝힌다. 이 자리를 빌어 다시 한 번 제자들의 수고에 고마운 마음을 전한다. 그리고 출판을 맡은 공동체 가족 여러분께 감사를 드린다.

2018년 3월

著者 識

차례

CHAPTER 04 한국고용직업분류(KECO)와 국가직무능력표준(NCS)

CHAPTER 05 직업사전과 직업전망

CHAPTER 06 노동력의 이해

CHAPTER 07 노동시장

CHAPTER 08 노동시장의 구조와 임금의 결정

CHAPTER 09 실업과 노동시장정책

CHAPTER 10 노사관계와 노동조합

CHAPTER 11 인적자원의 순환과정과 직업선택

CHAPTER 12 직업정보시스템, 직업정보처

CHAPTER 01

직업정보론의 개관

1 직업정보론의 의의와 직업선택

2 직업정보의 종류 · 목적 · 관리 · 분석

3 직업정보의 국제비교

chapter

01 직업정보론의 개관

1. 직업정보론의 의의와 직업선택

직업정보는 직업과 정보의 합성어로서 이 의미를 먼저 살펴보도록 하자. 국어사전에 의하면 직업(職業)이란 '생계를 위하여 일상적으로 하는 일'을 뜻하고, 정보(情報)는 '관찰이나 측정을 통하여 수집한 자료를 실제 문제에 도움이 될 수 있도록 정리한 지식 또는 자료'를 의미한다. 즉, 직업정보란 직업과 관련된 일련의 문제에 도움이 될 수 있도록 정리한 자료를 의미한다고 볼 수 있고, 직업정보론이란 직업정보의 발생과 그 전달과정을 양적인 방법으로 연구하는 학문이라 할 수 있겠다.

1) 직업정보의 의의

(1) 정보와 직업정보

각종 정보매체의 발달로 인하여 정보를 구하는 방법은 점점 쉬어지고, 빠르게 얻을 수 있게 되었다. 컴퓨터가 등장한 이래 정보에 대한 관심은 증가되어 왔는데, 정보개념이 도입된 것은 1950년대부터이다. 정보개념은 통신공학의 발달에서 시작되었다고 할 수 있는데, 이러한 정보자원은 전달매체인 IT의 진보에 따라 바뀌어 왔고, 또한 사회가 점점 복잡해짐에 따라 정보의 수요나 필요성이 사회의 각 분야에서 점차 증대되고 있다(강홍렬, 2006).

이러한 정보는 21세기 사회구조를 주도적으로 개혁하고 있으며, 모든 변화의 핵심에 있는 정보는 이용자가 추구하는 목적과 부합되어야 가치를 갖게 된다. 직업정보는 직위, 직무, 직업 등에 관한 모든 종류의 정보를 말하는 것으로 직업의식을 높이고 장래의 진로를 선택하고 결정하는 능력을 증가시키며, 생활에 대한 적응과 자기실현을 도모하는 것이 가능하도록 배양하는 것으로, 구인・구직자들에게 의사결정을 하는데 도움을 주도록 하는 것이다. 또한 직업정보는 직업선택에 있어 중추적인 역할을 함으로써 직업정보를 획일적으로 제공하는 것은 적당하지 않으며, 이용자의 요구와 기호에 따라 가공되어 제공되어야 하며, 대상과 시기에 따라 적절하게 제공되어야 한다. 즉, 이러한 직업정보는 정보를 요구하는 대상자에게 맞게끔 만들어져야 한다는 것이다(장창원, 2000; 박선희, 2004).

직업상담 현장에서의 직업정보제공은 진로 및 직업에 관한 정보, 인력수급 등의 노동시장에 대한 정보, 국가의 직업・산업별 정책, 직업훈련에 관한 정보, 미래사회에 대한 정보 등 다양한 정보를 알고 직업을 선택하고자 하는 사람에 최대한 유용하게 사용될 수 있도록 해야 하겠다. 또한 직업상담을 진행하는 상담자 또는 구직자는 직업정보를 알고 있어야 하기 때문에 어떻게 직업정보를 수집, 가공하는지, 분석에 필요한 방법은 어떤 것이 있는지, 필요한 직업정보는 무엇인지, 어떻게 제공하는지에 대한 전반적인 내용을 알고 있어야 하겠다.

(2) 정보의 효용

정보는 의사결정 상황에 있어서 기대되는 결과에 부여되어 확률을 변화시킨다는 점에서 과정상의 의미를 가지므로 불확실성을 감소시킨다. 앤듀러스(Andrus)는 정보효용의 관점에서 다음과 같이 정보를 평가해야 한다고 하였다(채명일, 1990; EBS 직업상담사 방송교재, 1999 재인용).

① 형태효용(form utility)

정보의 형태가 의사결정자의 요구사항에 보다 더 근접하게 맞추어짐에 따라 정보의 가치는 증가한다.

② **시간효용**(time utility)

필요할 때 필요한 정보를 사용할 수 있다면 정보는 의사결정자에게 보다 더 큰 가치를 준다.

③ **장소효용**(place utility)

정보에 쉽게 접근할 수 있거나 전달할 수 있다면 정보는 보다 큰 가치를 갖는다. 온라인시스템은 시간과 장소효용 모두를 극대화한다.

④ **소유효용**(possession utility)

정보소유자는 타인에게 정보전달을 통제함으로써 정보효용의 가치에 크게 영향을 준다.

(3) 직업정보의 의의

직업정보는 직업을 결정하고자 하는 의사결정 단계에 가치를 갖는다. 직업정보는 미래사회 전망, 노동력에 관한 것, 직업구조와 직업군, 취업경향, 노동에 관한 제반규정, 직업의 분류와 직종, 직업에 필요한 자격요건, 준비과정, 취업정보, 취업처에 대한 자세한 내용을 포함하여 이용자가 이해하고 적응하도록 도움을 주는데 그 목적이 있다. 직업정보는 근본적으로 특별한 문제를 해결하는데 도움을 주어서 직업에 대해 좀 더 책임감을 받아들일 수 있도록 하는데 그 역할이 있다. 이러한 직업정보에 관한 각 학자들의 견해는 아래와 같다(김병숙, 2007a).

① 노리스(Norris)는 직업정보란 채용자격, 작업조건, 보상, 승진 등을 포함한 직위, 직무 등에 관한 유용하고 타당한 자료이며, 이는 인력수급, 미래정보의 자원 등이 중요하다고 하였다.

② 크라이티스(Crites)는 직업발달이 직업의식, 직업탐색, 직업선택, 입직과정 등을 거치며, 이러한 각각의 단계에서 직업의식이 중요한 역할을 한다고 보았다.

③ 슬로컴(Slocum)은 직업선택의 필수조건에 관한 정보가 직업준비를 할 때 사용될 수 있도록 미리 갖추어져 있어야 한다고 하였다.

바람직한 직업정보는 직업의식을 높이고 장래의 진로를 선택하고 결정하는 능력을 증가시키며, 또한 생활에 대한 적응과 자아실현을 도모하는 것이 가능하도록 능력을 배양하는데 그 의의가 있다.

2) 직업선택 결정이론

직업선택 결정이론은 크게 기술적 직업결정이론과 처방적 직업결정모형 두 가지로 구분해 볼 수 있다. 기술적 직업결정 이론은 사람들의 일반적 직업결정 방식을 나타내고자 시도한 이론으로 타이드만과 오하라(Tiedeman & O'Hara), 힐튼(Hilton), 브룸(Vroom), 슈(Hsu), 플레쳐(Fletcher) 등의 학자가 있다. 처방적 직업결정이론은 사람으로 하여금 직업을 결정하는데 있어 실수를 감소시키고 보다 나은 직업선택을 할 수 있도록 도와주려는 의도에서 시도된 이론으로, 카츠(Katz), 겔라트(Gelatt), 칼도-쥐토스키(Kaldor-Zytowski) 등이 있다(김병숙, 2007a). 여기에서는 몇 가지를 선별하여 알아보기로 한다.

(1) 타이드만과 오하라(Tiedeman & O' Hara)의 모형

타이만과 오하라는 직업선택 결정과정을 기대기관과 실행·조정 등의 두 기간으로 분류하였다. 기대기간이란 직업선택을 결정하기 이전 기간으로서 ㉠ 대안적 목표를 구별하기 위한 시행착오적 시기인 탐색단계, ㉡ 대안적 목표와 목표가 수행되고 있는 현장, 활동범위, 순서, 형태를 분명히 하려는 구체화 단계, ㉢ 대안적 목표와 수행되는 상황에 개입하게 되는 선택단계, ㉣ 후에 닥쳐올 직업 상황에 있어 자기 이미지를 보다 완전하게 하려고 시도하는 명료화 단계 등으로 구분된다. 한편 실행과 조정의 기간은 직업선택을 결정하고 난 후의 행위 단계를 의미한다.

〈표 1-1〉 Tiedeman & O'Hara 진로결정과정

<table>
<tr><th>예상기 혹은 전직업기</th><th>특 징</th><th>실천기 혹은 적응기</th><th>특 징</th></tr>
<tr><td>탐색기</td><td>• 사고가 일시적이며 순간적임
• 실천가능한 진로탐색 및 재검토
• 상상으로 다양한 활동을 경험
• 잠정적인 목표를 설정, 탐색작업
• 장래의 대안적 진로행동
• 포부, 능력, 흥미, 직업선택의 사회적 의미 숙고</td><td>순응기</td><td>• 진로구체화를 위한 사회적 상호작용
• 직업사회 체계 내에서 자기명료화와 자아보호
• 수용과 집단으로의 융합(조정)
• 사회적 목적의 전체 진로구조 내에서 개인적인 목표를 구체화함</td></tr>
<tr><td>구체화기</td><td>• 대안에 대한 지속적 평가
• 대안을 줄임
• 잠정적 선택
• 잠정적 선택의 재평가(가치, 서열화)
• 목표제한적, 구체화, 변경가능
• 생각을 명확히 굳힘</td><td>개혁기</td><td>• 직장에서 직원으로 수용, 인정함
• 직장 내·외적으로 주장적 행동
• 주장적 행동으로 다른 사람을 설득, 자기 의견을 따르게 함</td></tr>
<tr><td>선택기</td><td>• 명확한 목표결정
• 목표달성에 필요한 특정 행동</td><td rowspan="2">통합기</td><td rowspan="2">• 직업 집단과 상호작용을 통해서 목표 타협
• 자아와 직장에 대한 객관성 확보
• 전체적인 진로 분야에서 구성원으로서의 정체감 획득
• 일시적으로나마 수행한 결과나 행동에 대하여 만족</td></tr>
<tr><td>명료화기</td><td>• 선택한 위치에서 자신에 대한 명료화 기간
• 지위예상→진로결정 불안 약화
• 진로결정에 대한 강한 확신
• 예상단계나 전직업기가 끝남</td></tr>
</table>

출처 : 김병숙(2007b). 직업심리학. p. 172

(2) 힐튼(Hilton)의 모형

힐튼(Hilton)의 모형은 인간이 복잡한 정보에 접근하게 되는 구조에 근거를 둔 이론으로서 직업선택을 결정하기까지를 3단계로 구분하였다. 첫 번째, 전제단계는 직업을 선택하기 이전의 주변세계에 대한 조사시기이다. 두 번째 계획 단계는 특정 직업에서 요구하는 행동을 상상하는 시기이며, 마지막 인지부조화 단계는 자신이 갖고 있는 특성과 반대되는 직업을 갖게 됨으로써 생겨나는 행동을 시험해 보는 시기로 구분하였다. 또한 직업결정 과정은 자신이 세운 계획과 전제 간의 불일치 점 혹은 불균형점을 조사하고 시험해 보며, 이들 간의 부조화가 없다면 현재 계획을 행위화시키는 과정이라고 보았다.

(3) 브룸(Vroom)의 모형

브룸(Vroom)은 직업결정 요인을 균형, 기대, 힘의 원리 등으로 설명하였다. 여기에서 '균형'은 직업선택 결정자의 직업에 대한 실제 만족과 달리 기대된 만족을 의미하고, '기대'는 직업선택 결정자가 자신이 선택한 직업이 실현 가능하다고 믿는 정도이며, '힘'은 행위를 통제하는 가설적인 인지요인이다. 직업 선택은 다양한 목적을 획득하기 위한 수단(개인 내적 동기)이고, 개인이 특정 직업을 선택하게 하는 힘은 결과들에 대한 유인가와 이 선택이 바라는 결과를 가져 올 거라는 기대의 강도와 연관이 있다고 하였다.

(4) 슈(Hsu)의 모형

슈(Hsu)는 브룸(Vroom)의 모형과 비슷하나 '힘'의 개념을 다르게 표현하였다. '힘'이란 직업 결정자의 독특한 직업목표를 성취하기 위해 최대한도의 기회를 가진 것으로 수정하였다. 이러한 그의 가정은 직업결정자가 선택과 목표 사이의 불균형을 극소화시키려고 시도한다.

|그림 1-1| Hsu의 직업결정모델

(5) 카츠(Katz)의 모형

카츠(Katz)는 직업결정자를 돕는 특수한 기술에 사용되어질 수 있는 구조를 강조하였다. 직업결정자는 자신의 특성요인을 나열·개발해 보고 이들 간의 가치와 중요도에 따라 비교해 보며 특성에 맞는 대안을 선택하고 그 대안이 제공하는 보수에 따라 평가영역에서 평가하여야 한다 하였다. 이러한 카츠의 이론은 가치

결정에 근거를 둔 이론으로 진로의사결정을 획득하는 능력에 있어서의 개인적 신념들을 각각의 대안들에 대해 '기대된 가치'를 부여하게 되고, 기대된 가치가 높을수록 적절한 선택을 한다고 보았다.

(6) 겔라트(Gelatt)의 모형

직업선택 결과보다는 그 선택과정을 중시하였으며, 직업정보를 3차원으로 분리·조직하고 훌륭한 선택결정은 3차원의 정보체계에서 각 체계마다 정보를 얻어냄으로써 가능하다고 하였다. 이러한 진로정보의 선택은 진로목표를 세운 후 그에 따른 정보를 수집하고, 수집된 정보를 바탕으로 가능한 대안을 탐색하는데, 이론의 핵심은 바로 정보사용을 어떻게 하느냐이다.

여기서 각 체계는 ① 대안적 행동, 가능한 결과, 결과와 연관된 가능성인 예언적 체계, ② 결과들 사이의 상대적 선호도인 가치체계, ③ 평가규칙인 결정준거 등을 중요시하였다. 이러한 순환과정을 요약하면 목적의식 수립 → 정보수립→ 가능한 대안의 열거 → 각대안의 실현가능성 예측 → 가치 평가 → 의사결정의 평가 → 재투입으로 정리할 수 있으며, 의사결정 시에 이러한 순환과정이 반복된다(한국진로교육학회, 2000). 이를 다시 도식으로 살펴보면 |그림 1-2|와 같이 나타낼 수 있다.

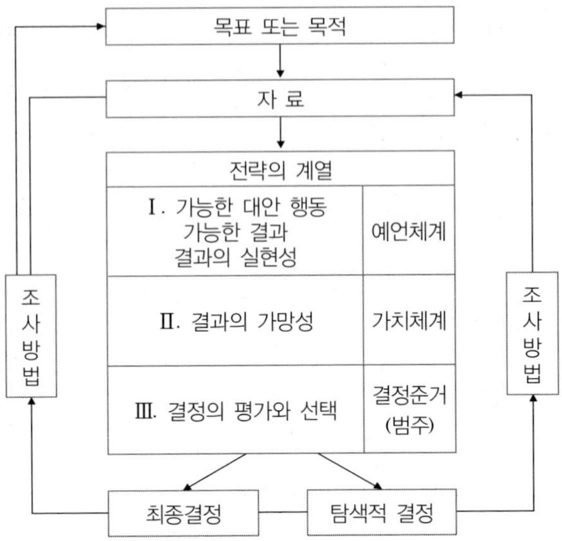

|그림 1-2| Gelatt의 의사결정 참조체계

출처 : Telbert(1980). Counseling for Career Development, Boston : Hughton Mifflin Co., p. 76(한국진로교육학회, 2000, p. 64에서 재인용)

(7) 칼도와 쥐토스키(Kaldor-Zytowski) 모형

직업선택과 입력의 가치를 평가하는 것인 직업적 유용도 함수로 설명하였으며, 각각의 대안들에 적절한 가치의 순위를 가지고 대안에 이르기 위해 버려야 할 가치를 할당하는 관계를 제시하였다.

직업결정자가 이용하는 정보의 양에 대한 가설에 대하여 힐튼은 직업결정자는 대안들에 관한 제한된 지식을 갖게 된다고 하였고, 칼도-쥐토스키는 직업결정자는 대안에 대한 무제한의 정보를 갖게 된다고 하였다. 한편 겔라트는 직업결정자는 적당하고 일반적인 정보의 양을 이용할 수 있다고 보아 적절한 정보탐구를 격려하였으며, 타이만과 오하라, 카츠 등은 컴퓨터에서 제공되는 정보체계를 통해 도움을 받을 수 있다고 보았다.

2. 직업정보의 종류 · 목적 · 관리 · 분석

1) 직업정보의 종류와 목적

(1) 직업정보의 종류

직업정보는 내용면에서 미래사회에 대한 정보, 직업세계에 관한 정보, 그리고 개인에 관한 정보로 분류된다. 또한 직업정보가 생산되는 대상인 개인, 기업, 사회, 국가 등에 요구되는 직업정보를 취업 전과 취업시, 취업 후로 분류하여 제시하면 <표 1－2>와 같다.

〈표 1-2〉 대상별, 단계별 직업정보의 종류

분 류	진로탐색 시	직업선택 시	취업 후
사 회	① 대학 · 전문대학 ② 직업의 지역적 분포 ③ 전문지식 공급처 ④ 지역적 특성	① 전공학과 관련직업 ② 노조현황 ③ 관련단체	① 경기변동 ② 직업윤리 및 직업관 ③ 직업전환훈련프로그램
개 인	① 성별 및 적정연령 ② 학력 ③ 흥미 및 적성 ④ 신체조건 ⑤ 가정형편 ⑥ 자격 및 면허 ⑦ 자기평가	① 올바른 직업선택 방법 ② 직업윤리 ③ 구인처 명단 ④ 구비서류 ⑤ 이력서 작성법 ⑥ 면접법	① 적응관계 ② 직업전환 계획 ③ 전문지식의 경향 ④ 위기관리능력 ⑤ 자아실현
기 업	① 직업의 유래 ② 관련 및 유사한 직업 ③ 취업가능 직업명 ④ 생산품의 분류 ⑤ 사업체의 유형 ⑥ 직무의 내용 ⑦ 작업환경 ⑧ 장비 및 공구	① 취업경로 ② 임금 ③ 승진 ④ 전직 ⑤ 관련업체명 (소재지, 근로자 수, 생산품, 기숙사, 장학금, 통근버스, 사보, 노조) ⑥ 취업규칙	① 기업문화 ② 추가 이수하여야 할 교육훈련 ③ 직무의 책임한계 ④ 인간관계
국 가	① 인력수급 계획 ② 사업 및 직업분류 ③ 직업훈련 ④ 노동시장 ⑤ 자격검정제도 ⑥ 교과과정(고교, 대학) ⑦ 유학안내	① 직업안정제도 ② 직업훈련제도 ③ 사회보장제도 ④ 관련법규	① 특별한 교육과정(산업체 근로자로서 가능 고교 및 대학) ② 실업과 관련된 사회보장 제도 ③ 국가정책

출처 : 김동규 외(1999), EBS 직업상담사 p. 265 인용.

직업정보는 제공주체에 따라 달리 분류할 수 있는데, 정부 및 공공기관에서 제공하는 공공직업정보와 민간기업 및 사설 직업정보제공기관에서 제공하는 민간직업정보로 구분할 수 있다. 공공직업정보는 정부 또는 정부산하단체, 비영리 기관 등에서 공익적인 목적(무료)으로 생산하여 제공한다. 전 산업 및 직종을 대상으로 지속적으로 조사・분석하며, 보편적 항목으로 이루어진 기초 정보가 많다. 관련직업 간 비교활용이 용이하도록 만들어져 있으며, 다른 직업정보와 객관적 비교가 가능하다. 민간직업정보는 이와는 다른 특성을 보이고 있는데, 민간 기업(유료)에서 생산, 제공하는 형태로 필요한 시기에 최대한 활용되도록 한시적으로 신속하게 생산하여 제공한다. 단시간 조사로 해당 직업에 집중적 제공(지속성 낮음)하며, 특정 목적에 맞게 해당분야의 직종을 제한적으로 선택(컴퓨터, IT, 자동차 등)한다. 다른 직업정보와 비교 가능성이 적고 활용성이 낮아 타 직업과의 비교에 무리가 있다. 공공직업정보와 민간직업정보의 특성은 <표 1-3>과 같이 요약된다.

〈표 1-3〉 공공직업정보와 민간직업정보의 특성

구 분	공공직업정보	민간직업정보
정보제공의 지속성	지속적	불연속적, 단절적
직업의 분류 및 구분	객관적 기준	생산자의 자의성 개입
조사/ 수록되는 직업의 범위	전체 산업 및 업종의 포괄적 정보	특정 직업에 대한 제한적 정보
다른 정보와의 관계	다른 정보에 미치는 영향이 크며, 관련성이 높음	다른 정보와의 관련성 낮음
정보획득의 비용	무료	유료

출처 : 주석진(2017). 직업상담과 직업정보. p. 400.

(2) 직업정보의 사용목적 및 제공방법

직업정보는 이용자들의 사용목적에 맞게 제공되어야 한다. 일반적인 직업정보의 사용목적은 다음과 같이 요약된다(김동규 외, 1999).

① 흥미유발, 토론자극, 태도변화, 더 나은 조사를 하도록 동기부여
② 전에 알지 못했던 직업인식

③ 직무를 수행하는 회사나 공장 등의 유형에 대한 지식확대
④ 한 직업에서 일하는 활동과 일의 과정, 환경 등에 관한 지식 습득
⑤ 근로자의 집, 가족, 오락, 일의 전과 후의 다른 활동을 기술, 묘사함으로써 한 직업에서의 더 좋은 근로자의 생활형태의 비교
⑥ 학교나 대학졸업자, 중도탈락자 등 동일시할 수 있는 근로자 등을 제시함으로써 역할모형제공

또한 직업정보의 제공은 이용자들이 알기 쉽고, 접근하기 쉬운 형태로 제공되어야 하는데, 다음과 같은 방법을 사용하는 것이 좋다.

① 인쇄물, 슬라이드, 필름, 오디오, CD, 비디오테이프, 기록자료, 게시판, 산업박물관 이용 등의 메스미디어
② 컴퓨터를 이용한 전산화
③ 지역사회 인사와 면담, 직업선택과 지도, 직업정보 비치 및 열람 등 자료은행 설치
④ 전화서비스 체제
⑤ 직업 · 취업 · 직업훈련 · 자격증 등과 관련된 정보박람회를 개최하여 장시간 개방하는 등의 방법

2) 직업정보의 관리

현대 사회는 정보의 바다라 일컬어지는 인터넷의 보편화로 인하여 누구나 쉽게 정보를 얻을 수 있다. 그러나 이러한 정보 중에 자신에게 필요하고 중요한 정보를 찾는 작업은 쉽지 않다. 직업상담에서 구직자나 구인업체 인사담당자 등에게 직업정보를 제공하기 위해서는 다양한 직업정보를 어떠한 방법으로 수집하고, 분석 · 제공하여 할 것인지는 중요한 문제이다. 일반적인 직업정보처리 과정은 수집 → 분석 → 가공 → 제공 → 축적 → 평가의 과정을 거치게 된다. 이러한 과정을 거친 정보야 말로 가치를 발휘할 수 있게 된다.

(1) 직업정보의 수집

정보의 보고 및 정보의 바다라 일컬어지는 인터넷을 포함하여 현대사회는 정보가 범람하고 있다. 필요하거나 필요치 않은 것에 관계없이 시·공간을 초월하여 우리 생활에 밀접한 관련을 맺고 있는데, 이러한 정보 가운데 직업과 관련된 정보를 수집한다는 것은 용이한 일이 아니다.

직업정보의 수집은 사용자의 요구에 충실히 하여야 한다. 여기서 사용자의 요구라 함은 현재 요구하고 있는 것과 장차 요구할 것이라고 예상되는 것을 포함하는 모든 요구와, 아무도 표시는 하지 않으나 필요하거나 유용할 것이라 믿어지는 모든 잠재적 필요를 말한다(최성진, 1992; EBS 직업상담사 방송교재, 1999 재인용).

많은 정보를 다양한 요구에 맞추어 수집하는 것은 어려운 일이다. 직업정보의 수집방법은 다양한 형태의 자료를 구입, 기증, 통신, 상담, 조사, 현장방문 및 체험 등의 방법을 통해서 수집하며, 직업정보의 형태는 모든 형태의 자료를 망라하는데 책, 잡지, 신문기사, 방송 및 TV 프로그램, 팸플릿, CD, 광고, 상품, 견학, 경험담 등에서 발견할 수 있다.

이러한 직업정보는 수집할 때 다음과 같은 점에 유의해야 한다(김병숙, 2007a).

① 명확한 목표를 세운다

'누구를 위하여', '무슨 목적으로', '어디서', '어떻게 해서', '무엇을' 수집할 것인가를 명확히 하여야 하며, 사용자가 무엇을 요구하는지에 대한 명확한 목표 설정이 있어야 한다.

② 직업정보는 계획적으로 수집하여야 한다

정보는 가치를 가지며, 불확실성을 감소시키고 의사소통의 오류를 통제해야 생명력을 갖는다. 그러므로 모든 자료가 정보가치를 갖는 것은 아니다. 즉, 직업정보는 우연히 눈에 띄거나 외부로부터 제공되기도 하는 자료를 모아 둔다고 해서 충분한 것은 아니다. 직업정보를 조직적이고 계획적으로 수집하기 위해서는 직업정보 제공원을 파악하고 유기적인 관계 속에서 직업정보가 수집되는 흐름을 설정하여야 한다. 직업정보원의 기능을 충분히 이해하여 필요한 정보에 대해 항상 공급받는다면 시간 및 경비의 절약과 항상 새롭고 정확한 정보를 비축할 수 있다.

③ 항상 최신의 자료인가 확인하여야 한다

정보는 변화한다. 수집한 정보는 항상 유효한 것이 아니기 때문에 불필요한 자료를 폐기하고 새로운 정보를 보완하는 작업이 지속적으로 진행되어야 한다.

④ 자료의 출처와 수집일자를 반드시 기록한다

자료를 수집하면 자료의 출처, 저자, 발행연도 등을 반드시 명기하고 수집한 일자도 기입해야 한다.

⑤ 직업정보 수집에 필요한 도구를 사용한다

직업정보를 수집하기 위해서는 쓰기, 옮겨 쓰기, 사진 오려 붙이기, 녹음, 녹화, 입력 등의 작업이 이루어져 정리와 활용을 용이하게 하기 위한 상태로 제작되어야 한다.

(2) 직업정보의 분석

사용자의 요구가 적시에 충족되기 위하여 직업정보의 분석기간의 길이, 양, 질 등이 고려되어야 하며, 받아드린 자료의 내용을 파악하고 사용자가 요구할 것이라고 믿어지는 자료나 정보를 인식, 분리하여 제공하기에 편리하도록 배열해 두기 위한 작업이다. 이때에 유사한 자료 중 정확성을 평가하고 추출하는 과정이 포함된다.

직업정보의 분석은 진로・직업전문가에 의해 이루어져야 한다. 수집된 직업정보를 필요도에 따라 선택하고 항목별로 분류하고 오래되거나 불필요한 것은 버려야 한다. 다양한 정보를 충분히 검토하여 가장 효율적으로 검색이나 활용을 할 수 있는 방법으로 분류한다. 분류는 각 정보의 주제별, 활용대상별, 활용장소, 활용방법, 입수 년・월・일, 제공처 등의 내용으로 분류하고 내용을 명확히 하여야 한다. 분석된 정보에 대하여 목적에 맞도록 몇 번이고 분석하여 가장 객관성이 있고 정확하고 최신의 자료를 선정한다.

직업정보 분석 시 유의할 점은 다음과 같다(김병숙, 2007a).

① 동일한 정보라 할지라도 다각적인 분석을 시도하여 해석을 풍부히 한다.
② 전문적인 시각에서 분석한다.
③ 분석과 해석은 원자료의 생산일, 자료표집 방법, 대상, 자료의 양 등을 검토하여야 하는 한편, 분석비교도 이에 준한다.
④ 직업정보원과 제공원에 대하여 제시한다.

(3) 직업정보의 가공 및 체계화

분석된 직업정보는 활용하기 쉬운 형태로 보존하거나 내용을 요약하거나 적절한 형태로 정리하여 능동적으로 활용이 가능하도록 편집・가공하는 것이 중요하다. 직업정보의 가공 시에는 처리된 자료를 선정해 정보관리로 전환시켜 정보를 공유하는 방법을 강구하고 어떠한 자료를 어떻게 저장할 것인가에 대해 설계하는 과정이 있어야 한다. 사용자에 따라 길이, 내용, 형태, 이름 등이 서로 달라 정보를 주고받을 수 없다. 사용자에 따라 정보의 표준화 작업이 필요하게 되고 뿐만 아니라 자료의 흐름을 조정(navigating)하는 표준방법을 채택하고 체계화하여야 한다.

직업정보는 사용하는 시기가 너무 빨라도, 또 너무 늦어도 그 효과가 감소한다. 진로・직업전문가는 직업발달과 단계를 고려하여 동일한 자료를 대상별로 가공하는 작업이 뒤따라야 하며 또한 사용목적에 의해서도 가공되어야 한다. 직업정보 가공 시에는 정보의 생명력을 측정하여 활용방법을 선정하고 사용자의 동기를 부여할 수 있는 효과를 부가한 상태로 제공될 수 있도록 구성하여야 한다. 직업정보의 가공 시 유의할 점을 김병숙(2007a)은 다음과 같이 제시하였다.

① 직업은 그 분야에서 매우 전문적인 면이 있으므로, 전문적 지식이 없이도

이해할 수 있는 언어로 가공하되, 이용자의 수준에 준한다.

② 직업에 대한 장・단점을 편견 없이 제공한다.

③ 현황은 가장 최신의 자료를 활용하되, 표준화된 정보를 활용한다.

④ 객관성을 잃은 정보, 문장, 어투 등은 삼간다.

⑤ 시・청각의 효과를 부과한다.

⑥ 정보제공 방법에 적절한 형태로 제공한다. 인쇄, 방송, CD 등의 매체 특성을 통해 이용자의 기호에 맞게 제공하는 것이 효과적이다.

(4) 직업정보의 제공

직업정보를 제공하는 방법은 인쇄매체를 통한 방법, 시청각 매체를 통한 방법, 집회, 면담, 시뮬레이션, 견학, 교육과정, 실습, 컴퓨터 활용, 상담 등 다양한 방법이 있다. 정보에 제공에 있어서는 첫째, 기술수준으로 정보를 얼마나 정확히 전달할 수 있는가?, 둘째, 정보의 표현 양식이 얼마나 정확하게 바라는 의미를 전달할 것인가?, 셋째, 이러한 정보가 인간행동의 동기부여 수단으로 얼마나 적합한가? 등의 수준이 고려되어야 한다. 이러한 수준을 충족시킬 수 있는 강력한 장비는 일찍이 컴퓨터가 지목되어 왔는데, 최근에는 개인용 컴퓨터(PC)의 발달과 인터넷 매체의 발달로 효과적 장비로 더욱 각광받고 있다.

직업정보를 제공할 때에는 생산과정에 대해서도 공개하여야 한다. 공개내용에는 직업정보 생산에 사용된 직업정보원, 직업정보 제공원, 가공방법 등이 포함되는데, 이러한 공개는 정보의 신뢰성을 부각시켜 주고 이용자가 의사결정을 하는데 도움을 준다(김병숙, 2007a).

(5) 직업정보의 축적

직업정보의 입력, 흐름, 관리 보관 등을 실정에 맞게 설계하면서 컴퓨터의 용량, 정보・통신기술, 정보기술의 기반구조를 구축하기 위한 정보관리정책과 표준화 등이 병행된 정보의 축적이 추구되어야 한다. 이는 직업정보전산망의 구축으로 적정한 정보관리 시스템을 적용하여 서로 합의된 자료를 제공하고, 교환하며, 보급된 정보를 축적하는 과정이다. 직업정보에 대한 평가과정은 이를 피드백하며 직업정보 서비스에 대한 홍보 이후 사용자의 검색방법의 차이, 선호도, 요구사항 등에 대한 의견을 수렴하여 직업정보 축적을 수정 · 보완한다.

(6) 직업정보의 평가

직업을 알기 위해 필요한 정보종류와 다양한 형태의 가용한 정보, 그리고 이러한 정보를 확보할 수 있는 제공원에 관한 것을 논의함에 있어 직업정보에 대한 평가는 중요한 동시에 어려운 과제이다. 직업정보는 주로 인쇄매체와 시 · 청각적 자료를 이용한 형태가 주류를 이루고 있는데 이를 평가함으로써 직업상담가가 직업정보를 선별하고 사용하는데 중요한 길잡이가 될 수 있다.

미국에서는 『진로정보매체의 준비와 평가를 위한 지침들(*Guidelines for the Preparation and Evaluation Career Information*)』을 발간하여 직업정보의 선별에 도움을 주고 있다. 이 지침에서의 직업정보는 평가하는데 있어서 권고항목들은 ① 직업의 본질, 직업분야, 산업 및 그 중요성, ② 단일 직업에서 수행되는 일 또는 그 직업분야에 있어서의 직무의 다양성, ③ 과제설정, ④ 직업에서 가능한 개인적 보상, ⑤ 입직 자격요건, ⑥ 발전가능성, ⑦ 전망(장래 고용기회에 영향을 미칠 기술적, 경제적, 인구학적 요인들을 포함), ⑧ 관련직업들, ⑨ 자격면허, ⑩ 성공을 위해 필요한 개인적 자격요건 등으로 구성되어 있다.

직업정보의 형식에 대한 평가는 ① 어휘(이용자들의 읽기수준에 맞춰 쓴다), ② 형식(영상물, 인쇄물), ③ 삽화와 그림, ④ 편견으로부터의 자유, ⑤ 신뢰성 부여(발행인, 전문적인 컨설턴트, 후원자, 기고가, 기금의 출처 등 기재), ⑥ 타당성, ⑦ 예비심사, ⑧ 평가점검 항목, ⑨ 이용자들의 평가 등이 있다(김병숙, 2007a).

3. 직업정보의 국제비교[1)]

선・후진국을 막론하고 세계 각국은 자국에 적합한 직업정보를 연구 개발하여 사용하고 있다. 여기서는 먼저 우리나라의 직업정보 현황을 살펴보고, 우리나라를 비롯하여 미국과 캐나다의 직업정보 현황과 직업정보시스템에 대하여 기존연구를 인용하여 살피고자 한다.

1) 우리나라의 직업정보 현황

우리나라에서는 IMF 이후 개인에게 적합한 직업에서 자신의 능력을 충분히 발휘할 수 있는 직업을 선택하여 고용안정을 도모할 수 있도록 직업지도, 직업상담 등의 고용서비스가 강조되어 왔다. 이러한 맥락에서 직업정보 역시 직업지도 혹은 직업상담의 기초 자료, 개인의 합리적인 의사결정을 위한 기초정보로서 그 중요성에 대한 인식이 증대되어 왔다. 정부에서는 이러한 필요성에 의해 많은 투자와 연구가 이루어졌고, 현재는 풍부한 온라인, 오프라인 직업정보들이 제공되고 있다. 우리나라의 직업정보 전달 체계는 크게 직업정보서와 직업정보시스템으로 구분할 수 있다. 여기에서는 한국고용정보원에서 발간하는 직업정보서와 우리나라 최대의 취업포털이라고 할 수 있는 워크넷을 중심으로 알아보도록 하겠다.

(1) 직업정보서

직업정보서는 직업정보를 담은 책자, 팸플릿 등으로 오프라인에서 제공되고 있고, 직업정보시스템은 온라인을 통해 자신에게 적합한 직업을 탐색하고, 해당 직업의 정보를 수집할 수 있는 전산시스템으로 구성되어 있다. 한국고용정보원에서는 다양한 직업정보서를 발간하고 있는데, 대표적으로 한국직업사전과 한국직업전망이 있다. 한국직업사전은 매년 3~5개의 직종을 대상으로 지속적인 조사가 이루어져 매년 발행하고 있으며, 통합본 5판은 2018년에 추가 직무조사 및 통

1) 박상철 외(2008). 해외 직업연구 및 직업정보 개발 동향. 한국고용정보원에서 발췌

합/정리 작업을 통해 2019년 상반기에 발간될 예정에 있다. 한국직업전망은 격년의 주기로 홀수 해(2015년, 2017년 등)에 발간되며, 가장 최근에는 2017년 발간되었다. 직업전망에서는 우리나라의 대표직업 약 200개에 대한 일반 직업정보(하는 일, 근무환경, 되는 길 등)와 향후 10년간의 고용전망 및 요인을 수록하고 있다(직업사전과 직업전망의 자세한 내용은 5장을 참고).

최근에는 '동아리활동을 통한 직업진로탐색가이드', '학부모를 위한 직업진로가이드', '미래를 함께할 새로운 직업', '인문계열 진출직업', '3050 여성을 위한 직업 정보' 등을 발간하며 직업정보 개발에 많은 노력과 예산을 투자하여 개발, 보급하고 있다.

(2) 워크넷(한국직업정보시스템)

앞서 지적한 바와 같이 예산의 한계로 많은 수요자에게 직업정보서를 무한정 무료로 배포할 수 없고, 자신에게 적합한 직업의 탐색기회를 제공해 주지 못한다는 한계점으로 인해 2001년 개발된 것이 한국직업정보시스템(KNOW : Korea Network for Occupations and Workers)이며, KNOW를 통한직업정보 제공은 시간적 · 공간적 · 수량적 문제를 극복해 줌으로써 직업정보의 활용도를 높이고 있다. KNOW는 정량적 직업정보와 정성적 직업정보로 구성되어 있는데, 정량적 직업정보는 직업 간 표준화가 가능한 업무수행능력, 지식, 성격, 흥미 등을 중심으로 대규모 재직자 조사를 통하여 계량화된 직업정보를 수집하여 제공한다. 반면 정성적 직업정보는 직업 간 표준화가 어려운 수행업무, 관련자격 등을 중심으로 SEM 인터뷰, 직무조사 등을 통하여 정성적 직업정보를 수집하여 제공하고 있다(박상철 외, 2008).

아래 |그림 1-3|은 워크넷의 초기화면이다. 이 중 '직업정보 · 심리검사 궁금하세요?'를 클릭하면 상세한 직업정보를 검색할 수 있는 |그림 1-4|로 이동한다. 과거에는 워크넷과 한국직업정보시스템이 분리되어 있었으나, 직업정보의 통합이라는 관점에서 현재에는 한 화면 제시하고 있으며 필요에 따라 구인 · 구직과 직업정보를 확인할 수 있도록 이용자의 편의를 도모하였다.

|그림 1-3| WorkNet의 초기화면[2)]

|그림 1-4|는 직업정보시스템의 초기화면으로 여기에서는 직업정보를 비롯하여 진학을 위한 학과정보를 제공하고 있다. 또한 직업 심리검사를 비롯하여 자료실에서는 앞서 살펴본 직업정보서(한국직업사전, 직업전망, 이색직업 등)를 pdf 문서로 다운받아 사용할 수 있다.

---

2) http://www.work.go.kr

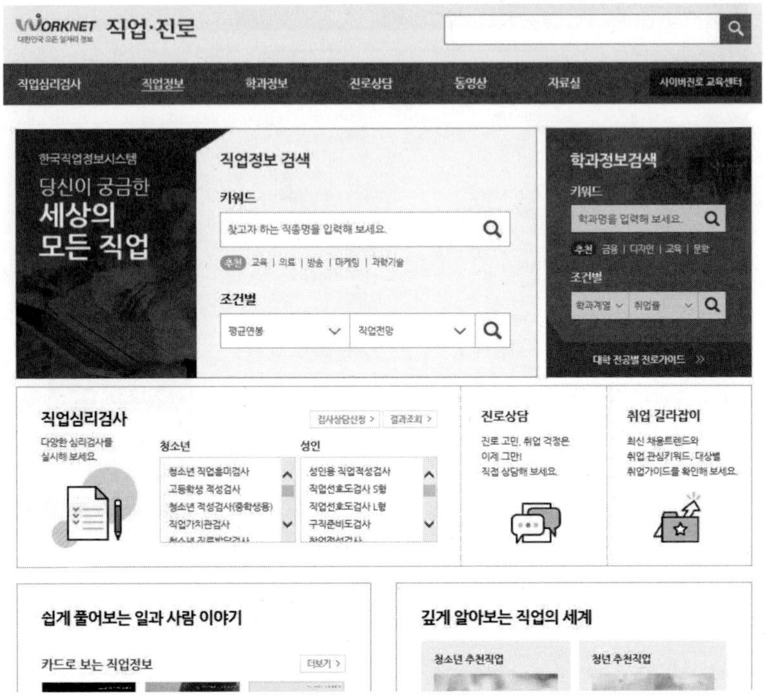

|그림 1-4| 한국직업정보시스템

또한 상위메뉴에 있는 "직업정보"를 클릭하면 아래 |그림 1-5|와 같이 나타난다. 여기에서는 키워드 검색과 조건별 검색을 통해서 상세한 직업정보 검색이 가능하다. 특히 조건별 검색에서는 평균연봉(3,000만 원 미만, 3,000~4,000만 원, 4,000~5,000만 원, 5,000만 원 이상)과 직업전망(매우 밝음-상위 10% 이상, 밝음-상위 20% 이상, 보통-중간 이상, 전망 안 좋음-감소예상직업) 등으로 구분하여 검색할 수 있는 직업정보를 제공하고 있다. 또한 분야별로 찾기, 지식으로 찾기, 업무수행능력으로 찾기, 통합찾기(지식, 능력, 흥미) 등을 통하여 상세한 직업정보 제공 및 탐색기능을 제공하고 있다.

|그림 1-5| 한국직업정보시스템의 직업정보의 종류

(3) 커리어넷

앞선 워크넷과 직업정보시스템 등은 한국고용정보원에서 제공하는 직업정보 사이트이다. 이에 반해 커리어넷[3]은 정부출연기관인 한국직업능력개발원이 전담기관으로 지정되어 운영하고 있다. 여기에서도 각종 직업정보를 비롯하여 진로 및 직업과 관련된 각종 심리검사를 제공하고 있다. 특히 심리검사로서 대상별로 중/고등학교와 대학생/일반용의 검사를 제공하고 있으며, 심리검사의 종류로는 직업흥미검사, 직업적성검사, 진로성숙도검사, 직업가치관검사, 진로개발준비도검사, 이공계전공적합도검사, 주요능력효능감검사 등이다. 커리어넷의 홈페이지의 메인화면의 모습은 |그림 1-6|과 같다. 커리어넷에서는 진로심리검사, 진

3) www.career.go.kr

로상담, 직업 · 학과정보, 진로동영상, 진로교육자료 등 다양한 자료가 수록되어 있다.

|그림 1-6| 한국직업능력개발원 커리어넷(www.career.go.kr)의 홈페이지의 일부

2) 미국의 직업정보 현황

미국의 경우 직업정보의 개발 및 보급에 대해서 연방 및 주정부 단위로 활동하는 대표적인 기관은 국립직업정보조정위원회(National Occupational Information Coordinating Committee : NOICC)가 있다. NOICC는 1976년 국회에 의해서 설립된 연방기구로 미국의 노동성, 교육성, 상업성, 국무성, 농업성 등 10개 기관을 대표하는 기구들로 구성되어 조정위원회의 역할을 수행하였다. NOICC의 전국망을 구축하고 주별 직업정보 시스템을 위한 국가 틀을 건설하기 위해 2000년 새로운 진로교육법에 의해 기능이 연방정부 교육부로 이관되어 폐지되었고, 대부분의 주에서 직업정보시스템을 개발하여 활용하고 있는데, 이는 전형적으로 연방 및 주 범위의 정보원으로부터 얻은 다양한 정보를 결합한 컴퓨터 데이터베이스이다(김병숙, 2007a).

(1) 직업전망

미국은 1946년부터 격년 간 10년 단위로 직업에 관한 예측자료를 발표하고 있다. 『미국직업전망서』는 250여개 직종을 대상으로 2년 주기로 직업특성, 작업환경, 고용, 임금, 자격, 승진 및 향후 직업전망 등을 수록하고 있다. 미국 노동통계 직업전망과에서 발간한 『직업전망서』를 살펴보면 고용증가가 가장 빨리 이루어지고 있는 성장 직업과 고용의 양적인 측면에서 가장 많은 고용증가가 일어나는 직업에 대한 정보를 제시해 주고 있다. 또한 각 직업별 직업전망에 있어서는 인구통계학적 변수와 거시경제변수 등의 제변수를 이용한 통계학적 방법을 이용하여 성장가능성을 가늠하고 있다(이영대 · 김기홍, 1999).

(2) 미국의 O*NET

O*NET은 직업정보(DOT)와 직업분류(SOC/OES)를 통한 미국의 직업정보분류이며, 직업정보 외에 취업정보, 직업훈련정보 등을 연결한 새로운 직업정보체계로 분류체계인 NEW SOC 개발에 기초가 되며, 기존의 DOT를 대체하는 다양한 직업정보를 제공하고 있다. O*NET은 체계적인 직무분석을 토대로 다음과 같은 정보를 포함하고 있다.

① 작업자 특성

이 정보는 해당직업 종사자들의 특성을 보여 주는 것이다.

㉠ **능력**(abilities) : 작업을 수행하는데 있어 영향을 미치는 직업종사자의 지속적인 속성을 의미한다.

㉡ **흥미**(interests) : 작업을 수행하는데 있어 영향을 미치는 직업 종사자의 관심영역을 의미한다.

㉢ **가치**(value) : 작업을 수행하는데 있어 영향을 미치는 직업 종사자의 해당직업에 대한 가치평가를 의미한다.

㉣ **작업스타일**(work style) : 작업을 수행하는데 있어 작업스타일의 성격에 대한

평가를 의미한다(예 성취, 솔선, 끈기 등).

② **작업자 요건**(worker requirements)

이 정보는 해당직업의 작업자가 갖추어야 할 요건들을 보여주는 것이다.

㉠ 직능(skills) : 작업을 수행하는데 필요한 기본적인 직능(basic skill)과 좀 더 복잡한 복합적 기능을 요구하는 범직업적 직능(cross-functional skill)으로 구성된다.
㉡ 지식(Knowledge) : 작업을 수행하는데 필요한 일반적인 지식내용을 의미한다.
㉢ 교육(education) : 작업을 수행하는데 필요한 교육수준을 의미한다.

③ **경험적 요건**(experience requirement)

이 직업 정보는 해당직업의 작업을 수행하는데 필요한 훈련 수준, 직업경험, 자격증들에 대한 내용을 의미한다.

④ **직업의 요건**(occupation requirement)

이 직업정보는 직업의 일반적인 필요조건으로 다음과 같은 내용이 포함된다.

㉠ 일반적 작업활동(general work activities) : 다양한 직업들에서 수행되는 작업들의 기능이 유사한 행위들로 이루어지는 내용에 대한 정보 등을 담고 있다.
㉡ 작업의 맥락(work context) : 작업조건에 관한 내용으로 작업형태, 작업의 위험도, 일하는 속도, 동료나 상사와의 관계 등을 담고 있다.
㉢ 조직의 맥락(organization context) : 직업 조직에 관한 내용으로 작업이 수행되는 조직의 구성이나 특징, 의사결정과정 등을 담고 있다.

⑤ **작업의 특성**(occupational characteristics)

이 직업정보는 직업세계의 일반적인 특성이나 노동시장 정보, 직업전망, 각 직업의 임금수준 등의 내용을 의미한다.

⑥ **직업 특수적 요건**(occupational specific requirements)

이 직업정보는 DOT의 수행직무 기술에 해당하는 내용으로 해당직업의 전반적인 개요를 담고 있다. 이것은 업무수행에 필요한 지식, 업무수행에 필요한 기술, 사용하는 도구, 기계, 설비 등에 대한 정보라고 할 수 있다.

3) 캐나다의 직업정보 현황

캐나다는 영국과 마찬가지로 20세기 중반부터 공공차원의 직업저보를 제공하는 방식으로 미국의 DOT를 채택하여 적극적으로 직업연구와 발전을 위한 프로그램을 유지해 왔다. 이것은 캐나다 고용 및 이민국(EIC : Employment and Immigration Canada)을 중심으로 이루어 졌는데 그 결과로 1971년에 7000여 개의 직업에 대한 정보를 제공하고 있는 캐나다 직업분류 및 사전(CCDO : Canadian Classification and Dictionary)이 발간되었다. CCDO는 직업분류와 DOT가 통합된 형태로 제시되고 있다는 점에서 미국의 DOT와 다르지만, 영국의 직업 분류 및 직업사전(CODOT : the Classification of Occupations and Dictionary of Occupational Titles)과 마찬가지로 통계적인 목적에 활용되지 않았으며 가장 상세한 수준에서 직업에 대한 정보를 제공하고 있다는 점에서 동일한 특징을 보여준다.

(1) 캐나다의 직업정보 시스템

캐나다 직업정보시스템은 직업자료 저장소(ODW : Occupational Data Warehouse)와 확장된 직업 네트워크(EON : an Extended Occupational Network)의 시스템을 기반으로 이루어져 있다. 캐나다의 인적자원개발부(HRDC : Human Resources Development Canada)는 직업분류와 DOT를 통합적으로 운영하는 세계적인 추세에 부합되며 노동시장의 변화를 반영하는 새로운 직업분류인 국가직업분류(NOC : National Occu- pational Classification)를 1993년에 개발하게 된다. 이것은 미국의 직업정보 시스템 개발과정과 차이를 보여주고 있는데 미국이 DOT를 대체하는 O*NET의 개발과 다양한 직업정보를 통합적으로 제시할 수 있는 직업분류인 SOC의 개발을 병행한 것과는 달리 캐나다는 고용정책과 통계적 목적 양자에 부합되는 직업분류인 NOC를 먼저 개발한 후 직업정보 시스템의 개발로 나아갔다고 할 수 있다. 노동시장정보 시스템의 내용 모형에 기초한 WorkInforNET[4]이 바로 우리나라의 워크넷과 같은 기능을 하는 것이다.

(2) 캐나다 워크인포(Canada Workinfonet : CANWIN)

캐나다의 워크인포넷은 13개 주마다 다른 워크인포넷을 갖고 있다. 가령 도메인 주소는 www.workinfonet.ca이나, 브리티시컬럼비아 주의 워크인포넷은 주의 약자가 들어간 www.workinfonet.bc.ca이다. 이 직업정보망은 '진로계획', '학습', '고용' 3부분으로 나뉘어져 있으며 온라인 상담체계를 갖추고 있다.

'진로계획'은 진로계획단계, 장래계획, 진로상담과 계획, 진로발달 지침 등으로 구성되어 있고, '학습'은 취학 전, 유치원~12학년, 추가교육 준비하기, 교육을 위한 자금, 캐나다 외에서 공부, 학습 및 자기개발, 면허 및 자격요건, 지역 지원서비스 접근하기 등으로 구성되어 있다. '고용'은 직업찾기, 직업, 고용주 주소록, 자원봉사 및 인턴십, 캐나다 외의 직업, 자영업, 사업수단 및 지원, 자금지원(고용보험, 산재보험 및 연금 등), 직장에서의 권리 · 의무, 지역지원서비스 접근하기 등으로 구성되어 있다(김병숙, 2007a).

〈표 1-4〉 O*NET과 ODW(EON)의 직업정보 내용

내용 \ 체계	O*NET (미국)	ODW(EON) (캐나다)
직업명칭	SOC의 분류	NOC의 분류
직업개요	직업에 대한 정의(definition)	직업개요(NOC : lead Statement)
작업자 특성	① 능력 ② 흥미 ③ 직업의 가치(작업의 중요성)	① 적성(GATB : Career Handbook) ② 흥미(CWPI : Career Handbook) ③ 육체적 활동(Career Handbook)
작업자 요건	① 직능-기본직능/ 범기능적 직능 ② 지식 ③ 교육(요구되는 일반적 교육조건)	① 핵심 직능(Essential Skills) ② 지식

4) www.workinfonet.ca

내용 \ 체계	O*NET (미국)	ODW(EON) (카나다)
경험 요건	① Job Zones : 직업경험, 교육, 훈련 (요구정도에 따라 5단계로 구분) ② 경험 ③ 자격증	고용요건(NOC : Employment Requirements) ① 교육형태와 수준 ② 훈련 ③ 직업 경험 ④ 교육훈련지수 및 자격
직업 요건	① 일반적 작업 활동(GWA) ② 작업의 맥락(Work Context) ③ 조직의 맥락(Organization Context)	① 범-직업 직능 ② 작업환경조건(EC : Career Handbook) ③ 작업조직(Organization of Work)
직업-특수적 요건	① 업무수행에 필요한 지식 ② 업무수행에 필요한 기술 ③ 사용하는 도구, 기계, 설비	직무 특수적 직능(NOC : Job Specific Skills) JOBSCAN/ELE
직업 특성	① 노동시장 정보 ② 직업전망 ③ 임금	Job Futures의 노동시장 정보 (NAICS/LFS/COPS)

출처 : 노동부 정책자료(2000). 외국의 직업정보시스템, p. 19.

참고문헌

강홍렬(2006). 정보화 경험, 지식의 전략자원화. KISDI 이슈리포트, Vol. 2006, No.5, pp. 1-109, 정보통신정책연구원.

김동규 · 김병숙 · 김봉환 · 김완석 · 윤광희 · 윤석천(1999). 직업상담사(EBS 방송교재). 서울 : 박문각.

김병숙(2007a). 직업정보론. 서울 : 시그마프레스.

______(2007b). 직업심리학. 서울 : 시그마프레스.

노동부 정책자료(2000). 외국의 직업정보시스템.

박상철 · 김중진 · 이요행(2008). 해외 직업연구 및 직업정보 개발 동향. 한국고용정보원.

박선희(2004). 직업정보매체별 실업자의 직업정보인지도 분석. 경기행정논집, Vol.18, pp. 35-77, 경기대학교학술진흥원.

이영대 · 김기홍(1999). 주요 선진국의 직업연구 동향. 한국직업능력개발원.

장창원(2000). 지식 · 정보화 사회의 직업세계와 직업능력. 진로교육연구, Vol. 2000, No.11 pp. 19-60.

주석진(2017). 직업상담과 직업정보. 경기 : 공동체.

한국진로교육학회(2000). 진로교육의 이론과 실제. 경기 : 교육과학사.

Hoppock, R.(1976). *Occupational Information*. New York : Mcgrow-Hill Co.

http://know.work.go.kr

http://www.career.go.kr

www.connexions-direct.com

www.workinfonet.ca

www.keis.or.kr

CHAPTER 02

직업과 직업분류

1 직업의 의의, 직업관과 직업윤리

2 직무분석

3 한국표준직업분류

chapter 02 직업과 직업분류

1. 직업의 의의, 직업관과 직업윤리

1) 직업의 어의와 의의

(1) 직업의 어의(語義)

국어사전에서 직업(職業)이란 '생계를 위하여 일상적으로 하는 일'을 뜻한다(민중서림, 1991). 이를 좀 더 상세히 살펴보면, 생계(生計)는 입고, 먹고, 잠자는 이른바 의·식·주의 면에서 살아가는 방도를 말한다. 따라서 직업을 투박하게 표현하면 '살아남기 위해서 하는 일'이라고 하겠다. 직업이라는 말은 일상적인 대화에서 "당신이 하는 업이 무엇이냐?"와 같이 '업(業)'으로도, "당신이 하는 직이 무엇이냐?"와 같이 '직(職)'으로도 표현한다. 이러한 표현에서, '업'은 생계의 유지를 위하여 하는 일을 의미하고 '직'은 사회적 지위나 직무를 나타낸다.

직업의 영어표기는 calling, occupation, work of life, job, profession, trade, vocation 등 다양하게 사용된다. calling은 신의 명령에 의하여 하는 일로서 천직(天職)을 의미하고, occupation은 가장 일반적으로 사용하는 경우로서 업무를 위하여 훈련이 필요한 직업을, work of life라는 표현은 일의 종류에 관계없이 직업적인 일을 총칭하는 경우로서 생업(生業)을 의미한다. job은 비서직, 사무직, 연구직 등과 같이 직업을 뜻하는 구체적인 표현으로서 직무(職務)를 의미한다. profession은 변호사, 의사, 교사와 같이 전문적인 지식을 필요로 하는 전문가로서의 직업이다. trade는 손의 훈련을 필요로 하는 직업으로서 산업혁명기에 생성된 노동조합을 trade union이라고 하는데 이는 생산작업을 하는 노동자를 중심으로 하기 때문에 이러한 명칭이 사용되었다.

영어표기의 vocation은 특정한 일에 적합한 자격요건을 지닌 사람이 일하는 정규직을 의미하지만 전문가로서의 직업(profession)을 포함하는 용어는 아니다. 예를 들어 직업교육(vocational education)이라고 말할 때 이는 개인의 현재 및 미래를 위하여 일반적으로 요구되는 기초적인 지식 · 기술 · 기능을 향상시키기 위하여 실시되는 교육을 의미하며 고도의 전문적인 지식과 훈련을 하는 것은 아니다. 유의해야 할 점은 job과 occupation의 구분이다. 하나의 job이 occupation으로 이루어질 수도 있지만 대체로 job의 군집(모임)은 occupation으로 이해하자.

(2) 직업의 의의

다양한 견해가 있겠으나 직업은 일반적으로 다음과 같은 의의가 있다.

첫째, 직업은 생계수단으로서 의의가 있다. 현대사회에서는 직업을 통하여 일정한 수입을 얻고 생계를 유지한다. 직업이 없이는 살아나가기 어렵다.

둘째, 직업을 통하여 사회적인 기여를 한다. 사회생활의 가장 중요한 수단이 바로 직업이라는 것이다. 사회가 필요로 하는 재화와 서비스는 시장질서 속에서 분업적 관계에 의하여 충족되기 때문에 모든 직업은 재화와 서비스를 생산, 교환, 분배하는 과정에서 그 역할을 한다는 뜻이다.

셋째, 직업을 통하여 자신의 능력을 발휘할 뿐만 아니라 자신의 직업적인 일을 통하여 사는 보람을 얻는다. 이러한 것이 실현될 때 자아실현이 된다고 한다. 즉, 자신이 살아가는 삶의 목적을 실현하고 스스로 발전을 도모하는 가장 기본적인 바탕이 직업이라고 할 것이다.

2) 직업관과 직업윤리

(1) 직업관

한 개인이 자신의 직업에 대하여 어떠한 관점을 지니는가?의 문제가 바로 직업관이다. 유제홍과 권성경(1999)은 직업관을, 자기본위의 직업관, 사회본위의 직업관, 그리고 일 본위의 직업관 등 세 가지 관점에서 구분하였는데 이를 간략히 살펴보면 다음과 같다.

첫째, 자기 본위의 직업관이다. 이것은 직업을 생계유지를 위한 활동과 출세를 위한 수단으로 보는 입장이다. 이러한 직업관은 직업을 오로지 개인의 의식주를 해결하기 위한 수단이나 사회적 지위나 권력을 얻기 위한 수단으로만 생각하는 이기적인 직업관이라 할 수 있다. 또한 개인의 욕구충족을 기본으로 하기 때문에 사회에 기여한다는 의미를 찾아보기 어렵다.

둘째, 사회 본위의 직업관이다. 이것은 직업을 단순히 자기 자신이나 가족의 이익을 위하는 것으로 생각하지 않고 사회나 국가를 위하여 봉사하는 것으로 생각하는 직업관이다. 이는 직업을 사회적 역할 분담의 측면에서만 본 것으로, 봉사지향적 직업관이라고도 한다. 즉, 직업의 사회성을 강조한 직업관이다. 어떤 의미에서 직업이란 사회의 유지 및 발전을 위해 필요한 기능의 개인적 분담이라 볼 수 있기 때문에 개인의 직업생활은 항상 전체 사회의 발전을 염두에 두고 이루어져야 한다고 보는 것이다.

셋째, 일 본위의 직업관이다. 이것은 직업을 자아실현의 과정으로 이해하는 입장이다. 여기서 직업은 자신의 생계나 출세를 위한 것도 아니고 남을 위한 것도 아닌, 일 자체를 위한 것이다. 즉, 일 본위의 직업관에서는 직업이 무엇을 얻기 위한 수단으로 평가되지 않고 자아실현의 과정으로 간주되는 것이다. 자기가 가지고 있는 재능을 일을 통하여 마음껏 발휘하고 그 자체를 즐기기 위하여 직업을 선택하는 경우다. 일 본위 직업관은 직업을 수단이나 도구화하지 않고 그 자체를 목적으로 한다는 점에서 본질적인 직업관이라고도 할 수 있을 것이다. 그러나 모든 사람은 직업을 통하여 사회적 관계를 형성하고, 직업을 통하여 삶에 필요한 재화나 용역을 얻는 것이 현실이기 때문에 일 본위의 직업관이란 하나의 이상적인 직업관에 불과할 수 있다.

(2) 직업윤리

① 직업윤리의 중요성

직업윤리(occupational ethics)는 직업생활에 대한 윤리적 준거 혹은 도덕적 준거로서 사회 구성원간의 관계에 있어서 책임과 의무를 나타내는 근원이 되며, 개인은 물론 국가나 사회의 신뢰와 생산성의 근간이 되는 중요한 요인이라고 할 수 있다. 과거 우리나라는 국가주도의 경제성장지상주의라는 패러다임 속에서 '성장형 직업윤리'에 기초하여 발전하였다. '성장형 직업윤리'란 직업의 의미를 경제성에 두고, 직업에 대한 헌신성, 직무만족도 및 몰입도가 강하며, 직업과 일의 비중을 가정보다 우위에 두는 직업의식을 포함하는 개념이다. 그러나 우리나라는 1980년대를 거치면서 서서히 성장형 직업윤리에서 탈피하였으며, 1997년 경제위기를 겪으면서 성장형 직업윤리는 사실상 소멸되었다. 그 결과로 우리사회는 직업윤리의 부재 속에서 대체 직업윤리를 정착시키지 못한 채 다음 세대를 위한 직업윤리 교육이 미흡하기 때문에 직업윤리 교육의 중요성이 강조되고 있다(이근식 외, 2006; 김병숙 외, 2007; 박경미, 2005; 박순성 외, 2005).

우리나라는 세계화와 정보화로 요약되는 경제구조 변화 속에서 다양한 도전을 받고 있다. 그 도전의 하나가 바로 자유시장 경제이념이다. 1997년 경제위기로 인하여 밀려든 자유시장 경제의 이념은 개인주의, 합리주의 등과 같은 문화규범이 존재할 때 비로소 작동될 수 있다. 이 문화규범은 서방세계에 고유한 문화적 특수성(particularism)에서 시작된 이념으로 아시아 국가에 속하는 우리사회가 자유시장 경제를 수용 또는 응전할 수 있는 문화규범 이념으로서 직업윤리는 중요한 의미를 갖는다고 하겠다. 직업윤리는 각 사회의 문화적 특수성, 즉 문화규범의 틀 속에서 형성되고, 변화하며 발전하는 것이고, 서로 다른 문화로 인한 직업윤리가 정답이라고 할 수는 없다. 그러나 어떤 직업이건 이를 천직으로 받아들이는 소명의식이 결여될 경우 자본주의적 생산력을 기대하기는 어려울 것이다(백용호, 2005; 장홍근 외, 2007).

② 직업윤리의 개념

윤리란 사람이 지켜야 할 도리 또는 개인적 · 사회적 행위의 규범을 가리키며 올바른 행위를 의미한다. 따라서 직업윤리란 직업인으로서 지켜야 할 도리, 개인적 사회적 행위의 규범, 바람직한 행위규범을 의미하는 것으로 정의할 수 있다(장홍근 외, 2007). 김록환(2000)은 사회에서 직업인에게 요구되는 직업적 양심, 또는 사회적 규범의 하나로서 윤리적 이해와 관심을 직업생활이라는 조직체와 특수한 상황에 적용한 것이라고 할 수 있다. 이와 같이 직업과 관련하여 인간이 사회적 역할을 수행하는 과정에서 반드시 지켜야 할 내 · 외적 행위규범을 직업윤리라 하였다.

박상호 · 유영동(1993)은 직업윤리를 크게 '직업일반의 윤리'와 '직업별 윤리' 두 가지로 나누었다. 직업일반의 윤리란 어떠한 직업에서도 요구되는 행동규범을 의미하며, 직업별 윤리는 특정한 직종이 사회의 역할분담적 입장에서 가져야 할 행동기준을 의미한다. 직업별 윤리는 전체 사회에서 공인된 행동기준이고 그 적용을 받아들이는 모든 사람들에 대해 그것으로서의 준수가 요구되는 사회적 규범을 의미한다. 이러한 직업윤리의 개념은 그 사회의 문화적 전통과 특성을 반영한다. 서구 사회의 직업윤리의 개념에는 기독교적 직업윤리가 중요한 영향을 미쳤으며, 한국, 일본 등 아시아 국가들에서는 유교적 가치가 직업윤리 형성에 큰 영향을 미쳤다.

독일, 미국 등에 영향을 미친 기독교적 직업윤리는 근대적 시민사회의 합리적 자주적 직업관이며, 초기자본주의사회와 연결시킨 금욕적 직업윤리와 일맥상통한다. 특히 미국의 경우 시장중심적 자본주의 국가로서 경제윤리의 측면에서 영국, 독일과는 구분되는 독특한 특성을 지닌다. 이것은 노동 · 근면성 · 계획을 강조하는 청교도적 윤리를 미국화시킨 것으로 노동을 신의 소명으로 간주하여 신성화하고, 또한 신을 섬기는 가장 훌륭한 수단으로 인정하지만, 시장에 대해서는 자조(self-reliance)를 강조하며 능력이 있는 자는 보상받고 패배자는 그 대가를 치러야 한다는 적자생존(survival of the fittest)의 어두운 면을 발전시키기도 하였다(이근식 외, 2006; 홍종률, 1989).

반면에 동양의 유교적 직업윤리는 사회적 계층 또는 구조에 있어서의 질서를 강조하며 체면 또는 품위를 지키고자 하는 강한 욕구를 존중한다. 일본 국민의 근면성은 선진국 중 최고의 노동생산성을 자랑하고 있으며, 정직과 성실성은 '최선주의'가 아닌 '완벽주의'로 나타나 일본 제품이 세계 제일의 품질을 유지하는 바탕이 되었다. 이러한 일본자본주의 정신은 전국시대를 종식시키기 위해 일본적 유불종교개혁이 이루어지는 과정에서 형성되었다. 우리나라는 근면－성실, 정직－검약 그리고 인(仁)의 정신에선 일본과 같은 유교, 불교권이라는 점에서 비슷하나 평등과 능력이 공존하고 개인 지향적 공동체의식을 갖고 있다는 점에서 차이가 있다(김두겸, 1995; 조경순, 2003; 장홍근 외, 2007).

2. 직무분석

직업에 대한 정보를 제공하는 가장 중요한 정보원은 직업사전이라 할 수 있다. 직업사전에는 직업에 관한 가장 포괄적이고, 개괄적인 내용으로 해당직업을 파악할 수 있는 자료를 포함하고 있다. 향후 직업전망이 어떤지를 알려주는 자료로는 직업전망서가 있는데, 이러한 직업정보를 알려주는 자료들의 기초가 되는 것이 바로 직무분석이다. 직무분석에 기초한 직업자료의 분석이 바로 직업정보를 추출하는 기본 지식이라고 할 수 있다. 이러한 직무분석은 그 목적에 따라 여러 방법으로 분석되며, 직업정보로서 활용한데 가장 중요한 기초자료로 활용된다. 이하에서는 직무분석의 개요 및 분석방법에 대한 내용을 학습하도록 한다.

1) 직무분석의 개요

(1) 직무분석의 의의

직무분석(職務分析, job analysis)이란 수행해야 하는 직무(작업, 과업)와 직무의 성격, 그리고 직무를 수행하는데 필요한 지식과 능력, 태도, 숙련정도 등의 일체의 요건을 알아내는 과정을 말한다(Noe, 2003).

초기 산업의 발달이래로 산업의 규모, 생산력이 미미하여 지금과 같은 다양한 직무분석을 필요로 하지 않았다. 그러나 산업의 조직과 규모가 거대해지면서 체계적인 관리시스템의 도입이 필요하게 되었다. 이에 미국의 테일러(F. W. Taylor)와 길브레스(F. B. Gilbreth)의 시간연구와 동작연구[1]를 모태로 하여 본격적으로 직무분석에 대한 연구가 실시되었다. 이후 제1차 세계대전 때 미 육군의 인사분류위원회에서 전쟁을 치루기 위한 군수물자를 대량생산하기 위하여 본격적으로 직무부석을 실시하였다.

(2) 직무분석의 목적

직무분석(Job Analysis)이란 직무의 성격과 관련된 중요한 모든 정보를 수집하고 이들 정보를 관리하여 목적에 적합하게 정리하는 체계적 과정으로, 인간의 노동력을 과학적이고 합리적으로 관리하기 위한 기초 작업이다. 직무분석은 크게 특정 직무에서 수행하는 업무내용과 그 직무를 담당할 사람에게 요구되는 수행요건은 두 가지를 대상 내용으로 한다.

또한 직무분석은 직무를 구성하고 있는 일의 전체, 즉 그 직무를 수행하기 위하여 담당자에게 요구되는 경험, 지식, 능력, 책임과 그 직무가 타 직무와 구별되는 요인을 각각 명확히 밝혀서 기술하는 것을 목적으로 한다. 특히 교육훈련을 위한 직무분석은 교육훈련의 내용을 기준을 제공하고, 산업인력으로서 필요한 지식, 기술, 그리고 능력정도를 판정하는 기준을 제공하는 것을 목적으로 한다(박종성 외, 2005).

직무분석의 활용은 기업체에서의 효율적인 인력채용 및 배치, 직무평가 및 보상, 직무이동 및 능력개발을 위해 활용되며 작업의 표준화를 통해 생산성을 향상

1) '시간연구'는 작업과정을 여러 작업요소로 세분하여 각 작업의 소요시간을 측정하여 한 작업을 완수하는데 필요한 표준작업시간을 결정하기 위한 연구로 표준작업시간을 기준으로 불필요한 동작을 최소화하여 작업자의 생산성과 효율성을 극대화시킬 수 있다고 보는 것이다. '동작연구'는 작업하는 동작을 분석하고 불필요한 동작을 제거함으로써 작업시간을 절약하고, 작업자의 피로를 감소하여 합리적인 동작을 찾아내기 위한 연구이다. 즉, 이러한 연구들은 생산성의 향상과 관련이 있다.

시키고자 할 때에도 적용된다. 또 업무활동에서의 위험요소 등을 파악하여 작업조건을 개선시키기 위한 목적으로도 활용할 수 있다. 그리고 직업분류와 직업연구를 위해서도 핵심적으로 필요한 구성요소이며 교육과정 개발을 위해서도 필요하다.

이러한 직무분석은 국가적 차원에서 보면 노동시장의 기초정보를 파악하여 노동력 수급을 원활히 하는데 사용할 수 있고, 기업은 근로자의 선발, 배치·전환, 승진, 종업원 훈련, 경력개발, 급여수준의 결정 등 인사관리 및 직무수행평가, 작업조건 개선 등의 다양한 목적으로 활용되고 있다(김록환, 2000).

(3) 직무분석의 단계

직무분석은 실시하기 이전 세부적인 계획을 수립하고, 이 계획을 수립하기 위해 일을 추진하는 일정, 목표, 내용, 직무분석가의 구성, 직무분석에 사용될 양식 등을 개발하고 직무분석 지침을 정하며, 동일한 목적에 의해 동일한 분석틀을 갖기 위해 분석 참여자에 대한 교육이 필요하다. 직무분석의 대상을 정하고, 각 직종에 대한 정보 및 자료를 수집한 뒤 각 분야의 전문가들이 참여하게 되는데, 이러한 준비과정 이후 직무분석의 단계로 들어가게 된다. 직무분석은 크게 직업분석, 직무분석, 작업분석의 3단계로 구성되어 있다.

① 직업분석(occupation analysis)

이 단계에서는 채용, 임금, 조직관리 등을 목적으로 직업행렬표를 작성하여, 인력의 과부족과 분석대상 직업들의 관련성을 파악한 후, 요구하는 성, 연령, 교육 및 훈련, 정신적·신체적 특성, 책임범위 및 권한 등을 명시한 직업명세서를 작성한다.

② 직무분석(job analysis)

직무를 정의하는 것으로 직무기술과 작업들을 열거한 작업일람표를 기술하기 위해 직무명세서를 작성한다. 그 다음 직무명세서를 토대로 각 작업마다 작업명세서를 작성하게 되는데, 작업요소, 작업표준, 작업조건, 사용하는 기계 및 공구, 재료, 전문지식, 일반지식, 안전 등에 관한 사항으로 구성된다.

③ **작업분석**(task analysis)

공정관리와 작업개선을 위하여 작업요소별 동작이나 시간을 카메라나 스톱워치 등의 도구를 사용하여 분석하고, 불필요한 동작을 제거한다. 이는 능률적 작업으로 생산성을 향상하도록 하는 생산공학과 관련되며, 작동, 운반, 검사, 정체 저장 등을 의미하는 기호를 사용하여 작업공정의 흐름을 파악한다. 이러한 작업분석은 작업공정이나 작업방법을 표준화하거나, 작업을 개선하여 원가를 절감하는데 기여하게 된다.

이러한 직무분석은 수행업무 분석(작업목적, 작업내용, 작업방법, 작업장소, 작업시간)과 수행요건 분석(책임, 능력, 기능, 작업조건)으로 구분할 있다. 수행업무의 분석이란 개개인의 직위에서 직무의 내용으로 수행하고 있는 일들에 대한 사실을 명확하게 나타내는 것이며, 수행요건의 분석이란 수행업무의 분석에서 밝혀진 제반사실에 입각해서 그 직무의 담당자에게 요구되는 책임과 능력 및 그 직무가 수행되는 환경(작업조건)이 어떠한가를 밝히는 것이다(김록환, 2000).

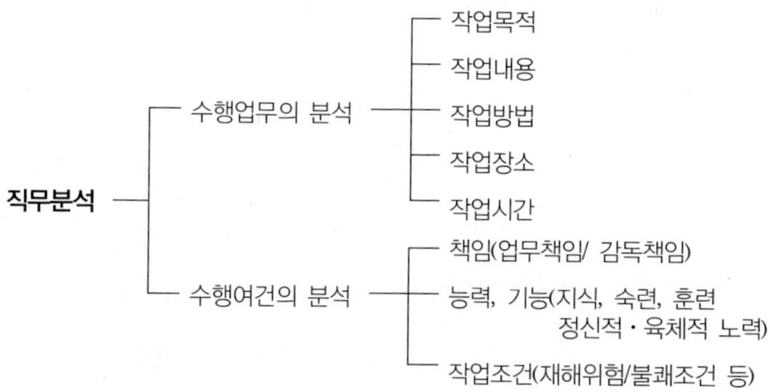

|그림 2-1| 직무분석 주요내용의 개요도(김록환, 2000, p. 192)

이러한 일반적인 직무분석 자료는 다음과 같은 특성을 나타낸다.

① 가장 최신의 정보를 반영하고 있어야 한다(현재를 기준).
② 사실 그대로를 나타내야 한다.
③ 가공하지 않은 원상태로의 정보여야 한다.
④ 논리적으로 체계화되어야 한다.
⑤ 여러 가지 목적으로 활용될 수 있어야 한다.

(4) 직무분석의 관련용어

직무, 직업, 직위, 작업, 작업요소 등은 누가, 언제, 어떤 목적으로 사용하느냐에 따라 달라질 수 있으며, 상황에 따라 호환하여 사용되기도 한다. 어떤 직무에서는 '작업요소'인 것이 다른 직무에서는 '작업'이 될 수도 있다. 일반적으로는 동작 → 과업 → 직무(직업) → 직종 → 직렬 → 직군의 크기 순으로 나열되나, 이러한 용어들은 산업, 사업체 등에 따라 달리 분류되어 사용되기도 한다. 직업과 직무분석에 대한 용어의 정의는 다음과 같다.

① 동작(Motion)

작업요소(Task Element)를 구성하는 작업자의 기본행위를 말하며, 신체의 일부를 움직이거나 이동하는 등 작업과 관련한 모든 행위가 포함된다.

② 작업요소(Task Element)

유관한 여러 개의 동작(motion)이나 하나의 작업요소(Task Element)를 형성하며, 작업(Task)을 구성하는 하위 요소이다. 이것 하나로는 유용한 결과를 얻을 수 없지만, 몇 개의 작업요소가 합해지면 유용한 결과를 얻을 수 있다.

③ 작업(과업; Task)

유관한 여러 개의 작업요소가 하나의 작업(Task)을 형성하며, 직무(Job)를 구성하는 하위요소이다. 직업은 직무를 단계별로 작은 부분으로 나누 것으로 이것은 완전한 작업단위를 나타내며, 자체로 독립될 수 있으며, 측정 가능한 행동을 말한다. 작업에는 작업자에 의해 수행되는 정신적 · 육체적 활동이 포함되며, 또는 과업 등으로 표현되기도 한다(예 밸브장치 수리, 나사 깎기).

④ **책무**(임무; Duty)

어떤 관련된 작업을 임의로 묶어 놓은 것으로서 직무를 수행하는데 있어 가장 주가 되는 책임을 책무라고 한다(예 엔진 시스템 검사, 도면검토 및 공정설계).

⑤ **직위**(Position)

작업자가 개개인에게 업무, 일, 책임이 분명히 존재하여 작업이 수행될 경우 개개인의 직업을 직위라고 한다. 직위는 개개인의 사회적 · 신분적 지위(地位)나 위계적인 상하의 지위를 의미하는 것이 아니라 직무상의 지위를 의미하는 것으로 직무가 조직 내의 직무체계 안에서 차지하는 위치를 나타내는 것이다. 이러한 지위는 한 사람에 수행되도록 할당된 과업의 집단으로 일의 특성이 아니라 양에 의해 그 수가 결정됨으로 직위의 수는 구성원의 수와 같다.

⑥ **직무**(Job)

직무는 과업이 모여서 구성된다. 다른 직무와 구별되는 주요한 일 또는 특징적인 일의 수행측면에서 볼 때 동일하다고 인정되는 직위의 일군(群)으로 작업자가 수행하는 책무(duty)와 일(task)이 직무를 구성한다. 만일 여러 사람이 동일한 임무와 일을 수행하고 있다면 그들은 동일한 직무를 수행하고 있는 것이다. 각각의 직무는 직무분석의 대상이 되며, 독립된 직업 결정의 중요한 기준이 된다. 조직 내의 직무 수는 직위 수와 같거나 적게 된다(예 엔진정비, 차체수리, 선반가공).

⑦ **직업**(Occupation)

하나의 사업장 이상에서 발견되며 한사람 이상의 작업자에 의해 수행되는 공통된 직무들의 묶음으로 특정한 직업은 작업목적, 작업방법, 중간재료, 최종생산물, 작업자의 행동, 작업자의 특성 등의 관점에서 볼 때 유사한 관계에 있다. 여기서 사업장의 범위는 1인이 경영하는 자영업체에서 대규모 사업체까지를 포함한다. 직업이 유사한 직무의 집합이라는 것은 하나의 직업이 다른 직업과는 구별되는 특정한 직무를 가지고 있어야 한다는 것과 일맥상통한다. 따라서 직무분석가는 사업체에 존재하는 모든 직위들 중에서 유사한 직무를 변별해 냄으로써 직업의 수를 결정하게 된다(예 자동차 정비공).

⑧ **직종**(Occupations)

직무의 복잡함과 책임의 비중은 다르지만 직무내용이 유사한 직무의 집합을 직종(職種)이라고 하며, 통상적으로 직무순환은 이 범위 내에서 주로 이루어진다.

⑨ **직렬**(Job series)

직렬은 일반적으로 직군을 세분화시킬 필요성이 존재할 때 사용한다. 영업직군을 국내 영업직렬과 해외 영업직렬로 나누는 것을 예로 들 수 있다.

⑩ **직군**(Job group)

하나의 목적을 가지고 '직종'이 모여서 직군을 형성하게 된다. 일반적으로 사무직군, 기술직군, 영업직군 등으로 표현한다. 기업에서는 본부 급의 단위로 구성되는 경우가 많다.

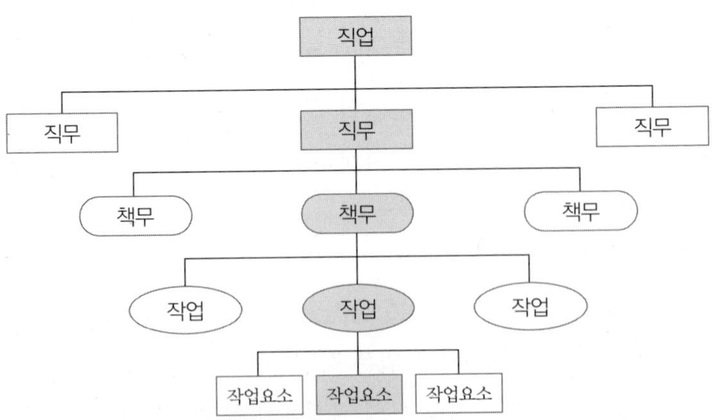

|그림 2-2| 직업, 직무, 책무, 작업, 작업요소의 체계(박종성 외, 2005, p. 4)

2) 직무분석의 방법[2)]

직무분석방법은 분석대상 직업에 따라 다양하다. 직무분석방법은 분석대상 직무의 성격, 수집, 자료의 용도, 주어진 분석조건 등에 따라 결정되어야 한다. 직무분석에 일반적으로 사용되는 주요한 분석방법으로는 최초분석법(New Analysis Method), 비교확인법(Verification Method), 그룹토의 기법(Group Process Method) 등이 있다.

(1) 최초분석법(New Analysis Method)

분석할 대상 직업에 관한 참고문헌이 없거나 드물고, 그 분야에 많은 경험과 지식을 갖춘 사람이 거의 없을 때, 직접 작업현장을 방문하여 분석을 실시하는 방법을 최초분석법이라고 한다. 그러나 이 방법은 많은 시간과 노력이 소요되므로 비교적 직무내용이 단순하고 반복되는 작업을 계속하는 경우에 적합하다. 이 최초분석법에는 면접법, 관찰법, 체험법, 설문법, 녹화법, 작업일지법, 중요사건법 등이 있다.

① 면접법(interview)

특정직무에 대해 오랜 경험을 가진 사람과 직업 면담을 하면서 분석하는 방법이다. 이 방법은 능동적으로 필요정보를 충분히 제공하도록 유도하는 방법으로 가장 많이 활용되고 있다. 일반적으로는 다른 방법과 병행해서 사용되나 많은 시간과 경비가 든다는 단점이 있다. 전문가와 면담을 할 때에는 분석에 협조하는 전문가가 시간에 제약을 받지 않도록 미리 소속기관의 장에게 허락을 얻도록 하고 상대방이 자발적으로 참여할 수 있게 해야 한다.

면담으로 직무분석을 할 때 유의해야 할 점들은 다음과 같다(김병숙, 2007).

㉠ 면담 시에는 항상 감독자와 떨어져서 자유로운 분위기 속에서 직무분석가가 개인별로 분석한다.

---

2) 직무분석의 방법은 한국직업능력개발원(1999, 2000, 2001, 2002, 2003, 2004, 2005), 직업교육훈련과정 개발을 위한 직무분석 지침서에서 발췌

㉡ 질문의 방법으로는 개방형 질문과 폐쇄형 질문을 적절히 사용한다.

㉢ 질문에 요점에서 대화가 빗나가지 않도록 이끌어간다.

㉣ 대화를 하면서 얻은 자료는 직무분석 양식에 기입해 나간다.

㉤ 면담 중 가끔 협조자가 대답을 생각하면서 침묵할 때 인내하며 기다린다.

㉥ 시간을 효율적으로 사용하기 위하여 항상 핵심적인 질문을 한다.

㉦ 응답 내용을 객관적으로 받아들이고 속단하지 않는다.

㉧ 언질이나 암시를 함으로써 어떤 기대감을 갖지 않는다.

㉨ 심리적으로 저항감이나 경계심을 갖지 않도록 부드러운 분위기를 갖게 한다.

㉩ 분석목적과 관계가 없는 사항이나 상대방의 자존심을 상하게 하는 질문은 피한다.

② **관찰법**(observation)

분석자가 작업자의 실제 직무활동을 관찰하고 그 결과를 기술하는 방법이다. 직무분석가가 대상 직업에 대하여 풍부한 경험을 가지고 있을 때 유리하다. 직무활동을 직접 확인 하는 것이므로 실질적이며, 정확한 결과를 얻을 수 있다. 그러나 직무의 특성이 시간적 · 공간적으로 나타나지 않는 지적 · 정신적 직무이거나 사무관리직과 같은 직무일 경우는 작업동작을 추출하기 어려워 이 방법이 활용되기 힘들다는 점과 직접 지켜보는 일이라 분석자의 주관이 개입될 위험이 있는 단점이 있다. 관찰시 작업자의 수행을 최대한 방해하지 않고 평소대로 일하는 것을 관찰하고, 관찰자의 존재를 최대한 노출시키지 말아야 되는[3] 주의가 필요하다.

③ **체험법**

분석자가 직접 직무활동에 참여, 체험함으로서 직무자료를 얻는 방법이다. 직무활동에서의 의식의 흐름, 감각적인 내용, 피로의 상태 등 내부구조까지 분석할 수 있다. 실제로 그 직무에 종사하고 있는 담당자의 상태에 도달하기까지 어렵다

3) 관찰이 노출될 때 직무수행의 왜곡(Hawthorne effect)이 일어나거나 획득한 정보의 신뢰도에 문제가 생길 수 있다. 호오손 효과는 호오손 공장(Hawthorne Work)에서의 실험으로 작업성과에 영향을 미치는 요소가 다른 요인들보다 단지 주목받고 있다는 사실 때문에 능률이 향상되는 것을 말한다. 즉, 호오손 효과는 원래 예상했던 실험이 제대로 이뤄지지 않아 엉뚱한 결론을 얻게 된 경우를 의미한다.

는 단점도 있다. 현실적으로 상당한 기간이 걸리는 체험법은 실현 불가능하므로 보완적으로 활용된다(예 체험 삶의 현장).

④ **설문지법**(questionnaire)

현장의 작업자 또는 감독자에게 설문지를 배부하여 이들로 하여금 직무의 내용을 기술하게 하는 방법으로, 조사대상을 폭 넓게 할 수 있으며, 사무관리와 같은 직무의 내용 또는 직무에 요구되는 고도의 기술이나 지식, 오랜 경험을 쌓아야 할 수 있는 책임의 소재 등에 관한 자료를 얻을 수 있다. 그러나 응답자가 설문을 충분히 이해하지 못하면 소기의 목적을 달성하기 어렵고, 응답내용이 사실인지 아닌지를 확인하기 어렵다는 단점이 있다.

⑤ **녹화법**

반복되는 단순직무로 작업장의 환경을 관찰하기 어려운 경우에 비디오테이프에 작업장면을 촬영·녹화하여 작업자와 함께 분석하는 방법으로, 현장과 달리 쾌적한 환경에서 분석이 가능하고 작업장면을 반복하여 볼 수 있는 장점이 있다. 그러나 직무가 복잡하거나 지적·정신적 직무인 경우에는 분석하기 어렵다는 단점이 있다.

⑥ **작업일지법**(employee recording method)

이 방법은 정해진 양식에 따라 직접 작성한 작업일지로부터 정보를 수집하는 방법으로 재직자 스스로 직무, 직무의 빈도, 수행된 직무 등을 기록하는 것이다. 신뢰도는 높을 수 있으나 원하는 정보를 충분히 획득할 수 있느냐가 문제가 된다. 재직자가 의도적으로 왜곡하여 일지를 작성할 수 있는 단점이 있으나, 관찰하기가 어려운 직무를 분석할 때 많이 활용된다.

⑦ **중요사건법**(critical incident method)

핵심 과업을 중심으로 직무수행자의 직무행동 가운데 성과와 관련하여 효과적인 행동과 비효과적인 행동으로 나누어 그 사례들을 수집하고 이러한 사례로부터 직무성과에 효과적인 행동패턴을 추출하여 분류하는 방법이다. 직무의 핵심적인 요인을 결정하는데 적합한 방법으로 중요사건을 중심으로 직무 난이도, 중요성, 시간투입 및 기여도 등을 분석한다. 그러나 이러한 요인을 개인의 특질로 귀인(歸仁)시키는 경향이 있고, 많은 시간과 노력이 소요되며 포괄적인 정보를 얻을 수 없다는 단점이 있다.

(2) 비교확인법(Verification Method)

이미 직업의 역사가 오래되어 많은 자료가 수집될 수 있는 직업으로써 수행하는 작업이 다양하고, 직무의 폭이 넓어 단시간의 관찰을 통해서 분석이 어려운 직업의 경우에 사용하는 방법이다. 지금까지 개발된 각종 자료를 수집하고 분석한 후 직무분석수행자가 초안을 작성하여, 현장에서의 실제 여부를 면담이나 관찰과 같은 최초분석법으로 확인하는 방법이다. 이때 가장 많이 사용되는 참고문헌은 직무기술과 각종 직업명세 사항이 수록되어 있는 각국의 직업사전이다.

(3) 그룹토의 기법(Group Process Method)

직무분석 대상 직종에 관련된 전문가 집단이 모여서 일정기간 동안 발표, 토의, 정리를 거쳐서 직무를 분석하는 방법으로 크게 브레인스토밍법과 데이컴법이 있다.

① 브레인스토밍 기법(Brainstorming Method)

분석 대상 직종의 소규모 전문가 그룹(5~10명)을 편성하여 토의를 거쳐 직무분석을 하는 방법으로 회의 진행자의 진행능력이 강조된다. 회의진행이 빠르고 창의적이며, 비용이 적게 소요된다는 장점이 있는 반면, 참석자의 지식, 수준이 직무내용을 좌우하는 가능성이 있다는 단점이 있다.

② **데이컴**(Designing A Curriculum; DACUM)

교육과정개발(Development A Curriculum)을 줄여서 부르는 말로, 미국 오하이오 주립대학교(Ohio State University) 부설 연구소인 '고용에 관한 교육 및 훈련센터'에서 개발하고 보급한 직무분석 기법으로 교육과정을 개발하는데 널리 사용되고 있다(Norton, 1995). DACUM기법은 널리 활용되기 때문에 이하에서 상세하게 다룬다.

3) 데이컴 기법(DACUM Method)

데이컴이란 Developing A Curriculum의 약어로 교과과정을 개발하는데 사용되는 분석방법이었다. 주로 8~12명의 전문가로 이루어진 데이컴 위원회가 집중적인 워크숍(brainstorming)을 통해 직업을 분석하며 비교적 단시간에 직업을 분석할 수 있는 장점이 있다. DACUM 모임에는 일반적으로 정보를 알아내기 위하여 3~4시간에서부터 며칠까지 훈련을 받은 근로자와 관리자로 구성된다. 첫 번째로 광범위한 임무가 도출되고 이러한 임무는 일반적으로 종이나 카드 목록화되어 벽에 붙여지게 된다. 이와 같은 임무는 필요한 지식과 기술을 추적하기 위하여 분석되어지며, 그 후 주요 임무들로 통합되고 빈도와 중요도의 척도로 평정되어진다. 특정한 직무에 관한 활동과 임무의 목록이 현직 근로자와 관리자에 의하여 개발되어지고 매우 특정한 임무에 대한 훈련 자료의 개발을 위해 사용되어질 수 있다.

(1) DACUM의 기본 가정

Robert Norton(1995)에 의하면 데이컴은 3가지 기본 가정 하에서 이루어진다.

① 숙련 근로자가 그 어떤 누구보다 자신의 직무를 가장 정확하게 묘사하고 정의할 수 있다.

② 직무를 묘사하는 효과적인 방법은 숙련 근로자가 수행하는 임무를 정의하는 것이다.

③ 모든 임무가 제대로 수행되어지기 위해서는 특정한 지식, 기술, 도구와 자

세를 요구한다.

데이컴법은 실업계 고등학교, 전문대학, 대학교의 교육과정 개발, 정부 및 각 기업체에서의 교육훈련프로그램 설계 및 개발, 경력개발, 직무분류, 업무량 분석 등에 활용되고 있다. 특히 작업자들에게 필요한 지식, 기술에 대한 준비 없이는 산업현장의 첨단기술수준을 따라갈 수 없는 현실에서 교육기관에서 교과과정 개발에 응용될 경우 수요자인 기업체에서 곧바로 활용할 수 있는 인재를 양성할 수 있다는 점에서 의의가 크다. 또한 기업들이 막대한 재교육비용을 들여 대졸신입사원들에게 현장업무를 가르치는 비효율을 방지할 수 있다(최영순, 2002).

(2) DACUM의 과정

① 모임에 대한 오리엔테이션

해당직업의 직무분석을 위해 참가한 전문가를 대상으로 직무분석의 목적과 데이컴법의 특성과 절차, 그리고 전문가들의 역할에 대해 설명한다. 그 외, 일정 및 준수사항, 숙박, 교통편 등에 불편이 없도록 안내하여 제한된 시간 내에 양질의 정보를 얻을 수 있도록 유도한다.

② 직업 및 직무에 대한 내용을 전체적으로 개관

㉠ 참석 전문자들의 브레인스토밍을 통해 해당직업의 정의를 내린다.
㉡ 직업행렬표로 분석할 직업의 위치를 파악한다.

③ 일반적인 책임(임무; duty) 영역을 도출

우선 어떤 기준으로 임무를 나눌 것인가에 대해 전문가들의 공감대를 형성한 후 그 기준(중요도, 빈도, 논리적 순서 등)에 따라 구분하여 열거한다.

④ 수행되어지는 특정 임무에서 구체적인 작업(task) 도출

임무를 하나씩 살펴보면서 어떤 작업들이 포함되는지를 나열한다.

⑤ 태도, 자질, 사용공구, 기계, 재료, 관계지식, 미래직업전망 열거

해당직업을 수행하기 위한 작업자의 태도 및 자질, 관련지식 등에 대해 브레인스토밍을 통해 정리하고, 사용하는 재료 및 공구, 장비 등에 대해 나열한다. 또한 임금, 고용, 사회적 인식 측면에서의 미래 직업전망에 대해서도 정리한다.

⑥ 내용의 정리, 수정 · 보완

나열된 임무와 작업열거도표들을 보면서 수정 · 보완해야 할 내용을 확인한다.

⑦ 작업과 임무에 대해 순서매기기

분석해 놓은 데이컴차트를 보면서 해당직업의 작업과 임무에 논리적 순서를 매긴다.

⑧ 중요도, 난이도, 빈도 매기기

데이컴 워크숍이 끝난 후 참석한 전문가 중 1명과 각각의 작업에 대한 중요도, 난이도, 빈도를 척도화한다. 이 작업은 추후에 중요도 난이도, 빈도 등이 높은 작업을 우선적으로 교과목을 활용하는데 참고할 수 있다.

⑨ 분석결과 검증

전문가들(대개 참석 전문가들로부터 추천)에게 분석 결과를 검증 받고, 타당도 검사결과 원래의 임무, 작업 등을 수정 · 첨가해야 한다면 워크숍 참석 전문가들에게 문의 후 수정한다.

⑩ 분석내용보고 및 발간

데이컴의 위와 같은 절차로 분석되며 이러한 워크숍을 할 때 준수사항에 대해서는 다음과 같은 것이 있다(최영순, 2002).

- 참석한 전문가들 간의 직급이나 연령 등을 배제하고 모든 사람들이 워크숍에 참석한다.

- 의견을 자유롭게 나누되 한 사람씩 발언한다.
- 다른 사람의 의견을 비판하기보다는 건설적인 의견을 덧붙인다.
- 모든 작업(task)을 정확하고 구체적으로 진술한다.
- 별도의 참고자료를 활용하지 않고 전문가들의 경험을 바탕으로 분석한다.
- 옵저버(observer)는 분석과정에 직접 참여하지 않고 별도의 휴식시간에 의견을 개진한다.
- 자유스러운 분위기 속에서 워크숍 전체 일정을 즐기도록 노력한다.

(3) DACUM 워크숍의 참가자

데이컴 워크숍의 참가자는 전문가(expert works), 데이컴 분석가(DACUM Facilitator), 코디네이터(Coordinator), 서기(recorder), 관찰자(observer)의 다섯 유형으로 구분할 수 있다.

① 전문가(expert works)

해당직업의 전문가는 5~12명 정도 참석하도록 하나 보통 9명 수준이면 분석의 신뢰성을 얻는데 별무리가 없다. 워크숍은 실무경험이 없는 감독자(관리자), 인사담당자 보다는 현장경험이 많은 사람을 우선적으로 선발하고, 전문가들은 워크숍 과정에서 서로의 의견을 존중하면서 경청하되 자신의 의견은 정확하고 명료하게 진술하도록 한다.

② 데이컴 분석가(DACUM Facilitator)

데이컴 분석가는 워크숍을 실질적으로 이끄는 사람으로 분석가의 능력에 따라 결과의 질이 좌우된다고 할 만큼 분석가의 자질이 매우 중요하다. 무엇보다 풍부한 데이컴 분석경험을 갖춘 사람이어야 하고, 분석가의 노련한 진행이 요구되며, 제한된 일정에서 많은 정보를 얻기 위해 브레인스토밍을 효과적으로 이끌 수 있는 능력이 필요하다. 또한 분석과정에서 참석 전문가들의 의견을 취합하고 중재하여야 하며, 분석할 직업에 대한 사전 지식을 가지고 있는 것보다는 전문가들로

하여금 스스로 직업을 규정짓게 하는 역할이 중요하다.

③ **코디네이터**(Coordinator)

코디네이터는 워크숍 일정동안 성공적으로 진행될 수 있도록 지원하는 역할을 한다. 분석가가 참석할 전문가의 선정기준을 마련해 주면 코디네이터가 연락하여 전체 워크숍 일정을 조정하고, 필요한 부대시설 및 좌석배치, 비품 등의 준비를 하여 참석자들이 불편한 없이 분석에 집중할 수 있도록 지원하는 업무를 한다.

④ **서기**(recorder)

데이컴법은 각각의 임무와 작업을 하나씩 종이에 써서 벽면에 붙여 직업전체를 볼 수 있는 데이컴차트를 만들게 된다. 이때 서기는 워크숍 일정 내내 직무분석가와 호흡을 맞춰 전문가들이 선정하는 임무와 작업을 벽면에 부착할 종이에 정확히 기록하는 역할을 한다. 전문가들이 진술하는 것을 주의 깊게 경청해야 하지만 최종적으로는 분석가의 지시에 따라 종이에 옮겨 적어야 한다.

⑤ **관찰자**(observer)

데이컴 워크숍에는 기업체, 학교의 훈련프로그램개발 담당자, 관리자, 인사담당자, 정책담당자 등 데이컴에 관심 있는 사람들이 참관인으로 참석할 수 있다. 이들은 분석과정을 살펴보면서 많은 정보를 얻을 수 있지만 분석과정에 개입하거나 참견해서는 안 되고 단지 분석과정을 '관찰'만할 수 있다.

Delphi Method(델파이 기법)

한 문제에 대해 여러 전문가들의 독립적인 의견을 우편으로 수집한 다음, 이 의견들을 요약·정리하여 다시 전문가들에게 배부하여 일반적인 합의가 이루어질 때까지 서로의 아이디어에 대해 논평하게 하는 방법이다. 여러 전문가들을 합의를 위해 한 장소에 모이게 할 필요 없이 그들의 평가를 이끌어 낼 수 있고, 의사결정과정에서 타인의 영향력을 배제할 수 있다는 장점이 있다. 그러나 모든 사람들이 응답을 한 것을 요약·정리하여 다시 우송하는 과정이 합의에 도달하게 될 때까지 계속되므로 소요되는 시간이 길고 응답자에 대한 통제가 힘들다는 단점이 있다.

4) 직무기술서와 직무명세서

직무분석의 최종결과는 직무기술서(Job Description)로 나타나게 된다. 직무기술서는 직무분석의 결과에 의해서 얻어진 어떤 특정 직무에 관한 정보를 조직적, 체계적으로 정리한 직무의 설명서이다. 직무기술서는 그것을 기초로 하여 직무평가가 이루어지기 때문에 평가가 객관적이고 정확하게 이루어지기 위해서 정확성이 요구된다(김록환, 2000).

(1) 직무기술서의 일반적 요건

① **명확성**(Clear) : 그 직무를 잘 모르는 사람도 쉽게 윤곽을 알 수 있도록 작성되어야 한다.

② **간결성**(Concise) : 간결한 용어를 선택하여 기술하는 것이 필요하다.

③ **완전성**(Complete) : 그 직무에 관한 모든 중요한 정보가 빠짐없이 포함되어야 한다.

④ **일관성**(Consistent) : 상호 모순된 진술 또는 의미가 정리・제외되어 일관성이 있어야 한다.

(2) 직무기술서의 형식

직무기술서는 일정한 형식이 없고, 사업체의 특색에 의해 내용과 양식을 달리하여 작성할 수 있다. 그러나 직무기술서에서 빠져서는 안 되는 필수기재사항이 있는데 이는 아래와 같다.

① **직무표지・직무확인사항**(Job identification) : 직무명칭, 직무번호, 소속부서명, 작성자, 상급감독자 등

② 직무개요(Job summary)

③ 수행임무(Duties performed) 또는 수행되는 일(work performed)

④ 감독관계(Supervision given and received)

⑤ 타 직무와의 관계(Relation to other jobs)

⑥ 사용기계, 도구, 설비, 재료(Machines, Tools, equipment and materials)

⑦ 환경조건(Working conditions ; 작업환경)

⑧ 전문술어의 정의(Refinitions of unusual terms)

⑨ 기타참고사항(Comments which add to and clarify the above)

(3) 직무명세서

직무분석의 결과에 의거하여 직무수행에 필요한 작업자의 선정, 지식, 기술, 능력 및 기타 특성을 일정한 양식에 기록한 문서가 직무명세서(job specification)이다. 주로 인적요건에 초점을 두어 작성한다. 주요 임무를 일련의 작업명으로 기술한 직무내용진술서로서 작성내용은 다음과 같다.

① 직무개요

직무의 특성을 주요 사용장비, 재료 및 공구, 공정과 제품 등을 조직적·체계적으로 정리하여 문장으로 간단명료하게 요약한 직무의 정의로써 마지막은 '~하는 일(직무)'로 기술한다.

② 작업일람표

작업명, 작업의 난이도, 작업의 중요도, 작업빈도로 구성되어 순위를 매긴다.

㉠ **작업명** : 한 개의 직무를 체계적인 방법에 따라 작은 단위로 나눈 단위로 자체로 독립될 수 있고, 측정이 가능한 행동의 범위, 즉 분석대상 작업자가 수행하는 직무, 즉 일을 일정규모의 크기로 구분하여 기술한다.

㉡ **작업의 난이도** : 작업수행에 요구되는 지적, 신체적 활동 정도로 여기에 제시된 작업의 난이도는 작업명세서에서 추출하며, 작업전체를 고려하여 판단한다.

㉢ **작업의 중요도** : 작업이 제대로 수행되지 않았을 경우, 자신을 포함하여 타

인에 대하 위험성, 플랜트 운영, 장비 혹은 환경 등에 대한 위험성(① 매우 중요하다－⑤ 전혀 중요하지 않다)을 평가한다.

㉣ 작업빈도 : 각 직업별로 수행되는 작업이 전체 작업과 비교하여 발생되는 회수를 선택, 직업의 종류에 따라 빈도의 척도를 조정할 수 있다.

(4) 직무명세서와 직무기술서의 차이점

직무명세서와 직무기술서는 직무분석 결과를 문서로 정리・기록하는 것이나 직무기술서는 직무내용과 직무의 요건에 비중을 두고, 직무명세서는 주로 직무요건, 특히 인적요건에 큰 비중을 둔다.

〈표 2-1〉 직무기술서와 직무명세서에 포함되어야 할 내용

직무기술서	직무명세서
• 직무명칭 • 직무의 직종 • 직무내용의 요약 • 직무수행의 방법 및 절차 • 사용되는 장비 및 도구 • 작업조건	• 직무명칭 • 직무의 직종 • 요구되는 교육수준 • 요구되는 기술수준 • 요구되는 지식 • 요구되는 정신적 육체적 능력 • 요구되는 작업경험

(5) 직무평가

기업이나 기타 조직에 있어서 각 직무의 중요성, 곤란도, 위험도 등을 평가하여 타 직무와 비교하여 동일한 임금을 적용하고 더 높은 가치가 인정되는 직무에 대해서는 더 많은 임금을 책정하는 직무급 제도를 실시하는 기초가 된다. 직무별 보상수준을 결정하기 위해 직무의 상대적인 가치를 비교 분석하는 일련의 평가 과정이라 할 수 있다. 직무평가 결과에 임금수준이 차별적으로 결정되기 때문에, 식부의 가치를 평가함에 있어 객관적이며 신중한 기준을 적용해야 한다. 직무평가의 과정은 일반적으로 직무분석 → 평가요소 선정 → 평가방법의 선정의 단계를 거친다.

- **1단계 직무분석** : 존재하는 직무들의 체계를 도출하고 그 내용을 상세하게 파악한다.
- **2단계 평가요소 선정** : 어떠한 요소로 직무를 평가할 것인지를 결정한다.
- **3단계 평가방법 선정** : 양적 방법(점수법, 요소비교법)과 비량적 방법(서열법, 분류법) 중 선정한다.

① 직무평가 요소

㉠ **숙련도**(Skill) : 해당 직무를 수행하기 위해 요구되는 지식, 자격요건, 경험 등

㉡ **정신적 노력**(Mental Effort) : 직무수행의 난이도

㉢ **육체적 노력**(Physical Effort) : 직무수행의 난이도

㉣ **책임**(Responsibility) : 해당 직무가 가지고 있는 책임요소(타인의 안전, 직무상 과오를 범했을 경우, 제품이나 서비스에 대한 책임범위 등)

㉤ **직무조건**(Job Condition) : 직무수행의 위험성, 특수성 등을 말하는 것(직무수행 시 생명과 건강에 치명적인 악영향, 작업장이 낙후되거나 격리되어 있을 경우 등을 감안하기 위한 평가요소)

② 직무평가 종류

가. 양적 방법(점수법, 요소비교법)

- **점수법** : 평가요소를 구분하여 요소별 그 중요도에 따라 점수를 준 후 총계하여 각 직무가치를 평가하는 것이다. 장점으로는 직무의 상대적 차이를 명확하게 정할 수 있어 평가결과에 이해 및 신뢰할 수 있다는 것이고, 단점은 직무의 중요도 설정하는 것이 상당히 어려움이 있다.
- **요소비교법** : 직업조직에 있어서 핵심이 되는 몇 개의 기준직무를 선정하고 각 직무의 평가요소를 기준직무의 평가요소와 결부시켜 비교함으로써 모든 직무의 상대적 가치를 결정하는 것이다. 복잡하고 그 실시에 있어 노력이 많이 드나 기준직무만 적절히 선정되면 점수법보다 합리적으로 사용할 수 있고, 직무의 상대적 가치를 임금액으로 평가하는 것이 특징이다. 기능적,

사무직, 감독직, 관리직 등 상이한 직무에도 널리 이용된다.

나. 비량적 방법(서열법, 분류법)

- **서열법** : 가장 오래되고 간단한 직무평가의 한 방법으로 전체적 · 포괄적 관점에서 각각의 직무를 상호 비교하여 그 순위를 결정한다. 직무 간의 차이가 명확한 경우나 평가자가 모두 직무를 잘 알고 있을 때 적용이 용이하나, 직무의 수가 많고 내용이 복잡한 경우에는 그 실효가 없다고 보아야 한다.
- **분류법** : 서열법에서 발전된 것으로, 어떠한 기준에 따라서 사전에 만들어 놓은 여러 등급에 각 직무를 적절히 판정하여 맞추어 넣은 평가하는 것이다. 간편하고 이용도가 높으나, 분류 자체에 객관성이 없는 경우에는 직무배정을 합리적으로 할 수 없게 될 위험성도 있다.

3. 한국표준직업분류[4)]

1) 한국표준직업분류의 연혁, 개념, 목적

(1) 한국표준직업분류의 연혁

① 연혁

우리나라에서 체계적인 직업분류를 시작한 것은 1960년 당시 내무부 통계국에서 국세조사(國勢調査)를 위하여 작성한 것이 처음이었다. 그 후 통계업무를 경제기획원에서 관장하게 됨에 따라 통계표준분류를 설정하게 되어, 1958년에 제정하여 각국에서 사용토록 권고된 국제노동기구(International Labor Organization; 이하 ILO)의 국제표준직업분류(International Standard Classification of Occupations : 이하 ISCO)-58을 근거로 1963년 한국표준직업분류(Korean Standard Classification of Occupations : 이하 KSCO)가 제정되었다.

4) 한국표준직업분류는 통계청 사이트 www.kostat.go.kr을 참고 하였음

1963년에 제정된 KSCO의 미비점과 불합리점을 보완하기 위하여 1966년에 개정작업을 추진하였으며 이후 ILO의 ISCO 개정(1968년, 1988년, 2008년)과 국내의 직업구조 및 기술변화를 반영하기 위하여 1970년, 1974년, 1992년, 2000년, 2007년에 추진되었다.

2007년에 개정된 제6차 KSCO는 ISCO-08(2008년 개정)을 반영함으로써 국제 비교가능성을 강화하는 한편, 국내 노동시장 현실을 반영하였다. 전문가와 준전문가(기술공)의 대분류를 통합하여 우리나라 노동시장의 구조를 반영하고 현장 적용도를 제고하고자 하였다. 또한 국내 노동시장 구조 및 인력규모를 고려하여 성장추세 직종인 전문가 및 관련 종사자의 분류를 세분하는 한편, 고용 인력규모의 감소가 예상되고 분류항목이 과잉 세분되어 현장 적용이 어려운 농림·어업 관련 직종 및 제조업 분야 기계 조작 직종은 분류항목을 통합·축소하는 등 분류체계 전반을 개정하였다.

2007년 제6차 KSCO 개정 이후 많은 시간이 경과되면서, 새롭게 등장하거나 전문영역으로 분화되는 등 직무 변화가 있는 직업 영역들에 대한 통계작성 및 정책지원 수요가 증가하였다. 이에 통계청에서는 2015년 5월, 제7차 KSCO 개정을 위한 기본계획을 수립하고 약 2년간에 걸친 개정작업을 추진, 통계청 고시 제2017-191호(2017. 7. 3.)로 확정·고시하고 2018년 1월 1일부터 시행하게 되었다.

② 국제표준직업분류와 한국표준직업분류

한국표준직업분류(KSCO)는 국제연합의 ILO에서 각 국에 권고하는 국제표준직업분류(ISCO)를 준용하여 작성되기 때문에, 앞서 언급한 제5차 및 제6차 개정과 관련된 내용을 부연 설명한다.

ILO의 제14차 국제통계학자회의가 1987년 10~11월에 개최되었다. 이 회의를 거쳐 각국에 권고한 직업분류가 국제표준직업분류(ISCO-88)이다. ISCO-88은 직무(jobs)를 과거, 현재 또는 미래에, 개개인이 하는 일에 대하여 현실적 및 잠재적으로 관련된 직무를 분류하고 있다. 직무는 수행되었거나 수행하여야 하는 일의 유형을 고려하여 분류한다. 분류를 위한 기본적인 기준은 해당직업의 작업(tasks)과 책무(duties)를 수행하기 위한 요건이 되는 직능수준(skill level)과 직능의 전문성(skill specialization)이다. 이 기준에 따라 직업을 주집단(major group), 부집단(sub-major group), 소집단(minor group), 그리고 단위집단(unit groups) 등 4단계의 체계구조를 설정하고 있다. 이후 2007년 말 ISCO의 개정작업을 거쳐 ISCO-08[5)]이 만들어 지게 된다. ISCO-08의 주집단(대분류)을 소개하면 다음과 같다.

- MAJOR GROUP 1 : Managers
- MAJOR GROUP 2 : Professionals
- MAJOR GROUP 3 : Technicians and associate professionals
- MAJOR GROUP 4 : Clerical support workers
- MAJOR GROUP 5 : Service and sales workers
- MAJOR GROUP 6 : Skilled agricultural, forestry and fishery workers
- MAJOR GROUP 7 : Craft and related trades workers
- MAJOR GROUP 8 : Plant and machine operators, and assemblers
- MAJOR GROUP 9 : Elementary occupations
- MAJOR GROUP 0 : Armed forces occupations

이러한 분류체계를 받아들여 2007년 말 우리나라에서는 6차 개정된 한국표준직업분류(KSCO)가 만들어지게 되었다. KSCO의 분류체계는 대분류, 중분류, 소분류, 세분류, 세세분류의 5개의 분류체계로 만들어져 있다. 대분류는 국제비교를 위한 편의상 국제표준직업분류를 따르기로 원칙을 정하고, 중분류 이하는 우리나라 노동시장 현실을 반영하도록 하였다. 이를 위해 국제표준직업분류(ISCO-08) 개정내용을 한국표준직업분류(KSCO-07)에 반영하고, 우리나라 노동시장의 구조와 조사의 편리성을 고려하여 국제표준지업분류에서 '전문가'와 '기술공 및 준전문가'는 전문가 및 관련종사자로 통합하고, '서비스 및 판매종사자'는 서비스 종사자와 판매종사자로 분류하였다. 중분류 이하는 직능유형(Skill Specialization)에 보다

5) http://www.ilo.org/public/english/bureau/stat/isco

중점을 두어 분류하였다. 한국표준직업분류와 국제표준직업분류를 대조해 놓은 것이 <표 2−2>이다.

〈표 2−2〉 한국표준직업분류와 국제표준직업분류의 대분류체계

한국표준직업분류(KSCO)		국제표준직업분류(ISCO)	
분류 부호	명 칭	분류 부호	명 칭
대분류 1	관리자	대분류 1	관리자
대분류 2	전문가 및 관련종사자	대분류 2 대분류 3	전문가 기술공 및 준전문가
대분류 3	사무 종사자	대분류 4	사무 종사자
대분류 4 대분류 5	서비스 종사자 판매 종사자	대분류 5	서비스 및 판매 종사자
대분류 6	농림어업 숙련 종사자	대분류 6	농림어업 숙련 종사자
대분류 7	기능원 및 관련기능 종사자	대분류 7	기능원 및 관련기능 종사자
대분류 8	장치・기계조작 및 조립 종사자	대분류 8	장치・기계조작 및 조립 종사자
대분류 9	단순노무 종사자	대분류 9	단순노무 종사자
대분류 A	군인	대분류 0	군인

(2) 직업분류의 개념 및 목적

수입(경제활동)을 위해 개인이 하고 있는 일을 그 수행되는 일의 형태에 따라 체계적으로 유형화한 것이 직업분류이며, 국내 직업구조 및 실태에 맞도록 표준화한 것이 한국표준직업분류(KSCO)이다.

직업분류는 경제활동인구조사, 인구주택총조사, 지역별고용조사 등 고용 관련 통계조사나 각종 행정자료를 통하여 얻어진 직업정보를 분류하고 집계하기 위한 것이다. 직업 관련 통계를 작성하는 모든 기관이 통일적으로 사용하도록 함으로써 통계자료의 일관성과 비교성을 확보할 수 있다. 또한 각종 직업정보에 관한 국내통계를 국제적으로 비교・활용할 수 있도록 하기 위하여 ILO의 국제표준직업분류(ISCO)를 근거로 설정되고 있다.

이러한 직업분류는 고용 관련 통계 및 장·단기 인력수급 정책수립과 직업연구를 위한 기초자료 작성에 활용되며, 다음에도 기준자료로 활용되고 있다.

① 각종 사회·경제통계조사의 직업단위 기준
② 취업알선을 위한 구인·구직안내 기준
③ 직종별 급여 및 수당지급 결정기준
④ 직종별 특정질병의 이환율, 사망률과 생명표 작성 기준
⑤ 산재보험률, 생명보험률 또는 산재보상액, 교통사고 보상액 등의 결정 기준

2) 직무와 직업

(1) 직무와 직업의 정의

국제표준직업분류(ISCO-08)에서 직무(Job)는 '자영업을 포함하여 특정한 고용주를 위하여 개별 종사자들이 수행하거나 또는 수행해야 할 일련의 업무와 과업(tasks and duties)'으로 설정하고 있으며, 직업(Occupation)은 '유사한 직무의 집합'으로 정의된다. 여기에서 유사한 직무란 '주어진 업무와 과업이 매우 높은 유사성을 갖는 것'을 말한다. 직업은 유사성을 갖는 직무를 계속하여 수행하는 계속성을 가져야 하는데, 일의 계속성이란 일시적인 것을 제외한 다음에 해당하는 것을 말한다.

① 매일, 매주, 매월 등 주기적으로 행하는 것
② 계절적으로 행해지는 것
③ 명확한 주기는 없으나 계속적으로 행해지는 것
④ 현재 하고 있는 일을 계속적으로 행할 의지와 가능성이 있는 것

직업은 또한 경제성을 충족해야 하는 데, 이는 경제적인 거래관계가 성립하는 활동을 수행해야 함을 의미한다. 따라서 무급 자원봉사와 같은 활동이나 전업학생의 학습행위는 경제활동 혹은 직업으로 보지 않는다. 직업의 성립에는 비교적

엄격한 경제성의 기준이 적용되는데, 노력이 전제되지 않는 자연발생적인 이득의 수취나 우연하게 발생하는 경제적인 과실에 전적으로 의존하는 활동은 직업으로 보지 않는다.

직업 활동은 전통적으로 윤리성과 사회성을 충족해야 하는 것으로 보고 있다. 윤리성은 비윤리적인 영리행위나 반사회적인 활동을 통한 경제적인 이윤추구는 직업 활동으로 인정되지 못한다는 것이다. 사회성은 보다 적극적인 것으로써 모든 직업 활동은 사회 공동체적인 맥락에서 의미 있는 활동, 즉 사회적인 기여를 전제조건으로 하고 있다는 점을 강조한다.

(2) 직업으로 보지 않는 것

앞서 살펴본 바와 같이 직업활동은 계속성, 경제성, 사회성, 윤리성을 충족하여야 한다. 이러한 뜻을 보다 자세히 살펴보면, 계속성과 경제성은 충족하더라도 윤리성 또는 사회성이 충족되지 않으면 직업으로 보지 않는다는 뜻이다. 예컨대, '도둑질'을 해서 생계를 유지한다고 가정해 보자. 이는 매일 또는 주기적으로 하면서(계속성), 금전을 수취하는 행위(경제성)로 규정지을 수 있으나 사회・윤리적으로 용인되지 않기 때문에 이를 직업으로 보지는 않는다는 것이다. 또한 속박된 상태에서의 제반활동(아래의 ⑧, ⑨, ⑩)은 경제성이나 계속성의 여부와 상관없이 직업으로 보지 않는다. 그러므로 다음과 같은 활동은 직업으로 보지 않는다.

① 이자, 주식배당, 임대료(전세금, 월세금) 등과 같은 자산 수입이 있는 경우
② 연금법, 국민기초생활보장법, 국민연금법 및 고용보험법 등의 사회보장이나 민간보험에 의한 수입이 있는 경우
③ 경마, 경륜, 복권 등에 의한 배당금이나 주식투자에 의한 시세차익이 있는 경우
④ 예・적금 인출, 보험금 수취, 차용 또는 토지나 금융자산을 매각하여 수입이 있는 경우
⑤ 자기 집의 가사활동에 전념하는 경우

⑥ 교육기관에 재학하며 학습에만 전념하는 경우
⑦ 시민봉사활동 등에 의한 무급 봉사적인 일에 종사하는 경우
⑧ 사회복지시설 수용자의 시설 내 경제활동
⑨ 수형자의 활동과 같이 법률에 의한 강제노동을 하는 경우
⑩ 도박, 강도, 절도, 사기, 매춘, 밀수와 같은 불법적인 활동

3) 한국표준직업분류의 기준과 직능수준의 분류

(1) 직업분류의 기준

한국표준직업분류는 주어진 직무의 업무와 과업을 수행하는 능력(the ability to carry out the tasks and duties of a given job)인 직능(skill)을 근거로 편제되며, 직능수준과 직능유형을 고려하고 있다. 직능수준(skill level)은 직무수행능력의 높낮이를 말하는 것으로 정규교육, 직업훈련, 직업경험 그리고 선천적 능력과 사회 문화적 환경 등에 의해 결정된다. 직능유형(skill specialization)은 직무수행에 요구되는 지식의 분야, 사용하는 도구 및 장비, 투입되는 원재료, 생산된 재화나 서비스의 종류와 관련된다.

하나의 직업(occupation)은 직무상 유사성을 갖고 있는 여러 직무(job)의 묶음이다. 어떤 직무의 집합을 여타 직업과 구별하고 동일한 직업으로 분류하는 것은 유사성의 정도에 대한 판단을 전제로 하는데, 이는 직무상 서로 다른 것을 규정하는 직업별 직무 배타성(exclusivity)을 제시하는 것과 같다. 그런데 현장에서 일어나는 직무수행 조건의 복잡성과 기업규모의 차이 등에 따른 직무범위의 격차 때문에 직무별 유사성과 배타성을 판별하는 것은 매우 어려운 작업이다.

직무유사성의 기준에는 해당 직무를 수행하는 사람에게 필요한 지식(knowledge), 경험(experience), 기능(skill)과 함께 직무수행자가 입직을 하기 위해서 필요한 요건(skill requirements) 등이 있다. 때로는 직업 종사자가 주로 일하는 기업의 특성, 생산과정이나 최종 산출물 등이 중요할 때도 있다. 유사하지 않은 직업은 배타성의 요건이 충족되어 상호 다른 직업이라고 할 수 있으며, 직무별로 노동시장의 형성

이 다른 경우에는 가장 분명한 배타성을 갖는다고 할 수 있다.

또한 직무 범주화 기준에는 직무별 고용의 크기 또한 현실적인 기준이 된다. 한국표준직업분류에서는 세분류 단위에서 최소 1,000명의 고용을 기준으로 설정하였으며, 고용자 수가 많은 세분류에는 5,000~10,000명이 분포되어 있을 것으로 판단된다.

(2) 직업대분류와 직능수준

국제표준직업분류(ISCO)에서 정의한 직능수준(Skill Level)은 정규교육을 통해서만 얻을 수 있는 것은 아니며, 비정규적인 직업훈련과 직업경험을 통하여서도 얻게 된다. 따라서 분류에서 사용되는 기본개념은 정규교육 수준에 의해 분류되는 것이 아니라, 직무를 수행하는데 필요한 특정업무의 수행능력이다. 이러한 기본개념에 의하여 설정된 분류체계는 국제적 특성을 고려하여 4개의 직능수준으로 구분하고, 직무능력이 정규교육(또는 직업훈련)을 통하여서 얻어지는 것이라고 할 때 국제표준교육분류(ISCED-11)[6] 상의 교육과정 수준에 의하여 다음과 같이 정의하였다.

① 제1직능 수준

일반적으로 단순하고 반복적이며 때로는 육제적인 힘을 요하는 과업을 수행한다. 간단한 수작업 공구나 진공청소기, 전기장비들을 이용한다. 과일을 따거나 채소를 뽑고 단순 조립을 수행하며, 손을 이용하여 물건을 나르기도 하고 땅을 파기도 한다. 이러한 수준의 직업은 최소한의 문자이해와 수리적 사고능력이 요구되는 간단한 직무교육으로 누구나 수행할 수 있다. 제1직능 수준의 일부 직업에서는 초등교육이나 기초적인 교육(ISCED 수준1)을 필요로 한다.

② 제2직능 수준

일반적으로 완벽하게 읽고 쓸 수 있는 능력과 정확한 계산능력, 그리고 상당한

6) 이전 6차 개정에서는 ISCED-97을 사용하였으나, 금번 7차 개정에서는 ISCED-11을 사용하였음.

정도의 의사소통 능력을 필요로 한다. 보통 중등 이상의 교육과정의 정규교육 이수(ISCED 수준2, 수준3) 또는 이에 상응하는 직업훈련이나 직업경험을 필요로 한다. 이러한 수준의 직업에 종사하는 자는 일부 전문적인 직무훈련과 실습과정이 요구되며, 훈련실습기간은 정규훈련을 보완하거나 정규훈련의 일부 또는 전부를 대체할 수 있다. 운송수단의 운전이나 경찰 업무를 수행하기도 한다. 일부의 직업은 중등학교 졸업 후 교육(ISCED 수준4)이나 직업교육기관에서의 추가적인 교육이나 훈련을 요구할 수도 있다.

③ 제3직능 수준

복잡한 과업과 실제적인 업무를 수행할 정도의 전문적인 지식을 보유하고 수리계산이나 의사소통 능력이 상당히 높아야 한다. 이러한 수준의 직업에 종사하는 자는 일정한 보충적 직무훈련 및 실습과정이 요구될 수 있으며, 정규훈련과정의 일부를 대체할 수도 있다. 또한 유사한 직무를 수행함으로써 경험을 습득하여 이에 해당하는 수준에 이를 수도 있다. 시험원과 진단과 치료를 지원하는 의료 관련분류나 스포츠 관련직업이 대표적이다. 일반적으로 중등교육을 마치고 1~3년 정도의 추가적인 교육과정(ISCED 수준5) 정도의 정규교육 또는 직업훈련을 필요로 한다.

④ 제4직능 수준

매우 높은 수준의 이해력과 창의력 및 의사소통 능력이 필요하다. 이러한 수준의 직업에 종사하는 자는 일정한 보충적 직무훈련 및 실습이 요구된다. 또한 유사한 직무를 수행함으로써 경험을 습득하여 이에 해당하는 수준에 이를 수도 있다. 분석과 문제해결, 연구와 교육 그리고 진료가 대표적인 직무분야이다. 일반적으로 4년 또는 그 이상 계속하여 학사, 석사나 그와 동등한 학위가 수여되는 교육수준(ISCED 수준6 혹은 그 이상)의 정규교육 또는 훈련을 필요로 한다.

(3) 한국표준직업분류와 직능수준과의 관계

이상과 같은 4개의 직무능력 수준의 정의는 다음 <표 2-3>과 같이 한국표준직업분류상의 10개 대분류항목에 적용된다. 2007년 6차 개정에서는 대분류 A군인 항목은 조사의 현실성을 감안하여 직능수준과 무관하게 분류하였으나 금번 2017년 7차 개정에서는 2 직능수준 이상 필요한 것으로 분류하였다. 그러나 이러한 직능수준이 실제 종사자의 학력수준을 제시하는 것은 아니며, 필요로 하는 최소 직능수준을 의미한다고 할 수 있다.

〈표 2-3〉 직업대분류별 요구되는 직능수준

대분류	직능수준
1 관리자	제4직능 수준 혹은 제3직능 수준 필요
2 전문가 및 관련종사자	제4직능 수준 혹은 제3직능 수준 필요
3 사무 종사자	제2직능 수준 필요
4 서비스 종사자	제2직능 수준 필요
5 판매 종사자	제2직능 수준 필요
6 농림어업 숙련 종사자	제2직능 수준 필요
7 기능원 및 관련기능 종사자	제2직능 수준 필요
8 장치·기계조작 및 조립 종사자	제2직능 수준 필요
9 단순노무 종사자	제1직능 수준 필요
A 군인	제2직능 수준 이상 필요

4) 직업분류의 원칙

(1) 직업분류의 일반 원칙

① 포괄성의 원칙

우리나라에 존재하는 모든 직무는 어떤 수준에서든지 분류에 포괄되어야 한다. 특정한 직무가 누락되어 분류가 불가능할 경우에는 포괄성의 원칙을 위배한 것으로 볼 수 있다.

② 배타성의 원칙

동일하거나 유사한 직무는 어느 경우에든 같은 단위직업으로 분류되어야 한다는 점이다. 하나의 직무가 동일한 직업단위 수준에서 2개 혹은 그 이상의 직업으로 분류될 수 있다면 배타성의 원칙을 위반한 것이라 할 수 있다.

(2) 포괄적인 업무에 대한 직업분류 원칙

동일한 직업이라 할지라도 사업체 규모에 따라 직무범위에 차이가 날 수 있다. 예를 들면, 소규모 사업체에서는 음식조리와 제공이 하나의 단일 직무로 되어 조리사의 업무로 결합될 수 있는 반면에, 대규모 사업체에서는 이들이 별도로 분류되어 독립적인 업무로 구성될 수 있다. 직업분류는 국내외적으로 가장 보편적인 업무의 결합상태에 근거하여 직업 및 직업군을 결정한다. 따라서 어떤 직업의 경우에 있어서는 직무의 범위가 분류에 명시된 내용과 일치하지 않을 수도 있다. 이러한 경우 다음과 같은 순서에 따라 분류원칙을 적용한다.

① 주된 직무 우선 원칙

2개 이상의 직무를 수행하는 경우는 수행되는 직무내용과 관련분류항목에 명시된 직무내용을 비교・평가하여 관련 직무내용상의 상관성이 가장 많은 항목에 분류한다. 예를 들면, 교육과 진료를 겸하는 의과대학 교수는 강의, 평가, 연구 등과 진료, 처치, 환자상담 등의 직무내용을 파악하여 관련항목이 많은 분야로 분류한다.

② 최상급 직능수준 우선 원칙

수행된 직무가 상이한 수준의 훈련과 경험을 통해서 얻어지는 직무능력을 필요로 한다면, 가장 높은 수준의 직무능력을 필요로 하는 일에 분류하여야 한다. 예를 들면, 조리와 배달의 직무비중이 같을 경우에는, 조리의 직능수준이 높으므로 조리사로 분류한다.

③ 생산업무 우선 원칙

재화의 생산과 공급이 같이 이루어지는 경우는 생산단계에 관련된 업무를 우선적으로 분류한다. 예를 들면, 한 사람이 빵을 생산하여 판매도 하는 경우에는, 판매원으로 분류하지 않고 제빵사 및 제과원으로 분류하여야 한다.

(3) 다수 직업 종사자의 분류원칙

한 사람이 전혀 상관성이 없는 두 가지 이상의 직업에 종사할 경우에 그 직업을 결정하는 일반적 원칙은 다음과 같다.

① 취업시간 우선의 원칙

가장 먼저 분야별로 취업시간을 고려하여 보다 긴 시간을 투자하는 직업으로 결정한다.

② 수입 우선의 원칙

위의 경우로 분별하기 어려운 경우는 수입(소득이나 임금)이 많은 직업으로 결정한다.

③ 조사시 최근의 직업 원칙

위의 두 가지 경우로 판단할 수 없는 경우에는 조사시점을 기준으로 최근에 종사한 직업으로 결정한다.

(4) 순서배열 원칙

동일한 분류수준에서 직무단위의 분류는 다음의 원칙을 가능한 준수하여 배열한다.

① 한국표준산업분류(KSIC)

동일한 직업단위에서 산업의 여러 분야에 걸쳐 직업이 있는 경우에 한국표준산업분류의 순서대로 배열하였다. 대분류 7과 8의 기능원과 조작직 종사자인 경우에는 거의 모든 산업에 종사하는 직업이 중분류 수준에서 발견되고 있으므로,

중분류의 순서를 한국표준산업분류에 따라 분류하였다.

② **특수-일반분류**

직업의 구분이 특수와 그 특수 분야를 포함하는 일반이 있을 경우에는 특수를 먼저 배열하고 일반을 나중에 배열하였다. 예를 들어 생명과학 연구원을 먼저 위치시키고, 곧이어 자연과학 연구원을 배열하였다.

③ **고용자 수와 직능수준, 직능유형 고려**

직능수준이 비교적 높거나 고용자 수가 많은 직무를 우선하여 배치한 것을 말한다. 예를 들어 '대분류 1 관리자'의 중분류에서 공공 및 기업고위직을 먼저 배열한 것은 이 분야가 직능수준이 상대적으로 높아 관리자를 관리하는 직종이기 때문이다. 또 직능유형이 유사한 것끼리 묶어 분류하였는데, 이는 직업분류의 용이성과 활용성을 높이기 위함이다.

(5) 특정직종의 분류요령

① **행정관리 및 입법적 기능 수행업무 종사자**

행정관리 및 입법기능을 수행하는 자는 '대분류 1 관리자'에 분류된다. 따라서 주된 업무가 정책 결정, 법규 등의 입안 업무를 주로 하는 중앙 및 지방정부 고위 공무원 및 공・사기업 관리자가 여기에 분류된다. 또한 대규모의 농업, 도・소매업 및 음식・숙박업 등의 관리자, 고용주 중에서 기획, 조정, 통제, 지시 업무를 주로 하는 자 등이 여기에 포함된다. 현업을 겸하는 경우에는 다른 사람의 직무수행을 감독 및 관리하는 직무에 평균 근무시간의 80% 이상을 종사하는 자만 관리자로 분류된다.

② **자영업주 및 고용주의 직종**

자영업주 및 고용주는 수행되는 일의 형태에 따른 구분이 아니라 고용상태에 따라 구분된 개념이다. 그러므로 직업분류에서 자영업주 및 고용주의 직업은 그들이 주로 수행하는 직무내용이 관리자가 하는 일과 유사한가 아니면 동일 분야에서 종사하는 다른 근로자와 유사한 일을 하는가, 즉 주된 직무우위 원칙에 따라 수행하는 직무 중 투자하는 시간이 가장 많은 직무로 분류된다. 단, 소규모 상점을 독립적으로 또는 소수의 타인의 지원을 받아 소유하고 운영하는 자를 분류하기 위해 신설된 '소규모 상점 경영자'는 예외로 한다. 그러나 게스트 하우스, 민박, 음식점, 카페 등의 소규모 업체 운영자들은 관리가 주된 업무가 아닌 경우, 조리사, 웨이터처럼 하는 일의 주된 업무에 따라 분류해야 한다.

③ 감독 직종

반장 등과 같이 주로 수행된 일의 전문, 기술적인 통제업무를 수행하는 감독자는 그 감독되는 근로자와 동일 직종으로 분류한다. 그러나 주된 업무가 자기 감독 하에 있는 일이나 근로자의 일상 작업 활동을 기획, 조정, 통제, 지시하는 업무인 경우에는 관리직으로 보아 '12 행정 및 경영지원 관리직', '13 전문서비스 관리직', '14 건설·전기 및 생산 관련관리직', '15 판매 및 고객서비스 관리직'으로 각각 분류된다. 단, 편의점 등 프랜차이즈 소매점이나 백화점, 쇼핑센터 내에 단일 매장 내의 인력을 지휘하고, 판매 및 관리 업무 전반을 일선 관리하는 자를 분류하기 위해 제7차 개정에서 신설된 '소규모 상점 일선 관리 종사원'은 예외로 한다.

④ 연구 및 개발 직종

연구 및 개발업무 종사자는 '대분류 2 전문가 및 관련종사자'에서 그 전문분야에 따라 분류된다. 다만, 연구자가 교육에 종사할 경우에는 '25 교육 전문가 및 관련직'으로 분류한다.

⑤ 군인 직종

군인은 별도로 대분류 'A 군인'에 분류된다. 이것은 수행된 일의 형태에 따라 분류되어야 한다는 일반원칙보다는 자료수집상의 현실성에 따라 분류된 것이다.

⑥ 기능원과 기계 조작원의 직무능력 관계

하나의 제품이 기능원에 의해 제조되는지 또는 대량 생산기법을 유도하는 기계를 사용해서 제조되는지에 따라 필요로 하는 직무능력에 대단한 영향을 미친다. 기능원은 재료, 도구, 수행하는 일의 순서와 특성 및 최종제품의 용도를 알아야 하는 반면에, 기계조작원은 복잡한 기계 및 장비의 사용방법이나 기계에 어떤 결함이 발생시 이를 대체하는 방법을 알아야 한다. 또한 기계조작원은 제품 명세서가 바뀌거나, 새로운 제조기법이 도입될 때 이를 적용할 수 있는 직무능력을 갖추고 있어야 한다.

직업분류에서는 이러한 직무능력 형태의 차이를 반영하여 대분류7, 8을 설정하였다. '대분류7 기능원 및 관련기능 종사자'에는 목공예원, 도자기공예원, 보석세공원, 건축석공, 전통건물건축원, 한복제조원과 같은 장인(匠人) 및 수공 기예성(技藝性) 직업을 분류하였고, '대분류8 장치・기계조작 및 조립 종사자'에는 제품의 가공을 위한 기계 지향성(機械 志向性) 직업으로 분류하였다. 최근 전자・제어기술과 자동화 기계의 발전에 따라 기능직무 영역이 축소되고 조작직무 영역이 증가하는 추세이다.

⑦ 직능수준과 아동 돌봄 관련 직종 분류

영유아 교육 관련 종사자인 '대분류 2 전문가 및 관련 종사자' 이하 '유치원교사'나 '보육교사'는 영유아를 대상으로 일련의 놀이나 교육계획을 수립하고, 정해진 계획에 따라 교육과정 전반을 운영한다. 반면, 아동 복지시설, 어린이 카페, 탁아기관 등 보육 관련 시설에서 일하는 '대분류 4 서비스 종사자' 이하 '보육관련 시설 서비스 종사원'은 놀이나 교육적 활동 전반을 계획하거나 조직하는 업무를 수행하지 않으며, 주로 돌봄 대상 영유아를 보호하거나 몸을 씻고 옷을 입고 먹는 등의 기초생활을 원활하게 영위할 수 있도록 돕는 것에 직무의 초점이 맞추어져 있다.

⑧ 직능수준과 음식 조리 및 준비 관련 직종 분류

음식을 준비하거나 조리하는 직업 중 '대분류 2 전문가 및 관련 종사자' 이하 '주방장'은 조리법을 정하고, 새로운 메뉴의 요리를 개발하는 한편, 조리 관련 업무 전반을 책임지는 자로서, 음식점의 경영계획에 참여한다. 반면, '대분류 4 서비스 종사자' 이하 '조리사'는 음식을 만들기 위한 재료를 준비하고 조리하지만 주방장의 감독 또는 정해진 조리법에 따라 음식을 조리하는 '생산' 측면에 직무의 초점을 두고 있다. 한편, '대분류 9 단순노무 종사자' 이하 '패스트푸드 준비원'과 '주방 보조원'은 주로 음식을 조리하는 데 자격이 특별히 요구되지 않으며, 직무를 수행하는 데에 있어 필요한 훈련이나 경험의 수준에 있어 조리사와 구별된다.

5) 한국표준직업분류의 분류체계와 분류부호

(1) 분류의 체계

직업분류는 세분류를 기준으로 상위에는 소분류－중분류－대분류로 구성되어 있으며, 하위분류는 세세분류로 구성되어 있다. 각 항목은 대분류 10, 중분류 52, 소분류 156, 세분류 450, 세세분류 1,231개로 구성되어 있는데 계층적 구조로 되어 있다. 대분류를 기준으로 분류항목의 개수는 <표 2－4>와 같다.

〈표 2-4〉 한국표준직업분류(2017)의 단계별 분류항목수

대분류	중분류	소분류	세분류	세세분류
1 관리자	5	16	24	82
2 전문가 및 관련종사자	8	44	165	463
3 사무 종사자	4	9	29	63
4 서비스 종사자	4	10	36	80
5 판매 종사자	3	5	15	43
6 농림어업 숙련 종사자	3	5	12	29
7 기능원 및 관련기능 종사자	9	21	76	198

대분류	중분류	소분류	세분류	세세분류
8 장치·기계조작 및 조립종사자	9	31	65	220
9 단순노무 종사자	6	12	24	49
A 군인	1	3	4	4
계	52	156	450	1,231

(2) 분류부호

분류번호는 아라비아 숫자와 알파벳 A로 표시하며 대분류 1자리, 중분류 2자리, 소분류 3자리, 세분류 4자리, 세세분류는 5자리로 표시된다.

동일 분류에 포함된 끝 항목의 숫자 9는 '기타~(그 외~)'를 표시하여 위에 분류된 나머지 항목을 의미한다. 또한 끝자리 0은 해당 분류수준에서 더 이상 세분되지 않는 직업을 의미하고 있다.

직업의 명칭은 대분류는 '－자'로, 중분류는 직능유형을 나타내는 '－직'으로, 세세분류에서 '－9'인 경우는 '그 외－'로 통일하고 있다. 특히 관련제도 변화를 반영하고 우리말을 순화하기 위하여 명칭을 변경하였다. 몇개의 예를 들어보면 "컴퓨터 보안 전문가(2226-) → 정보 보안 전문가(2233-)", "캐드원(2396-) → 제도사(2391-)", "언어치료사(24593) → 언어재활사(24592)", "소년보호관 및 교도관(4113-) → 소년원 학교 교사 및 교도관(4113-)", "이미용·예식 및 의료보조 서비스직(42) → 돌봄·보건 및 개인 생활 서비스직(42)", "의료·복지 관련 서비스 종사자(421) → 돌봄 및 보건 서비스 종사자(421)" 등이다.

(3) 분류 예시 : 분류체계와 분류부호

한국표준직업분류의 대분류 6에 해당하는 "농림어업 숙련 종사자"(Skilled Agricultural, Forestry and Fishery Workers)를 중분류(직군) → 소분류(직렬) → 세분류(직종) → 세세분류(직업)에 따라 중분류 61(농·축산 숙련직) 중 611(작물재배 종사자)을 정리하면 <표 2－5>와 같다.

〈표 2-5〉 '대분류6'(농림어업 숙련 종사자)의 분류의 예시

중분류(직군)	소분류(직렬)	세분류(직종)	세세분류(직업)	직업의 예시
61 농·축산 숙련직	611 작물재배종사자	6111 곡식작물 재배원	61110 곡식작물 재배원	곡식작물 재배자 (벼, 보리, 밀, 콩, 옥수수 등)
		6112 채소 및 특용작물 재배원	61121 채소작물 재배원	배추 재배원, 양배추 재배원, 감자 재배원, 고무가 재배원, 오이 재배원, 수박 재배원, 풋고추 재배원, 채소 온상 재배원
			61122 특용작물 재배원	채유작물 재배원, 약용작물 재배원, 섬유작물 재배원, 향신용작물 재배원, 버섯 재배원, 더덕 재배원, 취나물 재배원, 차 재배원
		6113 과수작물 재배원	61130 과수작물 재배원	과수작물 재배원(사과, 배, 감귤, 복숭아, 밤 등), 견과류 재배원, 열대과일 재배원

6) 한국표준직업분류의 7차 주요 개정 내용

(1) 주요개정 방향 및 특징

전술한 바와 같이 2017년 제7차 한국표준직업분류에서는 시간 경과를 고려하여 전면 개정 방식으로 추진하되, 중분류 이하 단위 분류 체계를 중심으로 개정을 추진하였다. 분류구조의 변화는 대분류 및 중분류는 6차 개정의 틀을 유지하고, 소분류(7개), 세분류(24), 세세분류(25)의 차원에서는 증가를 하였다. 이를 비교한 내용은 <표 2-6>과 같다.

〈표 2-6〉 한국표준직업분류 체계비교

구분	대분류		중분류		소분류		세분류		세세분류	
	6차	7차	6차	7차	6차	7차	6차	7차	6차	7차
증감	10	10	52	52	149	156	426	450	1,206	1,231

국제표준직업분류(ISCO)의 분류 기준, 적용 원칙, 구조 및 부호 체계 등 직업분류 기본 틀은 기존 체계를 유지하였으며, 특히 2007년 7월 개정작업에 이어 국제표준직업분류(ISCO-08) 개정 내용을 추가로 반영하였다. 또한 국내 노동시장 직업구조의 변화 특성을 반영하여 전문 기술직의 직무영역 확장 등 지식 정보화 사회 변화상을 반영하고 사회 서비스 일자리 직종을 세분 및 신설하였다. 고용규모 대비 분류항목 수가 적은 사무 및 판매・서비스직 분류는 세분하고 자동화・기계화 진전에 따른 기능직 및 기계 조작직 분류는 통합하였다. 관련 분류 간 연계성, 통합성을 제고하고, 직업분류체계의 일관성을 유지하기 위해 2016년 9월 제정・고시된 한국표준교육분류(영역)와 2017년 1월 개정・고시된 한국표준산업분류의 내용을 명칭변경, 분류신설 등에 반영하였다. 또한 한국표준직업분류와 특수 분류인 고용직업분류가 세분류 수준에서 일대일로 연계될 수 있도록 복수연계 항목을 세분하였다.

금번 7차 개정의 특징은 4차 산업혁명 관련 ICTs 기반 기술 융・복합 분야, 문화 콘텐츠 분야, 저출산・고령화에 따라 수요가 크게 증가한 사회서비스 분야 등에서 직업구조의 동태적 변화를 반영한 것이다. 이에 다음과 같은 특징을 보이고 있다.

① 전문 기술직의 직무영역 확장 등 지식 정보화 사회 변화상 반영

4차 산업 혁명 등 ICTs 기반의 기술 융・복합 및 신성장 직종을 분류체계에 반영하여 데이터 분석가, 모바일 애플리케이션 프로그래머, 산업 특화 소프트웨어 프로그래머 등을 신설하였다. 문화・미디어 콘텐츠와 채널의 생산 및 유통구조가 다변화됨에 따라 신성장 직종인 미디어 콘텐츠 창작자, 사용자 경험 및 인터페이스 디자이너, 공연・영화 및 음반 기획사 등을 신설하거나 세분하였다. 과학기술 고도화에 따라 로봇공학 기술자 및 연구원을 상향 조정하고, 대형재난 대응 및 예방의 사회적 중요성을 고려하여 방재 기술자 및 연구원을 신설하였다.

② 사회 서비스 일자리 직종 세분 및 신설

저출산·고령화에 따른 돌봄·복지 일자리 수요 증가를 반영하여 노인 및 장애인 돌봄 서비스 종사원, 놀이 및 행동치료사를 신설하고, 임상심리사, 상담 전문가 등 관련 직종을 상향 조정하였다. 여가 및 생활 서비스 일자리 수요 증가를 반영하여 문화 관광 및 숲·자연환경 해설사, 반려동물 훈련사, 개인 생활 서비스 종사원 등을 신설하였다.

③ 고용규모 대비 분류항목이 적은 사무 및 판매·서비스직 세분

이제까지 포괄적 직무로 분류되어 온 사무직의 대학 행정 조교, 증권 사무원, 기타 금융 사무원, 행정사, 중개 사무원을 신설하고, 판매·서비스직의 소규모 상점 경영 및 일선 관리 종사원, 대여 제품 방문 점검원 등의 직업을 신설 또는 세분하였다.

④ 자동화·기계화 진전에 따른 기능직 및 기계 조작직 직종 통합

제조 관련 기능 종사원, 과실 및 채소 가공 관련 기계 조작원, 섬유 제조 기계 조작원 등은 복합·다기능 기계의 발전에 따라 세분화된 직종을 통합하였다.

(2) 주요 변동 내용

① 분류의 신설, 상향 및 세분

4차 산업혁명, 지식 정보화 등 다양한 사회 변화상 반영하여 분류를 신설하였다(세세분류 기준).

1. 관리자

○ 공동주택 관리자

4. 서비스 종사자

○ 요양 보호사

○ 노인 및 장애인 돌봄 서비스 종사원
○ 보육 관련 시설 서비스 종사원
○ 반려동물 훈련사
○ 문화 관광 및 숲·자연환경 해설사

2. 전문가 및 관련 종사자

○ 산업 특화 소프트웨어 프로그래머
○ 모바일 애플리케이션 프로그래머
○ 건축에너지 관리 및 평가 기술자
○ 방재 기술자 및 연구원
○ 보조공학사
○ 로봇공학 시험원
○ 놀이 및 행동치료사
○ 교육 교구 방문강사
○ 입학 사정관
○ 미디어 콘텐츠 창작자
○ 사용자 경험 및 인터페이스 디자이너
○ 요리 연구가
○ 공연·영화 및 음반 기획자

3. 사무 종사자

○ 대학 행정조교
○ 증권 사무원
○ 의료 서비스 상담 종사원
○ 행정사

5. 판매 종사자

○ 소규모 상점 경영자

○소규모 상점 일선 관리 종사원

7. 기능원 및 관련 기능 관련 종사자

○ 자동차 튜닝원

○건설용 굴삭기 정비원

8. 장치 · 기계조작 및 조립 종사자

○ 덤프트럭 운전원

○ 콘크리트 믹서 트럭 운전원

9. 단순 노무 종사자

○ 대여 제품 방문 점검원

② 분류의 상향 및 세분

직무전문화 및 관련인력규모 확대에 따라 분류를 상향 또는 세분화하였다. 예컨대 6차 분류에서는 건축가(23111)는 세세분류가 되었으나 7차 개정에서는 건축가(2311)로 세분류 수준에서 분류되고 있다. 분류가 상향된 것은 이외에도 "로봇 및 그 외 기계공학 기술자(23539) → 로봇공학 기술자 및 연구원(2352)", "정신보건 임상심리사(24591) → 임상심리사(2457)"가 있다. 세분화된 내용을 살펴보면 다음 <표 2-7>과 같다.

〈표 2-7〉 세분화된 한국표준직업분류(2017) 내용

6차 분류(2007년)	제7차 개정(2017년)
• 기획 · 홍보 및 광고 관리자(12022)	• 기획 관리자(12122) • 마케팅 관리자(12201) • 광고 및 홍보 관리자(12202)
• 건설관련 관리자(14111)	• 건축 관련 관리자(14111) • 토목 관련 관리자(14112) • 조경 관련 관리자(14113)
• 응용소프트웨어 설계 · 분석가(22231)	• 범용 소프트웨어 프로그래머(22231) • 산업 특화 소프트웨어 프로그래머(22232) • 모바일 애플리케이션 프로그래머(22233)
• 전기 · 전자 및 기계 공학 기술자 및 시험원(235)	• 전기 · 전자공학 기술자 및 시험원(234) • 기계 · 로봇공학 기술자 및 시험원(235)
• 식품 · 섬유 · 에너지 공학 시험원(2395)	• 식품공학 시험원(2391) • 섬유공학 시험원(2392) • 가스 및 에너지 시험원(2374)
• 한의사(24130)	• 전문 한의사(24131) • 일반 한의사(24132)
• 영양사(24401)	• 임상영양사(24401) • 일반영양사(24402)
• 상담 전문가 및 청소년 지도사(2474)	• 상담 전문가(2474) • 청소년 지도사(2475)
• 그 외 교육 전문가(25919)	• 입학 사정관(25913) • 그 외 교육 전문가(25919)
• 변호사(2612-)	• 변호사(2612) • 기타 법률 전문가(2619)
• 국가 · 지방 및 공공행정 사무원(3114)	• 국가 및 지방 행정 사무원(3114) • 공공행정 사무원(3115)
• 총무 사무원(31270)	• 총무 사무원(31271) • 대학 행정조교(31272)
• 금융관련 사무원(3203)	• 은행 사무원(3203) • 증권 사무원(3204) • 기타 금융 사무원(3209)
• 간병인(42110)	• 요양 보호사(42111) • 간병인(42112)
• 방문 · 노점 및 통신 판매 관련 종사자(530)	• 통신 관련 판매직(531) • 방문 및 노점 판매 관련직(532)

③ 분류의 이동 및 통합

직무특성 및 내용, 국제비교성을 고려하여 대분류와 중분류 수준에서는 이동을 하였다. 7차 개정된 대분류 이동 내용은 <표 2-8>과 같다. 또한 중분류에서의 이동 내용은 <표 2-9>와 같다.

〈표 2-8〉 한국표준직업분류(2017) 대분류 이동 내용

6차 분류(2007년)	제7차 개정(2017년)
4. 서비스 종사자 • 한식 주방장(44111) • 중식 주방장(44121) • 양식 주방장(44131) • 일식 주방장(44141) • 그 외 주방장 및 조리사(44199)	2. 전문가 • 주방장(28701)
2. 전문가 • 취업 알선원(24733)	3. 사무 종사자 • 취업 알선원(39994)
2. 전문가 • 보조 교사(25991)	4. 서비스 종사자 • 교사 교육 보조원(42122)
3. 사무 종사자 • 화랑 및 박물관 안내원(39223) • 시설 및 견학 안내원(39224)	4. 서비스 종사자 • 미술관·박물관 해설 및 안내원(43214) • 전시 및 시설 견학 안내원(43215)
9. 단순노무 종사자 • 그 외 경비원(94219)	4. 서비스 종사자 • 그 외 시설 및 특수 경비원(41239)

〈표 2-9〉 한국표준직업분류(2017) 중분류 이동 내용

6차 분류(2007년)	제7차 개정(2017년)
24. 보건·사회복지 및 종교관련직 • 헤드헌터(24731)	27. 경영·금융 전문가 및 관련직 • 헤드헌터(27113)
76. 전기 및 전자 관련 기능직 • PC 설치 및 수리원(76111) • 그 외 전기·전자기기설치 및 수리원 (76199) • 휴대폰 수리원(76196)	77. 정보 통신 및 방송장비 관련 기능직 • 컴퓨터 설치 및 수리원(77110) • 이동전화기 수리원(77120) • 그 외 정보 통신기기 설치 및 수리원(77190)

소분류 이하에서는 분류의 조정이 나타났는데 이와 관련된 내용은 <표 2-10>와 같다.

〈표 2-10〉 한국표준직업분류(2017) 소분류 이하 조정 내용

제6차 분류(2007년)	제7차 개정(2017년)
• 정보시스템 개발 전문가(222) • 정보시스템 운영자(223)	• 컴퓨터 시스템 및 소프트웨어 전문가(222) • 데이터 및 네트워크 관련 전문가(223) • 정보 시스템 및 웹 운영자(224)
• 작가 및 관련 전문가(2811) • 기자 및 논설위원(2814)	• 작가(2811) • 광고 및 홍보 전문가(2733) • 기자 및 언론 관련 전문가(2813) • 기타 연극·영화 및 영상 관련 종사원(2839)

유사 직무 및 기계화 진전에 따른 통합내용은 <표 2-11>과 같다.

〈표 2-11〉 한국표준직업분류(2017) 소분류 이하 조정 내용

제6차 분류(2007년)	제7차 개정(2017년)
• 번역가(2812) • 통역가(2813)	• 번역가 및 통역가(2814) (번역가 28141, 통역가 28142)
• 피부관리사(42231) • 발관리사(42233)	• 피부관리사(42231)
• 가죽 수선원(72242) • 모피 수선원(72243)	• 가죽 및 모피 수선원(72242)
• 과실 및 채소 통조림기 조작원(81141) • 과실 및 채소 살균기 조작원(81142) • 과실 및 채소 냉장기 조작원(81143) • 과실 및 채소 건조기 조작원(81144)	• 과실 및 채소 가공 관련 기계 조작원(81140)
• 연조기 조작원(82111) • 조방기 조작원(82112) • 정방기 조작원(82113) • 권사기 조작원(82114) • 섬유혼합기 조작원(82115) • 소면기 및 래핑기 조작원(82116) • 화학섬유 생산기 조작원(82117) • 그 외 섬유제조 기계조작원(82119)	• 섬유 제조 기계 조작원(82110)

제6차 분류(2007년)	제7차 개정(2017년)
• 화물열차 차장(87201) • 철도 신호원(87202) • 철도 수송원(87203) • 그 외 화물열차 차장 및 관련 종사원(87209)	• 철도운송 관련 종사원(87200)
• 시외버스 운전원(87322) • 고속버스 운전원(87323)	• 시외 및 고속 버스 운전원(87322)
• 자가용 운전원(87391) • 승합차 운전원(87393)	• 승용차 및 승합차 운전원(87391)
• 갑판장(87601) • 갑판원(87602)	• 선박부원(87601)

7) 한국표준직업분류의 대분류 개념

한국표준직업분류의 대분류는 10개로 구성되어 있다. 대분류에 대한 자세한 설명 및 중분류 구분과 2017년 대분류별 주요 개정 사항은 |부록 1|에 나타나 있다. 자세한 사항은 이를 참고하기 바란다. 대분류별 주요개념을 살펴보면 다음과 같다.

(1) 대분류 1 : 관리자

의회의원처럼 공동체를 대리하여 법률이나 규칙을 제정하고, 정부를 대표, 대리하며 정부 및 공공이나 이익단체의 정책을 결정하고 이를 지휘·조정한다. 정부, 기업, 단체 또는 그 내부 부서의 정책과 활동을 기획, 지휘 및 조정하는 직무를 수행한다. 현업을 겸할 경우에는 직무시간의 80% 이상을 다른 사람의 직무를 분석, 평가, 결정하거나 지시하고 조정하는데 사용하는 경우에만 관리자 직군으로 분류한다.

(2) 대분류 2 : 전문가 및 관련 종사자

특정 분야의 전문지식과 경험을 바탕으로 개념과 이론을 이용하여 해당 분야에 대한 연구・개발, 자문, 지도(교수) 등 전문 서비스를 제공하는 자를 말한다. 주로 자료의 분석과 관련된 직종으로 물리, 생명과학 및 사회과학 분야에서 높은 수준의 전문적 지식과 경험을 기초로 과학적 개념과 이론을 응용하여 해당 분야를 연구하고 개발 및 개선하며 집행한다. 전문지식을 이용하여 의료 진료활동과 각 급 학교 학생을 지도하고 예술적인 창작활동이나 스포츠 활동 등을 수행한다. 또한 전문가의 지휘 하에 조사, 연구 및 의료, 경영에 관련된 기술적인 업무를 수행한다.

(3) 대분류 3 : 사무 종사자

관리자, 전문가 및 관련 종사자를 보조하여 경영방침에 의해 사업계획을 입안하고 계획에 따라 업무를 추진하며, 당해 작업에 관련된 정보(Data)의 기록, 보관, 계산 및 검색 등의 업무를 수행한다. 또한 금전취급 활동, 법률 및 감사, 상담, 안내 및 접수와 관련하여 사무적인 업무를 주로 수행한다.

(4) 대분류 4 : 서비스 종사자

공공안전이나 신변보호, 의료보조, 이・미용, 혼례 및 장례, 운송, 여가, 조리와 관련된 공공 및 대인 서비스를 제공하는 업무를 주로 수행한다.

(5) 대분류 5 : 판매 종사자

영업활동을 통해 상품이나 서비스를 판매하거나 인터넷 등 통신을 이용하거나, 상점이나 거리 및 공공장소에서 상품을 판매 또는 임대한다. 상품을 광고하거나 상품의 품질과 기능을 홍보하며, 매장에서 계산을 하거나 요금정산 등의 활동을 수행한다.

(6) 대분류 6 : 농림어업 숙련 종사자

자기 계획과 판단에 따라 농산물, 임산물 및 수산물의 생산에 필요한 지식과 경험을 기초로 작물을 재배·수확하고 동물을 번식·사육하며, 산림을 경작, 보존 및 개발하고, 물고기 및 기타 수생 동·식물을 번식 및 양식하는 직무를 수행한다.

(7) 대분류 7 : 기능원 및 관련 기능 종사자

광업, 제조업, 건설업 분야에서 관련된 지식과 기술을 응용하여 금속을 성형하고 각종 기계를 설치 및 정비한다. 또한 섬유, 수공예 제품과 목재, 금속 및 기타 제품을 가공한다. 작업은 손과 수공구를 주로 사용하며 기계를 사용하더라도 기계의 성능보다 사람의 기능이 갖는 역할이 중요하다. 자동화된 기계의 발전에 따라 직무영역이 축소되는 추세인데, 생산과정의 모든 공정과 사용되는 재료나 최종 제품에 관련된 내용을 알 수 있어야 한다.

(8) 대분류 8 : 장치·기계조작 및 조립종사자

기계를 조작하여 제품을 생산하거나 대규모적이고 때로는 고도의 자동화된 산업용 기계 및 장비를 조작하고 부분품을 가지고 제품을 조립하는 업무로 구성된다. 작업은 기계조작뿐만 아니라 컴퓨터에 의한 기계제어 등 기술적 혁신에 적응할 수 있는 능력을 포함하여 기계 및 장비에 대한 경험과 이해가 요구되며, 기계의 성능이 생산성을 좌우한다. 또한 여기에는 운송장비의 운전업무도 포함된다.

(9) 대분류 9 : 단순노무 종사자

주로 간단한 수공구의 사용과 단순하고 일상적이며, 어떤 경우에는 상당한 육체적 노력이 요구되고, 거의 제한된 창의와 판단만을 필요로 하는 업무를 수행한다. 몇 시간 혹은 몇 십 분의 직무훈련(on the job training)으로 업무수행이 충분히 가능한 직업이 대부분이며, 일반적으로 제1수준의 직무능력을 필요로 한다. 직능수준이 낮으므로 단순 노무직 내부에서의 직업이동은 상대적으로 매우 용이한 편이라고 할 수 있다.

(10) 대분류 A : 군인

의무 복무 여부를 불문하고 현재 군인 신분을 유지하고 있는 군인을 말한다. 직업정보 취득의 제약 등 특수 분야이므로 직무를 기준으로 분류하는 것이 아니라, 계급을 중심으로 분류하였다. 국방과 관련된 정부기업에 고용된 민간인, 국가의 요청에 따라 단기간 군사훈련 또는 재훈련을 위해 일시적으로 소집된 자 및 예비군은 제외된다. 이 대분류에 포함되는 대부분의 직업은 제2수준 이상의 직무능력을 필요로 한다.

참고문헌

김두겸(1995). 일본자본주의 정신 형성배경과 과정. 삼성경제연구소.
김록환(2000). 직업정보론. 서울 : 가산출판.
김병숙(2007). 직업정보론. 서울 : 시그마프레스.
김병숙 · 최병훈 · 김소영(2007). 재직 근로자의 직업윤리 의식조사. 진로교육연구, 20(1), pp. 55-73.
김홍근 · 이동임 · 오영훈 · 최지희 · 정윤경 · 이기홍 · 서우석(2007). 한국인의 직업의식과 직업윤리(2007) –국제비교 맥락에서 본 한국인의 직업의식–. 한국직업능력개발원.
민중서림(1991). 엣센스 국어사전.
박경미(2005). 현대사회의 직업윤리교육에 관한 연구. 동아대학교 대학원 석사학위논문.
박상호 · 유영동(1993). 정보처리요원의 직업윤리 의식조사. 한국정보시스템학회 추계학술발표회 자료집.
박순성 · 이근식 · 김종걸 · 이홍균 · 황경식 · 정원섭(2005). 전환기 한국사회의 새로운 직업윤리 모색 : 철학적 기초와 사회적 제도. 한국직업능력개발원.
박영렬(1999). 「윤리지수의 국제간 비교」. 삼성경제연구소 주관 심포지움 자료집. 세계 경영과 윤리경쟁력(1999.19.29) : 81-93.
박유정(2001). OECD 회원국 인적자원관리의 최근현황과 미래의 도전. 인사행정, 8호.
박종성 · 한상근 · 서창교(2005). 직업훈련교육과정 개발을 위한 직무분석 지침서. 한국직업능력개발원.
백용호(2005). 한국경제 변화와 갈등의 실체는 무엇인가. 삼성경제연구소.
유제홍 · 권성경(1999). 취업상담사례모음. 경기 : 양서원.
이근식 · 김선미 · 안병룡 · 안효현(2006). 자유와 상생의 직업윤리 : 우수기업 사례연구와 대안. 한국직업능력개발원.
임 언 · 정윤경 · 상경아(2001). 직업가치관 검사 개발 보고서. 한국직업능력개발원.
조경순(2003). 리더십 로맨스와 직업윤리 : 동 · 서양적 차이에 대한 분석. 인사 · 조직연구, 11(1), pp. 191-213.
최영순(2002). 데이컴(DACUM) 직무분석방법 고찰. 고용동향분석 2002 2/4분기, pp. 119-140.
통계청(2007). 한국표준직업분류.
한국직업능력개발원(1999). 직업훈련과정 개발을 위한 직무분석 지침서.
________(2000). 직업훈련과정 개발을 위한 직무분석 지침서.
________(2001). 직업훈련과정 개발을 위한 직무분석 지침서.
________(2002). 직업훈련과정 개발을 위한 직무분석 지침서.
________(2003). 직업훈련과정 개발을 위한 직무분석 지침서.
________(2004). 직업훈련과정 개발을 위한 직무분석 지침서.
________(2005). 직업훈련과정 개발을 위한 직무분석 지침서.
홍두승 · 서우석 · 이기홍 · 이지연(2005). 한국인의 직업의식 구조 : 예비적 고찰. 한국직업능력개발원.

홍종률(1989). 「산업사회와 직업윤리」. 윤리연구, 28, pp. 35-62, 한국윤리학회.

Blood, M. R. (1969). Work ethics and job satisfaction. *Journal of Applied Psychology, 53*, pp. 456-459.

Johnston, D. J.(1997). Challenges and opportunities for OECD countries. proceedings of the OECD symposium on Ethics in the Public Sector.

Noe, R. A.(2003). *Employee Training and Development*. New York : McGraw-Hill.

Norton, R. E.(1997). *DACUM Handbook*. Columbus, OH : The Ohio State University.

www.kostat.go.kr

CHAPTER 03

산업과 산업분류

1 산업과 산업구조

2 한국표준산업분류

3 직업분류와 산업분류의 결합

chapter 03 산업과 산업분류

1. 산업과 산업구조

1) 산업의 어의와 역사

(1) 산업의 어의

우리말 사전에서 산업의 어의(語義)는 '사람이 생활하기 위하여 일상적으로 종사하는 생산적 일 또는 활동'을 의미한다. 생활하기 위하여 하는 일은, 좁은 의미로서 생산을 목적으로 하는 사업으로 농업 · 공업 · 수산업 · 임업 · 광업 따위를 의미하나 넓은 의미로서 생산과 직접 관계되지 않는 상업 · 금융업 · 서비스업 등도 포함시킨다. 백과사전에서 산업은 재화나 용역을 생산하는 경제활동의 단위를 의미한다. 경제활동의 단위는 농림 수산업, 광업, 제조업, 공익사업, 운수 · 통신 · 창고업, 건설업, 상업, 금융 · 보험 · 부동산업, 기타 서비스업 등 사회적 분업으로 이루어지고 있는 모든 경제활동을 포함한다. 우리나라의 표준산업분류(통계청, 2008)에서, 산업이란 '유사한 성질을 갖는 산업활동에 주로 종사하는 생산단위의 집합'이라 정의된다.

(2) 산업의 역사

인간은 자기 생명을 유지하고 그 집단을 유지, 확대(번식)함으로써 역사를 만들어 가고 있다. 그 기초가 되는 것은 인간이 특정 목적의식을 갖는 노동(인간적 노동)에 의해, 그 노동대상인 자연에 대해 각종 도구나 기계 등의 노동수단을 사용하여 생활에 유용한 물적 재화를 생산하는 일이다. 인간노동과 노동수단을 결합하여 형성된 생산방법은 오랜 세월에 걸쳐 조금씩 발전해 왔다.

노동수단이 석기 · 목기에 의존하고 있었던 단계에서, 인간은 일정한 생활공간을 이동하면서 자연에 존재하는 조수(鳥獸) · 어패 · 초목 · 돌 등을 채집하여 그것을 조리 · 가공함으로써 의식주를 확보해야 했다(이동수렵채집경제). 인간이 자연조건이 좋은 곳에 정주생활[(汀洲生活) - 정주수렵채집경제(汀洲狩獵採集經濟)]을 하면서부터 자연조건(생태계)에 차이가 있는 인간집단 사이에서 채취한 물자를 교환하기 시작했다. 농경과 목축이 시작되면서부터 인간집단의 정주성은 높아지고 목축의 연장상에 유목이라는 특수한 생활양식이 생겨났다.

식량의 채취단계에서 육성단계로 옮겨가게 되자 인간생활의 안정도는 급격히 향상되었다(식량생산혁명). 생산용구의 가공을 중심으로 하는 수공업생산도 광물자원(구리 · 청동 · 철 등)의 이용과 함께 발달했으며 동물성식량, 식물성식량, 수공업원료 · 제품의 교환 · 교역을 기반으로, 농업 · 공업 · 상업의 분화가 본격화되었다. 이 분업의 발전과 교통 · 운송수단의 개발은 산업활동의 다양화를 촉진했고, 인간생활의 질을 높이는 역할을 했다. 그 집약적 도달점으로서 지금부터 5,000년 전 도시문명의 탄생(도시혁명)은 본격적인 계급사회의 성립도 가져왔다.

산업활동이 급격한 발전상을 나타낸 것은 기계에 의한 공업생산의 개시와 동력원의 전환이었다. 18세기 후반의 면공업 기계제생산의 개시는 인력 · 축력 · 수력을 대신하는 증기기관의 개발을 촉진시켰고, 동력 · 전동기 · 작업기 등 일련의 기계장치를 갖춘 공장제도를 확립시켰다. 대량생산된 값싼 상품의 등장으로 경제발전의 원동력은 농업에서 공업으로 이행되었고, 기계공업의 발전은 그 소재부문인 철강산업, 에너지부문인 석탄산업, 수송수단으로서 철도 · 선박과 그 제조업을 급격히 발전시키게 되었다.

이러한 급격한 변화를 산업혁명(產業革命, Industrial revolution)으로 부른다. 산업혁명은 18세기 후반부터 19세기 중엽에 걸쳐 일어난 기술혁신에 따른 사회경제적 변혁을 말한다(The Macmillan Company & The Free Press, 1974). 이와 같은 변혁은 역사적으로 영국에서 시작하여 19세기에 들어서면서 프랑스, 독일, 미국 등 서양에서 경험하였다. 산업혁명 이후 오늘날에 이르기 까지 세계 각국은 산업활동의 중축을 이루는 물적 생산의 발전을 이루었다. 물적 생산의 발전은 물적 유통을 확대시켰고, 기타 관련산업이나 서비스업에 분업체제 네트워크를 넓혀 나갔으며, 이는 산업활동 전체를 활성화시켜 경제의 원동력이 되었다.

2) 산업구조의 분석방법

(1) 국제표준산업분류

산업활동의 발전은 산업 전체에 있어서 각종 산업의 비중과 그들 산업 간의 결합을 변화시키는데, 이렇게 산업 간의 결합이 시간이 흐름에 따라 바뀌는 것을 '산업구조의 변화'라고 한다. 산업구조의 변화를 조사한다든지, 외국의 산업구조와 비교할 경우 일정한 기준에 따라 작성된 산업분류가 필요한데, 후술하는 바와 같이 우리나라는 국제연합에서 제정한 국제표준산업분류(International Standard of Industry Classification; ISIC)방식을 기준으로 하여 우리의 실정에 맞게 통계청이 수정・보완한 한국표준산업분류방식(KSIC)을 제정하여 사용하고 있다.

(2) 산업연관표

한국은 물론 세계 각국에서 많이 사용되고 있는 또 다른 분류방식은 산업연관표(產業聯關表, Inter-Industry Relations Table)이다. 흔히 투입산출표(投入產出表, Input-Output Table)라고 부른다. 경제사회발전계획을 수립할 경우, 특히 경제성장 목표를 달성하기 위한 총량 및 분야별 투자계획을 작성할 때에 필요한 기본자료가 투입산출표라고 하겠다. 우리나라의 경우 한국은행에서 2년 또는 3년마다 이것을 작성하는데, 새로 작성할 때마다 산업의 성장패턴이나 구조상의 변화를 생각하여 새로이 분류하고 있다.

(3) 산업구조변화를 파악하는 방법

① Clark-Fisher의 접근방법

한 나라의 경제발전의 단계를 3가지의 직업단계(triad of occupational stages)에 의하여 파악하는 것이 Clark-Fisher의 접근방법이다. 어느 나라이든 공업화, 산업화가 되기 이전에는 농업 및 어업에 의한 제1차산품(intial primary goods)을 생산하는 제1단계를 거친 후, 지식과 숙련의 발전과 함께 공산품(manufactured goods)을 생산하는 보다 발전한 단계를 거친다. 제2단계에서의 물적축적이 이루어지면 문화적인 복지추구를 하게 되고 노동력은 상품중심으로부터 서비스중심으로 이동하는 제3단계(tertiary stage)로 진입한다.

즉, 수송, 분배, 공공행정 부문의 성장이 이루어지고, 비물질적인 산출을 통하여 소득이 발생하는 단계로 이행한다. 이러한 논거에 따라 산업구조의 변화를 <표 3-1>과 같이 시계열로 본다든지 외국 산업구조와의 횡단적 비교를 위해 이용되는 것이 제1차 산업(농림수산업 · 목축수렵업), 제2차 산업(광업 · 제조업 · 건설업 등), 제3차 산업(상업, 금융 · 보험, 운송 · 통신, 기타 서비스업)으로 산업을 분류하는 방법이다. 표에서 보듯이 우리나라는 국민경제의 발전에 따라서 노동인구의 비중이 제1차 산업 → 제2차 산업 → 제3차 산업으로 이동하는 것이 통계적으로 입증된다.

〈표 3-1〉 산업별 취업자의 구성 (단위 : 천 명, %)

연 도	계	농림어업	광공업	사회간접자본 및 기타 서비스업
1963	100.0(7,563)	63.0	8.7	28.3
2000	100.0(21,156)	10.6	20.4	69.0
2009	100.0(23,506)	7.0	16.4	76.6
2010	100.0(23,829)	6.6	17.0	76.4

주 : 1999년 이전은 구(舊)산업분류에 따른 수치임.
출처 : 통계청, 경제활동인구연보, 각년도.

② 호프만(Hoffman, W.)의 산업구조 분석방법

경제의 발전과정을 공업화의 정도, 즉 소비재산업과 자본재산업 간의 비율변화의 크기로 파악하는 호프만(Hoffman, 1939, 1942)의 산업구조 분석방법이 있다. 소비재산업은 식료품, 방직, 피혁, 가구공업 등으로 구성되고, 자본재산업은 금속, 기계, 교통기관, 화학공업 등으로 구성된다. 공업화는 <표 3－2>와 같은 3단계로 구성이 되는데, 소비재 산업과 생산재 산업의 비율과 근로자 수에 따라 구분할 수 있다. 보다 자세한 내용은 5장의 노동력의 이동에서 다시 살펴보기로 한다.

〈표 3-2〉 호프만(Hoffman)의 공업화 단계

단 계	순생산액(ratio)		근로자 수(%)	
	소비재공업	생산재공업	소비재공업	생산재공업
제1단계	5 ± 1	1.0	약 70	약 20
제2단계	2 ± 1/2	1.0	약 50	약 20
제3단계	1 ± 1/2	1.0	약 30	약 30

③ 기타 분석방법

이 밖에 생산과정에서 가공도의 차이에 주목해서, 생산을 위한 자원이나 재료를 생산하는 소재산업, 재료를 가공해서 부품 등을 생산하는 가공산업, 부품이나 재료를 써서 완성품을 생산하는 조립산업으로 구분하는 방법이라든지 생산요소의 결합 정도의 차이에 주목하여 자본장비율이 높은 자본집약형 산업, 자본장비율이 낮고 노동과의 결합도가 높은 노동집약형 산업으로 구분하는 방법도 있다.

2. 한국표준산업분류[1)]

1) 한국표준산업분류의 개요

(1) 한국표준산업분류의 연혁

한국표준산업분류는 산업 관련통계자료의 정확성, 비교성을 확보하기 위하여 작성된 것으로서 1963년 3월 경제활동 중에서 우선 광업과 제조업 부분에 대한 산업분류를 제정하였고, 이듬해 4월 비 제조업 부문에 대한 산업분류를 추가로 제정함으로써 우리나라의 표준산업분류체계를 완성하였다. 이렇게 제정된 한국표준산업분류는 유엔의 국제표준산업분류(1차 개정 : 1958년)에 기초하여 작성된 것이다.

1964년에 제정된 한국표준산업분류의 미비점과 불합리한 점을 보완하기 위하여 1965년과 1968년 두 차례에 걸쳐 개정작업을 추진하였으며, 이후 유엔의 국제표준산업분류의 2·3차 개정(1968, 1989)과 국내의 산업구조 및 기술변화를 반영하기 위하여 주기적으로 개정하여 왔다(1970, 1975, 1984, 1991, 1998, 2000). 현재 사용하고 있는 8차 개정 분류는 2000년에 개정 고시하였으며 지식·정보화 사회를 대비하고, 서비스산업활동의 비중 증대 및 전문화 추세를 반영하여 개정한 분류이지만 7년이 경과하였고 국제표준산업분류가 개정됨에 따라 정보 및 커뮤니케이션, 환경 관련산업 등의 구조가 급격하게 변화함에 따라 우리나라 산업특성을 반영하고 아울러 국제비교성을 제고하기 위하여 2006년 4월 개정작업에 착수 1년 8개월에 걸쳐 제9차 개정작업을 완료, 통계청 고시 제2007-53호(2007.12.28.)로 확정·고시하고, 2008년 2월 1일부터 시행하게 되었다.

(2) 한국표준산업분류의 목적

한국표준산업분류는 생산단위(사업체단위, 기업체단위 등)가 주로 수행하는 산업

1) http://www.kostat.go.kr

활동을 그 유사성에 따라 체계적으로 유형화한 것이다. 이러한 한국표준산업분류는 산업활동에 의한 통계자료의 수집, 제표, 분석 등을 위해서 활동카테고리를 제공하기 위한 것으로 통계법에서는 산업통계자료의 정확성, 비교성을 위하여 모든 통계작성기관이 이를 의무적으로 사용하도록 규정하고 있다. 한국표준산업분류는 통계목적 이외에도 일반 행정 및 산업정책 관련법령에서 적용대상 산업영역을 한정하는 기준으로 적용하고 있다.

(3) 분류의 범위

한국표준산업분류는 산업활동의 유형에 따른 분류이므로 이 분류의 범위는 국민계정(SNA)에서 정의된 것처럼 경제활동에 종사하고 있는 단위에 대한 분류로 국한하고 있다. 한국표준산업분류 9차 개정안은 982 하나의 분류를 제외하고는 국민계정의 생산영역에 의해서 정해진 범위와 일치한다. 982를 KSIC에 포함시킨 것은 ISIC처럼 982는 SNA 생산영역 밖에 있지만 가구의 생계활동을 측정하기 위한 중요한 특이 되기 때문이며 981(자가소비용 가구의 재화 생산활동)과 병행하여 분류하여 KSIC의 다른 산업영역에 분류하기 어렵거나 불가능한 가계 활동을 노동력 조사 같은 특수 목적을 위해서 분류하였으며 일반적으로 사업체 조사에서는 이용되지 않는다.

(4) 산업의 정의

산업이란 "유사한 성질을 갖는 산업활동에 주로 종사하는 생산단위의 집합"이라 정의되며, 산업활동이란 "각 생산단위가 노동, 자본, 원료 등 자원을 투입하여, 재화 또는 서비스를 생산 또는 제공하는 일련의 활동과정"이라 정의된다. 산업활동의 범위에는 영리적, 비영리적 활동이 모두 포함되나, 가정 내의 가사 활동은 제외된다.

2) 한국표준산업분류의 기준과 적용원칙

(1) 산업분류의 기준

산업분류는 생산단위가 주로 수행하고 있는 산업활동을 그 유사성에 따라 유형화한 것으로 이는 다음과 같은 분류기준에 의하여 분류된다.

① 산출물(생산된 재화 또는 제공된 서비스)의 특성
- 산출물의 물리적 구성 및 가공단계
- 산출물의 수요처
- 산출물의 기능 및 용도

② 투입물의 특성
- 원재료, 생산 공정, 생산기술 및 시설 등

③ 생산활동의 일반적인 결합형태

(2) 산업분류의 적용원칙

① 생산단위는 산출물뿐만 아니라 투입물과 생산공정 등을 함께 고려하여 그들의 활동을 가장 정확하게 설명된 항목에 분류해야 한다.

② 복합적인 활동단위는 우선적으로 최상급 분류단계(대분류)를 정확히 결정하고, 순차적으로 중, 소, 세, 세세분류 단계항목을 결정하여야 한다.

③ 산업활동이 결합되어 있는 경우에는 그 활동단위의 주된 활동에 따라서 분류하여야 한다.

④ 수수료 또는 계약에 의하여 활동을 수행하는 단위는 자기계정과 자기책임하에서 생산하는 단위와 동일항목에 분류되어야 한다.

⑤ 자기가 직접 실질적인 생산활동은 하지 않고, 다른 계약입자에 의뢰하여 재화 또는 서비스를 자기계정으로 생산케 하고, 이를 자기명의로, 자기 책임 하에서 판매하는 단위는 이들 재화나 서비스 자체를 직접 생산하는 단위와 동일한 산업으로 분류하며, 제조업의 경우에는 그 제품의 고안에 중

요한 역할을 하고 자기계정으로 재료를 제공하여야 한다.

⑥ 각종 기계장비 및 용품의 개량, 개조 및 재생은 그 기계장비 및 용품의 제조업과 동일 산업으로 분류하나 이들의 경상적인 유지수리를 전문으로 수행하는 독립된 사업체의 산업활동은 "95 : 수리업"으로 분류한다. 수수료 또는 계약에 의하여 운송사업장 내에서 철도차량, 선박 및 항공기의 경상적인 점검, 보수 및 유지관리활동은 "52 : 창고 및 운수 관련서비스업"으로 분류되며, 고객의 특정 사업장내에서 건물 및 산업시설의 경상적인 유지관리를 대행하는 경우는 "741 : 사업시설 유지 관련서비스업"에 분류한다.

⑦ 동일단위에서 제조한 재화의 소매활동은 별개 활동으로 파악되지 않고 제조활동으로 분류되어야 한다. 그러나 자기가 생산한 재화와 구입한 재화를 함께 판매한다면 그 주된 활동에 따라 분류한다.

⑧ "공공행정 및 국방, 사회보장사무" 이외의 다른 산업활동을 수행하는 정부기관은 그 활동의 성질에 따라 분류하여야 한다.

3) 한국표준산업분류의 통계단위

(1) 통계단위

① 개념

통계단위란 생산단위의 활동(생산, 재무활동 등)에 관한 통계작성을 위하여 필요한 정보를 수집 또는 분석할 대상이 되는 관찰 또는 분석단위를 말한다. 관찰단위는 산업활동과 지리적 장소의 동질성, 의사결정의 자율성, 자료수집 가능성이 있는 생산단위가 설정되어야 한다. 생산활동과 장소의 동질성의 차이에 따라 통계단위는 다음 <표 3－3>과 같이 구분된다.

〈표 3-3〉 통계단위

<table>
<tr><th>구 분</th><th>하나 이상의 장소</th><th>단일 장소</th></tr>
<tr><td rowspan="2">하나 이상의 산업활동</td><td>기업집단</td><td rowspan="2">지역단위</td></tr>
<tr><td>기업체 단위</td></tr>
<tr><td>단일 산업활동</td><td>활동유형단위</td><td>사업체 단위</td></tr>
</table>

② 사업체 단위의 정의

사업체 단위는 공장, 광산, 상점, 사무소 등으로 산업활동과 지리적 장소의 양면에서 가장 동질성이 있는 통계단위이다. 이 사업체 단위는 일정한 물리적 장소에서 단일 산업활동을 독립적으로 수행하며, 영업잉여에 관한 통계를 작성할 수 있고 생산에 관한 의사결정에 있어서 자율성을 갖고 있는 단위이므로 장소의 동질성과 산업활동의 동질성이 요구되는 생산통계 작성에 가장 적합한 통계단위라고 할 수 있다. 그러나 실제 운영 면에서 사업체 단위에 대한 정의가 엄격하게 적용될 수 있는 것은 아니다.

실제 운영상 사업체 단위는 '일정한 물리적 장소 또는 일정한 지역 내에서 하나의 단일 또는 주된 경제활동에 독립적으로 종사하는 기업체 또는 기업체를 구성하는 부분단위'라고 정의할 수 있다. 한편, 기업체 단위란 재화 및 서비스를 생산하는 법적 또는 제도적 단위의 최소결합체로서 자원배분에 관한 의사결정에서 자율성을 갖고 있다. 기업체는 하나 이상의 사업체로 구성될 수 있다는 점에서 사업체와 구분되며, 재무 관련통계작성에 가장 유용한 단위이다.

(2) 통계단위의 산업결정

① 생산단위의 활동형태

생산단위의 산업활동은 일반적으로 주된 산업활동, 부차적 산업활동 및 보조적 활동이 결합되어 복합적으로 이루어진다. 주된 산업활동이란 산업활동이 복합 형태로 이루어질 경우 생산된 재화 또는 제공된 서비스 중에서 부가가치(액)이 가장 큰 활동을 말하며 부차적 산업활동은 주된 산업활동 이외의 재화생산 및 서비스제공활동을 말한다. 이러한 주된 활동과 부차 활동은 보조활동의 지원 없이는 수행될 수 없으며 보조활동에는 회계, 창고, 운송, 구매, 판매촉진, 수리업무 등이 포함된다. 보조활동은 모 생산단위에서 사용되는 비내구재 또는 서비스를 제공하는 활동으로서 생산활동을 지원해 주기 위하여 존재한다. 생산활동과 보조활동이 별개의 독립된 장소에서 이루어질 경우 지역 통계작성을 위하여 보조단위에 관한 정보를 별도로 수집할 수 있다. 다음과 같은 활동단위는 보조단위로 보아서는 안 되며 별개의 사업체로 간주하여 그 자체활동에 따라 분류하여야 한다.

㉠ 고정자산 형성의 일부인 재화의 생산, 예를 들면 자기계정을 위한 건설활동을 하는 경우 이에 관한 별도의 자료를 이용할 수 있으면 건설활동으로 분류한다.

㉡ 모 생산단위에서 사용되는 재화나 서비스를 보조적으로 생산하더라도 그 생산되는 재화나 서비스의 대부분을 다른 시장(사업체 등)에 판매하는 경우

㉢ 모 생산단위가 생산하는 생산품의 구성부품이 되는 재화를 생산하는 경우, 예를 들면 모 생산단위의 생산품을 포장하기 위한 캔, 상자 및 유사제품의 생산

㉣ 연구 및 개발활동은 통상적인 생산과정에서 소비되는 서비스를 제공하는 것이 아니므로 그 자체의 본질적인 성질에 따라 전문과학 및 기술서비스업으로 분류되며 SNA 측면에서 고정자본의 일부로 고려된다.

② **산업결정방법**

㉠ 생산단위 산업활동은 그 생산단위가 수행하는 주된 산업활동(판매 또는 제공되는 재화 및 서비스)의 종류에 따라 결정된다. 이러한 주된 산업활동은 산출물(재화 또는 서비스)에 대한 부가가치(액)의 크기에 따라 결정되어야 하나, 부가가치(액)의 측정이 어려운 경우에는 산출액에 의하여 결정한다.

㉡ 상기의 원칙에 따라 결정하는 것이 적합하지 않을 경우에는 그 해당 활동의 종업원 수 및 노동시간, 임금 및 급여액 또는 설비의 정도에 의하여 결정한다.

ⓒ 계절에 따라 정기적으로 산업을 달리하는 사업체의 경우에는 조사 시점에서 경영하는 사업과는 관계없이 조사대상 기간 중 산출액이 많았던 활동에 의하여 분류된다.

ⓔ 휴업 중 또는 자산을 청산중인 사업체의 산업은 영업 중 또는 청산을 시작하기전의 산업활동에 의하여 결정하며, 설립중인 사업체는 개시하는 산업활동에 따라 결정한다.

ⓜ 단일사업체의 보조단위는 그 사업체의 일개 부서로 포함하며, 여러 사업체를 관리하는 중앙보조단위(본부)는 별도의 사업체로 처리한다.

4) 한국표준산업분류의 주요내용과 체계

앞에서 언급한 바와 같이 국제표준산업분류 개정안(ISIC Rev.4 Draft)이 권고됨에 따라, 우리나라의 산업특성을 반영하고 아울러 국제비교성을 제고하기 위하여 한국표준산업분류(제9차 개정작업)가 이루어졌다. 2008년 2월 1일부터 적용된 표준산업분류의 주요내용과 체계에 대하여 알아본다.

(1) 한국표준산업분류의 제9차 개정의 주요 내용

① 개정의 특징

가. 국제표준산업분류 4차 개정안(ISIC Rev.4 Draft) 반영

정보 관련산업의 구조 변화 및 통합화 경향에 따라 서비스 부문에서는 여러 산업에 흩어져 있는 정보 및 커뮤니케이션 관련산업, 즉 출판, 영상, 방송통신 및 정보서비스업을 하나로 묶어 별도의 대분류로 신설하고 제조업부문에서는 정보통신기술과 융합된 산업활동, 즉 컴퓨터제조업, 전자부품, 영상, 음향 및 통신장비 제조업을 하나의 중분류로 통합하였으며 환경 관련산업의 중요성 및 산업활동의 결합성을 고려하여 하수·폐기물처리와 제조업에 분류되었던 원료재생업, 새롭게 대두된 토양정화 활동 등의 환경정화 및 복원업을 하나로 통합하여 별도의 대분류 하수 · 폐수처리, 원료재생 및 환경복원업을 신설하였다. 또한 본사(전산업 ⇒ 전문 과학기술서비스업), 수의업(보건업 ⇒ 전문 과학기술서비스업), 여행사업(운수업 ⇒ 사업지원서비스업) 등의 산업영역이 이동되었다.

나. 우리나라 산업구조의 특성을 반영하여 분류 신설 및 통합

우리나라의 산업활동의 특수성을 고려하고 새롭게 대두된 산업 및 산업별 전문화 및 포괄률을 검토하여 분류체계를 설정하였다. 산업용 기계장비 수리 및 설치업의 경우 국제분류에서는 제조업으로 분류하고 있지만 우리나라 개정분류에서는 산업활동의 결합관계 등 산업활동의 특성상 설치 및 수리활동을 현행처럼 수리업은 서비스 부문에서, 설치업은 산업용 기계장비 설치활동을 해당 기계장비 제조업에서 포함하여 각각 분류하고 있다. 또한 로봇, 평판디스플레이, 반도체, 온라인게임소프트웨어, 포털 및 인터넷 정보매개 서비스 산업 등 주요산업을 분류에 반영하고 제사 및 견방적업, 석탄화합물 제조업 등 쇠퇴산업은 통합하였다.

다. 관련분류 간 연계성, 통합성 및 일관성 유지

산업분류는 경제활동 관련 모든 분류와 연관이 있으므로 포괄범위, 명칭, 개념 등을 가능한 일치시키고 분류항목 간 연계를 위하여 생산물분류(CPC), 국민계정 경제활동별분류(SNA 분류체계), 산업별 생산품목(광업 및 제조업통계조사), 무역분류(SKTC), 관세 및 통계통합품목분류(HS), 상품용도분류(BEC)를 동시에 고려하여 분류의 세분, 명칭 및 포괄범위 조정 등을 함으로써 통합경제분류를 위한 기본틀 구축 및 경제분석을 종합적으로 할 수 있는 기초를 마련하였다고 할 수 있다.

라. 기본 분류체계 설정시 하위분류 고려

주요 관심 산업에 대한 분석과 행정목적에 보다 효율적으로 사용할 수 있도록 기본 분류체계 설정 시 하위분류를 고려하였으며 기본 분류체계를 기초로 설정된 현행 환경, 에너지, 물류산업 등에 대한 분류체계를 개정하고 필요한 새로운 분류를 제정할 수 있도록 하는 데 중점을 두었다.

② 대분류별 주요 개정내용

A 농업, 임업 및 어업

산업규모 및 산업활동의 유사성을 고려하여 대분류 A. 농업 및 임업과 B. 어업을 통합하였고 야생 식용임산물채취업을 농업에서 임업으로 이동하였다. 조경수 식재 및 농업관련서비스업 중 조경수 식재 및 관리서비스를 N. 사업시설관리 및 사업지원서비스업으로 이동하였고 농업용 기계장비 운영업과 기타 작물재배 관련서비스업을 통합하여 작물재배 관련서비스업으로 분류하였다.

B 광업

원유 및 천연가스 채굴 관련서비스와 광물탐사 등의 활동을 포함한 광업 지원서비스업을 중분류로 신설하였고, 우라늄 및 토륨광업은 비철금속광업으로 이동하였다. 또한 연탄제조는 대분류 간 이동으로 광업에서 제조업으로 이동하였다.

〈표 3-4〉 대분류별 주요 개정내용

KSIC 8	KSIC 9
A. 농업 및 임업	A. 농업, 임업 및 어업
B. 어업	
C. 광업	B. 광업
D. 제조업	C. 제조업
E. 전기, 가스 및 수도사업	D. 전기, 가스, 증기 및 수도사업
	E. 하수·폐기물처리, 원료 재생 및 환경복원업
F. 건설업	F. 건설업
G. 도매 및 소매업	G. 도매 및 소매업
H. 숙박 및 음식점업	H. 운수업
I. 운수업	I. 숙박 및 음식점업
J. 통신업	J. 출판, 영상, 방송통신 및 정보서비스업
K. 금융보험업	K. 금융 및 보험업
L. 부동산 및 임대업	L. 부동산업 및 임대업
M. 사업서비스업	M. 전문, 과학 및 기술서비스업
	N. 사업시설관리 및 사업지원서비스업
N. 공공행정, 국방 및 사회보장행정	O. 공공행정, 국방 및 사회보장행정
O. 교육 서비스업	P. 교육서비스업
P. 보건 및 사회복지사업	Q. 보건업 및 사회복지서비스업
Q. 오락, 문화 및 운동관련산업	R. 예술, 스포츠 및 여가관련 서비스업
R. 기타 공공, 수리 및 개인서비스업	S. 협회 및 단체, 수리 및 기타 개인서비스업
S. 가사서비스업	T. 가구 내 고용활동 및 달리 분류되지 않은 자가생산활동
T. 국제 및 외국기관	U. 국제 및 외국기관

C 제조업

정보통신기술(ICT) 산업의 특성을 반영하여 컴퓨터 제조업, 전자부품, 영상, 음향 및 통신장비 제조업을 통합하였으며 다만, 의료, 정밀, 광학기기 및 시계제조업은 ICT 특성 정도와 시계열 유지 문제 등으로 국제표준산업분류와 달리 현행처럼 별도의 중분류로 유지하였다. 제조업에서 타 산업으로 이동한 산업으로는 재생원료 생산업이 신설 하수 · 폐기물처리, 원료재생 및 환경복원업으로 이동하였고 출판업이 출판, 영상, 방송통신 및 정보서비스업으로 이동하였다. 또한 산업영역이 이동된 것으로 편조의복 제조가 섬유제품 제조업에서 봉제의복 제조업으로, 전기코일, 변성기 및 기타 전자 유도자 제조업을 전기제품 제조업에서 전자제품 제조업으로 각각 이동하였다. 제조업부문에서는 특히 산업통계에 의한 전문화율과 포괄률 및 사업체 규모, 증감률 등을 고려하여 하위분류를 신설 또는 통합하였으며 신설된 분류로는 평판디스플레이 제조업, 자동차용 동력전달장치 제조업 등이며 통합된 분류로는 맥아와 맥주, 석회와 플라스터, 재봉기 및 자수기와 기타 섬유, 의복 및 가죽 가공기계 제조업 등이다.

D 전기, 가스, 증기 및 수도사업

산업별 전문화율과 국민계정의 연계성 등을 위하여 발전업에서 원자력발전업, 수력발전업과 화력발전업을 각각 별도의 항목으로 분리 · 신설하였다.

E 하수 · 폐기물처리 원료재생 및 환경복원업

환경 관련산업에 대한 분석틀을 제공하기 위하여 각 산업에 산재해 있던 하수처리, 폐기물처리, 재생원료 생산업을 한데 묶고 새롭게 대두된 산업인 토양정화업을 포함한 환경복원업을 신설하였다.

F 건설업

전문직별 공사업 내의 소분류 토목시설물 및 건물축조 관련전문공사업을 기반조성 및 시설물 축조 관련전문공사업으로 변경하고 공정별로 세분하여 건물 및 구축물해체공사업, 기반조성 관련전문공사업, 시설물축조 관련전문공사업으로 구별하였다. 또한 산업활동의 결합성을 고려하여 별도로 분류되었던 유리공사업과 창호공사업을 통합하고 전문화율이 높은 소방시설공사업을 별도로 신설하였다.

G 도매 및 소매업

중분류에서 자동차 판매와 같이 분류되었던 차량연료소매업은 소매업으로 이동하였고 정보통신 관련장비 소매와 문화, 오락 및 여가 관련소매를 각각 소분류로 신설하였다.

H 운수업

소화물송달업을 통신업에서 운수업 영역으로 이동하고 도선업을 기타 운송지원서비스업으로 통합하였다.

I 숙박 및 음식점업

세분류 다과점의 하위분류인 제과점업을 기타 음식점업으로, 찻집 및 커피숍을 주점 및 비알콜음료점업으로 각각 이동하고 다과점업은 삭제하였으며 증가하고 있는 샌드위치 전문점을 반영하기 위하여 피자, 햄버거 및 치킨 전문점을 피자, 햄버거, 샌드위치 및 유사음식점업과 치킨 음식점업으로 분리하였다.

J 출판, 영상, 방송통신 및 정보서비스업

신설 대분류로서 전 산업에 흩어져 있는 정보 및 커뮤티케이션 관련서비스 산업, 즉 출판, 영상 및 오디오 기록물 제작・배급업, 방송업, 통신업, 컴퓨터 프로그래밍, 시스템 통합 및 관리업, 정보서비스업을 하나로 묶어 대분류를 구성하였다. 특히 출판업에는 기존 출판영역이외 프로그래밍(주문형)을 제외한 소프트웨어 출판(패키지형)이 포함되고 소프트웨어 산업의 전문화율과 우리나라의 특성을 고려하여 게임소프트웨어 개발업에서 온라인 및 모바일게임 소프트웨어 개발 및 공급업을 별도로 세분하였다. 게임소프트웨어 개발과 같은 세분류에서 시스템 및 응용소프트웨어 개발 및 공급업을 신설하고 하위에 시스템소프트웨어 개발업과 응용소프트웨어 개발업으로 세분하였다. 기존 출판업에서 기록매체 출판업은 제외(59 영상, 오디오 기록물 제작・배급업에 포함)되었으며 방송업에서는 새롭게 등장할 수 있는 다양한 형태의 방송을 고려하여 유선 및 위성방송업에 기타 방송을 포함하여 유선, 위성 및 기타방송업으로 조정하였다. 통신업에서는 법률에서 사용하는 부가통신업과의 개념이 불일치하고 조사상 어려움을 고려하여 부가통신업을 삭제하였고 전기통신회선설비 임대업과 유선전화 및 기타 유선통신업을 유선통신업으로 통합하였다. 정보서비스업에서는 급변하는 인터넷 산업의 특성을 적절히 반영하기 위하여 데이터베이스 및 온라인 정보 제공업을 포털 및 인터넷 정보매개 서비스업으로 명칭을 바꾸어 새로운 개념을 도입하였다.

K 금융 및 보험업

금융업의 기준을 통화창출 여부에 따라 통화금융업 및 비통화금융업으로 구별하였으나 이러한 기준을 없애고 은행과 저축기관을 하나로 묶어 은행 및 저축기관으로 하고 여신, 리스 등 저축기관이 아닌 나머지는 그 외 기타 금융업으로 분류하였다. 또한 금융업에서는 일반지주회사와 산업특성이 다른 점을 고려하여 일반지주회사와 명확한 구별을 위하여 금융지주회사를 신설하였다.

L 부동산업 및 임대업

금융업에 포함되었던 지적재산권 등 무형재산권 매매 및 대여활동(무형재산권 임대업)을 임대업으로 이동하였으며 주거용 건물공급업을 주거용 건물 개발 및 공급업으로, 부동산 감정업을 부동산 감정 및 평가업으로, 부동산 중개업을 부동산 자문 및 중개업으로, 경기 및 여가용품 임대업을 스포츠 및 레크레이션용품 임대업으로 각각 명칭을 변경하였다.

M 전문 과학 및 기술서비스업, N 사업시설관리 및 사업지원서비스업

현행 사업서비스업을 전문, 과학 및 기술서비스업과 사업시설관리 및 사업지원서비스업으로 나누어 2개의 대분류를 신설하였다. 국제 및 타분류와의 연계성을 고려하여 수의업을 보건업에서 전문 과학 및 기술서비스업으로 이동하였고 회사본부를 세분류로 신설하였으며 그 세세분류로 제조업회사본부와 기타 회사본부로 세분하였다. 또한 산업분석의 필요성을 감안하여 전기전자공학연구개발업과 지도제작업을 각각 신설하였다. 여행사 및 기타 여행보조서비스업이 운수업에서, 조경수 관리 및 유지서비스업이 농업에서 사업시설관리 및 사업지원 서비스업으로 이동하였다.

O 공공행정, 국방 및 사회보장행정

정부직제와 기능을 고려하여 세분한 8차 개정을 변경하지 않았다.

P 교육 서비스업

지금까지 별도의 항목으로 분류되지 않았던, 교육활동을 직접 수행하지는 않지만 교육활동을 지원하거나 교육과 밀접하게 관련되어 있는 활동을 포괄하여 교육지원 서비스업을 별도의 소분류로 신설하였으며 오락 및 운동 관련산업에서 분류되었던 스포츠 및 레크리에이션 교육활동을 교육서비스 영역으로 이동하였다. 또한 조사 및 분석의 가능성과 타당성 등을 고려하여 대안학교를 별도의 세분류로 신설하였다.

Q 보건업 및 사회복지서비스업

사회복지서비스업 하위분류 명칭 중 시설을 시설 운영업으로 일괄적으로 변경하고 수용복지시설을 거주복지시설운영업으로 변경하였으며 또한 노인수용복지시설을 노인요양시설운영업과 노인양로시설운영업으로 세분하였다.

R 예술, 스포츠 및 여가 관련서비스업

영화 및 방송 산업을 신생 대분류 출판, 영상, 방송통신 및 정보서비스업으로 이동시키고 남아있는 공연산업을 창작 및 예술 관련서비스업에서 포괄하였다. 스포츠시설 운영업 중 태권도, 수영 등 전문교육활동이 교육서비스업으로 이동하였으며 또한 지역단위 등의 문화 및 여가 관련산업을 포괄하기 위해 기타 도서관, 사적지 및 유사 여가 관련산업을 신설하였다. 산업규모 및 전문화율을 고려 낚시장 운영업, 골프연습장 운영업을 별도항목으로 분류하였으며 도박장 운영업을 갬블링 및 베팅업으로, 노래방 운영업을 노래연습장 운영업으로 각각 명칭을 변경하였다.

S 협회 및 단체, 수리 및 기타 개인서비스업

산업규모 및 전문화율을 고려하여 미용업을 두발미용업, 피부미용업, 기타 미용업으로 세분하고 개인서비스업의 특성을 반영하여 맞선주선 및 결혼상담업, 애완동물 장묘 및 보호서비스업을 신설하였다.

T 가구 내 고용활동 및 달리 분류되지 않은 자가소비를 위한 재화 및 서비스 생산활동

달리 분류되지 않은 자가소비를 위한 재화 생산활동과 서비스 생산활동을 각각 중분류로 신설하였으며 특히 달리 분류되지 않은 서비스 생산활동은 사업체 통계조사에는 적합하지 않지만 특수목적의 통계를 위하여 별도의 항목으로 신설하였다.

(2) 분류구조 및 부호체계

① 분류구조는 대분류(알파벳 문자 사용/ Sections), 중분류(2자리 숫자사용/ Divisions), 소분류(3자리 숫자 사용/ Groups), 세분류(4자리 숫자 사용/ Classes), 세세분류(5자리 숫자 사용/ Sub-Classes)의 5단계로 구성된다.

② 부호처리를 할 경우에는 아라비아 숫자만을 사용토록 했다.

③ 국제된 국제분류 ISIC Rev.4를 기본체계로 하였으나, 국내실정을 고려하여 국제분류의 각 단계항목을 분할, 통합 또는 재그룹화하여 독자적으로 분류항목과 분류부호를 설정하였다.

④ 분류항목 간에 산업내용의 이동을 가능한 억제하였으나 일부 이동내용에 대한 연계분석 및 시계열연계를 위하여 부록에 수록된 신구 연계표를 활용

하도록 하였다.

⑤ 중분류의 번호는 01부터 99가지 부여하였으며, 대분류별 중분류 추가 여지를 남겨놓기 위하여 대분류 사이에 번호 여백을 두었다.

⑥ 소분류 이하 모든 분류의 끝자리 숫자는 "0"에서 시작하여 "9"에서 끝나도록 하였으며 "9"는 기타 항목을 의미하며 앞에서 명확하게 분류되어 남아있는 활동이 없는 경우에는 "9" 기타 항목이 필요 없는 경우도 있다. 또한 각 분류단계에서 더 이상 하위분류가 세분되지 않을 때 "0"을 사용한다(예를 들면, 중분류 02/임업, 소분류/020).

(3) 한국표준산업분류의 체계

[대분류→중분류→소분류→세분류→세세분류]로 5단계로 분류하는 한국표준산업분류(2008)체계를 대분류를 기준으로 단계별 항목수를 정리하면 아래의 표와 같다. 대분류는 A~U까지 21개, 중분류 76개, 소분류 228개, 세분류 487개, 세세분류 1,145개의 항목으로 구성된다.

〈표 3-5〉 한국표준산업분류(2008)의 단계별 항목 수

대분류	중분류 기호	중분류	소분류	세분류	세세분류
A 농업, 임업 및 어업	01~03	3	5	21	34
B 광업	05~08	4	7	12	17
C 제조업	10~33	24	83	180	461
D 전기, 가스, 수도	35~36	2	4	6	9
E 폐기물, 환경복원	37~39	3	5	11	15
F 건설업	41~42	2	7	14	42
G 도매 및 소매	45~47	3	20	58	164
H 운수업	49~52	4	11	20	46
I 숙박 및 음식점업	55~56	2	4	8	24
J 출판, 영상, 정보 등	58~63	6	11	25	42
K 금융, 보험	64~66	3	5	15	33
L 부동산, 임대	68~69	2	6	13	21

대분류	중분류 기호	중분류	소분류	세분류	세세분류
M 전문, 과학, 기술	70~73	4	13	19	50
N 사업시설, 사업지원	74~75	2	7	13	21
O 행정, 국방, 사회보장	84	1	5	8	25
P 교육서비스	85	1	7	16	29
Q 보건 및 사회복지	86~87	2	6	9	21
R 예술, 스포츠, 여가	90~91	2	4	17	43
S 협회, 수리, 개인	94~96	3	5	18	43
T 자가소비생산활동	97~98	2	3	3	3
U 국제 및 외국기관	99	1	1	1	2
계(21)		76	228	487	1,145

출처 : 통계청(2008). 한국표준산업분류.

(4) 한국표준산업분류의 예시

한국표준산업분류(2008) 중에서 대분류 D(전기, 가스, 수도)의 일부만을 [대분류→중분류→소분류→세분류→세세분류]로 예시하면 아래와 같다. 대분류는 알파벳(A~U까지)으로 표시하나 중분류부터 세세분류까지는 분류부호를 숫자로 표시한다.

〈표 3-6〉 '대분류D'(전기, 가스, 수도)의 분류의 예시

중분류	소분류	세분류	세세분류	산업의 예시
35 전기, 가스, 증기 및 공기조절 공급업	351 전기업	3511 발전업	35111 원자력 발전업	• 원자력발전소 • 수력발전소
			35112 수력 발전업	
			35113 화력 발전업	
			35119 기타 발전업	
		3512 송전 및 배전업	35120 송전 및 배전업	• 송전소 • 변전소 • 배전소 • 전기영업소

중분류	소분류	세분류	세세분류	산업의 예시
35 전기, 가스, 증기 및 공기조절 공급업	352 가스 제조 및 배관공급업	3520 가스 제조 및 배관공급업	35200 가스 제조 및 배관공급업	• 연료용 혼합가스 생산 • 연료용 제조가스 생산 • 연료용 가스 배관공급
	353 증기, 냉온수 및 공기조절 공급업	3530 증기, 냉온수 및 공기조절 공급업	35300 증기, 냉온수 및 공기조절 공급업	• 냉수, 온수 생산 및 공급 • 증기 생산 및 공급 • 온천수 생산 및 공급 • 열 생산 및 공급 • 냉방 공기 생산 및 공급
36 수도사업	360 수도사업	3601 산업용수 공급업	36010 생활용수 공급업	
		3602 산업용수 공급업	36020 산업용수 공급업	

출처 : 통계청(2008). 한국표준산업분류.

5) 한국표준산업분류의 대분류 내용

한국표준산업분류는 앞서 살펴본 바와 같이 대분류-중분류-소분류-세분류-세세분류의 5가지 체계로 구성되어 있으며, 대분류는 영어 알파벳 문자로 표시된다. 여기에서는 대분류를 중심으로 주요개념에 간략히 살펴보기로 하고, 자세한 내용은 통계청[2)]의 한국표준산업분류를 참고하기로 하자.

A 농업, 임업 및 어업(01 ~ 03)

이 대분류에는 농업, 임업, 어업 및 관련 서비스업이 포함된다. 농업 및 관련 서비스업은 작물재배업, 축산업, 작물재배 및 축산 복합농업, 작물재배 및 축산관련 서비스업과 수렵 및 수렵관련 서비스업이 포함된다. 임업 및 관련 서비스업은 영림(산림경영), 산림용 종자 및 묘목생산, 벌목 활동과 야생임산물 채취 및 임업관련 서비스활동을 말한다. 야생딸기 및 견과 등과 같은 식용의 야생식물을 채취하는 활동이 포함된다. 어로어업, 양식어업 및 어업관련 서비스업이 포함된다.

2) www.kostat.go.kr

B 광업(05 ~ 08)

광업은 지하 및 지표에서 고체, 액체 및 기체 상태의 천연광물을 채굴·채취·추출하는 산업활동을 말한다. 이러한 광업활동에 종사하는 사업체에서는 광물을 채굴 및 추출하기 위한 탐사, 개발, 시굴활동을 직접 수행할 수 있으며, 채굴활동에 통상적으로 관련된 마쇄 및 파쇄활동과 체질, 선별, 부유, 용해 등의 선광 및 정리활동, 손질 및 품질개선 등을 수행할 수 있다. 수수료 또는 계약에 의한 각종 광물의 정광 및 선광활동은 채굴활동에 결합 수행되는지의 여부를 불문하고 여기에 분류되며, 광업은 생산되는 주요 광물의 종류에 따라 분류한다.

C 제조업(10 ~ 33)

제조업이란 원재료(물질 또는 구성요소)에 물리적, 화학적 작용을 가하여 투입된 원재료를 성질이 다른 새로운 제품으로 전환시키는 산업활동을 말한다. 따라서 단순히 상품을 선별·정리·분할·포장·재포장하는 경우 등과 같이 그 상품의 본질적 성질을 변화시키지 않는 처리활동은 제조활동으로 보지 않는다. 이러한 제조활동은 공장이나 가내에서 동력기계 및 수공으로 이루어질 수 있으며, 생산된 제품은 도매나 소매형태로 판매될 수도 있다.

D 전기, 가스, 증기 및 수도사업(35 ~ 36)

이 대분류에는 전력의 발전 및 송·배전사업, 연료가스제조 및 배관공급사업, 증기, 온수, 냉수, 냉방공기의 생산·공급사업, 상수도 및 산업용수의 집수·정수 및 공급사업이 포함된다. 전기업은 각종 발전설비를 이용하여 전기를 생산하는 발전활동과 생산된 전기를 배선조직에 의하여 공급하는 송·배전활동 및 판매하는 산업활동을 말한다. 가스제조 및 공급업은 연료 및 난방용 제조가스 또는 혼합가스를 생산하는 활동과 생산 또는 구입한 가스를 배관시설에 의하여 가정·산업·상업 및 기타 사용자에게 공급하는 산업활동을 말한다. 증기, 냉온수 및 공기조절 공급업은 냉난방·동력 또는 기타 목적의 열·증기·온수·냉수·냉방공기를 생산하는 활동과 이들을 배관시설에 의하여 공급하는 산업활동을 말한다. 수도사업은 생활용수 및 공업용수를 취수, 집수, 정수하고 이를 배관시설에 의하여 개인, 가정 및 사업체에 급수하는 산업활동을 말한다.

E 하수 · 폐기물 처리, 원료재생 및 환경복원업(37 ~ 39)

이 대분류에는 고형 혹은 비고형의 각종 형태의 산업 또는 생활 폐기물의 수집 운반 및 처리 활동, 환경 정화 및 복원 활동과 원료재생 활동이 포함된다. 폐기물 처리공정이나 하수 처리공정의 산출물은 처분되거나 혹은 다른 생산과정의 투입물이 될 수 있다.

F 건설업(41 ~ 42)

계약 또는 자기계정에 의하여 지반조성을 위한 발파 · 시굴 · 굴착 · 정지 등의 지반공사, 건설용지에 각종 건물 및 구축물을 신축 및 설치, 증축 · 재축 · 개축 · 수리 및 보수 · 해체 등을 수행하는 산업활동으로서 임시건물, 조립식 건물 및 구축물을 설치하는 활동이 포함된다. 이러한 건설활동은 도급 · 자영건설업자, 종합 또는 전문건설업자에 의하여 수행된다. 직접 건설활동을 수행하지 않더라도 건설공사에 대한 총괄적인 책임을 지면서 건설공사 분야별로 도급 또는 하도급을 주어 전체적으로 건설공사를 관리하는 경우에도 건설활동으로 본다.

G 도매 및 소매업(45 ~ 47)

이 대분류에는 구입한 각종 신상품 또는 중고품을 변형하지 않고 구매자에게 재판매하는 도매 및 소매활동, 판매상품에 대한 소유권을 갖지 않고 구매자와 판매자를 위하여 판매 또는 구매를 대리하는 상품중개, 대리 및 경매활동이 포함된다.

H 운수업(49 ~ 52)

이 대분류에는 각종 운송시설에 의한 여객 및 화물 운송업, 창고업 및 기타 운송관련 서비스업을 수행하는 산업활동을 말한다. 운송업은 노선 또는 정기 운송 여부를 불문하고 철도, 도로, 파이프라인, 해상 및 항공 등으로 여객 및 화물을 운송하는 산업활동을 말한다. 운송관련 서비스업은 여객 및 화물 운송업을 지원·보조하는 화물취급업, 창고업, 터미널시설 운영업, 화물운송 주선 및 기타 운송관련 서비스업을 수행하는 산업활동을 말한다. 화물취급 및 화물운송 주선 사업체 등은 고객과 운송업체간에 화물의 수수업무에 이용되는 운송시설을 보조적으로 소유할 수 있으나 고객이 요구한 운송활동 전체를 수행하지는 않는다.

I 숙박 및 음식점업(55 ~ 56)

이 대분류에는 숙박업과 음식점업이 포함된다. 숙박업은 일반대중 또는 특정 회원에게 각종 형태의 숙박시설, 캠프장 및 캠핑시설 등을 단기적으로 제공하는 산업활동을 말하며, 음식제공설비가 결합된(음식을 함께 제공하는) 숙박시설을 운영하는 경우와 철도운송업을 수행하지 않는 별개의 사업체가 침대차만을 운영하는 경우도 여기에 포함된다. 음식점업은 구내에서 직접 소비할 수 있도록 접객시설을 갖추고 조리된 음식을 제공하는 식당, 음식점, 간이식당, 카페, 다과점, 주점 및 음료점업 등을 운영하는 활동과 독립적인 식당차를 운영하는 산업활동을 말한다. 또한 여기에는 접객시설을 갖추지 않고 고객이 주문한 특정음식물을 조리하여 즉시 소비할 수 있는 상태로 주문자에게 직접 배달(제공)하거나 고객이 원하는 장소에 가서 직접 조리하여 음식물을 제공하는 경우가 포함된다.

J 출판, 영상, 방송통신 및 정보서비스업(58 ~ 63)

정보 및 문화상품을 생산하거나 공급하는 산업활동; 정보 및 문화상품을 전송하거나 공급하는 수단을 제공하는 산업활동; 통신서비스 활동; 정보기술, 자료처리 및 기타 정보서비스를 제공하는 산업활동을 말한다. 여기에는 출판업, 소프트웨어 제작, 영상 및 오디오 기록활동, 라디오 및 텔레비전 방송, 프로그램공급, 전기통신, 정보기술 및 기타 정보서비스활동이 포함된다.

K 금융 및 보험업(64 ~ 66)

이 대분류에는 금융업, 보험 및 연금업, 금융 및 보험관련 서비스업이 포함된다. 금융업은 보험 또는 연금목적 이외의 자금을 조성하고 이를 재분배, 공급 및 중개하는 산업활동을 말한다. 보험 및 연금업은 장·단기에 발생할 수 있는 생명 또는 사고의 위험을 분산시킬 목적으로 기금을 조성・관리하는 보험업과 노후 또는 퇴직 후의 소득 보장기금을 조성하여 관리하는 개인 및 단체 공제사업 또는 연금사업이 포함된다. 금융 및 보험관련 서비스업은 금융업 또는 보험업 및 연금사업의 원활한 수행을 위하여 제공되는 각종 금융 및 보험관련 서비스활동을 말한다.

M 전문, 과학 및 기술 서비스업(70 ~ 73)

이 산업은 다른 사업체를 위하여 전문, 과학 및 기술적 업무를 계약에 의하여 수행함으로써 경영의 전문성과 효율성을 달성한다. 이러한 전문, 과학 및 기술서비스는 동일 기업 내의 다른 사업체에 의하여 수행될 수 있다. 이 산업은 고도의 전문지식과 훈련을 받은 인적자본이 서비스생산의 주요 요소로서 투입된다. 여기에는 연구개발 활동과 법무, 회계, 광고, 시장조사, 경영컨설팅, 건축설계, 엔지니어링, 수의업, 디자인 및 기타 전문・과학・기술서비스를 제공하는 산업활동이 포함된다.

N 사업시설관리 및 사업지원 서비스업(74 ~ 75)

사업시설의 청소, 방제 등을 포함한 사업시설 유지관리활동과 고용지원 서비스, 보안 서비스, 여행보조 서비스, 사무지원 서비스 등과 같은 사업운영과 관련한 밀접한 지원서비스를 제공하는 산업활동을 말한다. 전문, 과학 및 기술서비스 활동은 M에서 분류된다.

O 공공행정, 국방 및 사회보장 행정(84)

이 대분류에는 국가 및 지방 행정기관이 일반대중에게 제공하는 공공행정, 국방, 산업 및 사회보장 행정 업무가 포함된다. 이러한 활동은 비정부 기관에 의해 수행되는 경우도 있다.

P 교육 서비스업(85)

이 대분류에는 교육수준에 따른 초등(학령전 유아 교육기관 포함), 중등 및 고등

교육수준의 정규교육기관(전문대학, 대학교 및 대학원의 교육과정), 성인교육, 기타 교육기관 및 교육지원 서비스업이 포함된다. 기타교육기관은 성인 또는 특정인을 대상으로 교육하기 위하여 설립된 교육기관으로서 특수학교, 외국인학교, 대안학교, 직업 훈련기관, 사회 교육기관, 스포츠 및 레크레이션 교육기관, 일반 또는 전문 학원 등이 포함된다.

Q 보건업 및 사회복지 서비스업(86 ~ 87)

이 대분류에는 보건업과 사회복지 서비스 활동이 포함된다. 보건업은 인간의 건강유지를 위한 각종 질환의 예방과 치료를 위한 보건서비스를 제공하는 병원, 의원 및 기타 의료기관과 의료관련 서비스를 제공하는 기관이 포함된다. 사회복지서비스업은 아동, 노령자, 장애자 등과 같이 자립능력에 제약을 받는 특정 범주 내의 사람을 보호하기 위한 각종 사회복지 서비스를 제공하는 거주 복지시설 또는 비거주 복지시설을 말한다.

R 예술, 스포츠 및 여가관련 서비스업(90 ~ 91)

이 대분류에는 창작, 예술 및 여가관련 서비스업과 스포츠 및 오락관련 서비스업이 포함된다.

S 협회 및 단체, 수리 및 기타 개인 서비스업(94 ~ 96)

이 대분류에는 협회 및 단체, 수리, 세탁 및 개인대상의 서비스를 제공하는 산업활동을 말한다. 협회 및 단체는 회원 상호간의 복리증진과 특정목적 실현을 위하여 조직된 각종 협회 및 단체를 말하며 산업, 노동 및 전문가 단체 또는 조합, 연합회, 종교, 정치 및 기타 협회 및 단체를 말한다. 수리업은 산업용 기계장비, 컴퓨터 및 사무용 기계장비, 자동차 및 소비용품의 경상적인 유지수리를 전문적으로 수행하는 산업활동을 말한다. 기타 개인 서비스업은 세탁소, 이・미용실, 장의업 및 기타 개인 서비스를 제공하는 산업활동을 말한다.

T 가구내 고용활동 및 달리 분류되지 않은 자가소비 생산활동(97～98)

이 대분류에는 각종 가사담당자를 고용한 가구의 활동과 달리 분류되지 않은 자가소비를 위한 가구의 재화 및 서비스 생산활동이 포함된다.

U 국제 및 외국기관(99)

이 대분류에는 국제연합 및 전문기구, 아주기구, 구주기구, 경제협력개발기구, 유럽공동체, 국제대사관 및 기타 외국지역 단체 등의 공무를 수행하는 국제 및 외국기관이 포함된다.

3. 직업분류와 산업분류의 결합

1) 결합예시(1)

앞서 배운 직업 "대분류6"(농림어업 숙련 종사자)의 예시에서 '과수작물 재배원'은 직업분류체계로 보아

대분류 → 농림어업 숙련 종사자(6)
중분류 → 농·축산 숙련직(61)
소분류 → 작물재배종사자(611)
세분류 → 과수작물 재배원(6113)
세세분류 → 과수작물 재배원(61130) ⇒ 과수작물 재배원

과 같이 분류된다. 이러한 분류체계는 |그림 3－1|과 같이 나타낼 수 있다.

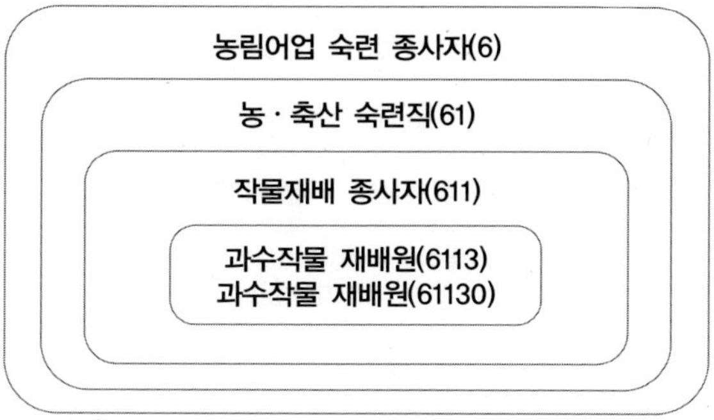

|그림 3-1| 직업분류의 예

그러면 '과수작물 재배원'으로서 직업을 지닌 홍길동 씨는 어떠한 산업에 속할까? 홍길동 씨의 직업이 어떤 산업분류에 속하는가를 알기 위하여 다음과 같은 경우를 고려하여 살펴보자.

첫째, 홍길동 씨가 농장에서 사과와 같은 과수를 직접 재배하는 경우에는 한국표준산업분류 2008의 분류와 같이,

대분류 → 농업, 임업 및 어업(A)
중분류 → 농업(01)
소분류 → 작물 재배업(011)
세분류 → 과실, 음료용 및 향신용 작물 재배업(0113)
세세분류 → 과실작물 재배업(01131) ⇒ 홍길동 씨가 속한 산업

과 같이 분류된다. 즉, 홍길동의 직업이 속하는 산업은, 산업분류로 보아 대분류로는 "농업 임업 및 어업", 중분류는 "농업", 소분류는 "작물재배업", 세분류로는 "과실, 음료용 및 향신용 작물 재배업", 세세분류로는 "과실작물 재배업"에 속한다. 이러한 분류체계는 |그림 3-2|와 같이 나타낼 수 있다.

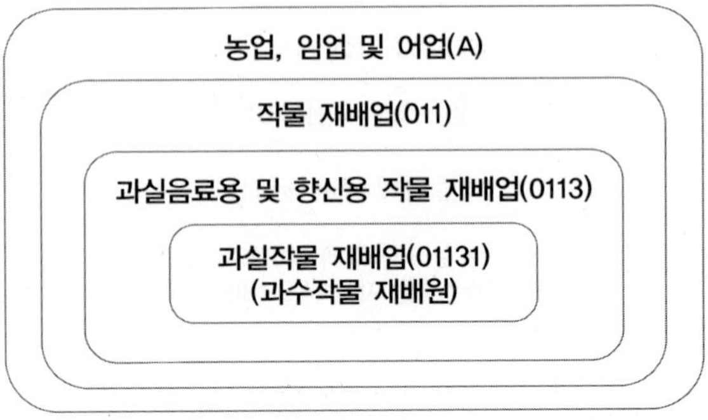

|그림 3-2| 산업분류의 예

둘째, '과수작물 재배업'으로서 홍길동 씨가 농림부 기술직 공무원으로서 '농산물 검사 및 등급결정'을 하는 업무를 수행하고 있다면 아래와 같이 분류된다.

대분류 → 공공, 국방 및 사회보장 행정(O)
중분류 → 공공, 국방 및 사회보장행정(84)
소분류 → 사회 및 산업정책 행정(842)
세분류 → 노동 및 산업진흥 행정(8422)
세세분류 → 농림수산업 행정(84222) ⇒ 홍길동 씨가 속한 산업

셋째, 홍길동 씨가 '과수작물 재배원'으로서 일을 하다가 사과즙을 생산하는 공장을 건설하고 회사를 설립하여 대표이사가 되었다면 홍길동 씨의 직업은 직업대분류로는 "관리자(1)"에 속하고 산업대분류로는 "제조업(C)"에 속한다.

2) 결합예시(2)

아래의 표는 하나의 직업이 어떤 산업과 직업에 속하는지를 결합하여 예시적으로 나타낸 것이다. 예를 들어 '변호사'라는 직업은 직업대분류로는 '전문가'에 속하고, 산업대분류로는 '사업서비스업'에 속하며, '파출부'의 직업대분류는 '단순노무 종사자', 산업대분류는 '가사서비스'업에 속한다.

〈표 3-7〉 산업분류와 직업분류의 결합의 예시

	1 관리자	2 전문가 및 관련 기능 종사자	3 사무 종사자	4 서비스 종사자	5 판매 종사자	6 농림 어업 숙련 종사자	7 기능원 및 관련 기능 종사자	8 장치·기계 조작 및 조립 종사자	9 단순 노무 종사자	A 군인
A. 농업, 임업 및 어업		축산 학자				과수 작물 재배원				
B. 광업										
C. 제조업	판매 이사									
D. 전기, 가스, 수도										
E. 폐기물, 환경복원										
F. 건설업								기중기 운전원		
G. 도매 및 소매				주유원						
H. 운수업								택시 기사		
I. 숙박 및 음식점업										
J. 출판, 영상, 정보 등										
K. 금융, 보험			보험 사원							
L. 부동산, 임대										
M. 전문, 과학, 기술		변호사								
N. 사업시설, 사업지원						정원사				
O. 행정, 국방, 사회보장									환경 미화원	
P. 교육서비스	교육감									
Q. 보건 및 사회복지		영양사								
R. 예술, 스포츠, 여가										
S. 협회, 수리, 개인				미용사						
T. 자가소비생산활동									파출부	
U. 국제 및 외국기관										

참고문헌

통계청(2008). 한국표준산업분류.

통계청(각년도). 경제활동인구연보.

Clark, C.(1940). *The Conditions of Economic Progress*. Macmillan, New York.

Fisher, Allen, G. B.(1939) "Production, Primary, Secondary and Tertiary". *Economic Record*, vol. 15, pp. 24-38.

Hoffman, W.(1931). Studien und Typen der Industrialisrung.

__________(1949). "The Growth of Industrial Production in Great Britain : A Quantitative Survey". *Economic History Review*, II, No. 2.

The Macmillan Company & The Free Press(1974). *International Encyclopedia of the Social Sciences*, Vol. 16.

www.kostat.go.kr

CHAPTER 04

한국고용직업분류(KECO)와 국가직무능력표준(NCS)

chapter 04

한국고용직업분류(KECO)와 국가직무능력표준(NCS)

1. 한국고용직업분류

1) 한국고용직업분류의 개요와 체계

한국고용직업분류(Korean Employment Classification of Occupation; 이하 KECO)는 노동시장의 상황과 수요에 적합하도록 각종 직무를 분류한 것으로 직업정보의 제공을 통한 노동시장의 효율성의 제고를 기본 목적으로 한다. 한국표준직업분류는 통계청에서 작성한 것으로 국제노동기구(ILO)에서 각 국에 권고하는 국제표준직업분류를 준용하여 작성되기 때문에 우리나라의 직업상황과 맞지 않을 수 있다. 이에 우리나라의 직업구조를 현실적으로 반영하여 직업에 대한 정확성과 이용의 편리성을 확보하고, 노동시장에서의 적절한 직업단위에 대한 자료를 수집하여 의미 있는 정보전달을 위하여 2001년 최초로 개발되었다. 이후 노동부, 통계청, 중앙고용정보원(현 한국고용정보원)의 공동연구를 통하여 2005년 한국고용직업분류를 개정하여 현재의 고용직업분류 체계를 갖추고 있다.

(1) 개요[1)]

KECO는 우리나라의 대표적인 직업분류이며, 노동시장의 상황과 수요에 적합하도록 각종 직무를 분류한 것으로 기업정보의 제공을 통한 노동시장 효율성의 재고를 목적으로 한다. 노동시장정보시스템의 기초로서 직업훈련, 자격, 직업정

1) 고용정보원(2007). 한국고용직업분류에서 내용을 발췌하였음.

보, 취업 등 수요자의 정보연계에 대한 요구를 반영하고자 노력하였다. KECO는 직업능력수준, 직업능력형태와 더불어 산업, 직업이동성, 노동시장 구조 등과 같은 요인들을 고려하여 개발하였다. 분류원칙은 직능유형 우선, 중분류중심, 포괄성, 배타성, 연계성 유지, 최소고용과 노동시장 등과 같은 요인들을 고려하였다.

이에 대분류 7개, 중분류 24개, 소분류 139개, 세분류 429개로 분류하여 다양한 정보를 제공하여 직업정보의 취업희망 구직자, 학생, 학부모 등에게 직업정보에 대한 체계적인 정보를 제공하고 있다.

〈표 4-1〉 한국고용직업분류(KECO) 체계

대분류	관리직	경영·세부직	사회 서비스직	판매 및 개인 서비스직	건설·생산직	농림·어업직	군 인	합 계
중분류	1	2	5	5	9	1	1	24
소분류	9	12	30	24	58	5	1	139
세분류	24	42	92	84	170	13	3	429

한국표준직업분류(통계청)는 직업 관련정보의 국제비교라는 장점이 있고, 한국고용직업분류(한국고용정보원)는 노동시장의 직업구조 및 조사가 편리한 장점 때문에 2006년까지 별도의 분류체계로 운영되었지만, 국가통계정보의 일관성과 통일성을 위하여 2007년부터 세분류 수준(429)을 통합하였다. 그러면서도 두 분류체계의 장점을 살리기 위하여 세분류 이상의 소분류, 중분류, 대분류는 상이하게 구성함으로써, 직업분류 활용자들은 자신의 목적에 따라 소분류, 중분류 등을 유연하게 선택할 수 있게 하였다.

이러한 KECO는 직능유형 중심의 분류체계로 대분류보다는 중분류를 중심체계로 구성되어 있고, 10진법이 아닌 소분류 이하에서 9를 사용하여 식별하였다. 또한 대규모 조사를 통한 경험적 데이터에 근거하고 있다는 특징을 가진다.

(2) 분류체계

KECO가 특수분류로서 다양한 활용가치를 지속적으로 인정받기 위해서는 국가표준분류인 한국표준직업분류(KSCO)와 연계성을 높이는 것이 중요한 과제이다. 직업분류 연계 문제는 직업별 노동시장 정보 제공 확대에 따라 필요성이 더 높아졌다. KECO는 대분류 7종, 중분류 24종, 소분류 139종, 세분류 429종으로 구성되어 있다(한국표준직업분류는 대분류 10종, 중분류 52종, 소분류 149종, 세분류 426종으로 구성됨).

〈표 4-2〉 한국고용직업분류 체계

대분류 (중분류기호)	중분류 기호 및 명칭
관리직(01)	01. 관리직
경영 · 세무직 (02-03)	02. 경영 · 회계 · 사무 관련직, 03. 금융 · 보험 관련직
사회서비스직 (04-08)	04. 교육 및 자연과학 · 사회과학 연구 관련직, 05. 법률 · 경찰 · 소방 · 교도 관련직, 06. 보건 · 의료 관련직, 07. 사회복지 및 종교 관련직, 08. 문화 · 예술 · 디자인 · 방송 관련직
판매 및 개인 서비스직 (09-13)	09. 운전 및 운송 관련직, 10. 영업 및 판매 관련직, 11. 경비 및 청소 관련직, 12. 미용 · 숙박 · 여행 · 오락 · 스포츠 관련직, 13. 음식 서비스 관련직
건설 · 생산직 (14-22)	14. 건설 관련직, 15. 기계 관련직, 16. 재료 관련직(금속 · 유리 · 점토 및 시멘트), 17. 화학 관련직, 18. 섬유 및 의복 관련직, 19. 전기 · 전자 관련직, 20. 정보통신 관련직, 21. 식품가공 관련직, 22. 환경 · 인쇄 · 목재 · 가구 · 공예 및 생산단순직
농림 · 어업직 (23)	23. 농림어업 관련직
군인 (24)	24. 군인

* 괄호안은 중분류 기호

2) 한국고용직업분류의 직업분류 원칙

(1) 직무유형 우선

KECO 분류에서 직무유형(Skill Type)은 작업자가 수행하는 일의 성격을 의미한다. 직무수행 결과 생산되는 최종생산물, 일을 수행하는 방법(정신적, 육체적 활동) 및 과정, 필요한 지식, 활용 도구 및 장비 등이 분류기준으로 사용하였다.

- ▶ 직능수준도 특정 직업의 수행적격 여부를 결정하는 객관적으로 검증 가능한 경우에는 이용
- ▶ 일을 수행하는 방법이나 필요한 지식, 도구도 세부 직업을 구별하는 기준이 됨
- ▶ 직업별로 필요한 숙련도, 교육, 훈련, 자격증에 기반한 동질성과 노동이동의 용이성 여부도 직업 단위를 결정하는데 활용

(2) 포괄성 및 유일성

실제 어느 직무를 우선시해야 할지 판단하기 어려운 복합적인 직무가 많음에도 존재하는 모든 직무는 예외 없이 특정 직업으로 반드시 분류되어야 하며, 기존의 직업분류가 포괄할 수 없는 새로운 직무는 가장 유사한 직업으로 분류하였다. 한 사람이 포괄적인 업무를 하거나, 직업분류상 성격이 상이(2개 이상의 직업분류에 해당하는 업무 수행)한 업무를 수행하더라도 직업 분류는 한 가지로 하였다. 따라서 여러 사람이 서로 다른 직장에서 다양하고 복잡한 직무를 수행하고 있을지라도 일관되게 같은 기준으로 분류되어야 한다(교육+사례토의).

(3) 배타성

동일한 직무에 대하여는 서로 다른 사람이 다른 장소에서 수행한다고 해도 동일한 직업으로 일관되게 분류되어야 하고, 여타의 직업으로도 분류될 수 있는 여지가 가능한 적어야 하며, 유사할지라도 상이한 직무는 다른 직업으로 구분되어야 한다.

직무의 유사성을 판단하는 기준

① 직무를 수행하는 사람에게 필요한 지식, 경험, 기능
② 직무수행자가 입직을 하기 위해서 필요한 요건
③ 기업 활동의 특성(산업분류)이나 생산원료 또는 최종산출물
④ 직무 수행을 위해 요구되는 자격증(예 안경사, 치과기공사)

또한 동일한 직무를 수행하는 사람은 교육이나 훈련배경과 상관없이 동일한 직업으로 분류되어야 하는데, 이는 각 단위 직업 간에 서로를 구별하는 배타적인 직무특성이 확립되어 있어야 한다.

(4) 최소고용과 노동시장 우선

우리나라에서만 1만 개에 가까운 직무가 있지만 개별 직무별로 직업 전환, 훈련, 자격 및 향후 전망 등 정보 전달의 의미가 적기 때문에 이들을 모두 직업으로 분류하지는 않는다. 따라서 전국적으로 1만 명 내외의 고용인원이 있는 수준에서 직업단위를 구분하여 분류하였다.

▶ 중등학교 교사 중에서도 국어교사와 같이 특정 과목별 교사에 관한 정보가 필요할 수 있지만 별도로 구분하지는 않음
- 단위 직무별로 최소 고용인원 기준이 성립하지 않을 경우에는 유사직무끼리 통합
- 고용인원이 적더라도 제도나 관습, 면허·자격, 인력양성의 특수성 등을 고려하여 명백한 단위 직업이 존재하는 경우 개별적인 직업정보로서의 의미를 갖는 수준에서 별도의 직업으로 구분
- 너무 과다한 고용인원이 있을 경우 직무성격에 따라 직무단위를 세분화

3) 포괄적인 직업, 2종 이상 직업에 대한 분류기준

(1) 포괄적인 업무에 대한 분류원칙

최근 기술 융합 현상이 활발해짐에 따라 직업의 분류가 모호해지는 사례가 빈번히 발생하고 있다. 예를 들어, '자동화설비 설계기술자'의 경우 기계뿐만 아니라 전기, 전자에 관한 능력을 동시에 요구하고 있어 해당 인력을 기계공학기술자,

전기공학기술자, 전자공학기술자 중 어디에 분류해야 하는지 모호해지고 있어 다음과 같은 원칙에 따라 직업을 분류하였다.

① **주된 직무 우선 원칙** : 2개 이상의 직업을 수행하는 경우, 주된 수행 직무내용과 관련 분류 명시된 직무내용을 비교·평가하여 관련 직무 내용상의 상관성이 가장 많은 항목에 분류하였다. 주된 수행 직무를 판단하는 기준으로는 직무를 수행하는 시간, 직무 수행을 통해 창출되는 부가가치(소득이나 임금) 등이 있다. 즉, 보다 많은 시간을 투자하는 직무, 더 많은 부가가치를 창출하는 직무 등이 주된 직무라 할 수 있다. 예를 들어, '자동화설비 설계기술자'의 경우, 자동화설비 설계 시 기계적 요소에 대한 설계에 많은 시간을 투자하면 '기계공학기술자'로 분류한다.

② **상위 능력의 우선 원칙** : 2개 이상의 직업을 수행하는 경우, 보다 높은 수준의 능력이 요구되는 직무를 기준으로 직업을 분류하도록 한다. 보다 높은 수준의 능력의 판단기준은 학력, 필요 자격증 수준, 필요 훈련기간 등이 될 수 있다. 즉, 보다 높은 학력, 보다 높은 자격증, 보다 많은 훈련기관이 요구되는 능력을 기준으로 해당 직무를 분류하도록 하였다. 예를 들어, '자동화설비 설계기술자'의 경우, 자동화설비 설계 업무 시 필요한 능력 수준이 기계의 경우 석사 수준, 전기의 경우 전문대 수준이라면 기계를 중심으로 직업을 분류해야 한다.

(2) 다수 직업 종사자의 분류원칙

다수 직업 종사자의 분류원칙은 한국표준직업분류 기준을 적용하였다. 한 사람이 전혀 상관없는 두 가지 이상의 직업에 종사할 경우 직업 결정의 원칙은 아래의 순서에 따라 결정한다.

① 취업시간 우선의 원칙
② 수입 우선의 원칙
③ 조사시점 기준 최근의 직업 원칙

〈표 4-3〉 한국표준직업분류와 한국고용직업분류의 기본원칙

한국표준직업분류	한국고용직업분류
1. 대분류 기준 • 직업능력수준(Skill Level)에 따라 관리자, 전문가, 사무·서비스·판매·기계조작, 단순노무 종사자로 구분(직무유형은 중분류 이하에서 고려) • 직능수준과 관계없는 직업(군인)을 별도 구분 2. 동일한 분류내의 직무단위 구분 및 배열 ① 한국표준산업분류 ② 특수분류 → 일반분류 (예 생명과학연구원 → 자연과학연구원) ③ 고용자 수와 직능수준, 직능유형	1. 대·중분류 기준 • 직무유형(Skill Type)에 따라 크게 관리, 경영·재무직, 사회서비스직, 판매 및 개인서비스직, 건설·생산직, 농림어업직, 군인 등 7개의 대분류를 구분하고 24개 중분류도 직무유형을 중심으로 분류 2. 소분류 이하 분류 • 소분류에서는 직업능력수준(Skill Level)에 따라 전문가, 기술공, 중간직, 단순직으로 구분하고, 다시 직무유형을 반영하여 세분류

4) 분류코드 체계에서 직무유형과 직능수준의 관계

한국고용직업분류의 4자리 숫자로 표시하는 분류코드에서 직무유형(skill type)과 직능수준(skill level)의 관계는 다음과 같이 구분된다.

① **중분류**(첫 번째 두 자리) : 가장 중심이 되고 대외적인 활용도가 높은 분류기준으로 직무유형(Skill Type) 중심으로 분류

② **소분류**(세 번째 자리) : 직능수준(Skill Level)에 따라 전문가, 준전문가·기술공, 중간직(사무, 기능, 조작, 농업숙련), 단순직으로 구분하며, 직능수준 순으로 배열

③ **세분류**(네 번째 자리) : 소분류까지 동일한 분류 내에서 직무유형을 반영

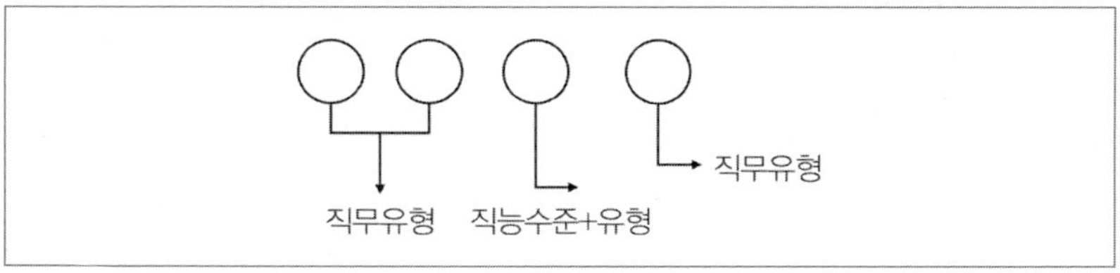

5) 한국고용직업분류 설명집의 구성

『한국고용직업분류 설명집』의 구성은 직업코드, 직업명, 직업설명, 참고, 분류시 유의사항, 직업예시 등으로 구성되어 있다. 모든 직업에 일괄적으로 이와 같은 구성 내용이 들어 있는 것은 아니며, 취업알선에 필요하다고 판단되는 직업에 한하여 기술한 방식으로 내용이 구성된다. 아래에 나타나는 예시로 살펴보도록 하자.

(1) 직업명

직업명은 사업체 현장과 취업알선 현장에서 사용되는 직업명 중 가장 표준적이고 널리 사용되는 것으로 부여하였다. 가급적 한글로 직업명을 부여하였으나 외국어가 직업을 이해하는데 더욱 일반적일 경우 외국어 명칭을 부여한다. 직업명의 바로 뒤 괄호 안에는 유사명칭, 직업예시 등 직업의 이해에 중요하다고 판단되는 간략한 부가설명 등을 붙여 두었다.

(2) 직업설명

직업설명에는 직종 종사자들이 수행하는 직무와 작업 내용을 기술하고 있다. 단순한 직무의 나열을 회피하고, 다른 직업과 차별화되거나 구분되는 특징적 직무를 중심으로 기술한다.

(3) 주요업무

직업에 대한 이해를 돕고자 해당 직업에서 수행하는 주요업무를 보다 상세하게 기술한다.

(4) 참고

해당 직업을 정확히 이해하는데 도움을 줄 수 있도록, 세부적인 직무수행 과정, 특정 용어에 대한 설명 등을 제공한다.

(5) 분류시 유의사항

직업분류 과정에서 발생하는 오류를 감소시키고자, 해당 직업의 분류 과정에서 흔히 발생할 수 있는 오류, 타 직업과 혼동 가능성이 있는 부분 등을 정리하여 기준을 제시하였다.

(6) 직업예시

해당 직업에 포함되는 유사직업을 제시하였다.

이상과 같은 『한국고용직업분류 설명집』의 내용을 방수공을 중심으로 살펴보면 다음과 같다.

※ 보기

▸ 14321 방수공 1

건축구조물의 바닥·지붕·벽체 등에 물이 스며드는 것을 방지하기 위하여 모르타르·아스팔트·합성수지시트와 같은 방수재료를 바르거나 도포하는 업무를 수행한다. 2

》 주요업무

- 방수 시공면을 검사하고 망치·정·연삭기 등을 이용하여 요철부분을 다듬는다.
- 시공면에 생긴 공극을 모르타르나 방수 콤파운드로 메운다. 3
- 방수액과 시멘트를 혼합하여 만든 방수 시멘트풀을 시공면에 바르고 모르타르를 두껍게 입힌다.
- 아스팔트 접착제를 시공면에 바른 후 녹인 아스팔트 콤파운드를 바르면서 루핑을 깔고 보호용 시멘트 모르타르를 입힌다.
- 롤러로 프라이머를 시공면에 칠하고 합성수지 시트(sheet)를 붙인 다음 시트가 겹친 부분을 토치램프로 녹여서 접착시킨다.
- 시공면에 우레탄 또는 에폭시 액상을 롤러나 붓으로 곱게 바르고 보호용 시멘트 모르타르를 바른다.
- 사용되는 방수재 종류에 따라 도막 방수공, 모르타르 방수공, 시트 방수공, 아스팔트 방수공 등으로 호칭되기도 한다.

참고

• 파라핀 방수(paraffin waterproofing) : 파라핀을 콘크리트표면에 도포하는 방수공법. 지상구조물의 방습 및 방수공으로 쓰인다. 파라핀을 열로 용해하여 사용하는 방법, 벤젠을 녹여 쓰는 방법, 파라핀과 석유를 열로 녹여 사용하는 방법 등이 있다. 4

》 분류시 유의사항

- 배관작업과 함께 단열작업을 동시에 수행하는 경우가 많은데 이러한 경우 업무의 난이도가 높은 배관작업을 우선시하여 14411 건축배관공(냉난방배관원, 상하수배관원, 위생배관원)으로 분류한다. 5

작업예시

방수공, 옥상방수공, 에폭시방수공, 우레탄방수공, 도장방수공, 우레탄도장방수공, 몰타르방수공, 아스팔트방수공, 방수기능원 6

2. 국가직무능력표준

1) 국가직무능력표준[2)]의 개요와 체계

국가직무능력표준(National Competency Standards, NCS)은 산업현장에서 직무를 수행하기 위하여 요구되는 지식・기술・소양 등의 내용을 국가가 산업부문별・수준별로 체계화(자격기본법 제2조 2호)하여 산업현장의 직무를 성공적으로 수행하기 위해 필요한 능력(지식, 기술, 태도)을 국가적 차원에서 표준화한 것을 의미한다. 기존의 직업훈련 및 자격제도는 산업현장과 괴리가 있어 기업이 인력을 채용하더라도 상당한 시간과 비용이 추가적으로 발생되는 문제점을 지니고 있었다. 이에 국가가 산업현장의 직무수요를 체계적으로 분석하여 제시함으로써 '일－교육・훈련－자격'이 연계될 수 있도록 국가적 차원의 표준을 제정함으로써 인적자원개발의 핵심토대로 활용하며, 학벌이 아닌 능력중심사회로 변화될 수 있도록 직업정보를 제공하고 있다.

(1) 개요

국가직무능력표준(이하 NCS)은 근로자가 해당 직업 내에서 업무를 성공적으로 수행하기 위하여 요구되는 필요한 능력(지식・기술・태도)을 국가적 차원에서 표준화한 것이다. NCS는 현장과 교육훈련, 일－자격의 일원화를 통해 기업의 채용비용 및 훈련비용을 줄이고, 인재 선발시 능력을 판단할 수 있는 기준으로 활용하며, 개인의 능력을 합리적으로 비교하기 위한 체계를 제시하고자 한다. 또한 학력보다는 능력중심사회 구현을 위해 학교교육과정을 노동시장에서 요구하는 직무수행능력 관점으로 개편하는 것을 주요 내용으로 한다. 즉, "학교에서의 교육이 곧바로 산업체의 직무로 활용"될 수 있도록 교육과정을 개편하고 교과서를 대체하는 학습모듈을 개발하는 것이다.

일례로 대졸 신입사원의 재교육 기간은 2007년 기준 19.5개월이 소요되고 1인당 재교육 비용은 2008년 기준 6,088만 원이 소요되는 것으로 집계되었고, 국제경

2) http://www.ncs.go.kr 내용을 발췌하였음.

영개발연구원(IMD)의 경쟁력 평가 결과 2012년 기준 총 59개국 중 우리나라의 고등교육 이수율은 2위인데 반하여 숙련엔지니어 보유수준은 48위인 것으로 조사되었다. 일부 교육과 훈련 과정 및 자격종목은 개인의 직업능력 향상 기제가 아닌 불필요한 스펙으로 여겨지는 경우도 발생하고 있다. 한국노동연구원의 조사 결과 신규 취업자의 학교에서 배운 내용과 기업 직무간 불일치 비율은 2011년 기준 4년제 대학의 경우 14.0%, 전문대의 경우 26.0%, 전문계고의 경우 15.3%인 것으로 나타났고, 한국기술교육대의 국가기술자격 효용성 조사 결과, 2009~2011년 기준 조사대상 374개 자격종목 중 효용성이 보통(76종목) 또는 낮은 종목(55종목)이 35.1% 차지하는 것으로 나타났다.

이에 따라 산업현장의 직무수요를 중심으로 교육・훈련, 자격제도를 개편하기 위하여 NCS의 개발을 착수하게 되었다. 그간 꾸준히 NCS를 개발해왔으나 관심 부족 등으로 개발된 NCS의 교육・훈련 및 자격제도와 산업현장 활용은 미흡하다는 비판을 받고 있다(교육부・고용노동부, 2013, 한국노동연구원, 2014). NCS의 연도별 주요 추진경위를 간략히 살펴보면 아래 <표 4-4>와 같다.

〈표 4-4〉 NCS 연도별 추진경위

연 도	추진내용
1999년	국무조정실 자격제도 규제개혁 과제 일환으로 국가직업능력표준의 조기 개발・보급 지시
2000년	노・사・정 합의에 따라 2002년부터 표준개발 착수
2002년	일-교육・훈련-자격 연계하기 위해 국가직무능력표준 제도를 도입
2009년	국가직무능력표준 일원화 TF 구성・운영
2010년	국가직무능력표준의 효율화 추진에 대한 '국가정채조정회의' 조정 * 표준 명칭 통일(국가직무능력표준, NCS), 개발주체 일원화
2012년	'국가직무능력표준 개발 및 활용 계획'(관계부처 합동) 수립 * '국가직무능력표준 구축'을 대선 공약으로 제시
2013년	'국가직무능력표준 구축', '학벌이 아닌 능력중심 사회 만들기' 핵심 국정과제 확정
2015년	기획재정부, 고용노동부, 교육부 등 정부부처와 협력하여 공공기관 및 기업에서의 활용, 과정평가형 자격제도 시행, 신직업자격의 설계와 적용 등 NCS 활용・확산 추진
2017년	「자격기본법」 제5조, 시행령 제6조 제1항에 따라 국가직무능력표준 개정 고시 완료

이상과 같은 NCS 추진경과는 지난 정부에 이어 현 문재인 정부에서도 지속되고 있다. 지난 정부는 출범초기부터 '능력중심사회 구현'을 주요 국정과제로 설정하고, NCS를 기반으로 직업교육훈련과 자격제도를 개편하기 위한 사업을 추진하였다. 특히, 직업교육훈련기관에서의 NCS 적용 및 활용을 위해 특성화고에서는 2016년도부터 적용을 목표로 NCS 기반 직업교육과정 개편 작업이 추진되고 있으며, 전문대학은 '특성화 전문대학 100개교 육성 방안' 사업과 연계하여 단계적으로 전문대학의 교육과정을 NCS 기반 교육훈련과정으로 개편하고 있다. 또한 기존 직업능력개발 훈련시설에서 운영되는 프로그램의 경우에도 NCS 기반 훈련체계로의 개편이 추진 중에 있다(김성남 외, 2015; 고용노동부, 2013; 한국노동연구원, 2014).

(2) NCS의 기본개념

NCS를 이해하기 위해서는 표준의 의미를 이해할 필요성이 있다. 이에 NCS에서 사용하는 표준, 표준의 특성을 살펴보면 다음과 같다(고용노동부, 2013).

① 표준의 개념

국가직무능력표준(NCS)은 산업현장에서 직무를 수행하기 위해 요구되는 지식・기술・소양 등의 내용을 국가가 산업부문별・수준별로 체계화한 것으로, 산업현장의 직무를 성공적으로 수행하기 위해 필요한 능력(지식, 기술, 태도)을 국가적 차원에서 표준화한 것을 의미한다.

② 표준의 특성

㉠ 한 사람의 근로자가 해당 직업 내에서 소관 업무를 성공적으로 수행하기 위하여 요구되는 실제적인 수행능력을 의미한다. 이는 직무수행능력 평가를 위한 최종 결과의 내용 반영한 것으로 최종 결과는 '무엇을 하여야 한다' 보다는 '무엇을 할 수 있다'는 형식으로 제시한다.

㉡ 해당 직무를 수행하기 위한 모든 종류의 수행능력을 포괄하여 제시한다.

이에 해당하는 하위개념은 다음과 같다.

- 작업능력 : 특정업무를 수행하기 위해 요구되는 능력
- 작업관리 능력 : 다양한 다른 작업을 계획하고 조직화하는 능력
- 돌발상황 대처능력 : 일상적인 업무가 마비되거나 예상치 못한 일이 발생했을 때 대처하는 능력
- 미래지향적 능력 : 해당 산업관련 기술적 및 환경적 변화를 예측하여 상황에 대처하는 능력

㉢ 모듈(module)형태의 구성한다. 모듈은 한 직업 내에서 근로자가 수행하는 개별 역할인 직무능력을 능력단위(unit)화하여 개발하며, 국가직무능력표준은 여러 개의 능력단위 집합으로 구성한다.

㉣ 산업계 단체가 주도적으로 참여하여 개발한다. 해당분야 산업별인적자원개발협의체(SC), 관련 단체 등이 참여하여 국가직무능력표준 개발하며, 산업현장에서 우수한 성과를 내고 있는 근로자 또는 전문가가 국가직무능력표준 개발 단계마다 참여한다.

NCS의 개발은 원칙적으로 고용노동부가 총괄한다. 또한 한국산업인력공단이 관련 실무를 담당하고, 산업계 수용에 적합한 국가직무능력 표준 개발을 위해 고용노동부(산업인력공단)는 원칙적으로 '산업별인적자원개발협의체(SC)' 또는 직종별 단체 등 현장 전문가, 교육훈련전문가 등에 위탁하여 국가 직무능력표준을 개발한다. 개발 절차는 크게 ① 개발분야 특성분석, ② 직무분석, ③ 표준화 작업, ④ 산업현장 검증의 4가지로 이루어져 있다.

이상과 같이 NCS는 산업현장의 직무수요를 체계적으로 분석하여 제시함으로써 '일－교육・훈련－자격'을 연결하는 고리, 즉 인적자원개발의 핵심 토대로 기능할 수 있도록 하며, 국가직무능력표준은 교육훈련기관의 교육훈련과정, 직업능력개발 훈련기준 및 교재 개발 등에 활용되어 산업 수요 맞춤형 인력양성에 기여하도록 하고 있다. 또한 한국산업인력공단에서는 국가직무능력표준을 활용하여 교육훈련과정, 훈련기준, 자격종목 설계, 출제기준 등 제・개정시 활용하며, 한국

직업능력개발원에서는 국가직무능력표준을 활용하여 전문대학 및 마이스터고 · 특성화고 교과과정을 개편하기 위해 활용될 수 있도록 하고 있다.

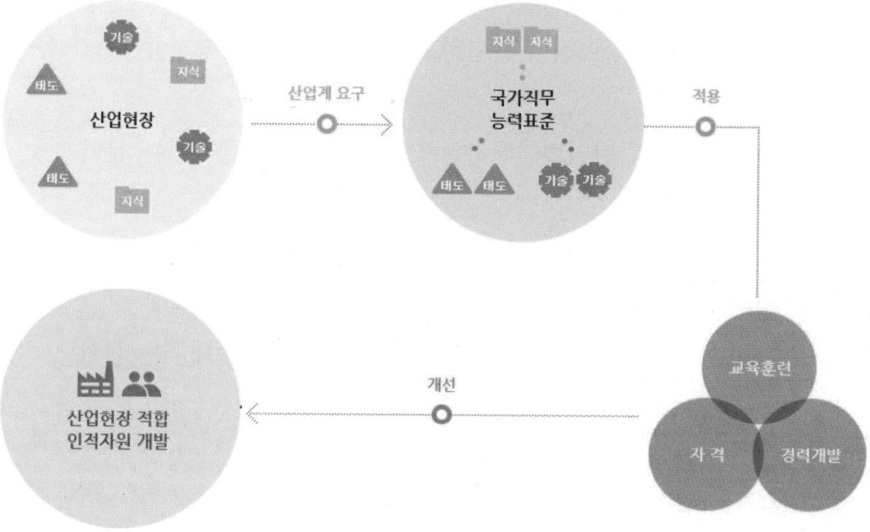

|그림 4-1| 국가직무능력표준(NCS) 표준 개념도

출처 : www.ncs.go.kr.

(3) NCS의 분류체계

NCS의 분류체계는 직무의 유형(type)을 중심으로 국가직무능력표준의 단계적 구성을 나타내는 것으로, 국가직무능력표준 개발의 전체적인 로드맵을 제시하고자 하였다. 분류체계는 한국고용직업분류(KECO)를 중심으로, 한국표준직업분류, 한국표준산업분류등을 참고하여 분류하였으며, 이러한 대분류별 체계는 아래 <표 4-5>와 같이 '대분류(24) → 중분류(78) → 소분류(238) → 세분류(897)'의 순으로 구성되어 있다. 각 분류별 분류기준은 아래와 같다.

① 대분류

직능유형이 유사한 분야(한국고용직업분류 참조)

② **중분류**

㉠ 대분류 내에서 직능유형이 유사한 분야
㉡ 대분류 내에서 산업이 유사한 분야
㉢ 대분류 내에서 노동시장이 독립적으로 형성되거나 경력개발경로가 유사한 분야
㉣ 중분류 수준에서 산업별인적자원개발협의체(SC)가 존재하는 분야

③ **소분류**

㉠ 중분류 내에서 직능유형이 유사한 분야
㉡ 소분류 수준에서 산업별인적자원개발협의체(SC)가 존재하는 분야

④ **세분류**

㉠ 소분류 내에서 직능유형이 유사한 분야
㉡ 한국고용직업분류의 직업 중 대표 직무

이와 같은 분류체계를 '타일시공'이라는 직무를 예시로 들면 |그림 4-2|와 같다. 타일시공은 대분류는 '14. 건설'에 해당하고, 중분류로는 '3. 건축'에 해당하며, 소분류는 '2. 건축시공'에 해당한다. 이러한 소분류는 다시 세분류 중 '04. 타일시공'의 직종으로 분류되는 것이다.

〈표 4-5〉 NCS 분류체계(2018)

대분류(24)	중분류(78)	소분류(238)	세분류(897)
01. 사업관리	1	2	5
02. 경영 · 회계 · 사무	4	11	27
03. 금융 · 보험	2	9	35
04. 교육 · 자연 · 사회과학	2	3	8
05. 법률 · 경찰 · 소방 · 교도 · 국방	2	3	13
06. 보건 · 의료	1	2	11

대분류(24)	중분류(78)	소분류(238)	세분류(897)
07. 사회복지 · 종교	3	6	16
08. 문화 · 예술 · 디자인 · 방송	3	9	56
09. 운전 · 운송	4	7	30
10. 영업 · 판매	3	8	18
11. 경비 · 청소	2	3	6
12. 이용 · 숙박 · 여행 · 오락 · 스포츠	4	12	42
13. 음식서비스	1	3	10
14. 건설	8	26	113
15. 기계	10	31	125
16. 재료	2	7	35
17. 화학	4	11	34
18. 섬유 · 의복	2	7	24
19. 전기 · 전자	3	27	84
20. 정보통신	3	13	64
21. 식품가공	2	4	20
22. 인쇄 · 목재 · 가구 · 공예	2	4	24
23. 환경 · 에너지 · 안전	6	18	52
24. 농립어업	4	12	45

※ 각 분류별 (　)안은 분류 개수임. 매년 개발 · 변경되고 있으니 홈페이지를 참고바람.
NCS 중분류 이하의 명칭 및 세분류는 www.ncs.go.kr를 참고하기 바람

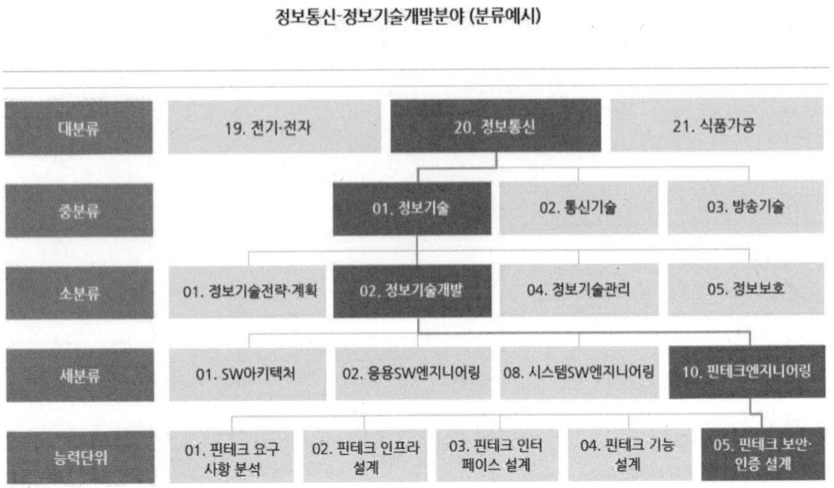

|그림 4-2| 국가직무능력표준(NCS) 체계도 예시

출처 : NCS 홈페이지(www.ncs.go.kr).

2) 국가직무능력표준의 구성

(1) 능력단위

NCS는 직업 내에서 근로자가 수행하는 개별 역할인 직무능력을 능력단위(unit)로 하여 여러 개의 능력단위의 집합으로 구성되어져 있다. 여기에서 직무는 NCS 분류체계의 세분류를 의미하고, 원칙상 세분류 단위에서 표준이 개발된다. 즉, 능력단위의 집합이 직무가 되는 것이다. 이러한 능력단위는 NCS 분류체계의 하위단위로서 국가직무능력표준의 기본 구성요소에 해당 된다. 능력단위는 다시 능력단위요소(수행준거, 지식 · 기술 · 태도), 적용범위 및 작업상황, 평가지침, 직업기초능력으로 구성되는 계층구조를 가지고 있다. 이와 같은 능력단위에 대한 구성이 아래 |그림 4-3|에 제시되어 있다.

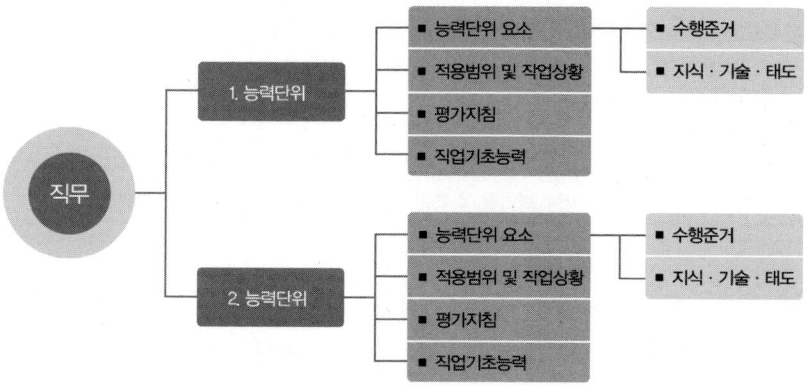

|그림 4-3| 국가직무능력표준(NCS) 구성 내용

출처 : NCS 홈페이지(www.ncs.go.kr).

이러한 능력단위 및 단위 요소의 수준을 평정으로 8단계의 수준으로 구분되는데, 이를 살펴보면 아래 <표 4−6>과 같다.

〈표 4-6〉 능력단위 수준체계

수준	직무수준 정의
8	해당분야에 대한 최고도의 이론 및 지식을 활용하여 이론을 창조할 수 있고, 최고도의 숙련으로 광범위한 기술적 작업을 수행할 수 있으며 조직 및 업무 전반에 대한 권한과 책임이 부여된 수준
	(지식기술) 해당분야에 대한 최고도의 이론 및 지식을 활용하여 새로운 이론을 창조 할 수 있는 수준 최고도의 숙련으로 광범위한 기술적 작업을 수행할 수 있는 수준
	(역량) 조직 및 업무 전반에 대한 권한과 책임이 부여된 수준
	(경력) 수준 7에서 2~4년 정도의 계속 업무 후 도달 가능한 수준
7	해당분야의 전문화된 이론 및 지식을 활용하여, 고도의 숙련으로 광범위한 직업을 수행할 수 있으며 타인의 결과에 대하여 의무와 책임이 필요한 수준
	(지식기술) 해당분야의 전문화된 이른 및 지식을 활용할 수 있으며, 근접분야의 이론 및 지식을 사용할 수 있는 수준 고도의 숙련으로 광범위한 작업을 수행하는 수준
	(역량) 타인의 결과에 대하여 의무와 책임이 필요한 수준
	(경력) 수준 6에서 2~4년 정도의 계속 업무 후 도달 가능한 수준

수준	직무수준 정의
6	독립적인 권한 내에서 해당분야의 이론 및 지식을 자유롭게 활용하고, 일반적인 숙련으로 다양한 과업을 수행하고, 타인에게 해당분야의 지식 및 노하우를 전달할 수 있는 수준
	(지식기술) 해당분야의 이론 및 지식을 자유롭게 활용할 수 있는 수준 일반적인 숙련으로 다양한 과업을 수행할 수 있는 수준
	(역량) 타인에게 해당분야의 지식 및 노하우를 전달 할 수 있는 수준 독립적인 권한 내에서 과업을 수행할 수 있는 수준
	(경력) 수준 5에서 1~3년 정도의 계속 업무 후 도달 가능한 수준
5	포괄적인 권한 내에서 해당분야의 이론 및 지식을 사용하여 매우 복잡하고 비일상적인 과업을 수행하고 타인에게 해당분야의 지식을 전달할 수 있는 수준
	(지식기술) 해당분야의 이론 및 지식을 사용할 수 있는 수준 매우 복잡하고 비일상적인 과업을 수행할 수 있는 수준
	(역량) 타인에게 해당분야의 지식을 전달할 수 있는 수준 포괄적인 권한 내에서 과업을 수행할 수 있는 수준
	(경력) 수준 4에서 1~3년 정도의 계속 업무 후 도달 가능한 수준
4	일반적인 권한 내에서 해당 분야의 이론 및 지식을 제한적으로 사용하여 복잡하고 다양한 과업을 수행하는 수준
	(지식기술) 해당분야의 이론 및 지식을 제한적으로 사용할 수 있는 수준 복잡하고 다양한 과업을 수행할 수 있는 수준
	(역량) 일반적인 권한 내에서 과업을 수행할 수 있는 수준
	(경력) 수준3에서 1~4년 정도의 계속 업무 후 도달 가능한 수준
3	제한된 권한 내에서 해당분야의 기초이론 및 일반지식을 사용하여 다소 복잡한 과업을 수행하는 수준
	(지식기술) 해당분야의 기초이론 및 일반지식을 사용할 수 있는 수준 다소 복잡한 과업을 수행하는 수준
	(역량) 제한된 권한 내에서 과업을 수행하는 수준
	(경력) 수준2에서 1~3년 정도의 계속 업무 후 도달 가능한 수준

수준	직무수준 정의
2	일반적인 지시 및 감독 하에 해당분야의 지식을 사용하여 절차화되고 일상적인 과업을 수행하는 수준
	(지식기술) 해당분야의 일반 지식을 사용할 수 있는 수준, 절차화되고 일상적인 과업을 수행하는 수준
	(역량) 일반적인 지시 및 감독하에 과업을 수행하는 수준
	(경력) 수준1에서 6~12개월 정도의 계속 업무 후 도달 가능한 수준
1	구체적인 지시 및 철저한 감독 하에 문자이해, 계산능력 등 기초적인 일반 지식을 사용하여 단순하고 반복적인 과업을 수행하는 수준
	(지식기술) 문자이해, 계산능력 등 기초적인 일반지식을 사용할 수 있는 수준 단순하고 반복적인 과업을 수행하는 수준
	(역량) 구체적인 지시 및 철저한 감독하에 과업을 수행하는 수준

(2) 능력단위의 구성 체계

개발된 NCS는 능력단위를 중심으로 능력단위분류번호(competency unit code), 능력단위명칭(competency unit title), 능력단위정의(competency unit description), 능력단위요소(competency unit element), 수행준거(performance criteria), 지식 · 기술 · 태도(KSA), 적용범위 및 작업상황(range of variable), 평가지침(guide of assessment), 직업기초능력(key competency)의 9가지로 구성된다. 이에 대한 설명은 아래 <표 4-7>과 같으며, 아래에서는 주요내용을 예시와 함께 간략히 살펴보기로 한다.

〈표 4-7〉 NCS 능력단위 분류체계

구성항목	내 용
① 능력단위분류번호	• 능력단위를 구분하기 위하여 부여되는 일련번호로서 14자리로 표현
② 능력단위명칭	• 능력단위의 명칭을 기입한 것
③ 능력단위정의	• 능력단위의 목적, 업무수행 및 활용범위를 개략적으로 기술
④ 능력단위요소	• 능력단위를 구성하는 중요한 핵심 하위능력을 기술
⑤ 수행준거	• 능력단위요소별로 성취여부를 판단하기 위하여 개인이 도달해야 하는 수행의 기준을 제시
⑥ 지식 · 기술 · 태도	• 능력단위요소를 수행하는 데 필요한 지식 · 기술 · 태도

구성항목	내 용
⑦ 적용범위 및 작업상황	• 능력단위를 수행하는데 있어 관련되는 범위와 물리적 혹은 환경적 조건 • 능력단위를 수행하는 데 있어 관련되는 자료, 서류, 장비, 도구, 재료
⑧ 평가지침	• 능력단위의 성취여부를 평가하는 방법과 평가시 고려되어야 할 사항
⑨ 직업기초능력	• 능력단위별로 업무 수행을 위해 기본적으로 갖추어야할 직업능력

① 능력단위분류번호와 능력단위 명칭

국가직무능력표준의 분류번호는 국가직무능력표준의 구성단위인 능력단위에 대한 식별번호로 대분류, 중분류, 소분류, 세분류, 능력단위 및 개발연도로 구성된다.

- **대분류** : 대분류 체계의 2자리 숫자(2 digits)
- **중분류** : 대분류의 체계 중 중분류 체계의 2자리 숫자(2 digit)
- **소분류** : 중분류 체계 중 소분류 체계의 2자리 숫자(2 digit)
- **세분류** : 소분류 체계 중 세분류 체계의 2자리 숫자(2 digits)
- **능력단위** : 세분류 체계 중 능력단위 연번으로 2자리 숫자(2 digits)
- **개발연도** : 능력단위 개발 연도 2자리 숫자(2017년 → 17)로 작성하되, 앞의 분류와 구분하기 위하여 "_" 이후에 연도 기입
- **버전** : 표준 개발 순서 2자리(첫번째 → v, 두 번째 → 숫자)/(2 digits)

예시적으로 2016년 NCS 체계로 개발된 '직업상담[3]'이라는 직무에 대해 살펴보면, 아래 |그림 4-4|와 같다. 이를 살펴보면, 직업상담은 대분류 '07. 사회복지 · 종교', 중분류 '02. 상담', 소분류 '03. 직업상담서비스', 세분류 '01. 직업상담', 능력단위 '01. 직업심리검사선정', 개발연도 '16'년 버전 '2'로 구분되어 있음을 알 수 있다.

---

3) 직업상담분야는 대분류 '07. 사회복지 · 종교', 중분류 '02. 직업상담서비스'로 분류되어 있으나, 2013년 개발에서는 중분류 '01. 사회복지', 소분류 '03. 직업상담서비스'에서 개발되었다. 2015년에 신규 개발되어 중분류 '02. 직업상담서비스'로 분류하고 있으나, 여기에서는 2013년 개발된 내용을 중심으로 살펴보기로 한다.

0702010119_16v2

(능력단위명칭 : 직업심리검사선정)

07 02 01 01 19 - 16 v2

07	02	01	01	19	-	16	2
대분류	중분류	소분류	세분류	능력단위	-	개발연도	버전

|그림 4-4| NCS **분류번호 체계**

② 능력단위요소

능력단위요소는 해당 능력단위를 구성하는 핵심 하위요소로서 국가직무능력표준 대분류·중분류·소분류·세분류·능력단위·개발연도·버전 등에 따른 일련의 분류번호를 가지게 된다. 또한 직무분석을 통하여 능력단위요소는 능력단위와 직접적으로 연계되어야 하며 능력단위 범위 내에서 수행되는 기능을 도출하고 능력단위 내에서 다른 능력단위요소와 중복되지 않도록 구성한다.

③ 적용범위 및 작업상황

해당 능력단위의 사용범위 능력단위 수행에 필요한 물리적·환경적 조건, 능력단위요소의 부연설명 사항을 고려사항에 제시하고 수행준거의 지식, 기술 및 태도에서 제시된 용어를 중심으로 사용하여 기술한다. 또한, 해당 능력단위를 수행하는데 필요한 정보, 정보원, 서류 등을 자료 및 관련서류에 제시하고 능력단위를 수행하는데 필요한 장비, 기계, 공구, 재료 등을 기술 장비 및 도구에 제시한다.

④ 평가지침

평가지침은 피평가자의 과정평가와 결과평가 평가방법으로 평가유형을 구분하여 작성하여야 하고, 능력단위별로 확인 할 수 있는 적정한 평가방법을 선정하여 평가하되, 단일한 평가방법으로만 평가하기 어려운 경우에는 복수의 평가방법을 선정한다. 평가의 방법으로는 포트폴리오 · 문제해결시나리오 · 서술형시험 · 논술형시험 · 사례연구 · 평가자질문 · 평가자 체크리스트 · 피평가자 체크리스트 · 일지/ 저널 · 역할연기 · 구두발표 · 작업장평가 등을 들 수 있으며 평가 시 능력단위 요소별 수행준거와 평가지침을 참고하여 작성한다.

⑤ 직업기초능력

직업기초능력은 해당 직무를 수행하기 위해 기본적으로 갖추어야 할 직업능력으로 의사소통능력 · 수리능력 · 문제해결능력 · 자기개발능력 · 자원관리능력 · 대인관계능력 · 정보능력 · 기술능력 · 조직이해능력 · 직업윤리 등 직업기초능력을 10개의 능력으로 구분하고 있으며 이 중 직업과 관련성이 높은 5개 이상의 직업기초능력을 선정하여 주요영역 및 하위영역을 기술한다. 이에 대한 상세 사항은 아래 <표 4-8>과 같다.

〈표 4-8〉 직업기초능력(1)

직업기초능력 영역 / 하위영역	정 의
1. 의사소통 능력	업무를 수행함에 있어 글과 말을 읽고 들음으로써 다른 사람이 뜻한 바를 파악하고, 자기가 뜻한 바를 통해 정확하게 쓰거나 말하는 능력
문서이해 능력	업무를 수행함에 있어 다른 사람이 작성한 글을 읽고 그 내용을 이해하는 능력
문서작성 능력	업무를 수행함에 있어 자기가 뜻한 바를 글로 나타내는 능력
경청능력	업무를 수행함에 있어 다른 사람의 말을 듣고 그 내용을 이해하는 능력
의사표현능력	업무를 수행함에 있어 자기가 뜻한 바를 말로 나타내는 능력
기초외국어 능력	업무를 수행함에 있어 외국어로 의사소통할 수 있는 능력
2. 수리능력	업무를 수행함에 있어 기초적인 사칙연산, 통계, 확률의 의미를 정확하게 이해하고, 이를 업무에 적용하는 능력
기초연산 능력	업무를 수행함에 있어 기초적인 사칙연산과 계산을 하는 능력
기초통계 능력	업무를 수행함에 있어 필요한 기초 수준의 백분율, 평균, 확률과 같은 통계능력
도표분석 능력	업무를 수행함에 있어 도표(그림, 표, 그래프 등)가 갖는 의미를 해석하는 능력
도표작성 능력	업무를 수행함에 있어 필요한 도표(그림, 표, 그래프 등)를 작성하는 능력
3. 문제해결능력	업무를 수행함에 있어 문제 상황이 발생하였을 경우, 창조적이고 논리적인사고를 통하여 이를 올바르게 인식하고 적절히 해결하는 능력

직업기초능력 영역 / 하위영역	정 의
사고력	업무와 관련된 문제를 인식하고 해결함에 있어 창조적, 논리적, 비판적으로 생각하는 능력
문제처리 능력	업무와 관련된 문제의 특성을 파악하고, 대안을 제시, 적용하고 그 결과를 평가하여 피드백하는 능력
4. 자기개발능력	업무를 추진하는데 스스로를 관리하고 개발하는 능력
자아인식 능력	자신의 흥미, 적성, 특성 등을 이해하고, 이를 바탕으로 자신에게 필요한 것을 이해하는 능력
자기관리 능력	업무에 필요한 자질을 지닐 수 있도록 스스로를 관리하는 능력
경력개발 능력	끊임없는 자기 개발을 위해서 동기를 갖고 학습하는 능력
5. 자원관리능력	업무를 수행하는데 시간, 자본, 재료 및 시설, 인적자원 등의 자원 가운데 무엇이 얼마나 필요한지를 확인하고, 이용 가능한 자원을 최대한 수집하여 실제 업무에 어떻게 활용할 것인지를 계획하고, 계획대로 업무 수행에 이를 할당하는 능력
시간자원관리능력	업무수행에 필요한 시간자원이 얼마나 필요한지를 확인하고, 이용 가능한 시간자원을 최대한 수집하여 실제 업무에 어떻게 활용할 것인지를 계획하고 할당하는 능력
예산자원관리능력	업무수행에 필요한 자본자원이 얼마나 필요한지를 확인하고, 이용 가능한 자본자원을 최대한 수집하여 실제 업무에 어떻게 활용할 것인지를 계획하고 할당하는 능력
물적자원관리능력	업무수행에 필요한 재료 및 시설자원이 얼마나 필요한지를 확인하고, 이용 가능한 재료 및 시설자원을 최대한 수집하여 실제 업무에 어떻게 활용할 것인지를 계획하고 할당하는 능력
인적자원관리능력	업무수행에 필요한 인적자원이 얼마나 필요한지를 확인하고, 이용 가능한 인적자원을 최대한 수집하여 실제 업무에 어떻게 활용할 것인지를 계획하고 할당하는 능력
6. 대인관계능력	업무를 수행함에 있어 접촉하게 되는 사람들과 문제를 일으키지 않고 원만하게 지내는 능력
팀웍능력	다양한 배경을 가진 사람들과 함께 업무를 수행하는 능력
리더십능력	업무를 수행함에 있어 다른 사람을 이끄는 능력
갈등관리 능력	업무를 수행함에 있어 관련된 사람들 사이에 갈등이 발생하였을 경우 이를 원만히 조절하는 능력
협상능력	업무를 수행함에 있어 다른 사람과 협상하는 능력
고개서비스능력	고객의 요구를 만족시키는 자세로 업무를 수행하는 능력

직업기초능력 영역 / 하위영역	정 의
7. 정보능력	업무와 관련된 정보를 수집하고, 이를 분석하여 의미있는 정보를 찾아내며, 의미있는 정보를 업무수행에 적절하도록 조직하고, 조직된 정보를 관리하며, 업무 수행에 이러한 정보를 활용하고, 이러한 제 과정에 컴퓨터를 사용하는 능력
컴퓨터활용능력	업무와 관련된 정보를 수집, 분석, 조직, 관리, 활용하는데 있어 컴퓨터를 사용하는 능력
정보처리능력	업무와 관련된 정보를 수집하고, 이를 분석하여 의미 있는 정보를 찾아내며, 의미 있는 정보를 업무수행에 적절하도록 조직하고, 조직된 정보를 관리하며, 업무 수행에 이러한 정보를 활용하는 능력
8. 기술능력	업무를 수행함에 있어 도구, 장치 등을 포함하여 필요한 기술에는 어떠한 것들이 있는지 이해하고, 실제로 업무를 수행함에 있어 적절한 기술을 선택하여 적용하는 능력
기술이해능력	업무 수행에 필요한 기술적 원리를 올바르게 이해하는 능력
기술선택능력	도구, 장치를 포함하여 업무 수행에 필요한 기술을 선택하는 능력
기술적용능력	업무 수행에 필요한 기술을 업무 수행에 실제로 적용하는 능력
9. 조직이해능력	업무를 원활하게 수행하기 위해 국제적인 추세를 포함하여 조직의 체제와 경영에 대해 이해하는 능력
국제감각	주어진 업무에 관한 국제적인 추세를 이해하는 능력
조직체제이해능력	업무 수행과 관련하여 조직의 체제를 올바르게 이해하는 능력
경영이해능력	사업이나 조직의 경영에 대해 이해하는 능력
업무이해능력	조직의 업무를 이해하는 능력
10. 직업윤리	업무를 수행함에 있어 원만한 직업생활을 위해 필요한 태도, 매너, 올바른 직업관
근로윤리	업무에 대한 존중을 바탕으로 근면하고 성실하고 정직하게 업무에 임하는 자세
공동체윤리	인간 존중을 바탕으로 봉사하며, 책임있고, 규칙을 준수하며 예의 바른 태도로 업무에 임하는 자세

(3) NCS 직무 및 능력단위 예시

이상과 같은 직무 및 능력단위의 내용을 중심으로 개발된 NCS를 '직업상담' 직무를 중심으로 예시를 들어보도록 하자. 직업상담 직무는 대분류 '07. 사회복지・종교'로 분류되어 있다. 대분류 07. 사회복지・종교의 중분류 다시 '01. 사회복지', '02. 상담', '03. 보육'으로 구분되어 있다. 이러한 중분류 내에서 다시 소분류, 세분류로 구분되어 있으며, 세분류를 기준으로 다시 능력단위가 개발되는 것이다. 이에 대한 분류체계가 <표 4-9>에 제시되어 있다.

〈표 4-9〉 사회복지 · 종교의 직업상담 NCS분류 체계

대분류	중분류	소분류	세분류
07. 사회복지, 종교	01. 사회복지	01. 사회복지정책	01. 지역사회복지개발
			02. 사회복지조직운영
			03. 공공복지
		02. 사회복지서비스	01. 사회복지프로그램운영
			02. 일상생활기능지원
			03. 사회복지 면담
			04. 사회복지사례관리
	02. 상담	01. 직업상담서비스	01. 직업상담
			02. 취업알선
			03. 전직지원
		02. 청소년지도	01. 청소년활동
			02. 청소년상담복지
			03. 진로지원
		03. 심리상담	01. 심리상담
	03. 보육	01. 보육	01. 보육
			02. 산후육아지원

※ 세분류 이하 능력단위의 세부 내용은 NCS 홈페이지(www.ncs.go.kr)에서 찾아보기 바람

2016년 개발된 NCS 체계에서는 세분류의 "01. 직업상담"의 능력단위는 총 35개(13년 개발된 구 버전 '사이버직업상담' 포함)로 구성되어 있다. 능력단위 중 '06. 직업심리검사 선정'을 예시적으로 능력단위의 구성요소를 살펴보면 <표 4-10>과 같다. 능력단위는 ① 능력단위분류번호, ② 능력단위명칭, ③ 능력단위정의, ④ 능력단위요소, ⑤ 수행준거, ⑥ 지식 · 기술 · 태도, ⑦ 적용범위 및 작업상황, ⑧ 평가지침, ⑨ 직업기초능력의 9개로 구성되는데, 분류번호는 '0702010119_16v2'으로 분류체계 및 개발연도의 정보를 제공하고 있다.

〈표 4-10〉 직업상담 직무의 분류체계 예시(요약)

<table>
<tr><td>① 분류번호</td><td>0702010119_16v2</td></tr>
<tr><td>② 능력단위명칭</td><td>직업심리검사 선정</td></tr>
<tr><td>③ 능력단위정의</td><td>직업심리검사 선정이란 직업심리검사 사용의 필요와 내담자의 직업 논점에 따라 검사에 대한 설명을 제공하고 내담자를 참여시켜 적합한 검사를 선택할 수 있는 능력이다.</td></tr>
<tr><td>④ 능력단위요소</td><td>⑤ 수행준거</td></tr>
<tr><td rowspan="3">0702010119_16v2.1
검사 실시 여부 결정하기</td><td>1.1 내담자의 적성, 흥미, 진로성숙, 자기효능감, 의사결정유형 등 직업논점에 대한 평가를 위하여 직업심리검사가 필요함을 설명할 수 있다.
1.2 내담자의 검사 실시 요구에 따라 상담소가 보유한 검사의 종류 및 측정 내용을 설명할 수 있다.
1.3 검사실시에 대한 내담자의 의사결정을 도울 수 있다.
1.4 내담자에게 신뢰감을 주기 위하여 직업심리검사 실시 자격을 보유한 직업상담사가 진행함을 설명할 수 있다.
1.5 내담자에게 검사에 소요되는 시간, 비용에 관한 제반사항을 안내할 수 있다.</td></tr>
<tr><td>⑥ 【지 식】
• 직업심리검사도구 종류, 직업심리검사도구 내용, 대상별 내담자 특성, 의사결정 시스템, 라포(Rapport)형성이론, 초기면담이론, 직업심리검사론
⑥ 【기 술】
• 내담자특성 분석능력, 내담자 검사요구도 타당성 분석 능력, 라포형성 기술, 초기면담능력
⑥ 【태 도】
• 내담자에 치우치지 않는 중립적 태도, 내담자를 도우려는 조력자적 자세</td></tr>
<tr><td>⑦ 적용범위 및 작업상황
• 고려사항 : 검사시에는 내담자의 자기인식 수준(검사사용의 적절성 여부), 상담목적과 검사내용의 적합성 여부, 검사의 신뢰도, 타당도, 규준 및 표준화 여부 등
• 자료 및 관련서류 : 직업심리검사자 윤리강령, 직업심리검사도구 매뉴얼
• 장비 및 도구 : 시계, 각종 검사지 및 응답지
⑧ 평가지침
• 평가자는 능력단위 직업심리검사 선정의 수행준거에 제시되어 있는 내용을 평가하기 위해 이론과 실기를 나누어 평가하거나 종합적인 결과물의 평가 등 다양한 평가 방법을 사용할 수 있다.
• 평가시 고려사항 : 진단도구 종류 및 특성, 진단도구 실시법, 진단도구 해석법
⑨ 직업기초능력(key competency)
<table>
<tr><td rowspan="2">순 번</td><td colspan="2">직업기초능력</td></tr>
<tr><td>주요영역</td><td>하위영역</td></tr>
<tr><td>1</td><td>의사소통능력</td><td>문서이해능력, 문서작성능력, 경청능력, 의사표현능력, 기초외국어능력</td></tr>
<tr><td>2</td><td>문제해결능력</td><td>사고력, 문제처리능력</td></tr>
<tr><td>3</td><td>대인관계능력</td><td>팀웍능력, 리더십능력, 갈등관리능력, 협상능력, 고객서비스능력</td></tr>
<tr><td>4</td><td>정보능력</td><td>컴퓨터활용능력, 정보처리능력</td></tr>
<tr><td>5</td><td>기술능력</td><td>기술이해능력, 기술선택능력, 기술적용능력</td></tr>
<tr><td>6</td><td>직업윤리</td><td>근로윤리, 공동체윤리</td></tr>
<tr><td>7</td><td>자기개발능력</td><td>자아인식능력, 자기관리능력, 경력개발능력</td></tr>
</table></td></tr>
</table>

3) NCS의 학습모듈

(1) 학습모듈의 개념

NCS가 현장의 '직무 요구서'라고 한다면, NCS 학습모듈은 NCS의 능력단위를 교육훈련에서 학습할 수 있도록 구성한 '교수 · 학습 자료'이다. NCS 학습모듈이란 NCS에 제시된 핵심능력단위를 가르치고 배우는데 사용될 수 있는 표준화된 교재라 할 수 있다. 특히 현장성 있는 교육훈련이 가능한 교재를 만들기 위해서는 NCS 개발 과정에서 검토되고 수집된 작업 지침, 매뉴얼, 품질 평가 기준, 장비 사용법 등이 포함되어 구체적 직무를 학습할 수 있도록 이론 및 실습과 관련된 내용을 상세하게 제시하고 있다. |그림 4-5|에서는 이러한 NCS와 NCS 학습모듈, 교육훈련과정의 관계를 보여주고 있다.

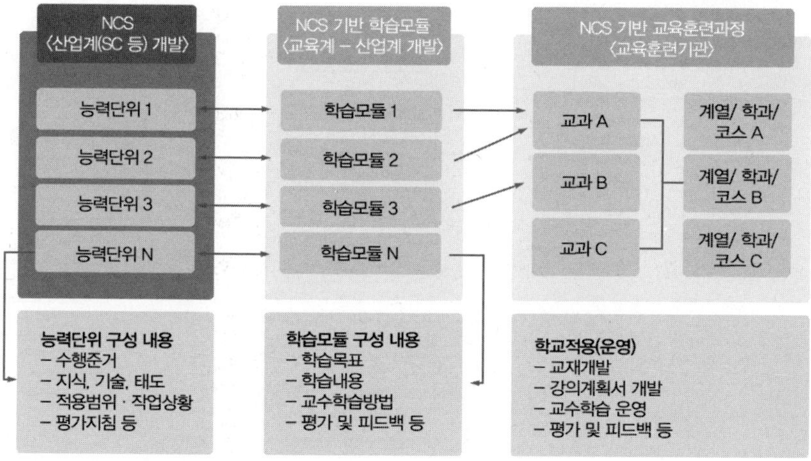

|그림 4-5| NCS와 NCS 학습모듈, 교육훈련과정의 관계

출처 : NCS 홈페이지(www.ncs.go.kr).

또한 학습모듈은 산업계에서 요구하는 직무능력을 교육훈련 현장에 활용할 수 있도록 성취목표와 학습의 방향을 명확히 제시하는 가이드라인의 역할을 한다. 특성화고, 마이스터고, 전문대학, 4년제 대학교의 교육기관 및 훈련기관, 직장교육기관 등에서 표준교재로 활용할 수 있으며 교육과정 개편 시에도 유용하게 참고할 수 있다. NCS와 NCS 학습모듈의 연결체계는 아래 |그림 4-6|과 같다.

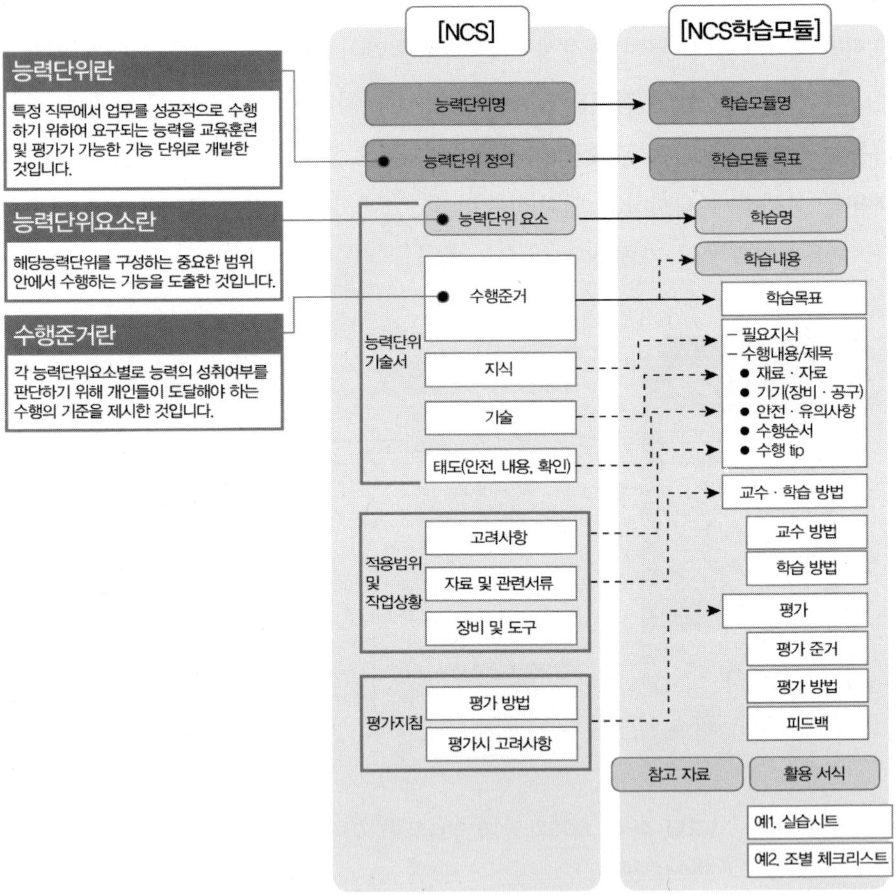

|그림 4-6| NCS와 NCS 학습모듈의 연결체계

출처 : NCS 홈페이지(www.ncs.go.kr).

(2) NCS 학습모듈의 구성

NCS학습모듈은 NCS 능력단위 1개당 1개의 학습모듈 개발을 원칙으로 한다. 그러나 필요에 따라 고용 단위 및 교과단위를 고려하여 능력단위 몇 개를 묶어서 1개의 학습모듈로 개발할 수 있으며, 또 NCS 능력단위 1개를 여러 개의 학습모듈로 나누어 개발할 수도 있다. NCS 학습모듈의 구성은 1. 학습모듈의 위치, 2. 학습모듈의 개요, 3. 학습모듈의 내용체계, 4. 참고자료, 5. 활용서식의 5가지로 구성되어 있다.

학습모듈명은 NCS 능력단위의 내용을 교육훈련에서 학습할 수 있도록 한 것으로 대체로 능력단위명과 일치하게 나타난다.

1. 학습모듈의 위치를 '직업상담'에 대한 예시로 살펴보면 <표 4－11>에 제시되어 있다. 2016년 소분류 '직업상담'에 대한 NCS 체계가 개발되어 세분류에 따른 능력단위가 변경되었나 학습모듈의 경우 2013년 개발되어 아직 새롭게 개발되고 있지는 않다. 이에 2013년 개발된 학습모듈에 따라 살펴보면 능력단위명과 학습모듈명이 대체로 일치하고 있으나, 능력단위의 '직업상담기획', '직업상담행정', '직업상담마케팅', '직업상담홍보', '직업상담네트워크구축'은 학습모듈에서 통합하여 '직업상담일반'으로 제시되어 있다.

〈표 4-11〉 NCS와 NCS 학습모듈, 연계 체계 예시(요약)

대분류	중분류	소분류	세분류	능력단위	학습모듈명
07. 사회복지, 종교	01. 사회복지	01. 사회복지정책			
		02. 사회복지서비스			
		03. 직업상담서비스	01. 직업상담	직업심리검사	직업심리검사
		04. 보육	02. 취업알선	취업상담	취업상담
		05. 청소년지도	03. 전직지원	직업적응상담	직업적응상담
				전직지원상담	전직지원상담
				창업상담	창업상담
				직업복귀상담	직업복귀상담
				은퇴상담	은퇴상담
				재활직업상담	재활직업상담
				다문화직업상담	다문화직업상담
				심층직업상담	심층직업상담
				집단상담프로그램운영	집단상담프로그램운영
				사이버직업상담	사이버직업상담
				직업상담연구	직업상담연구
				직업상담기획	직업상담일반
				직업상담행정	
				직업상담마케팅	
				직업상담홍보	
				직업상담 네트워크 구축	
	02. 상담	01. 직업상담서비스	01. 직업상담		
			02. 취업알선		
			03. 전직지원		
		02. 청소년지도	01. 청소년활동		
			02. 청소년상담복지		
			03. 진로지원		
		03. 심리상담	01. 심리상담		
	03. 보육	01. 보육	01. 보육		
			02. 산후육아지원		

2. NCS 학습모듈의 개요에서는 학습목표, 선수학습, 학습모듈의 내용체계, 핵심 용어로 구성되어 있다. 학습목표는 학습자가 해당 학습모듈을 통해 성취해야 할 목표를 제시한 것이고, 선수학습은 해당 모듈을 학습하기 이전 이수해야 할 학습내용을 표시한 것이다. |그림 4-7|은 직업심리검사의 학습모듈의 개요를 나타내고 있다.

학습모듈의 목표

직업상담을 실시하기 위하여 내담자를 진단하는 과정이며, 내담자의 직업 논점에 따라 검사를 선택하고, 표준화된 직업 심리검사 매뉴얼에 준하여 실시하고 판정 결과를 해석할 수 있다.

선수학습

직업심리학, 심리검사론, 사회통계학

학습모듈의 내용체계

학 습	학습내용	NCS 능력단위요소		
		코드번호	요소명칭	수 준
1. 검사 실시 여부 결정 및 선택하기	1-1. 직업심리검사 실시 여부 판단	0701030101_13v1.1	검사 실시 여부 결정하기	4
	1-2. 직업 검사 선택	0701030101_13v1.2	검사 선택하기	4
2. 검사 전 준비 및 실시하기	2-1. 검사 실시 준비	0701030101_13v1.3	검사 준비하기	3
	2-2. 검사 실시	0701030101_13v1.4	검사 실시하기	4
3. 검사 결과 해석 및 보고서 작성하기	3-1. 검사 결과의 해석	0701030101_13v1.5	검사 결과 해석하기	5
	3-2. 검사 겨로가 보고서 작성	0701030101_13v1.6	검사 결과 보고서 관리하기	5

핵심 용어

직업 심리검사, 평가, 사정, 표준화, 자기 보고식 검사, 신뢰도, 타당도, 규준, t점수, 친밀 교감

|그림 4-7| 직업심리검사 NCS 학습모듈의 개요

출처 : NCS 홈페이지(www.ncs.go.kr).

3. 학습모듈의 내용에서는 학습목표, 필요지식, 수행내용 등이 제시되어 있는데, 직업심리검사를 예시로 들면 학습목표는 아래와 같이 제시되어 있다.

- 내담자의 적성, 흥미, 진로 성숙, 자기효능감, 의사결정 유형 등 직업 논점에 대한 평가를 위하여 직업 심리검사가 필요함을 설명할 수 있다.
- 내담자의 검사 실시 요구에 따라 상담소가 보유한 검사의 종류 및 측정 내용을 설명할 수 있다.
- 검사 실시에 대한 내담자의 의사결정을 도울 수 있다.
- 내담자에게 신뢰감을 주기 위하여 직업 심리검사 실시 자격을 보유한 직업상담가가 진행함을 설명할 수 있다.

필요지식과 수행내용은 이러한 내용들에 대한 전문지식이 포함되어 있다. 예컨대 심리검사의 정의, 분류, 용도, 종류 등을 제시하고, 각 검사들의 실시 및 해석 방법 등을 제시함으로써 필요한 지식들을 학습할 수 있도록 하였다.

4. 참고자료는 해당 학습모듈의 필요지식에 대한 출처와 인용한 참고문헌 및 사이트를 제시하고 있다.
5. 활용서식에서는 작업 포트폴리오, 작업장 평가 서식, 자기 체크리스트, 학습자 · 교수자 공동 평가 등으로 구성되어 있다. 교수학습 시 활용 가능한 양식을 학습모듈 특성에 따라 다양하게 작성할 수도 있다. 또한 학습 시 과제 진행에서 평가에 이르기까지 필요한 서식을 개발하거나 기존의 양식을 활용 할 수 있다. 검사 및 상담의 진행에 참고가 되는 자료들을 제시하고 있다. |그림 4-8|에서는 이러한 활용서식의 예시가 제시되어 있다.

나의 진로 정보 요약서

성명 : ______________
나의 진로 정보 요약서

1. 내가 좋아하는 직업들의 특징은
____
____
____

2. 내가 싫어하는 직업들의 특징은
____
____
____

3. 직업 목록에서 새롭게 관심이 가는 직업은
____
____
____

4. 내 성격과 비슷한 홀랜드 유형은
____
____
____

5. 본 직업카드분류 활동을 통해서 나는
____
____
____
____
____
____

[그림 4-8] 직업심리검사 NCS 학습모듈(활용서식)의 예시

출처 : www.ncs.go.kr

참고문헌

고용노동부(2010). 한국고용직업분류.

_________(2013). 국가직무능력표준 개발 매뉴얼.

교육부 · 교육노동부(2013). 국가직무능력표준 개발 및 활용계획.

김성남 · 김지영 · 이민욱 · 정향진 · 현지훈(2015). 국가직무능력표준(NCS) 학습모듈 활용실태 분석. 한국직업능력개발원.

김주섭(2014). 국가직무능력표준 활용 활성화 방안. 한국노동연구원.

박천수(2005). 한국고용직업분류(KECO)의 내용과 발전방향. 고용동향분석. vol, 20005(1/4). 108-128

손배원(2012a). 섬유생산분야 NCS를 활용한 자격종목 재설계 방법론 적용 연구. 한국산업인력공단.

_____(2012b). 자동차정비분야 NCS를 활용한 자격종목 재설계 방법론 적용 연구. 한국산업인력공단.

_____(2012c). NCS를 활용한 자격종목 재설계 방법론 개선방안에 관한 연구. 한국산업인력공단.

어수봉(2010). 국가직무능력표준 중장기 기본계획 수립연구. 한국산업인력공단.

중앙고용정보원(2005). 한국고용직업분류 취업알선직업분류 매뉴얼. 한국산업인력공단 중앙고용정보원.

한국노동연구원(2014). 국가직무능력표준 활용 활성화 방안.

http://www.ncs.go.kr

CHAPTER 05

직업사전과 직업전망

chapter 05

직업사전과 직업전망

1. 한국직업사전[1)]

1) 한국직업사전의 개요[2)]

(1) 목적

『한국직업사전』은 급속한 과학기술 발전과 산업구조 변화 등에 따라 변동하는 직업세계를 체계적으로 조사·분석하여 표준화된 직업명과 기초직업정보를 제공할 목적으로 발간되었다. 『한국직업사전』은 청소년과 구직자, 이·전직 희망자에게는 직업선택을 위해, 기업 인사담당자에게는 근로자 선발을 위해, 직업훈련담당자에게는 직업훈련과정 개발을 위해, 연구자에게는 직업분류체계 개발과 기타 직업연구를 위해 그리고 노동정책 수립자에게는 노동정책 수립을 위해 기초자료로 사용될 수 있다(한국고용정보원, 2011).

(2) 연혁

우리나라 최초의 직업사전은 1969년에 3,260개의 직업(명)을 수록한 한국직업사전(인력개발연구소)으로 인사관리, 실업교육, 직업훈련 등을 위해 활용되도록 발간하였으며, 한국표준직업분류와 국제표준직업분류의 소분류를 기준으로 하였다. 그 후 1986년에 국내의 전체 산업 및 직업 현장직무분석에 기반을 둔 최초의

1) 『2012 한국직업사전(통합본 제4판)』을 비롯한 직업사전은 고용노동부 워크넷에서 명칭별, 조건별, 한국고용직업분류별, 한국표준산업분류별 검색이 가능하며, 한국직업정보시스템의 자료실에서 2012 통합본 및 직종별 직업사전을 PDF파일로 다운로드하여 받아볼 수 있다.

2) 2012년 한국직업사전(통합본), 한국고용정보원(2011)의 내용 중 일부를 발췌하였음.

직업사전으로서 『한국직업사전 : 통합본 1판』을 발간하였고, 1995년에 『한국직업사전 : 통합본 2판』을 발간하였다. 1999~2002년에 산업별로 사업체 직무조사를 거쳐 직업정보를 수록하였다.

2003년에 『한국직업사전 통합본 3판』을 발간하였다. 국내의 전체 산업 및 직업 1997~2002년 동안 조사한 각 산업별 직업을 재분류하고 산업분류 개정으로 조사에서 누락되었던 도・소매업, 자동차제조업 등에 대한 추가 직무조사를 실시하여 국내의 전체 산업 및 직업에 대한 정보를 수록하고 또한 일반인의 이해를 높이기 위해 전체적인 구성체계를 변환하였다.

한국직업사전 발간을 위한 직무조사는 우리나라 노동시장의 모든 직업을 대상으로 한다. 그러나 한 해에 모든 직업을 조사하기에는 물리적으로 힘들기 때문에 매해 몇 개의 직업군을 선정하여 조사를 하였다. 2003년 한국직업사전 통합본이 발행되고 그 이후, 매년 『한국표준산업분류』의 산업대분류를 기준으로 아래 표와 같이 매년 산업별로 조사하였다. 2011년 한국직업사전 통합본이 발행되고 난 후 부터는 한국고용직업분류(KECO)를 기준으로 중분류에 해당하는 직업군을 매해 3~6개를 조사하여 매년 발행하고 있으며(직종별 직업사전), 통합본 5판은 2018년에 추가 직무조사 및 통합/ 정리 작업을 통해 2019년 상반기에 발간될 예정에 있다. 즉, 해당 년에 조사가 마무리 되면 직업을 통합 및 표준화하여 직종별 직업사전을 작성하여 통합본 발간을 위한 준비를 하고 있다.

〈표 5-1〉 연도별 조사사업[3)]

연 도	사업추진 현황 및 계획
2006(2005년 조사)	사회서비스업, 보건 및 사회복지사업, 오락, 문화 및 운동 관련서비스업
2007(2006년 조사)	전기, 가스 및 수도사업, 건설업, 운수업, 공공행정/ 국방 및 사회보장 행정, 기타 공공, 수리 및 개인사업서비스
2008(2007년 조사)	도매 및 소매업, 금융 및 보험업, 숙박 및 음식점업, 음・식료품 제조업, 담배제조업
2009(2008년 조사)	제1차 금속산업, 조립금속제품 제조업, 재생용 가공원료 생산업, 자동차 및 트레일러 제조업(자동차차체 및 트레일러제조업, 전문디자인업), 기타 기계 및 장비제조업, 기타 전기기계 및 전기변환장치제조업

3) 한국고용정보원(2011). 2012 한국직업사전 통합본 및 각 년도 직종별 직업사전을 참고하였음.

연 도	사업추진 현황 및 계획
2010(2009년 조사)	코크스, 석유정제품 및 핵연료 제조업, 화합물 및 화학제품 제조업, 고무 및 플라스틱제품 제조업, 비금속광물제품 제조업, 의료, 정밀, 광학기기 및 시계 제조업, 자동차 및 트레일러 제조업(자동차 엔진 및 자동차 제조업, 자동차부품 제조업), 농축수산업 중심의 1차 산업, 석탄 채굴 및 원유 및 천연가스 채굴 등, 광물 및 비철금속 채굴 등, 석회, 고령토 및 건설용 쇄석 생산업 등
2011(2010년 조사)	섬유제품 제조업; 의복제외, 의복, 의복액세서리 및 모피제품 제조업, 가죽, 가방 및 신발 제조업, 목재 및 나무제품 제조업; 가구제외, 펄프, 종이 및 종이제품 제조업, 인쇄 및 기록매체 복제업, 기타 운송장비 제조업, 가구 제조업, 기타 제품 제조업, 부동산업, 임대업; 부동산 제외, 교육 서비스업
2012(2011년 조사)	통합본 발간을 위한 미조사 산업, 제4판 통합본 한국직업사전 발간
2013(2012년 조사)	관리직, 교육 및 자연과학·사회과학 연구 관련직, 문화·예술·디자인·방송 관련직, 미용·숙박·여행·오락·스포츠 관련직, 음식서비스 관련직 조사
2014(2013년 조사)	경영·회계·사무 관련직, 금융·보험 관련직, 운전 및 운송 관련직, 영업 및 판매 관련직 조사
2015(2014년 조사)	건설 관련직, 전기·전자 관련직, 정보통신 관련직 조사
2016(2015년 조사)	기계 관련직, 재료 관련직 조사
2017(2016년 조사)	화학 관련직, 섬유 및 의복 관련직, 식품가공 관련직 조사

(3) 편찬과정[4)]

한국직업사전은 매년 사업체조사를 통해 직종별 직업사전을 발간하고, 주기(6~9년)에 따라 통합본을 발행하고 있다. 한국고용정보원에서 2012년 한국직업사전 통합본 4판을 발간하였고, 2013년부터는 직종별 직업사전이 발간되어 2019년 한국직업사전 통합본 5판을 발간할 예정에 있다. 이에 따라 7년('12~'18년)에 걸쳐 직종별[KECO의 24개 중분류 기준]로 직무조사가 실시될 예정이다. 『한국직업사전』과 『직업전망』은 한국직업정보시스템(know.work.go.kr)의 메인 메뉴에서 자료실로 접속하여 pdf 파일로 열람이 가능하다.

직업사전을 편찬하기 위한 과정은 직업사전 구성요소의 타당성조사, 직무조사 방법설계, 설문지 개발 매뉴얼 작성, 조사원교육 및 훈련, 사업체 현장직무조사(조사결과 정리), 조사결과분석, 조사결과 타당성 검토(협회 및 전문가), 직업사전 등

4) 편찬과정은 2012년 한국직업사전 통합본 및 각 년도 직종별 직업사전을 참고 하였음.

재(최종원고 작성)의 순으로 이루어진다. 이중 사업체 현장 직무조사를 위한 조사대상 사업체의 선정과 직무조사는 다음과 같이 실시된다.

사업계획 수립 → 조사할 산업의 규모에 따라 담당 직무조사자 선정 → 직무조사 준비 → 사업체 직무조사 실시 → 『한국직업사전』 발간의 순으로 이루어진다(한국고용정보원, 2012a).

① 조사대상 사업체 선정

고용보험 적용 사업체 및 『사업체기초통계조사보고서』(통계청), 『광업・제조업 통계조사보고서』(통계청) 및 『전국기업체 총람』(대한상공회의소) 등에 수록된 업체를 기준으로 선정하였으며, 부가적으로 기타 협회 및 단체, 연구소 등의 등록업체와 인터넷, 서적, 잡지 등에서 인지도가 검증된 업체를 추가하였다.

② 사업체 직무조사 실시

조사대상 산업 및 직무에 대한 예비분석을 통해 적절한 조사사업체를 선정하고, 현장 직무조사를 실시하여 직무명세조사표를 작성하였다. 한 개 직업당 3개 사업체에서 직무조사를 실시하는 것이 원칙이나, 해당 직업이 존재하는 업체가 2개 이하인 경우는 예외적으로 1~2개 업체에서만 직무조사를 실시하였다. 직무조사 방법은 관찰법, 면담법, 비교분석법 등을 사용하였으며, 조사 직업에 따라 하나의 방법 또는 여러 조사방법을 함께 사용하였다. DM, FAX, web, 전화상담, 직접방문, 담당자 e-mail 등을 활용하며, 조사일정에 따라 고려된 지역, 산업체에 우편공문을 발송하고, 전화상담(방문가불, 조사대상 직무 존재, 방문조사일자, 특이사항) 후, 현장조사원의 직무조사가 이루어졌다. 주로 직무조사 대상자는 사업장의 사장, 인사담당자, 공장장, 작업반장 등 현직 종사자를 대상으로 하였다. 직무명세조사표는 『한국직업사전(KDOT) 발간을 위한 업무 수행 매뉴얼』(한국고용정보원, 2008)에서 제시된 기준에 의거 작성되었다.

2) 한국직업사전의 구성내용[5)]

『한국직업사전』에 수록된 직업들은 직무분석을 바탕으로 조사된 정보들로서 수많은 일을 조직화된 방식으로 고찰하기 위하여 유사한 직무를 기준으로 분류한 것이다. 수록하고 있는 정보는 전국적인 사업체에서 유사한 직무가 어떻게 수행되는가에 대한 포괄적인 조사 · 분석 · 연구의 결과이다. 수록된 직업 관련정보들은 <표 5－2>에서 보듯이 크게 다섯 가지의 체계적인 형식으로 구성된 항목으로 직업코드, 본 직업명칭, 직업개요, 수행직무, 부가직업정보로 구성되어 있다. 이하에서는 이들에 대한 내용을 살펴보도록 하며, 한국직업사전 통합본(2011)에 수록된 '직업상담사'를 중심으로 예를 들어 설명하면 아래 <표 5－2>와 같다.

〈표 5-2〉 한국직업사전의 구성내용(요약)

항 목	한국직업사전의 주요 구성내용
(1) 직업 코드	<예> ⓿❼❶❸
(2) 직업명칭	<예> '직업상담원'
(3) 직무개요	구직자나 미취업자에게 직업정보 및 자료를 제공하고, 직업선택, 경력설계, 구직활동 등에 대해 조언한다.
(4) 수행직무	직업의 종류, 전망, 취업기회 등에 관한 자료를 수집하고 관리한다. 구직자와 면담하거나 검사를 통하여 취미 · 적성 · 흥미 · 능력 · 성격 등의 요인을 조사한다. 적성검사, 흥미검사 등 직업심리검사를 실시하여 구직자의 적성과 흥미에 알맞은 직업정보를 제공하고, 구직자에게 적합한 취업정보를 제공하고 직업선택에 관해 조언한다. 비디오, 슬라이드 등의 시청각 장비를 사용하여 직업정보 및 직업윤리 등을 교육하기도 한다. 청소년, 여성, 중고령자, 실업자 등을 위한 직업지도 프로그램 개발과 운영을 담당하기도 한다.
(5) 부가직업 정보	① 정규교육 : 14년 초과 ~ 16년 이하(대졸 정도) ② 숙련기간 : 2년 초과 ~ 4년 이하 ③ 직무기능 : 자료(수집) / 사람(말하기－신호) / 사물(관련없음) ④ 작업강도 : 아주 가벼운 작업 ⑤ 육체활동 : － ⑥ 작업장소 : 실내 ⑦ 작업환경 : － ⑧ 유사명칭 : 직업상담사 ⑨ 관련직업 : 담당하는 업무에 따라 진로지도상담원, 직업지도상담원 ⑩ 자격/면허 : 직업상담사(1급, 2급) ⑪ 표준산업분류 : 751 인력공급 및 고용알선업 ⑫ 표준직업분류 : 2473 직업상담사 및 취업알선원 ⑬ 조사연도 : 2004년

5) 구성내용은 2012년 통합본 및 각 년도 직종별 직업사전의 내용을 토대로 인용하였다.

(1) 직업코드

특정 직업을 구분해 주는 단위로서 『한국고용직업분류(KECO)』의 세분류 4자리 숫자로 표기하였다. 다만, 동일한 직업에 대해 여러 개의 직업코드가 포함되는 경우에는 직무의 유사성 등을 고려하여 가장 타당하다고 판단되는 직업코드 하나를 부여하였다. 직업코드 4자리에서 첫 번째와 두 번째 숫자는 KECO의 24개 중분류를 나타내며, 세 번째 숫자는 소분류, 네 번째 숫자는 세분류를 나타낸다. 세분류내 직업들은 가, 나, 다 순으로 배열된다.

▶ 직업분류체계의 기준은 2011년도까지 『한국표준직업분류(KSCO)』(통계청)를 사용해왔으나, 우리나라의 노동시장 현실을 반영하고 일－훈련－자격 체계의 일관성을 도모하기 위해 『2012 한국직업사전』부터는 『한국고용직업분류(KECO)』(한국고용정보원)를 사용한다.

한국직업사전에서 '직업상담원'은 한국고용직업분류(KECO)의 중분류 '07. 사회복지 및 종교 관련직'에 해당한다. 소분류는 '071. 사회복지 및 상담전문가'로 구분되어 있으며, '0713. 직업상담사 및 취업알선원'이 세분류에 해당한다. 직업사전에서는 이러한 세분류 4자리를 표기한 것이다. 또한 세분류내 직업들은 '0711'은 사회복지사를 의미하고, '0712'는 상담 전문가 및 청소년지도사, '0713'은 직업상담사 및 취업알선원, '0714' 시민단체활동가로 되어 있다. 이 중 '0713'에 해당하는 직업으로 '0713. 장애인직업능력평가사', '0713. 직업상담원', '0713. 취업알선원', '0713. 헤드헌터' 순으로 나열되어 있는데, 이는 세분류내 직업들의 중요도가 아니라 가, 나, 다 순으로 배열한 것이다.

❶❼❶❸ : 직업상담원
07. 사회복지 및 종교관련직
071. 사회복지 및 상담 전문가
0713. 직업상담사 및 취업알선원
07130 직업상담사 및 취업알선원
07131 직업상담 및 경력상담원
07132 취업알선원

출처 : 0713 직업상담원에 대한 KECO 코드 2009년 개정판.

(2) 본 직업명

산업현장에서 일반적으로 해당 직업으로 알려진 명칭 혹은 그 직무가 통상적으로 호칭되는 것으로 『한국직업사전』에 그 직무내용이 기술된 명칭이다. 즉, 사업주가 근로자를 모집할 때 사용하는 명칭, 사업체 내에서 일반적으로 통용되는 명칭, 구직자가 취업하고자 할 때 사용하는 명칭, 해당 직업 종사자 상호간의 호칭, 그 외 각종 직업 관련 서류에 쓰이는 명칭을 말한다. 특별히 부르는 명칭이 없는 경우에는 직무내용과 산업의 특수성 등을 고려하여 누구나 쉽게 이해할 수 있는 명칭을 부여한다. 예컨대 직업코드 ⓿❼❶❸은 직업상담사 및 취업 알선원의 직종으로 본 직업명은 '직업상담원'이다.

(3) 직무개요

주로 직무담당자의 활동, 활동의 대상 및 목적, 직무담당자가 사용하는 기계, 설비 및 작업보조물, 사용된 자재, 만들어진 생산품 또는 제공된 용역, 수반되는 일반적, 전문적 지식 등을 간략히 포함한다. 예컨대 직업상담원의 직무개요는 구직자나 미취업자에게 직업정보 및 자료를 제공하고, 직업선택, 경력설계, 구직활동 등에 대해 조언하는 것이다.

(4) 수행직무

직무담당자가 직무의 목적을 완수하기 위하여 수행하는 구체적인 작업(task) 내용을 작업순서에 따라 서술한 것이다. 단, 공정의 순서를 파악하기 어려운 경우에는 작업의 중요도 또는 작업빈도가 높은 순으로 기술하였다. 작업을 수행하면서 수반되는 작업요소(task element)는 직무를 기술하는데 필요한 것이라면 포함한다. 직무의 특징적인 작업을 명확히 하기 위하여 작업자가 사용하는 도구·기계와 관련시켜 작업자가 무엇을, 어떻게, 왜 하는가를 정확하게 표현하되 평이한 문체로 이해하기 쉽게 기술하였다. 작업과 작업요소는 상대적인 개념으로 어떤 직업에서는 작업요소인 활동이 다른 직업에서는 작업(task)이 될 수 있고 또 어떤 근로자에게는 하나의 직무가 될 수 있으므로 직무 특성에 따라 적절히 판단하였다. 문장기술의 통일성을 확보하기 위하여 조사자는 다음의 원칙을 고려하여 수행직무를 기술하였다.

① 해당 작업원이 주어일 때는 주어를 생략하나, 다른 작업원이 주어일 때에는 주어를 생략하지 않는다.
② 작업의 본질을 표현하는 동사와 그것을 규정하는 수식어를 적절히 사용하여 문장을 완성한다. 직무의 특성이 나타나지 않는 일반적인 문장은 가급적 피한다.
③ 문체는 항상 현재형으로 기술한다. 즉, "……한다", "……이다"의 형식이 된다.
④ 작업의 내용을 기술할 때 추상적인 언어는 사용하지 않는다.
⑤ 문체는 간결한 문장으로 한다.
⑥ 내용기술은 시간적 순서(작업순서)에 의해 작성한다.
⑦ 전체를 정확히 파악하여 중요한 내용을 모두 기술한다.
⑧ 주된 직무보다 빈도나 중요도는 낮으나 수행이 가능한 작업에 대해서는 "수행직무"에서 "~하기도 한다"로 표현한다. "~하기도 한다"라는 문장은 이 직업에 종사하는 사람이 가끔 이런 작업을 수행할 것이라는 의미가 아니라 다른 사업체에 있는 이 직업에 종사하는 사람이 일반적으로 수행하거나 수행가능한 작업을 나타낸다.
⑨ 외래어의 정확한 이해를 위해 원어(原語)를 함께 표기한다.

예컨대 직업상담원의 수행직무는 직업의 종류, 전망, 취업기회 등에 관한 자료를 수집하고 관리한다. 구직자와 면담하거나 검사를 통하여 취미・적성・흥미・능력・성격 등의 요인을 조사한다. 적성검사, 흥미검사 등 직업심리검사를 실시하여 구직자의 적성과 흥미에 알맞은 직업정보를 제공하고, 구직자에게 적합한 취업정보를 제공하고 직업선택에 관해 조언한다. 비디오, 슬라이드 등의 시청각 장비를 사용하여 직업정보 및 직업윤리 등을 교육하기도 한다. 청소년, 여성, 중

고령자, 실업자 등을 위한 직업지도 프로그램 개발과 운영을 담당하기도 하는 것이다.

(5) 부가 직업정보

부가직업정보는 정규교육, 숙련기간, 직무기능, 작업강도, 육체활동, 작업장소, 작업환경, 유사명칭, 관련직업, 자격/ 면허, 한국표준직업분류(2007), 표준산업분류코드(2008), 조사연도 13개 하위요소로 구성되어 있다. 예컨대 '직업상담원'의 부가직업정보는 아래와 같다.

① **정규교육** : 14년 초과~16년 이하(대졸 정도)
② **숙련기간** : 2년 초과~4년 이하
③ **직무기능** : 자료(수집)/ 사람(말하기-신호)/ 사물(관련없음)
④ **작업강도** : 아주 가벼운 작업
⑤ **육체활동** : -
⑥ **작업장소** : 실내
⑦ **작업환경** : -
⑧ **유사명칭** : 직업상담사
⑨ **관련직업** : 담당하는 업무에 따라 진로지도상담원, 직업지도상담원
⑩ **자격/ 면허** : 직업상담사(1급, 2급)
⑪ **표준산업분류** : 751 인력공급 및 고용알선업
⑫ **표준직업분류** : 2473 직업상담사 및 취업알선원
⑬ **조사연도** : 2004년

이하에서는 부가직업정보에 대해 자세히 알아보도록 한다.

① 정규교육

해당직업의 직무를 수행하는데 필요한 일반적인 정규교육수준을 의미하는 것으로 해당직업 종사자의 평균학력을 나타내는 것은 아니다. 현행 우리나라 정규교육과정의 연한을 고려하여 그 수준을 다음 <표 5-3>과 같이 6개로 분류하였으며, 독학, 검정고시 등을 통해 정규교육과정을 이수하였다고 판단되는 기간도 포함된다.

〈표 5-3〉 교육수준 및 교육정도

수 준	교육정도	
1	6년 이하	초등학교 졸업 이하
2	6년 초과~9년 이하	중학교 졸업 정도
3	9년 초과~12년 이하	고등학교 졸업 정도
4	12년 초과~14년 이하	전문대학 졸업 정도
5	14년 초과~16년 이하	대학교 졸업 정도
6	16년 초과	대학원 이상

② 숙련기간

정규교육과정을 이수한 후 해당직업의 직무를 평균적인 수준으로 스스로 수행하기 위하여 필요한 각종 교육, 훈련숙련기간을 말한다. 해당직업에 필요한 자격/면허를 취득하는 취업 전 교육 및 훈련기간뿐만 아니라 취업 후에 이루어지는 관련자격/ 면허취득교육 및 훈련기간도 포함된다. 또한 자격/ 면허가 요구되는 직업은 아니지만 해당 직무를 평균적으로 수행하기 위한 각종 교육, 훈련기간, 수습교육, 기타 사내교육, 현장훈련 등이 포함된다. 단, 해당직무를 평균적인 수준 이상으로 수행하기 위한 향상훈련(further training)은 '숙련기간'에 포함되지 않는다.

〈표 5-4〉 숙련의 수준별 숙련기간

수준	숙련기간	수준	숙련기간
1	약간의 시범	6	1년 초과~2년 이하
2	시범 후 30일 이하	7	2년 초과~4년 이하
3	1개월 초과~3개월 이하	8	4년 초과~10년 이하
4	3개월 초과~6개월 이하	9	10년 초과
5	6개월 초과~1년 이하		

③ 직무기능(DPT)

해당직무를 수행하는 작업자가 자료(data), 사람(people), 사물(thing)과 맺는 관련된 특성을 나타내는 것으로 직무분석 시 24가지 근로자의 기능을 사용하여 작업과 근로자의 기능관계를 표현한 것이다. 각각의 작업자 직무기능은 광범위한 행위를 표시하고 있으며 작업자가 자료, 사람, 사물과 어떤 관련을 가지고 있는지를 보여준다. 이러한 직무기능은 각각 '0'에서 '8'의 수준으로 나뉘어져 있는데 아래에서 위로 갈수록 단순한 것에서 복잡한 것으로 향하는 특성을 보여주지만 그 계층적 관계가 제한적인 경우도 있다. 즉, 숫자가 높으면 높을수록 복잡성이 낮은 기능이라고 말할 수도 있다.

㉠ **자료**(data) : 자료와 관련된 기능은 정보, 지식, 개념 등 세 가지 종류의 활동으로 배열되어 있는데 어떤 것은 광범위하며 어떤 것의 범위는 협소하다. 또한 각 활동은 상당히 중첩되어 배열 간의 복잡성이 존재한다. 계산과 복사는 기능활동에서 다른 자료와 관련된 기능보다 더 전문화된 형태의 기능적 활동이다.

㉡ **사람**(people) : 사람과 관련된 기능은 위계적 관계가 없거나 희박하다. 서비스 제공이 일반적으로 덜 복잡한 사람기능이며, 나머지 기능들은 특정한 순서를 표시하는 수준을 가지고 있는 것은 아니다. '서비스제공' 이상의 활동의 기능은 수준을 표시하는 특정한 순서를 가지고 있지 않다.

㉢ **사물**(thing) : 사물 기능은 작업자가 기계와 장비를 가지고 작업하는지 혹은 기계와 관련 없는 도구와 작업보조구(기계와 관련 없는)를 가지고 작업하는지 기초하여 분류된다. 작업자(근로자)의 업무에 따라 사물과 관련된 요구되는 활동수준이 달라지는데, 작업자의 판단이나 결정에 기초해서 복잡성의 수준을 나타낸다.

〈표 5-5〉 직무기능 수준 및 내용

자료(Data : D)		사람(People : P)		사물(Things : T)	
0	종 합	0	자 문	0	설 치
1	조 정	1	협 의	1	정밀작업
2	분 석	2	교 육	2	제어조작
3	수 집	3	감 독	3	조작운전
4	계 산	4	오락제공	4	수동조작
5	기 록	5	설 득	5	유 지
6	비 교	6	말하기・신호	6	투입・인출
7	–	7	서비스제공	7	단순작업
8	관련없음	8	관련없음	8	관련없음

※ 각 기능마다 "8 관련없음"은 말 그대로 작업자가 작업을 수행하는 시에 해당 기능과 관련되는 직무를 수행하는 것이 없다는 것을 말한다. 가령, 변호사는 자료나 사람과의 관계는 직무수행시 매우 중요하지만 사물과의 관계는 거의 관련이 없다. 따라서 이때 사물(T)는 "8 관련없음"으로 기록되어야 한다.

직무기능의 자료(D), 사람(P), 사물(T)에 대한 내용을 살펴보면 아래와 같다.

■ **자료(data)**

'자료'와 관련된 기능은 만질 수 없으며 숫자, 단어, 기호, 생각, 개념 그리고 구두상 표현을 포함한다.

0 | 종합(synthesizing) 사실을 발견하고 지식개념, 또는 해석을 개발하기 위해 자료를 종합적으로 분석한다.

1 | 조정(coordinating) 데이터의 분석에 기초하여 시간, 장소, 작업순서, 활동 등을 결정한다. 결정을 실행하거나 상황을 보고 한다.

2 | 분석(analyzing) 조사하고 평가한다. 평가와 관련된 대안적 행위의 제시가 빈번하게 포함된다.

3 | 수집(compiling) 자료, 사람, 사물에 관한 정보를 수집, 대조, 분류한다. 정보와 관련한 규정된 활동의 수행 및 보고가 자주 포함된다.

4 | 계산(computing) 사칙연산을 실시하고 사칙연산과 관련하여 규정된 활동을 수행하거나 보고한다. 수를 세는 것은 포함되지 않는다.

5 | 기록(copying) 데이터를 옮겨 적거나 입력하거나 표시한다.

6 | 비교(comparing) 자료, 사람, 사물의 쉽게 관찰되는 기능적, 구조적, 조합적 특성을 (유사한지 또는 명백한 표준과 현격히 차이가 있는지) 판단한다.

■ 사람(people)

'사람'과 관련된 기능은 인간과 인간처럼 취급되는 동물을 다루는 것을 포함한다.

0 | 자문(mentoring) 법률적으로나 과학적, 임상적, 종교적, 기타 전문적인 방식에 따라 사람들의 전인격적인 문제를 상담하고 조언하며 해결책을 제시한다.

1 | 협의(negotiating) 정책을 수립하거나 의사결정을 하기 위해 생각이나 정보, 의견 등을 교환한다.

2 | 교육(instructing) 설명이나 실습 등을 통해 어떤 주제에 대해 교육하거나 훈련(동물포함)시킨다. 또한 기술적인 문제를 조언한다.

3 | 감독(supervising) 작업절차를 결정하거나 작업자들에게 개별 업무를 적절하게 부여하여 작업의 효율성을 높인다.

4 | 오락제공(diverting) 무대공연이나 영화, TV, 라디오 등을 통해 사람들을 즐겁게 한다.

5 | 설득(persuading) 상품이나 서비스 등을 구매하도록 권유하고 설득한다.

6 | 말하기 · 신호(speaking-signaling) 언어나 신호를 사용해서 정보를 전달하고 교환한다. 보조원에게 지시하거나 과제를 할당하는 일을 포함한다.

7 | 서비스제공(serving) 사람들의 요구 또는 필요를 파악하여 서비스를 제공한다. 즉각적인 반응이 수반된다.

■ 사물(thing)

'사물'과 관련된 기능은 사람과 구분되는 무생물로서 물질, 재료, 기계, 공구, 설비, 작업도구 및 제품 등을 다루는 것을 포함한다.

0 | 설치(setting up) 기계의 성능, 재료의 특성, 작업장의 관례 등에 대한 지식을 적용하여 연속적인 기계가공작업을 수행하기 위한 기계 및 설비의 준비, 공구 및 기타 기계장비의 설치 및 조정, 가공물 또는 재료의 위치조정, 제어장치 설정, 기계의 기능 및 완제품의 정밀성 측정 등을 수행한다.

1 | 정밀작업(precision working) 설정된 표준치를 달성하기 위하여 최종 책임을 지면서 신체부위, 공구, 작업도구를 사용하여 가공물 또는 재료를 가공, 조종, 이동, 안내하거나 또는 정위치 한다. 그리고 도구, 가공물 또는 원료를 선정하고 작업에 알맞게 공구를 조정한다.

2 | 제어조작(operating-controlling) 기계 또는 설비를 시동, 정지, 제어하고 작업이 진행되고 있는 기계나 설비를 조정한다.

3 | 조작운전(driving-operating) 다양한 목적을 수행하고자 사물 또는 사람의 움직임을 통제하는데 있어 일정한 경로를 따라 조작되고 안내되어야 하는 기계 또는 설비를 시동, 정지하고 그 움직임을 제어한다.

4 | 수동조작(manipulating) 기계, 설비 또는 재료를 가공, 조정, 이동 또는 위치할 수 있도록 신체부위, 공구 또는 특수장치를 사용한다. 정확도 달성 및 적합한 공구, 기계, 설비 또는 원료를 산정하는데 있어서 어느 정도의 판단력이 요구된다.

5 | 유지(tending) 기계, 및 장비를 시동, 정지하고 그 기능을 관찰한다. 체인징가이드, 조정타이머, 온도게이지 등의 계기의 제어장치를 조정하거나 원료가 원활히 흐르도록 밸브를 돌려주고 빛의 반응에 따라 스위치를 돌린다. 이러한 조정업무에 판단력은 요구되지 않는다.

6 | 투입 · 인출(feeding-off bearing) 자동적으로 또는 타 작업원에 의하여 가동, 유지되는 기계나 장비 안에 자재를 삽입, 투척, 하역하거나 그 안에 있는 자재를 다른 장소로 옮긴다.

7 | 단순작업(handling) 신체부위, 수공구 또는 특수장치를 사용하여 기계, 장비, 물건 또는 원료 등을 정리, 운반, 처리한다. 정확도 달성 및 적합한 공구, 장비, 원료를 선정하는데 판단력은 요구되지 않는다.

④ 작업강도

'작업강도'는 해당직업의 직무를 수행하는데 필요한 육체적 힘의 강도를 나타낸 것으로 5단계로 분류된다. 여기서 '작업강도'는 심리적 · 정신적 노동 강도는 고려하지 않았다.

〈표 5-6〉 작업강도 및 개요

작업강도	개 요
아주 가벼운 작업 S(Slight)	최고 4kg의 물건을 들어 올리고 때때로 장부, 대장, 소도구 등을 들어올리거나 운반한다. 앉아서 하는 작업이 대부분을 차지하지만 직무수행상 서거나 걷는 것이 필요할 수도 있다.
가벼운 작업 L(Light)	최고 8kg의 물건을 들어올리고 4kg 정도의 물건을 빈번히 들어올리거나 운반한다. 걷거나 서서하는 작업이 대부분일 때 또는 앉아서 하는 작업일지라도 팔과 다리로 밀고 당기는 작업을 수반할 때 무게가 매우 적을지라도 이 작업에 포함된다.
보통 작업 M(Medium)	최고 20kg의 물건을 들어올리고 10kg 정도의 물건을 빈번히 들어올리거나 운반한다.

작업강도	개 요
힘든 작업 H(Heavy)	최고 40kg의 물건을 들어올리고 20kg 정도의 물건을 빈번히 들어올리거나 운반한다.
아주 힘든 작업 VH(Very Heavy)	40kg 이상의 물건을 들어올리고, 20kg 이상의 물건을 빈번히 들어올리거나 운반한다.

또한 각각의 작업강도는 '들어올림', '운반', '밈', '당김' 등을 기준으로 결정하였는데 이것은 일차적으로 힘의 강도에 대한 육체적 요건이며 일반적으로 이러한 활동 중 한 가지에 참여한다면 그 범주를 기준으로 사용한다.

〈표 5-7〉 작업강도의 세부 개요

작업강도	개 요
들어 올림	물체를 주어진 높이에서 다른 높이로 올리거나 내리는 작업
운 반	손에 들거나 팔에 걸거나 어깨에 메고 물체를 한 장소에서 다른 장소로 옮기는 작업
밈	물체에 힘을 가하여 힘을 가한 반대쪽으로 움직이게 하는 작업(때리고, 치고, 발로차고, 페달을 밟는 일도 포함)
당 김	물체에 힘을 가하여 힘을 가한 쪽으로 움직이게 하는 작업

⑤ 육체활동

'육체활동'은 해당직업의 직무를 수행하기 위해 필요한 신체적 능력을 나타내는 것으로 균형감각, 웅크림, 손, 언어력, 청각, 시각 등이 요구되는 직업인지를 보여준다.

단 '육체활동'은 조사대상 사업체 및 종사자에 따라 다소 상이할 수 있으므로 전체 직업 종사자의 '육체활동'으로 일반화하는데 무리가 있다. 또한 육체적 활동은 작업장 환경과 더불어 작업자 특성(worker characteristics)을 구성하는 주요한 요소들이다. 그 직무의 육체적 활동요건들에만 관련되며 작업자의 육체적 능력과는 관련이 없다.

㉠ **균형감각** : 손, 발, 다리 등을 사용하여 사다리, 계단, 발판, 경사로, 기둥, 밧줄 등을 올라가거나 몸 전체의 균형을 유지하고 좁거나 경사지거나 또는

움직이는 물체 위를 걷거나 뛸 때 신체의 균형을 유지하는 것이 필요한 직업이다.

예 비계원, 도장원, 용접원, 기초구조물 설치원, 철골조립원 등

㉡ **웅크림** : 허리를 굽히거나 몸을 앞으로 굽히고 뒤로 젖히는 동작, 다리를 구부려 무릎을 꿇는 동작, 다리와 허리를 구부려 몸을 아래나 위로 굽히는 동작, 손과 무릎 또는 손과 발로 이동하는 동작 등이 필요한 직업이다.

예 단조원, 연마원, 오토바이 수리원, 항공기엔진정비원, 전기도금원 등

㉢ **손사용** : 일정기간의 손사용 숙련기간을 거쳐 직무의 전체 또는 일부분에 지속적으로 손을 사용하는 직업으로 통상적인 손사용이 아닌 정밀함과 숙련을 필요로 하는 직업에 한정한다.

예 해부학자 등 의학 관련직업, 의료기술종사자, 조각가, 디자이너, 미용사, 조리사, 운전 관련직업, 설계 관련작업 등

㉣ **언어력** : 말로 생각이나 의사를 교환하거나 표현하는 직업으로 개인이 다수에게 정보 및 오락제공을 목적으로 말을 하는 직업이다.

예 교육관련직업, 변호사, 판사, 통역가, 성우, 아나운서 등

㉤ **청각** : 단순히 일상적인 대화내용 청취 여부가 아니라 작동하는 기계의 소리를 듣고 이상 유무를 판단하거나 논리적인 결정을 내리는 청취활동이 필요한 직업이다.

예 피아노조율사, 음향관련직업, 녹음관련직업, 전자오르간검사원, 자동차엔진정비원, 광산기계수리원 등

㉥ **시각** : 일상적인 눈 사용이 아닌 시각적 인식을 통해 반복적인 판단을 하거나 물체의 길이, 넓이, 두께를 알아내고 물체의 재질과 형태를 알아내기 위한 거리와 공간관계를 판단하는 직업이다. 또한 색의 차이를 판단할 수 있어야 하는 직업이다.

예 측량기술자, 제도사, 항공기조종사, 사진작가, 의사, 심판, 보석감정인, 위폐감정사 등 감정 관련직업, 현미경, 망원경 등 정밀광학기계를 이용하는 직업, 촬영 및 편집 관련직업 등

⑥ 작업장소

'작업장소'는 해당직업의 직무가 주로 수행되는 장소를 나타내는 것으로 실내, 실외 종사비율에 따라 구분한다.

㉠ **실내** : 눈, 비, 바람과 온도변화로부터 보호를 받으며 작업의 75% 이상이 실내에서 이루어지는 경우
㉡ **실외** : 눈, 비, 바람과 온도변화로부터 보호를 받지 못하며 작업의 75% 이상이 실외에서 이루어지는 경우
㉢ **실내 · 외** : 작업이 실내 및 실외에서 비슷한 비율로 이루어지는 경우

⑦ 작업환경

'작업환경'은 해당직업의 직무를 수행하는 작업원에서 직접적으로 물리적, 신체적 영향을 미치는 작업장의 환경요인을 나타낸 것이다. 작업환경의 측정은 사업체의 장기적 체류가 불가능하고 정확한 측정기구를 가지고 있지 못한 경우가 일반적이기 때문에 조사자가 느끼는 신체적 반응 및 작업자의 반응을 듣고 판단한다. 또한 작업환경은 사업체의 규모와 특성에 따라 그리고 동일사업체의 경우에도 작업장마다 달라질 수 있으므로 절대적인 기준이 될 수 없다.

㉠ **저온** : 신체적으로 불쾌감을 느낄 정도로 저온이거나 두드러지게 신체적 반응을 야기시킬 정도로 저온으로 급변하는 경우를 말한다.
㉡ **고온** : 신체적으로 불쾌감을 느낄 정도로 고온이거나 두드러지게 신체적 반응을 야기 시킬 정도로 고온으로 급변하는 경우를 말한다.
㉢ **다습** : 신체의 일부분이 수분이나 액체에 직접 접촉되거나 신체에 불쾌감을 느낄 정도로 대기 중에 습기가 충만하는 경우를 말한다.
㉣ **소음 · 진동** : 심신에 피로를 주는 청각장애 및 생리적 영향을 끼칠 정도의 소음, 전신을 떨게하고 팔과 다리의 근육을 긴장시키는 연속적인 진동이 있는 경우를 말한다.
㉤ **위험내재** : 신체적인 손상의 위험에 노출되어 있는 상황으로 기계적 · 전기

적 위험, 화상, 폭발, 방사선 등의 위험이 있는 경우를 말한다.

- 기계적 위험 : 신체에 위해를 일으킬 수 있는 기계설비, 부품, 장치와 관련되는지의 여부로 판단
- 전기적 위험 : 고압선, 변압기, 기타 절연되어 있지 않은 장소, 피복되어 있지 않아 신체에 위험의 우려가 있는지의 여부로 판단
- 화상 위험 : 고열재료나 기타의 화학약품에 의해서 화상을 입을 우려가 있는지를 판단
- 폭발 위험 : 가스 압축공기 등 폭발성 물질에 의한 위험을 받을 수 있는지를 판단
- 방사선 위험 : 라듐, 우라늄, 토륨 등과 X선, 자외선 등이 작업장 주위에 널려있는지, 그리고 그것이 시각장애, 육체장애를 끼칠 우려가 있는지를 파악하여 판단

ⓑ **대기환경미흡** : 직무를 수행하는데 방해가 되거나 건강을 해칠 수 있는 냄새, 분진, 연무, 가스 등의 물질이 작업장의 대기 중에 다량 포함되어 있는 경우를 말한다.

- 냄새 : 사실상 불쾌할 정도로 작업장 특유의 냄새가 나는지를 확인하여 판단
- 분진 : 유지, 나무, 가죽, 석면 등의 부스러기, 분말, 미분자가 대기 중에 상당정도 포함되어 있는지를 확인하여 판단
- 연무 : 연소, 화학반응 과정에서 연기, 증기가 많이 나고 냄새를 동반하는지를 확인하여 판단
- 가스 : 유독성 및 무독성의 가스가 방출하는지를 확인하여 판단

⑧ 유사명칭

'유사명칭'은 본 직업을 명칭만 다르게 부르는 것으로 본직업과 사실상 동일하다. 예를 들어, '보험모집원'이라는 직업은 '생활설계사', '보험영업사원'이라는 유사명칭을 가지는데 이는 동일한 직무를 다르게 부르는 명칭들이다. '유사명칭'은 별개의 '직업'이 아니라 '직업명칭'이므로 직업 수 집계에서는 제외된다.

⑨ 관련직업

'관련직업'은 본 직업과 기본적인 직무에 있어서 공통점이 있으나 직무의 범위, 대상 등에 따라 나누어지는 직업이다. 하나의 본 직업에는 두 개 이상의 관련직업이 있을 수 있으며 직업 수 집계에 포함된다. 예컨대 직업상담원의 관련직업은 진로지도상담원, 직업지도 상담원이다. 한국직업사전에서는 총 11,655개의 직

업명(본직업명 5,385개, 관련직업 3,913개, 유사직업명 2,357개)이 수록되어 있으나, 실제 직업 수는 본직업명과 관련직업을 합친 9,298개가 수록되어 있다.

⑩ 자격/ 면허

입직에 필수적이거나 취업이나 직무수행에 도움이 되는 자격이나 면허를 기술한다. 자격/ 면허의 대상은 현행 국가기술자격법 및 개별법령에 의해 정부주관으로 운영하고 있는 국가자격, 국가공인자격 및 면허이며, 민간에서 부여하는 자격은 객관성 등의 문제로 제외한다. 예컨대 직업상담원의 자격면허는 산업인력공단에서 실시하고 있는 직업상담사 1급과 2급이 있다.

⑪ 한국표준산업분류 코드

해당 직업을 조사한 산업을 나타내는 것으로 『한국표준산업분류(제9차 개정)』의 소분류(3-digits) 산업을 기준으로 하였다. 두 개 이상의 산업에 걸쳐 조사된 직업에 대해서도 해당 산업을 모두 표기하였으며 대분류 기준의 모든 산업에 포함되는 일부 직업은 대분류의 소분류 산업을 모두 표기하는 것이 아니라 "제조업", "도매 및 소매업" 등 대분류 산업을 기준으로 표기하였다. 단, "산업분류"는 수록된 산업에만 해당 직업이 존재하는 것을 의미하는 것이 아니라 그 직업이 조사된 산업을 나타내고 있다. 따라서 타 산업에서도 해당 직업이 존재할 수 있다. 예컨대 직업상담원의 표준산업분류는 "751 : 인력공급 및 고용알선업"이다.

⑫ 한국표준직업분류 코드

해당 직업의 『한국고용직업분류(KECO)』 세분류 코드(4-digits)에 해당하는 『한국표준직업분류』(통계청)의 세분류 코드를 표기한다. 예컨대 직업상담원의 표준직업분류는 "2473 : 직업상담사 및 취업알선원"이다.

⑬ 조사연도

조사연도는 해당 직업의 최종 조사연도이다. 직무조사 결과 기존의 내용을 전혀 변경할 필요가 없을 경우의 조사연도는 최종조사 연도를 기입한다. 조사연도의 명기는 직업사전 수요자들에게는 조사시점과 사용시점의 차이에서 오는 직업정보의 오해를 제거하기 위해 제시된다.

2. 한국직업전망

1) 한국직업전망[6] : 목적과 연혁

(1) 목적

직업전망서는 직업전망 활동을 통하여 새롭게 신생, 소멸, 감소, 증가하는 직업정보를 생성・가공・제공하는 인쇄 매체 위주의 직업정보로서 노동시장의 변화정보를 사전에 예측하며 노동시장에 새로이 진입하는 개인들의 구직활동 및 직업선택과 직업훈련과정에 유용한 정보로 활용하는데 목적이 있다. 이러한 목적으로 사용되는 직업전망서의 인쇄매체는 나라마다 표현하는 어휘에 차이가 있는데, 일본의 경우 『직업핸드북』, 미국은 『직업전망서(Occupational Outlook Handbook; OCH)』, 캐나다의 경우 『미래의 직업(Job Futures)』이란 명칭으로 정기적인 발간이 이루어지고 있다(김병숙, 2007).

「2017 한국직업전망」은 우리나라를 대표하는 17개 분야 약 195개 직업에 대한 상세 정보를 수록하고 있다. 직업전망은 진로와 직업을 결정하고자 하는 청소년 및 일반 구직자에게 다양한 직업정보를 제공하여 직업선택에 도움을 주고자 기획되었다. 직업에 대한 향후 전망 정보는 학생의 진학을 상담하는 진로진학상담교사, 구직자의 취업을 돕는 고용센터 및 유관기관 등에서 중요한 자료로 활용될 수 있도록 직업별 관련 직업항목과 직종 코드를 새로이 신설하였으며, 청소년과 일반 구직자가 관심을 가지는 직업별 성/ 학력/ 연령별 분포 및 임금 등의 통

6) 직업전망은 한국직업전망(한국고용정보원) 각 년도(격년)에서 발췌한 내용임.

계자료를 제공하고 있다. 특히, 『2017 한국직업전망』은 하는 일, 근무환경 등 일반적인 직업정보 외에 향후 10년 간(2016~2025년)의 고용전망과 이유를 제공함으로써 이용자들이 미래의 직업세계 변화에 대한 이해를 높이도록 하였다는 점에 의의가 있다.

(2) 연혁

한국직업전망은 우리나라의 외환위기 이후 직업정보의 다양성을 위하여 1999년 최초로 『한국직업전망서(Occupational Outlook Handbook)』를 제작하였다. 직업선택의 길잡이 역할 및 향후 해당직업의 미래를 예측할 수 있도록 우리나라 전체 약 12,000여개의 직업 중에서 향후 10년[7] 이내에 고용증가가 예상되는 직업을 중심으로 정리하였다. 한국직업전망에서는 한국직업사전에 소개되지 않은 내용을 중심으로 종합적이고 상세한 직업정보를 제공하며, 특히 향후 10년간 예상되는 직업전망을 통해 산업구조 및 고용구조 등 전반적인 노동시장의 변화를 조망하였다. 2001년에는 『정보기술직업전망』을 발간하였고, 2년 마다(짝수해에 홀수해의 전망) 개정판을 발간하여 2016년 12월에 『2017 한국직업전망』이 발간되었다. 『2017 한국직업전망』은 우리나라를 대표하는 17개 분야 약 195개 직업에 대한 상세정보를 수록하고 있다(한국고용정보원, 2016).

2) 직업선정과 직업전망 결과 도출

(1) 직업선정과 분류체계

『2017 한국직업전망』의 수록직업은 「한국고용직업분류(KECO)」의 세분류(4-digits) 직업에 기초하여 종사자 수가 일정 규모(3만 명) 이상인 경우를 원칙으로 선정하였으며, 그 밖에 청소년 및 구직자의 관심이 높거나 직업정보를 제공할 가치가 있다고 판단되는 직업을 추가 선정하였다. 『2017 한국직업전망』의 직업 선정 시,

7) 2013 직업전망에서는 수록 직업에 대한 향후 5년간 일자리 증감 여부를 수록하였으나, 2015년 직업전망부터는 향후 10년간으로 변경되었다.

KECO의 세분류 직업 429개 중 승진을 통해 진입하게 되는 관리직은 제외하였다. 또 직무가 유사한 직업들은 하나로 통합하거나 소분류(3-digits) 수준에서 통합하였다. 예를 들어 건설 관련직 중 '강구조물 가공원 및 건립원'과 '경량 철골공'은 철골공으로 통합하였고, 한식 · 중식 · 일식 · 양식으로 나뉘는 주방장 및 조리사의 경우도 '주방장 및 조리사'로 통합하였다.

『2017 한국직업전망』에는 『2015 한국직업전망』에 수록되지 않았던 석유화학물 가공장치 조작원, 에너지공학기술자, 의복제조원 및 수선원, 농림어업기술자 등 4개 직업을 추가 수록하였다. 석유화학물 가공장치 조작원과 의복제조원 및 수선원은 종사자 수가 일정 규모 이상이며, 화학과 섬유 · 의류 분야에 해당하는 직업이 각각 1개에 불과하여 분야 간 형평성을 맞추기 위해 추가 개발 · 수록되었다. 농림어업기술자는 기존에 생명과학연구원에 포함되었으나, 직무의 고유성과 농림어업 분야에서 기술자의 역할 증대를 고려하여 신규 개발되었다. 에너지공학기술자는 4차 산업혁명 시대를 맞이하여 신재생에너지에 대한 중요도와 관심도가 커지는 것을 반영하였다.

『2017 한국직업전망』의 분류는 KECO의 24개 중분류(2-digits)를 통합 또는 분할하여 17개 직군으로 재편하였다. 예를 들면, KECO의 대분류 '08 문화 · 예술 · 디자인 · 방송 관련직'은 수록직업이 25개로 많으므로 '문화 · 예술 관련직', '디자인 및 방송 관련직'으로 분할하였고, 해당 직업 수가 적은 '11 경비 및 청소 관련직'과 '12 미용 · 숙박 · 여행 · 오락 · 스포츠 관련직'은 '경비 · 미용 및 개인서비스 관련직'이라는 명칭으로 통합하였다.

『2017 한국직업전망』이 『2015 한국직업전망』과 달라진 점은 2015년도의 '경비 · 청소 및 개인서비스 관련직'에서 수록 직업 수의 비중이 높은 '미용'을 직군명에 포함하여 2017년도에는 '경비 · 미용 및 개인서비스 관련직'으로 변경하였다. 또 2015년도의 '화학'은 직무의 유사성을 고려하여 '기계 · 재료 관련직'에서 분리하여 '화학 · 섬유 · 환경 및 공예 관련직'에 포함시켰다.

(2) 고용전망 결과 도출

『2017 한국직업전망』은 향후 10년간(2016~2025년) 해당 직업의 일자리 규모에 대한 전망과 변화 요인을 제공하고 있다. 일자리 전망 결과는 향후 10년간의 연평균 고용증감률을 −2% 미만(감소), −2% 이상 −1% 이하(다소 감소), −1% 초과 +1% 미만(현 상태 유지), 1% 이상 2% 이하(다소 증가), 2% 초과(증가) 등 5개 구간으로 구분하여 제시하였다. 직업별 고용전망 결과를 도출한 과정을 살펴보면 |그림 5−1|과 같다.

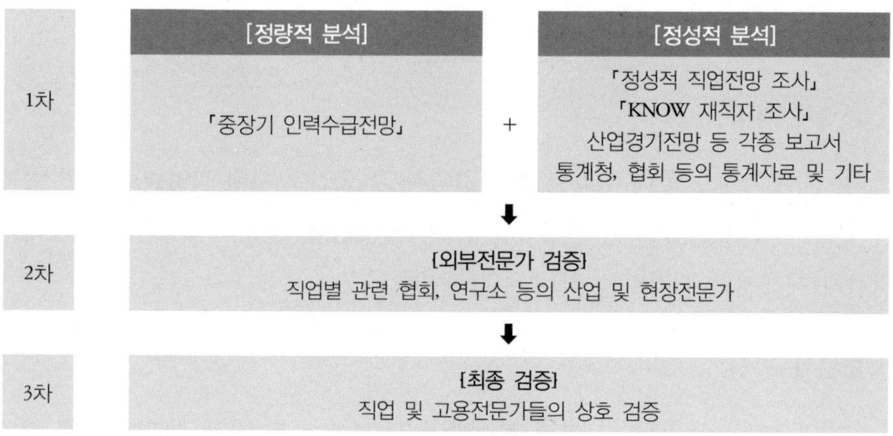

|그림 5−1| 고용전망 절차

① 1차 과정

우선, 정량적 전망과 정성적 전망을 종합 분석하여 직업별 고용전망 결과 1차안을 도출하였다. 정량적 전망은 한국고용정보원의 「중장기 인력수급전망」을 참고하였고, 정성적 전망은 「정성적 직업전망 조사」, 「KNOW 재직자 조사」, 산업경기전망 관련 각종 연구보고서, 통계청・협회 등의 통계자료 등을 참조하였다. 직업별 고용전망의 방향성은 기본적으로 「중장기 인력수급 수정전망 2015-2025」(한국고용정보원, 2016)의 취업자 증감률(2015~2025년)을 바탕으로 하였다. 「중장기 인력수급 수정전망 2015-2025」에서 제시하지 않는 직업의 경우에는 「2016년 정성적 직업전망 조사」,「2016년 한국직업전보(KNOW) 재직자 조사」 등의 정성적 조사 결과와 관련 협회, 연구보고서, 전문가 의견 등을 종합 분석하여 판단하였다.

「2016년 정성적 직업전망 조사」는 한국의 대표 직업 250여 개에 대해 직업별로 경력 5년 이상의 현직자 또는 학계, 협회 등의 전문가 2~7명씩을 대상으로 구조화된 설문지를 바탕으로 표적집단면접법(FGI)과 심층면접법(In-depth interview), 자기기입식 설문법 등을 통해 고용변동 요인별 전망, 직무변화 양상 등에 대해 조사한 것이다.「2016년 한국직업정보(KNOW) 재직자 조사」는 KNOW의 630여 개 직업별로 경력 1년 이상인 재직자 30명 내외를 대상으로 업무수행능력, 지식, 성격, 흥미, 가치관, 업무환경, 일자리전망 등을 조사한 것이다.

② 2차 과정

1차 분석 과정을 통해 정리된 전망 결과와 그 요인에 대해 직업별로 관련 협회나 연구소 등의 산업 또는 현장전문가로부터 검증을 받았다. 1차안과 대치되는 의견에 대해서는 재검토를 하여 수정하였다.

③ 3차 과정

마지막으로 외부전문가로부터 검증받아 2차로 도출된 전망 결과에 대해 직업 및 고용전문가들로 구성된 내부 연구진의 토론을 통해 상호 검증 과정을 거쳤다. 특히,「중장기 인력수급 수정전망 2015-2025」 결과와 연구진 분석(정성적 전망 등)에 큰 차이가 있는 직업에 대해 집중 논의를 하여 수정 · 합의 하였다. 이상의 3차에 걸친 과정을 통해 최종 전망 결과를 확정하였다.

3) 한국직업전망의 직업정보 내용

한국직업전망은 직업에 대한 상세한 정보를 제공하고 있다.『2017 한국직업전망』의 정보내용은 크게 일반 직업정보, 고용전망, 부가 직업정보로 구분된다. 일반 직업정보는 대표 직업명, 하는 일, 근무환경, 되는 길(교육 및 훈련, 관련학과, 관련자격 및 면허, 입직 및 경력개발), 적성과 흥미, 성별/ 연령/ 학력 분포 및 평균 임금으로 구성되어 있다. 고용전망(2016~2025년)은 고용전망 결과, 고용전망 요인으로 구분되며, 부가 직업정보로 관련 직업, 직업코드, 관련 정보처로 구성되어 있다. 이에 『2017 한국직업전망』의 '직업상담사 및 취업알선원'을 중심으로 정보의 내용을 알아보고자 한다.

(1) 대표 직업명

직업명은 KECO의 세분류 수준의 명칭을 가능한 차용하였는데, 이는 다른 직업정보나 통계자료와의 연계성을 높이기 위함이다. 여러 세분류 직업들이 합쳐진 경우에는 소분류 수준의 명칭을 사용하였다. 산업현장에서 실제 불리는 명칭이 대표 직업명과 다른 경우는 대표 직업명과 병기하거나 내용 중 포함한다.

직업상담사 예시 : 직업상담사 및 취업알선원

(2) 하는 일

'하는 일'에는 해당 직업 종사자들이 일반적으로 수행하는 업무내용과 과정을 수록한다. 여러 직업을 포함하는 경우에는 세부 직업별로 하는 일을 서술한다.

직업상담사 예시(요약) : 직업상담사는 구직자나 미취업자에게 적절한 직업정보를 제공하고, 직업 설계, 직업 선택, 구직활동 등에 전문적인 도움을 준다. 또 직업전환, 직업적응, 실업 및 은퇴 등의 과정에서 발생하는 다양한 문제들에 대해 적절히 대처할 수 있도록 정보를 제공하고, 전문적인 상담활동을 수행한다. 취업알선원은 구직자에게 적합한 일자리 정보를 제공하고, 구인을 희망하는 업체에는 적합한 인력을 공급해 준다. 고용노동부가 운영하는 고용센터에 근무하는 직업상담사는 주로 구직자들을 대상으로 취업지원 및 직업소개, 직업지도, 고용보험 등 고용지원업무를 수행한다. 그 외 시군구청 취업정보센터나 여성·청소년·노인 관련 단체, 대학교의 취업정보실 등에서 근무하며 직업 및 취업 관련 정보를 제공하고 상담해 주는 직업상담사도 있다.

(3) 근무환경

'근무환경'에는 해당 직업 종사자의 일반적인 근무시간, 근무형태(교대근무, 야간근무 등), 근무장소, 육체적·정신적 스트레스 정도, 산업안전 등에 대해 서술한다.

> 직업상담사 예시 : 상담업무가 몰리는 취업 시즌이나 취업박람회 같은 각종 행사 등을 앞두고는 초과근무, 야간근무를 많이 한다. 상담업무를 수행하기 때문에 실내근무가 많으며, 직업지도, 취업특강, 기업·구직자 개척 등을 위하여 출장을 가기도 한다. 상담자와 대면한 상태, 혹은 전화로 상담하면서 컴퓨터 입력을 병행해야 할 때가 많아 눈이나 목, 손, 어깨 등에 통증을 느끼기도 한다.

(4) 되는 길

① **교육 및 훈련** : 해당 직업에 종사하는 데 필요한 학력과 전공, 직업훈련기관 및 훈련과정 등을 소개한다.

> 직업상담사 예시 : 직업상담사가 되기 위해서는 4년제 대학 이상을 졸업하고, 한국산업인력공단이 시행하는 직업상담사 자격증을 취득하는 것이 유리하다. 외국기업을 주요 고객으로 하는 고급인력 알선업체에서는 석사학위 이상의 근무자도 많으며, 외국어 능력을 필요로 한다. 특히 헤드헌터 중 컨설턴트는 대개 해당 분야의 관련 경력이 있어야 업무수행이 가능하다.

② **관련학과** : 일반적 입직 조건을 고려하여 대학에 개설된 대표 학과명을 수록하거나, 특성화고등학교, 직업훈련기관, 직업전문학교의 학과명을 수록한다.

> 직업상담사 예시 : 심리학과, 교육학과, 사회학과, 직업학과, 경영학, 경제학, 회계학, 행정학 등

③ **관련자격 및 면허** : 해당 직업에 종사하기 위해 반드시 필요하거나 취업에 유리한 국가(기술, 전문)자격을 수록한다. 그 외에 민간공인자격이나 외국자격 중 업무수행이나 취업에 필요하거나 유용한 것도 수록한다.

☞ 국가기술자격은 법령에 따라 국가가 신설하여 관리·운영하는 국가자격 중 산업과 관련이 있는 기술·기능 및 서비스 분야의 자격을 말한다. 기술·기능 분야는 기술사, 기능장, 기사, 산업기사, 기능사 5개 등급으로 구분된다. 기술계자격은 산업기사 → 기사 → 기술사 단계로 구성되며, 기능계 자격은 기능사 → 산업기사 → 기능장 단계로 구성된다.

☞ 국가전문자격은 정부부처, 즉 보건복지부, 환경부, 고용노동부, 법무부 등에서 개별 법률에 따라 주관하는 자격으로, 개별 부처의 필요에 의해 신설 및 운영된다. 예를 들면, 보건복지부의 의사, 간호사, 사회복지사, 국토교통부의 건축사, 고용노동부의 공인노무사 등이 있다.
☞ 공인민간자격은 자격의 관리・운영 수준이 국가자격과 같거나 비슷한 민간자격 중에서 주무부 장관이 공인한 자격이다.

> 직업상담사 예시 : 직업상담사 1/2급(한국산업인력공단)

④ **입직 및 경력개발(진출분야)** : 해당 직업에 입직(入職)하기 위한 방법, 채용 전형 등을 소개한다. 그리고 활동 분야(취업처)나 이・전직 가능 분야를 수록한다. 직업에 따라 승진이나 창업 등 경력개발 내용이 포함되는 경우도 있다.

> 직업상담사 예시 : 직업상담원은 고용노동부, 지방자치단체, 대학, 기타 여성・청소년・군인・고령자 유관기관 등에서 근무할 수 있다. 고용노동부 고용지원센터, 시군구청 취업정보센터, 공공 직업훈련기관, 국방취업지원센터 등의 공공 직업안정기관과 각 지자체가 운영하는 취업지원센터, 여성・청소년・노인 관련 단체, 대학교의 취업정보실 등에서 직업상담원을 공개채용 방식으로 채용하고 있다. 고용노동부 고용지원센터의 직업상담사는 9급에서부터 시작하여 근속년수 및 내부 평가 등을 통해 승진이 이뤄진다. 취업알선원은 주로 유료직업소개소, 고급인력 알선업체(헤드헌팅업체), 인력파견업체 등에서 활동한다. 헤드헌팅업체에 입사한 경우 리서처로 입사하여 5~8년 정도가 지나면 컨설턴트로 승진할 수 있고 일정경력을 쌓은 후 헤드헌팅업체를 설립할 수도 있다.

(5) 적성 및 흥미

'적성 및 흥미'는 해당직업에 종사하는데 유리한 적성, 흥미, 성격 등을 수록한다.

> 직업상담사 예시 : 직업을 알선하여 채용으로 연결해주는 것이 주 업무로 상담자의 적성이나 흥미 등을 잘 파악하여 맞는 직업을 찾아줄 수 있어야 한다. 상담이 기본이 되기 때문에 타인의 이야기를 잘 듣고 공감하는 능력이 있어야 하며, 각종 진로지도 프로그램을 운영하기 때문에 타인과의 소통이 원활하고 적극적인 사람에게 적합하다.

(6) 성별, 연령, 학력, 임금수준

직업 종사자의 성별, 연령, 학력 등 인적 특성과 임금 자료는 통계청의 「지역별

고용조사(2015년)」 자료를 활용하였다. 「지역별고용조사(2015년)」는 통계청에서 지역 고용정책 수립을 지원하기 위해 시 · 군 단위의 고용현황과 산업 · 직업에 대한 세분화된 자료를 생산하기 위해 수행하는 조사이다. 다만, 제시된 통계는 취업자 전부를 조사하는 전수조사가 아니고 집단의 일부를 조사하는 표본조사이기 때문에 실제 근로자 특성을 온전히 대표하지 못하였다. 「지역별고용조사(2015년)」는 최근 3개월간 월평균 임금을 조사하고 있다. 임금 현황을 세 구간의 평균 임금으로 제시하였는데, 이는 전체 평균이나 중위값 등 특정 숫자로 제시하게 되면 임금 값의 대표성에 논란이 발생할 수 있기 때문이다. 또한 임금 정보의 사용에 주의할 필요가 있다. 동일 직업이라 하더라도 기업 규모나 산업 업종, 지역 등의 사업체 특성, 성별이나 연령, 경력, 학력 등 인적 특성 그리고 직급, 근로시간, 특별급여(상여금 등) 등에 따라 편차가 크기 때문이다.

☞ 성별 : 직업 종사자의 남녀 비율을 제시한다.
☞ 연령 : '20대 이하(29세 이하)', '30대(30~39세)', '40대(40~49세)', '50대(50~59세)', '60대 이상(60세 이상)'으로 구분하여 제시한다.
☞ 학력 : '고졸 이하', '전문대졸(2~3년제)', '대졸(4~5년제)', '대학원졸 이상'으로 구분하여 제시한다.
☞ 임금 : 임금 구간을 세 구간('25% 미만', '25% 이상 75% 미만', '75% 이상')으로 나누어 각각 평균 임금을 제시한다. 25% 미만은 '하위 25%', 25% 이상 75% 미만은 '중위 50%', 75% 이상은 '상위 25%'로 표기하였다. 다만, 통계조사 샘플 수가 30명 미만으로 적은 직업의 경우는 통계의 신뢰성을 고려하여 임금을 제시하지 않았다.

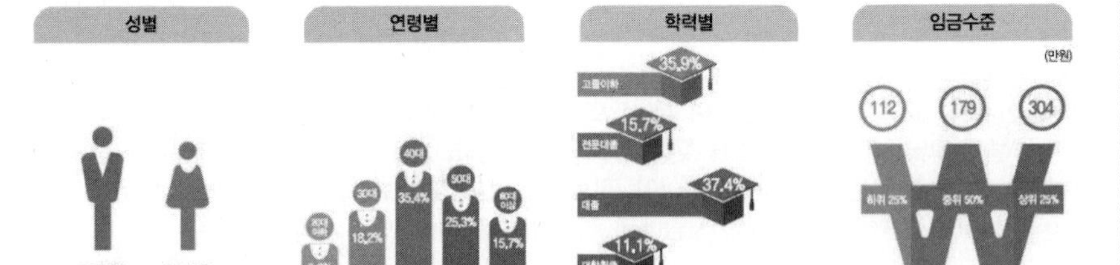

|그림 5-2| 직업상담사 및 취업알선원의 성별, 연령별, 학력별, 임금수준

(7) 고용전망

① 고용전망 결과 : 향후 10년간(2016~2025년) 해당 직업의 일자리 규모에 대한 전망과 변화 요인을 기술하였다. 일자리 전망 결과는 향후 10년간의 연평균 고용증감률을 2% 미만(감소), −2% 이상 −1% 이하(다소 감소), −1% 초과 +1% 미만(현 상태 유지), 1% 이상 2% 이하(다소 증가), 2% 초과(증가) 등 5개 구간으로 구분하고, 그래픽으로 시각화하여 제시한다.

② 고용전망 요인 : 고용전망 결과를 설명할 수 있는 요인들을 제시한다. 고용에 영향을 미치는 요인들은 인구구조 및 노동인구 변화, 대내외 경제 상황 변화, 기업의 경영전략 변화, 산업특성 및 산업구조 변화, 과학기술 발전, 기후변화와 에너지 부족, 가치관과 라이프 스타일 변화, 정부정책 및 법·제도 변화 등 8가지 범주를 바탕으로 하되, 직업에 따라 유연하게 활용하였다. 고용전망 결과를 설명할 수 있는 요인들을 제시하기 위해 「정성적 직업전망 조사」, 「KNOW 재직자 조사」의 일자리 전망 조사, 산업경기전망 등 각종 보고서, 통계청·협회 등의 통계자료, 산업전문가 자문, 현장전문가 인터뷰 등을 활용하였다.

※ 직업별 고용전망 자료는 진로 및 직업 선택 시, 결정적 요인으로 간주하기 보다는 참조자료로만 활용하기를 권고한다. 고용전망은 불확실한 요인들이 복합적으로 작용하고 다양한 원인으로 급작스럽게 변할 수 있기 때문이다.

직업상담사 예시 : 향후 10년간 직업상담사 및 취업알선원의 고용은 증가하는 수준이 될 것으로 전망된다. 「중장기 인력수급 수정전망 2015~2025」(한국고용정보원, 2016)에 따르면, 직업상담사 및 취업알선원은 2015년 약 30.8천명에서 2025년 약 39.6천 명으로 향후 10년간 8.8천 명(연평균 2.5%) 정도 증가할 것으로 전망된다. 기업의 채용문화가 열린 채용, 직무중심채용 등으로 다변화되면서 구인자·구직자 모두로부터 채용방식 변경에 따른 직업상담 수요가 증가하고 있다. 또한 베이비부머의 은퇴와 노인인구의 증가 등으로 은퇴 이후에도 취업을 원하는 사람이 증가하고 있으며, 외국이민여성 등 외국인력 유입, 청년 실업자 증가, 경력단절여성 등 취업 및 진로상담에 대한 요구가 꾸준히 늘고 있다. 초·중·고등학교 학생을 대상으로 진로상담의 필요성이 증대하여 직업상담사가 진로상담이나 강의 등을 제공하는 사례도 증가하고 있다.

(연평균 취업자수 증감률 추정치)

|그림 5-3| 직업상담사 및 취업알선원의 고용전망

(8) 관련직업

한국직업정보시스템(KNOW)에서 서비스하는 약 800개 직업을 중심으로 자격이나 전공, 경력 등을 고려하여 곧바로 혹은 추가 교육훈련을 통해 진입이 가능한 직업을 제시한다.

직업상담사 예시 : 커리어코치, 헤드헌터, 취업지원관, 상담전문가

(9) 직업코드

한국고용직업분류(KECO)와 한국표준직업분류(KSCO)의 세분류(4-digits) 코드를 제공하였다. 해당 직업이 소분류(3-digits) 수준이라면 하위에 포함된 직업코드 여러 개를 제공한다.

직업상담사 예시 : 한국고용직업분류(KECO) 0713, 표준직업분류(KSCO) 2473

(10) 관련정보처

직업정보와 관련된 정부부처, 공공기관, 협회, 학회 등의 기관명칭, 전화번호, 홈페이지주소를 제공하였고, 유용한 웹사이트도 수록한다.

직업상담사 예시 : 고용노동부 ☏ 1350 www.molab.go.kr, 고용복지센터 www.work.go.kr/jobcenter
한국산업인력공단 국가자격시험 ☏ 1644-8000 www.q-net.or.kr
(사) 한국직업상담협회 ☏(02)584-4220 www.kvoca.org

참고문헌

중앙고용정보원(2003). 2003 한국직업사전.
______________(2005). 한국고용직업분류.
한국고용정보원(2005). 2006 한국직업사전.
______________(2006). 2007 한국직업사전.
______________(2007). 2008 한국직업사전.
______________(2008). 2009 한국직업사전.
______________(2009). 2010 한국직업사전.
______________(2010). 2011 한국직업사전.
______________(2011). 2012 한국직업사전 통합본.
______________(2012a). 2013 직종별 직업사전.
______________(2012b). 2013 한국직업전망.
______________(2013). 2014 직종별 직업사전.
______________(2014a). 2015 직종별 직업사전.
______________(2014b). 2015 한국직업전망.
www.work.go.kr

CHAPTER 06

노동력의 이해

1 노동력의 개관

2 경제활동인구로서 노동력

3 워크넷 구인 · 구직, 취업 동향의 개요

4 노동력의 이동

chapter 06 노동력의 이해

1. 노동력의 개관

1) 노동, 노동자, 노동력의 뜻

노동・노동자・노동력은 흔히 쓰이는 용어이나 이들 용어는 그 의미가 조금씩 다르다.

노동(勞動)은 재화와 서비스를 생산하는 활동을 의미한다. '생산'은 인간의 효용(效用)을 창출하는 행위이고, 인간에게 효용을 느끼도록 하는 것이 바로 재화와 서비스이다. 이러한 재화와 서비스를 만들어 사람들이 쓸 수 있게 하는 인간의 활동이 노동이다. 이러한 인간의 활동을 경제활동이라고 한다. 버스기사는 교통서비스를 생산하고, 학교의 선생님은 교육을 생산하는 노동을, 의사는 의료서비스를 생산하는 노동을 한다. 쉽게 표현하여 생산적인 일에 종사하는, 즉 취업하여 일하는 그 자체가 노동이라고 할 것이다. 노동은 노동자만이 하는 것은 아니다. 자기 소유의 논에서 쌀을 생산하는 농부도 노동을 하며, 회사의 사장도 회사운영을 위하여 일을 하는 것도 노동이다.

노동자(勞動者)는 일을 하는 사람을 뜻하나 자본가 또는 사용자와 양립하는 의미로 사용된다. 일반적으로 노동자는 노동력을 제공하여 임금으로 생활을 유지하는 사람을 뜻한다. 즉, 노동력을 제공하고 그 대가를 받는 경우에 노동자로 부른다. 노동자라는 말 이외에 근로자, 취업자, 종업원 등으로도 부르며, 노동자는 다른 사람에게 고용되어 대가를 받기 때문에 피용자(被傭者) 또는 피고용자(被雇傭者)라고 한다. 우리나라 근로기준법 제2조[1])에서는 "근로자란 직업의 종류와 관계없이 임금을 목적으로 사업이나 사업장에 근로를 제공하는 자"로 정의되어있다.

영어의 worker는 노동자나 근로자를 뜻하는 가장 일반적인 말로서 육체노동 · 두뇌노동을 불문하고 일하여 생계를 유지하는 사람을, laborer는 숙련보다는 체력을 이용하는 육체노동자를, workman은 일정한 숙련과 체력을 요하는 작업에 종사하는 사람을, working-man은 목공 · 석공 · 배관작업 등에서 시간급 · 일급 · 주급으로 일하는 육체노동자를 뜻한다.

노동력(勞動力, labor force)은 두 가지 의미로 사용된다. '미시적'으로는 상품으로서 노동력을 의미하는 것으로 개인은 자신의 육체적 정신적 능력을 이용하여 노동을 제공하는 것을 말한다. 다만 노동자는 개인의 노동력을 판매하며 그 자신을 판매하는 것이 아니다. '거시적'으로는 경제활동인구 또는 노동력인구(생산가능인구)를 의미한다. 이것은 국민경제 내에 포함된 인구 중에서 노동을 담당하는 인구수를 말하며, 한 사회 또는 나라의 노동공급량의 규모가 어느 정도인지를 말한다.

2) 인구구조와 부양비

(1) 인구 피라미드

거시적으로 한 나라의 노동력은 인구구조를 살펴보면 알 수 있다. 인구구조를 연령, 성별로 구분하여 비율로 나타내어 인구구조를 전체적으로 쉽게 알 수 있게 만든 것을 인구피라미드라 한다. 모양에 따라 피라미드형, 종형, 원통형, 항아리형 등으로 부른다. 우리나라의 인구구조 변화(1960~2015년)를 살펴보면 |그림 6-1|[2]과 같이 나타나고 있다.

우리나라의 인구구조는 1960년대 전형적인 피라미드의 형태였으나, 점차 30-50대 층의 인구가 증가하여 2015년 인구주택총조사 인구의 연령별 구조는 40, 50대의 인구가 16,492천명(33.2%)으로 연령별 구조의 중심을 이루면서, 30대 미만과 60

---

1) 동법 제2조에서, "사용자"란 사업주 또는 사업 경영 담당자, 그 밖에 근로자에 관한 사항에 대하여 사업주를 위하여 행위하는 자를, "근로"란 정신노동과 육체노동을 말한다.

2) 통계청의 2016 인구주택총조사 전수집계결과[인구부문]과 통계청의 인구추계 그림을 인용.

대 이상이 적은 '항아리형' 인구피라미드로 바뀌었음을 알 수 있다.

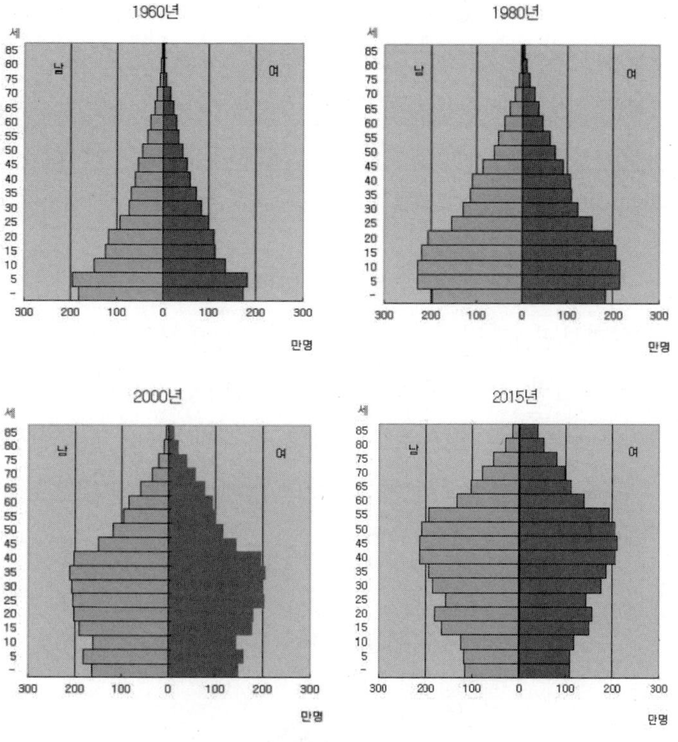

|그림 6-1| 인구 피라미드의 변화

출처 : 통계청(2016a). 2015 인구주택총조사 표본 집계 결과.

이러한 인구구조를 남녀의 성비[3])로 살펴보면, 1980년대에는 100을 넘었으나, 2005년(99.5), 2010년(98.7)에는 100보다 낮았다. 2016년 총조사(인구부문-내국인)의 성별분포를 보면, 남자는 24,882천명, 여자는 24,974천명으로 여자가 남자보다 93천명 많은 것으로 나타났다. 2016년 성비(여자 100명당 남자의 수)는 99.6으로 2015년 99.7보다 0.1 감소한 것으로 나타났다.

3) 성비는 여자 100명당 남자의 수를 의미함.

〈표 6-1〉 연도별 성별 내국인 인구 추이 (단위 : 천 명)

성 별	1985	1990	1995	2000	2005	2010	2010	2015	2016
계	40,420	43,390	44,554	45,985	47,041	47,991	48,748	49,706	49,856
남 자	20,228	21,771	22,357	23,068	23,466	23,841	24,398	24,820	24,882
여 자	20,192	21,619	22,196	22,917	23,576	24,150	24,350	24,886	24,974
성비	100.2	100.7	100.7	100.7	99.5	98.7	100.2	99.7	99.6

출처 : 통계청(2016a). 2015 인구주택총조사 표본 집계 결과.

2016년 인구주택총조사 인구 부문에서 나타난 2015~2016년 인구피라미드의 변화 추이를 살펴보면 |그림 6-2|와 같다. 유소년인구는 6,768천명(13.6%), 생산연령인구는 36,312천명(72.8%), 65세 이상의 고령인구는 6,775천명(13.6%)으로 처음으로 유소년인구 보다 많은 것으로 나타났다. 통계청(2015)의 장래인구추계에서는 2030년에는 지금의 항아리형에서 역삼각형의 형태로 변화될 것으로 예측하고 있으며, 이는 향후에 더욱 심화될 것으로 예측하고 있다.

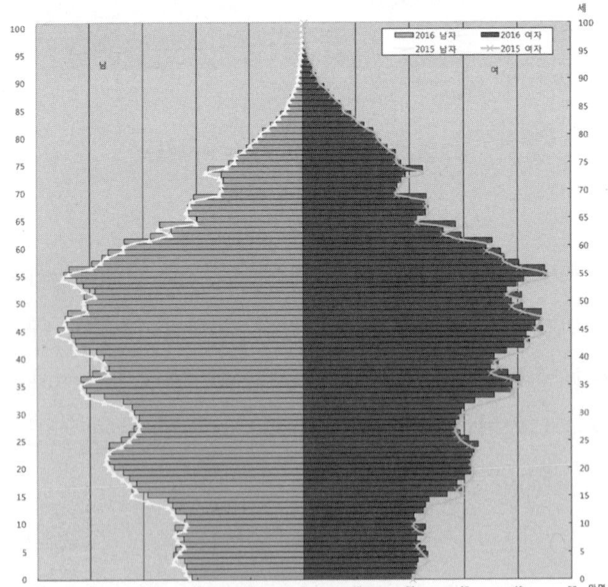

|그림 6-2| 2015-2016년 인구 피라미드

출처 : 통계청(2017). 2016 인구주택총조사(등록센서스 방식) 집계 결과.

(2) 부양비와 노령화지수

부양비는 직접적으로 경제활동에 참가하는 인구와 경제활동에 참가하지 않는 사람의 비율을 뜻하는 것으로 총부양비, 유년부양비, 노년부양비 등으로 나눌 수 있다. 경제활동참가란 일정연령 이상의 인구가 직접적으로 생산활동에 참가 또는 그에 대한 의사를 표현하는 것이다. 경제활동참가에 대한 보다 자세한 내용은 다음의 '경제활동인구로서의 노동력'에서 자세히 살펴보기로 하고 여기에서는 부양비와 노령화 지수를 중심으로 살펴보도록 한다.

부양비(扶養比, dependency ratio)는 부양율(扶養率)이라고도 부르며, 총부양비는 생산가능인구인 15~64세의 연령층이 0~14세의 연령층과 65세 이상 인구층을 부양하는 상황을 지표로 표시하는 것이다. 구체적인 지표들은 총부양비, 유년부양비, 노년부양비, 노령화지수 등이며 이들 부양비[4]를 산출하는 방법은 다음과 같다.

$$\text{총 부양비} = \frac{(0 \sim 14\text{세}) + (65\text{세 이상 인구})}{15 \sim 64\text{세 인구}} \times 100$$

$$\text{유년부양비} = \frac{0 \sim 14\text{세 인구}}{15 \sim 64\text{세 인구}} \times 100$$

$$\text{노년부양비} = \frac{65\text{세 이상 인구}}{15 \sim 64\text{세 인구}} \times 100$$

$$\text{노령화지수} = \frac{65\text{세 이상 인구}}{0 \sim 14\text{세 인구}} \times 100$$

부양비는 앞서 살펴본 인구구조를 통해 파악할 수 있는데, |그림 6-1|의 1960년대의 인구구조는 0~14세(유소년), 15~64세(청장년), 65세 이상(노년) 인구가 총인구에서 차지하는 비율이 각각 42.3% (10,558천 명), 54.8%(13,698천 명), 2.9%(726천 명)로서 전형적인 피라미드형의 인구구조였다. 즉, 노인은 적고 아이들은 많았던 시절이었다. 그러나 이 같은 비율은 2010년에 16.2%, 72.8%, 11%로 바뀌었고, 2016년에는 13.6%, 72.8%, 13.6%로 나타났다. 통계청의 향후 인구추계에서는 2050년에

4) 총부양비, 유년부양비, 노년부양비, 노령화지수 등은 백분율(Percent, %)이 아닌 100명당 인구수를 표시한다.

8.9%, 53.0%, 38.1%로 변화될 것으로 전망하고 있다. 이와 같은 인구구조의 변화가 의미하는 바는 2010년에 25세인 청년이 65세가 되는 2050년에는 100명 중 65세 인구가 38명인 계층에 속한다는 것을 말한다. 또한 노동력이 있는 인구인 15~64세의 인구비율이 1960년에는 55.9%에서 2010년 70%를 상회하나 2020년 이후 급격이 하락하여 2050년에 53% 정도에 머물 것으로 예상된다. 이러한 인구구조의 최근의 변화와 부양비의 변화를 살펴보면 <표 6-2>와 같다.

〈표 6-2〉 연도별 유소년, 생산연령 및 고령인구 변화 (단위 : 천 명, 100명 당, %)

구 분	1990년	1995년	2000년	2005년	2010년	2015년	2016년
계	43,390	44,554	45,985	47,041	48,748	49,706	49,856
유소년인구(0~14세)	25.7	23.0	21.0	19.1	16.2	13.9	13.6
생산연령인구(15~64세)	69.4	71.1	71.7	71.6	72.8	72.9	72.8
고령인구(65세 이상)	5.0	5.9	7.3	9.3	11.0	13.2	13.6
유소년부양비	37.0	32.3	29.2	26.7	22.2	19.1	18.6
노년부양비	7.2	8.3	10.2	13.0	15.1	18.1	18.7
노령화지수	19.4	25.8	35.0	48.6	68.0	95.1	100.1

출처 : 통계청(2017). 2016 인구주택총조사(등록센서스 방식) 집계 결과.

유년부양비(幼年扶養比, youth dependency ratio)는 생산가능인구(15~64)세 인구 100명에 대한 유년(0~14세) 인구의 비를 말하는 것으로 1960년 77.3에서, 2010년 22.2로 낮아지고, 2016년에는 18.6%로 나타났다. 이와 같은 부양비의 산출방법에 따라 통계청의 인구추계에서는 2020~2050년의 기간에는 17.0 내외를 유지할 것으로 예상된다. 즉, 이 시기에는 생산연령 100명이 약 17명의 유년을 부양하게 된다는 것을 의미한다.

노년부양비(老年扶養比, aged dependency ratio)는 생산가능인구 100명에 대한 고령(65세 이상) 인구의 비를 말하는 것으로 노년부양비는 5.3(1960년)에서 15.1(2010년)으로 높아졌으며, 2016년은 18.1로 나타났다. 쉽게 표현하면 돈을 벌 수 있는 사람 100명이 18명의 노인을 부양한다는 의미가 되며, 2040년경에는 돈을 벌 수 있는 10명이 5명을, 2050년에는 7명의 노인을 부양하게 될 것으로 예측하고 있다. 우리나라의 노년부양비는 선진국에 비해 아직은 낮은 수준이라 할 수 있으나 향후에는 급격히 높아질 것으로 예상되고 있다.

또한 한 국가의 인구구조에 의하여 노령화 정도를 판단하는 기준은 흔히 국제연합(UN)의 분류를 따른다. 즉, 65세 이상 인구가 총인구에서 차지하는 비중에 따라 유년인구국(4%), 성년인구국(4~7%), 노년인구국(7% 이상)으로 분류한다. 특히 이 비중이 7% 이상인 경우 노년화사회(aging society), 14% 이상인 경우 노년사회(aged society), 20% 이상인 경우 초노년사회(super-aged society)라고 분류한다. 우리나라는 이미 1999년에 노년인구국 및 노년화사회에 진입하였고 2018년에 노년사회, 2026년경에 초노년사회가 될 것으로 예상되고 있다.

노령화지수(老齡化指數, index of ageing)는 유소년(0~14세)인구 100명당 고령(65세 이상)인구의 비(比)를 나타내는 것으로 인구의 고령화가 진행되면 노령화지수 또한 증가한다. 노령화지수는 2020년에 125.9로서 어린이 1명에 노인 1.2명이 있음을 의미하고, 2050년에는 429.3이 되어 어린이 1명에 노인이 4명이 넘는다는 뜻이다. 이렇게 되면 노동력의 절대적인 부족뿐만 아니라 노인부양문제가 우리나라의 경제사회발전에 커다란 제약이 될 것임을 예고한다.

최근의 이러한 연도별 유소년, 생산연령 및 고령인구 추이는 |그림 6-3|과 같다. 유소년인구(0~14세)는 감소(15년 691만 명 → 16년 677만 명)하고 고령인구(65세 이상)는 증가(15년 657만 명 → 678만 명)하여 고령인구가 유소년인구를 추월하였다. 부양비 중 유소년부양비는 지속적으로 감소하는 반면, 노년부양비는 증가하고 있으며, 향후 의료기술의 발달과 의학의 발달로 인한 기대여명[5](Life expectancy) 및 기대수명(Life expectancy at birth)을 높아질 것으로 예측하고 있다. 또한 노령화지수는 100.1로 2015년의 95.1에 비해 5.0 증가 하였다.

---

5) 기대여명이란 특정연령의 사람이 앞으로 생존할 것으로 기대되는 평균 생존연수를 의미하고, 기대수명이란 0세 출생자가 향후 생존할 것으로 기대되는 평균 생존년수를 의미하는 것으로 0세의 기대여명을 의미한다.

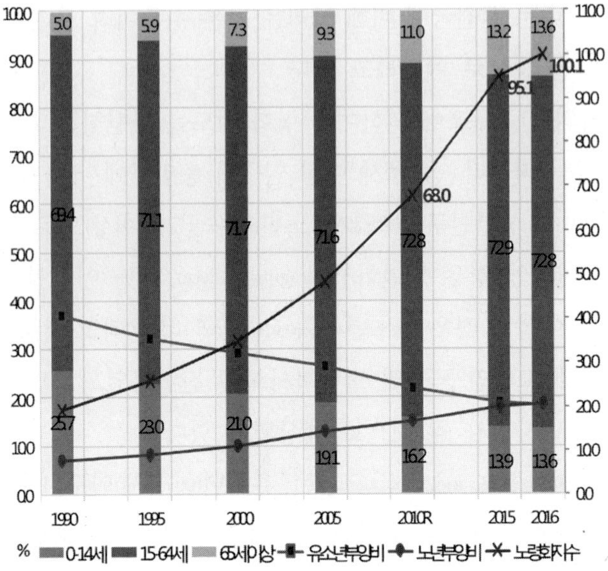

|그림 6-3| 연도별 유소년, 고령인구 및 부양비의 추이

2. 경제활동인구로서 노동력

고대로부터 인구의 규모는 영토와 함께 한 나라의 국력을 의미해 왔다. 또한 인구의 규모나 구조, 분포 등은 사회경제적 요인에서 많은 영향을 초래하기도 하였는데, 이는 노동력이 바로 국가의 경쟁력이기 때문이었다. 인구의 변화는 사회경제적 변화를 초래하기 때문에 인구현황의 파악과 함께 인구통계의 중요성이 강조되는 것이다. 국가의 노동력 규모를 파악할 때 고용통계를 사용하게 되는데, 고용통계는 국가의 노동력 규모와 취업자 및 실업자 실태를 파악하는 국가통계 중의 하나이다. 우리나라의 통계청에서는 5년마다 총인구를 파악하는 '인구주택총조사'(흔히 인구센서스, Population Census라고 한다)를 실시하여 이를 파악하고 있으며, 가장 최근에는 2015년 조사가 이루어졌고, 향후에는 2020년에 실시될 예정이다. 최근의 저출산 고령화로 인하여 우리나라 또한 고령사회를 넘어 초고령사회로 나아갈 것으로 예측되고 있어 인구 및 경제활동인구에 대한 이해의 필요성이 날로 강조되고 있는 실정이다. 이에 따라 아래와 같은 인구 및 고용통계[6]에 대해 이해해 보도록 하자.

1) 총인구 및 생산가능인구

(1) 총인구

총인구란 일정시점에 일정한 지역 내에 살고 있는 모든 인구를 의미한다. 총인구가 많다는 것은 국력(노동인구)이 높다는 것으로 해석될 수 있다. 한 국가의 인구 및 인구성장률은 그 국가의 장・단기 국가발전 계획수립에 있어 가장 기본적이고 근원적인 기초 자료로서 인구와 관련된 각종 경제・사회 정책을 수립하는데 활용되기 때문에 가장 중요한 국가통계라 할 수 있다. 이러한 인구와 관련된 통계는 정태통계와 동태통계로 구분될 수 있다. 끊임없이 변동하는 인구를 어떤 정지된 시점에서 관찰하는 것을 인구정태통계라고 하고 인구의 크기와 구조에 변동을 일으키는 요인인 출생・사망・이동・결혼・이혼 등의 발생 수를 일정기간 내에 조사한 것을 인구동태통계라고 한다. 즉, 총인구의 파악 및 정태, 동태적 인구통계는 사회 경제적으로 국가의 역량을 파악하는 것임과 동시에 국가의 장・단기 발전 계획을 세우는데 가장 기본적이고 근원적 자료로 사회 정책을 수립하는데 중요하게 활용된다.

(2) 생산가능인구

총인구가 많으면 국가의 노동공급규모는 크다고 할 수 있다. 그러나 총인구가 많다고 노동인구가 많다고 이야기 할 수는 없다. 노동인구가 많으려면 노동에 적합한 연령의 인구가 많아야하기 때문이다. 즉, 너무 어린 유소년들은 노동에 적합하지 않기 때문에 이를 빼고 파악해야하는 것이다.

---

6) 고용통계의 용어는 통계청(2015). 통계용어 설명(www.kostat.go.kr)을 참조하였음.

노동에 적합한 일정한 연령 이상의 인구를 생산가능인구라고 한다. 생산가능인구를 규정하는 연령은 14세 이상(마카오, 우루과이, 자메이카), 15세(한국, 홍콩, 일본, 싱가포르, 대만), 16세 이상(미국, 영국) 등으로 국가별로 차이가 난다. 노르웨이와 스웨덴은 15~74세를 생산가능인구로 파악한다(ILO, Yearbook of Labour Statistics, 2010). 생산가능인구를 파악하는 기준연령은 나라마다 차이가 있지만, 대부분의 나라에서는 만 15세 이상을 생산가능인구로 분류하고 있다.

우리나라 통계청에서는 매월 경제활동인구조사를 통하여 고용통계를 생산하고 있다. 이때 경제활동인구조사의 대상은 만 15세 이상의 인구이다. 만 15세 이상인구를 경제활동조사의 대상으로 한 이유는 우리나라의 경우 의무교육이 끝나는 시점인 만 15세부터 경제활동이 가능한 나이로 보기 때문이다. 그러나 만 15세 이상 인구라도 현역군인이나 형이 확정된 교도소 수감자 등은 조사대상에서 제외한다. 이는 연령은 만 15세 이상이지만 직접적인 생산활동에 종사하는 것에는 제약이 있기 때문이다. 즉, 만 15세 이상 인구는 현재 우리 경제가 활용할 수 있는 노동력 규모가 얼마나 되는지를 파악하는 중요한 지표이다.

2) 경제활동인구의 활동상태 분류

생산가능인구로서 노동(일)의 의사와 능력을 가진 사람을 경제활동인구(經濟活動人口)라고 한다. 즉, 생산가능인구(만 15세 이상)는 아래 |그림 6-4|와 같이 경제활동인구와 비경제활동인구로 구분된다. 15세 이상 인구 중 수입이 있는 일에 종사하고 있거나 취업을 하기 위하여 구직활동 중에 있는 사람을 경제활동인구라고 하며, 그 외 사람은 모두 비경제활동인구라고 한다. 경제활동인구조사는 매년 매월마다 1주일을 조사기간으로 하여 15세 이상 인구를 대상으로 이루어지고 있는 표본조사로서 표본규모는 약 3만 가구 정도가 된다. 이 조사를 통하여 이루어지는 경제활동인구에 대한 개념부터 살펴보자. 경제활동인구는 만 15세 이상 인구 중 취업자(就業者)와 실업자(失業者)를 말한다.

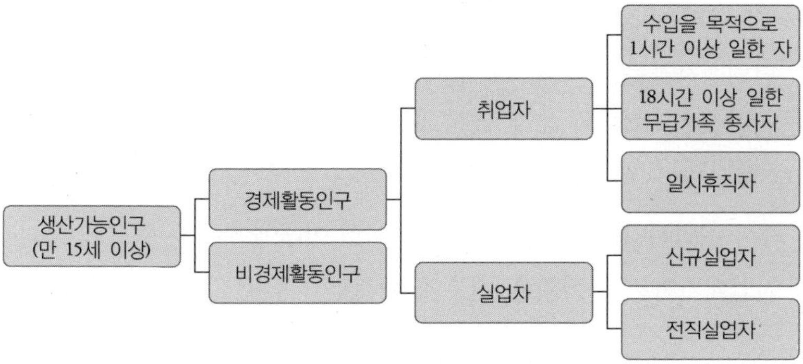

|그림 6-4| 경제활동인구의 상태별 분류

(1) 취업자

경제활동인구인 취업자는 대표적인 고용통계 지표중 하나이다. 우리나라 통계청의 조사는 1주간을 기준으로 하나 다만 IMF관리체제를 거치면서 1998년부터 OECD 방식을 따라 지난 1개월간의 경제활동상태를 질문하는 항목이 추가되었다. 이에 취업자는 다음의 조건 중 하나에 해당하면 취업자로 분류한다.

① 조사대상 주간 중 수입을 목적으로 1시간 일한 자

② 자기에게 직접적으로는 이익이나 수입이 오지 않더라도 자기가구에서 경영하는 농장이나 사업체의 수입을 높이는 데 도운 가족종사자로서 주당 18시간 이상 일한 자(무급가족종사자)

③ 직장 또는 사업체를 가지고 있으나 조사대상 주간 중 교육, 일시적인 병, 일기불순, 유가 또는 연가, 사고, 노동쟁의 등의 이유로 일하지 못한 일시휴직자

(2) 실업자

실업자는 조사대상 주간 중 수입이 있는 일에 전혀 종사하지 못한 자로서 우리나라의 통계청에서는 지난 4주간 일자리를 찾아 적극적으로 구직활동을 하였던 사람으로 일자리가 주어지면 즉시 취업이 가능한 사람을 말한다. 실업자는 적극적

구직활동을 한다는 점에서 비경제활동인구와 차이가 있다. 일반적으로 가정주부, 학생, 정년퇴직자들은 적극적으로 일자리를 구하려는 노력을 하지 않아 비경제활동인구로 파악되는 경우가 많다. 다만 이러한 사람들도 적극적 구직활동을 한다면 실업자로 분류된다. 이에 실업자는 일할의사와 능력, 적극적 구직활동을 하는 사람으로 즉시 취업이 가능한 사람이다. 단, 30일 이내에 새로운 직장에 들어갈 것이 확실한 취업대기자는 구직활용 여부에 관계없이 실업자로 분류한다.

(3) 비경제활동인구

비경제활동인구는 조사대상 주간 중 취업자도 실업자도 아닌 만 15세 이상인 자, 즉 집안에서 가사와 육아를 전담하는 주부, 학교에 다니는 학생, 일을 할 수 없는 연로자(年老者)와 심신장애인, 자발적으로 자선사업이나 종교단체에 관여하는 자(무급), 구직단념자, 취업준비자 등을 말한다. 구직단념자란 쉽게 말해 구직을 포기한 사람, 즉 구직의사는 있지만 특정한 이유로 조사대상 주간에 일자리를 찾지 않은 사람이다. 구직단념자는 국제적 기준에 따라 실업자로 분류되지 않고 비경제활동인구에 포함된다. 통계청에서 설정하고 있는 구직단념자의 정의는 다음과 같다.

비경제활동 인구 중 취업의사와 취업가능성이 있으나 아래의 사유(노동시장적 사유)로 지난 4주간에 구직활동을 하지 않은 자 중 지난 1년 내 구직경험이 있었던 사람을 구직단념자라고 한다.

① 적당한 일거리가 없을 것 같아서(전공, 경력, 임금수준, 근로조건, 주변, 교육)
② 지난 4주간 이전에 구직하여 보았지만 일거리를 찾을 수 없어서
③ 자격이 부족하여(교육, 기술, 경험 부족, 나이가 너무 어리거나 많다고 고용주가 생각할 것 같아서)

비경제활동인구에서 주의할 점은 연로자 또는 장애인이라고 해서 무조건 비경제활동인구가 되는 것은 아니다. 연로자 또는 장애인으로 근로를 하고 있거나(취

업자), 근로의 능력이 있는 실업자는 비경제활동인구가 아닌 것으로 분류되어야 한다.

(4) 복합된 상태의 경제활동 분류

이상과 같이 생산가능인구는 경제활동인구와 비경제활동인구로 분류된다는 사실을 살펴보았다. 우리나라의 경제활동인구 분류는 ILO의 규정을 준수하는데, ILO에서는 복수의 활동상태를 가지게 되는 사람이 취업자, 실업자, 비경제활동인구 중 반드시 하나의 활동 상태에만 배타적으로 귀속되도록 우선성 규칙(Priority rule)을 적용하고 있다. 우선성 규칙은 노동력조사에서 경제활동상태가 취업인 사람을 먼저 파악하고, 나머지 사람들 중에서 실업자를 파악한 뒤 마지막으로 남은 사람들을 비경제활동인구로 간주하는 규칙이다.

예를 들어 대학교를 다니면서, 아르바이트로 학비를 벌어 학업을 병행하고 있다고 가정해 보자. 그렇다면 학생이라는 관점에서는 비경제활동인구로 분류되어야 하지만, '1주일간 1시간 이상 일(아르바이트)을 하였다'라는 점에서는 경제활동인구 중 취업자로 파악해야 한다. 이때, 복수의 활동상태(학생과 아르바이트-취업자) 중 우선성 규칙을 적용하면 가장 먼저 취업자를 분류하고, 실업자와 비경제활동인구를 파악해야 함으로 이 학생의 경우 취업자가 되는 것이다.

3) 경제활동인구 총괄

(1) 경제활동인구의 규모와 관련용어

일을 할 의사와 능력이 있는 사람의 수가 경제활동인구라는 것을 앞에서 익혔다. 따라서 경제활동인구는 노동시장에서 자신의 노동력을 활용하여 돈을 벌겠다는 의사를 가진 사람들이기 때문에, 앞으로 경제활동인구라는 용어가 나오면 '노동공급(勞動供給, labor supply)'을 의미한다는 것을 꼭 알아두어야 한다.

경제활동참가율은 15세 이상 인구 중에서 노동공급을 하겠다(즉, 취업을 하겠다)

는 인구의 비율이고, 취업자는 노동공급을 하겠다는 사람 중에서 일자리를 찾아서 취업[일]을 하고 있는 사람이다. 취업이 된 사람은 기업에서 필요로 하는 사람이라는 말이므로 취업자 수는 노동수요(勞動需要, labor demand)를 의미한다.

노동력의 경제활동 상황을 파악하는 관련용어로는 경제활동참가율, 고용률, 취업률, 실업률 등이 사용된다. 취업률(就業率)은 기업에서 필요로 하는 사람이 채용된 비율이고, 실업률은 경기가 나쁘거나 다른 이유에서 노동수요에 맞지 않아 일자리가 없는 사람을 의미한다. 경제활동참가율, 고용률, 취업률, 실업률(=100−취업률)은 백분율(percent)로 표시하며 다음과 같이 산출한다.

$$\text{경제활동참가율}(\%) = \frac{\text{경제활동인구}}{\text{15세 이상인구}} \times 100$$

$$\text{고용률}(\%) = \frac{\text{취업자}}{\text{15세 이상인구}} \times 100$$

$$\text{취업률}(\%) = \frac{\text{취업자}}{\text{경제활동인구}} \times 100 \quad (= 100\% - \text{실업률})$$

$$\text{실업률}(\%) = \frac{\text{실업자}}{\text{경제활동인구}} \times 100$$

위의 식에서도 알 수 있는바와 같이 고용동향을 알아볼 수 있는 지표로 취업률과 실업률은 한 국가 또는 지역사회에서의 노동공급의 수요와 공급의 규모를 알 수 있다. 취업자는 앞서 살펴본 바와 같이 경제활동인구 중 취업자의 개념에 부합하는 사람을 의미하며, 취업률은 경제활동인구 중 취업자가 차지하는 비중이다. 실업자의 기준은 경제협력개발기구(OECD)에서는 '최근 4주간 일자리를 찾기 위해 노력했음에도 취업을 하지 못한 사람'으로 보고 있으며, 국제노동기구(ILO)에서는 '최근 1주 동안 구직활동을 하였으나 취업을 하지 못한 사람'으로 보고 있다. 우리나라의 경우 국제노동기구의 기준을 적용해 오다, 2005년 하반기부터 OECD 기준을 따르고 있다.

이러한 취업률과 실업률은 고용조건 및 경기상황에 따라 변화될 수 있다. 가령, 경기가 좋을 때는 기업에서 상품을 많이 생산하려하기 때문에 설비와 함께 노동의 수요가 늘어난다. 그렇게 된다면 취업자의 수(노동의 수요)가 증가하게 될 것이며, 실업률은 감소하게 된다. 그러나 경기가 나빠지면 취업률은 낮아지고 실업률은 높아지게 된다. 특히 실업률은 고용 여건에 따라 변동이 큰 경제활동인구를 기준으로 함으로써 경기 여건에 따른 변동이 매우 크다고 볼 수 있다.

예를 들어 경기상황이 좋지 않아 취업이 안 될 것으로 생각한 졸업생 홍길동 씨는 구직활동을 하지 않고 취업을 단념(구직단념자)하였다고 가정하자. 이때 홍길동 씨는 실업자가 아닌 비경제활동인구로 분류되어 경제활동참가율과 실업률이 모두 낮아지는 효과가 발생한다. 즉, 실질적으로는 실업의 상태에 놓여있지만 고용통계에서는 비경제활동인구로 분류되어 실업률의 축소현상이 발생하는 것이다. 이러한 실업률의 한계를 보완하기 위한 고용통계가 바로 고용률이다.

고용률이란 생산가능인구(만 15세 이상) 중 취업자의 비율을 의미한다. 고용률이 중요한 이유는 실업률만 보아서는 정확한 고용동향을 파악하는 데 한계가 있으므로 고용률이란 지표를 동시에 볼 필요가 있다. 앞선 예와 같이 구직단념자들에 의해 실업률 감소현상이 나타나게 되면 정확한 경기상황을 파악하기가 어렵게 된다. 따라서 실업자와 비경제활동인구 간의 이동으로 인한 실업률 증감현상이 나타날 수 있다. 그러나 고용률을 함께 본다면 실업률은 떨어졌지만 고용률이 그대로 유지됨을 알 수 있어 정확한 고용동향을 파악하는데 도움이 된다. 경기상황에 따른 실업률의 변화와 관련해서는 9장의 실업과 노동시장정책에서 보다 자세히 살펴보기로 하자.

<표 6-3>를 살펴보면, 경제활동참가율은 1963년 56.6%에서 지속적으로 상승하다 1997년 IMF 이후 1.9% 하락하였으나, 그 이후 61.0%를 상회하는 수준을 보이고 있으며, 2012년에는 61.3%로 나타났다. 일자리 변화를 나타내는 대표적인 고용지표로서 과거에는 경제활동참가율을 사용하였으나 근년에는 실질적인 고용창출능력을 나타내는 고용률(employment to population ratio)을 사용한다. 고용률은 52.0%(1963)에서 58.6%(1990), 58.7%(2010), 59.0%(2012)를 보인다.

실업자는 568천 명(1997년)에서 IMF를 거치면서 1,490천 명(1998년)으로 급격히 증가한 후 1999년에 1,374천 명, 2002년에 708천 명으로 감소추이를 보인 후 2010

년 920천명으로 높은 실업자 수를 보이다가 2012년 820천 명으로 감소되는 모습을 보이고 있다. 실업률은 우리나라가 경제적으로 어려운 시기였던 1963년의 경우 8.1%로 대단히 높았으나 서서히 낮아져 IMF관리체제를 겪기 시작(1997년 11월)한 연도인 1997년에 2.6%이었으나 1998년에 7.0%의 실업률을 보였다. 실업률은 최근에 3.2%(2012년)를 유지하고 있다.

〈표 6-3〉 경제활동인구 총괄 (단위 : 천 명, %)

연 도	15세 이상 인구					경제활동 참가율 ②/①	고용률 ③/①	실업률 ④/②
	①	경제활동인구			비경제활동인구 ⑤			
		②	취업자 ③	실업자 ④				
1963	14,551	8,230	7,563	667	6,321	56.6	52.0	8.1
1980	24,463	14,431	13,683	748	10.032	59.0	55.9	5.2
1990	30,887	18,539	18,085	454	12,348	60.0	58.6	2.4
1997	34,851	21,782	21,214	568	13,070	62.5	60.9	2.6
1998	35,347	21,428	19,938	1,490	13,919	60.6	56,4	7.0
2000	36,186	22,069	21,156	913	14,118	61.0	58.5	4.1
2004	37,717	23,370	22,557	813	14,347	62.0	59.8	3.5
2007	39,170	24,216	23,433	783	14,954	61.8	59.8	3.2
2010	40,590	24,278	23,829	920	15,841	61.0	58.7	3.7
2011	41.052	25,099	24,244	855	15,953	61.1	59.1	3.4
2012	41,852	25,501	24,681	820	16,081	61.3	59.0	3.2

출처 : 통계청, 경제활동인구연보, 각년도.

(2) 경제활동참가율의 국제비교

우리나라의 경제활동참가율은 1997년의 IMF관리체제를 겪으면서 매우 저하되었으나, 서서히 상승하여 2002년 61.9%로 나타나고 있다. 같은 시기 미국(66.9%), 캐나다(67.5%), 스웨덴(78%)을 제외한 다른 선진국의 경우보다 우리나라가 다소 높게 나타나고 있다. 이 시기의 세계적인 경제가 큰 어려움이 있었다는 것을 예측해 볼 수 있을 것이다. 또한 여성의 경제활동참가율은 일본, 프랑스, 독일, 영국의 경우 우리나라와 비슷하나 미국(60,%), 캐나다(61.8%), 스웨덴(76.1%)은 우리나라 보다 훨씬 높다. 이는 여성이 경제활동을 함에 있어 우리나라 보다는 이들 나라가 훨씬 좋은 조건 및 사회적 인식이 뒷받침되어 있다고 볼 수 있겠다.

〈표 6-4〉 경제활동참가율의 국제비교 (단위 : %)

경제활동참가율	한국 (2008)	미국 (2001)	일본 (2008)	독일 (2008)	프랑스 (2008)	영국 (2002)	캐나다 (2008)	스웨덴 (2008)
계	61.5	66.9	60.2	58.8	56.6	63.2	67.8	71.2
남자	73.5	74.4	72.8	66.1	62.2	71.2	72.9	74.4
여자	50.0	60.1	48.4	51.9	51.4	55.5	62.8	68.4

출처 : 통계청(2010). 경제활동인구연보.
ILO(2010). Yearbook of Labour Statistics.

여성의 경제활동참가율은 역사적으로 지속적인 증가를 보여 왔다. 미국의 경우 여성의 경제활동참가율은 1900년에 20.6%에 불과하였으나 1994년에 58.8%, 2001년 60.1%이다. 특히 기혼여성의 경제활동참가율은 100년 전에 5.6%이었으나 근년에는 60%에 이르고 있으며, 기혼여성의 경제활동참가율이 전체여성의 참가율 보다 다소 높게 나타난다. 65세 이상 남자의 경제활동참가율은 1900년에 68.3%이었으나 근년에는 사회보장의 혜택에 힘입어 17% 수준이다. 이러한 통계는 100년 전의 남자노인들의 어려웠던 삶을 반영한다고 하겠다.

3. 워크넷 구인·구직, 취업 동향의 개요

구인·구직 통계는 1986년 국립중앙직업안정소에서 「전국 직업안정기관 구인·구직 및 취업동향」이라는 월간 형태의 통계자료집으로 최초 발간되었다. 이후 1987년 광역취업안전전산망 개통으로 인해 통계자료를 직종 세분류 수준으로 확장하는 등 통계 정밀성을 높이게 되었다. 1988~1996년 기간에는 기존 월간 형태를 분기형태로 전환하여 분석의 질적 향상을 꾀하였으며, 1995년 고용보험제도 시행과 더불어 전월상황에 대한 통계를 신속하게 알려주기 위하여 월보로 변경하였다. 1997년부터는 월보와 더불어 분기 단위의 고용동향 분석 간행물에 편입・수록하였다. 2002년에는 통계청으로부터 국가승인통계 제32703호로 지정되어 통계 공신력을 한층 확보하게 되었다. 2006년 한국고용정보원이 출범하면서 책자로 기존 발간한 구인구직통계를 온라인 월보 형태로 전환하여 통계제공의 신속성을 꾀함과 동시에, 노동시장종합분석시스템(LaMAS), 고용안정전산망(Work-Net) 강화 등을 통해 심층 분석과 통계정보제공 업무를 혁신하였다. 2007년에는 「2006년 워크넷 통계연보」를 창간하여 이용자들이 장기시계열과 지역별 세부 통계자료를 사용할 수 있도록 하였다(한국고용정보원, 2017a).

여기에서는 고용노동부 한국고용정보원이 발간하는 월간 「워크넷 구인・구직 및 취업 동향」의 내용을 바탕으로 2017년 12월 우리나라의 노동시장과 직업정보에 관한 것들을 배운다. 이하의 내용은 동 월간지에 게재된 내용을 부분적으로 전재 또는 요약하였음을 미리 밝혀둔다. 그리고 원자료는 개조식으로 서술되어 있으나 본 장에서는 서술식으로 바꾸었다. 동 자료에 대한 상세한 내용은 한국고용정보원(www.keis.or.kr)의 발간물 → 고용DB분석 → 구인구직통계에서 찾아보기 바란다.

「워크넷 구인・구직 및 취업 동향」 자료는 고용안정정보망(Work-Net)을 이용한 구인・구직자를 대상으로 하므로, 통계청의 경제활동인구조사처럼 노동시장 전체 수급상황을 대표하지 못한다는 점을 이해하여야 한다. 또한 여기에서 제시되는 통계는 한국표준산업분류(통계청, 2007년 9차 개정과 2017년 10차 개정) 및 한국고용직업분류(한국고용정보원, 2006년)를 따르고 있으며, 통계표에 수록된 단위가 반올림 되어 표기 되므로 전체 수치와 표 내의 합계가 일치하지 않을 수 있음을 미리 밝혀 둔다. 이들의 통계를 살펴보기 전에 한국고용정보원의 고용안정정보망(Work-Net)을 통하여 파악하는 용어[7]를 먼저 이해해 보도록 하자.

---

7) 한국고용정보원(2017a). 워크넷 구인・구직 및 취업 동향, 한국고용정보원(2017b). 2016 워크넷 통계연보, 통계청(2008). 한국통계연감의 용어의 정의에서 발췌하였음.

- **신규구인인원** : 해당 월에 워크넷에 등록된 구인인원 수
- **유효구인인원** : 해당월 말에 알선 가능한 인원수의 합
  - 구인신청의 유효기간은 2개월(60일)임
  - 전체 모집인원 수에서 신청취소, 자체충족, 기간만료(60일) 등으로 등록 마감한 인원수와 채용으로 알선처리된 인원수를 뺀 것
- **신규구직자 수** : 해당 월에 워크넷에 등록된 구직자 수
- **유효구직자 수** : 해당 월말에 알선 가능한 인원 수의 합
  - 구직자의 유효기간은 3개월(90일)임
  - 전체 구직자 수에서 신청취소, 본인취업, 기간만료(90일) 등으로 등록 마감한 인원 수와 알선으로 취업된 인원 수를 뺀 것
- **취업건수** : 금월 기간에 워크넷에 취업 등록된 수
- **취업률** : (취업건수 ÷ 신규구직자 수) × 100
- **알선율** : (알선건수 ÷ 신규구직자 수) × 100
  - 알선건수는 해당기간 동안 알선처리한 건수의 합을 의미
- **충족률** : (취업건수 ÷ 신규구인인원) × 100
- **구인배율** : 신규구인인원 ÷ 신규구직자 수
  - 구직자 1명에 대한 구인 수의 비율로 구인 수의 많고 적음을 나타내는 수치로 취업이 용이함을 나타냄
- **일자리 경쟁배수** : (신규구직자 수 ÷ 신규구인인원)
- **제시임금** : 구인자가 구직자에게 제시하는 임금
- **희망임금** : 구직자가 구인업체에 요구하는 임금
  - 의중임금, 희망임금, 요구임금은 모두 같은 의미로 사용되나 워크넷 구인·구직통계에서는 희망임금이로 제시됨.
- **희망임금충족률** : (제시임금 ÷ 희망임금) × 100
- **실업률** : 실업자가 경제활동인구(취업자 + 실업자)에서 차지하는 비율
- **자영업주** : 유급직원 없이 자기 혼자 또는 무급 가족종사자와 사업체나 농장 등을 운영하는 자, 또는 상점이나 전문적인 직업을 독립적으로 경영하는

자를 말함

- 상용직(기간의 정함이 없는 근로계약) : 고용주와 1년 이상의 고용계약을 맺거나, 기간을 정하지 않은 근로계약에 의하여 근로자를 고용하는 형태
- 계약직(기간의 정함이 있는 근로계약) : 1개월 이상 1년 이하의 기간을 정한 근로계약에 의해 근로자를 고용하는 형태
- 시간제 : 해당 사업장에서 근무하는 통상의 근로자보다 짧은 시간을 근로하는 고용형태
- 일용직 : 고용계약기간이 1개월 미만인 경우와 또는 매일매일 고용되어 근로의 대가로 일급 또는 일당제 급여를 받고 근로하는 고용형태

※ 2011년 6월 이후 변경된 구인・구직신청서 양식의 고용형태 분류명칭
 ○ '상용직' → '기간의 정함이 없는 근로계약'
 ○ '계약직' → '기간의 정함이 있는 근로계약'

1) 구인・구직 및 취업 동향

2017년 12월 구인・구직 및 취업동향은 <표 6－5>에 제시되어 있다. 이를 살펴보면 신규구인인원은 208,102명으로 전년 동월 대비 17.1%(43,005명) 감소하였으며, 신규구직건수는 375,863건으로 2.3%(8,515건) 증가, 취업건수는 149,127건으로 전년 동월 대비 2.8%(4,340건) 감소하였다. 전년 동월 대비 증감률을 살펴보면, 신규구인인원의 경우 구인 비중이 가장 큰 기간의 정함이 없는 근로계약 형태에서 크게 감소하여 전체 구인 감소를 주도한 것으로 나타났다. 신규구직자의 경우 모든 고용형태 및 50대를 제외한 전 연령층에서 전년 동월 대비 증가한 가운데 시간제 및 일용직 근로계약와 60세 이상 연령층에서 상대적으로 높은 증가율을 보이고 있다. 취업건수의 경우 일용직 근로계약을 제외한 모든 고용형태 및 60세 이상 연령층을 제외한 전 연령층에서 전년 동월 대비 감소한 가운데 시간제 고용형태와 30대 연령층의 감소율이 상대적으로 높게 나타나고 있다.

〈표 6-5〉 2017년 12월 워크넷 구인·구직 및 취업 (단위 : 명, 건, %, %p, 전년동월대비)

구분		신규구인인원		신규구직건수		취업건수	
		2017년 12월	증감률	2017년 12월	증감률	2017년 12월	증감률
전 체		208,102	-17.1	375,863	2.3	149,127	-2.8
성별	남성	-		163,781	1.5	57,390	-3.9
	여성	-		212,082	3.0	91,737	-2.2
고용형태별	기간의 정함없는 근로계약	128,298	-24.7	231,292	1.0	78,328	-5.0
	기간의 정함없는 근로계약(시간제)	7,661	4.5	15,189	20.1	5,050	9.0
	기간의 정함있는 근로계약	44,617	-1.4	19,359	1.2	8,992	-5.5
	기간의 정함있는 근로계약(시간제)	4,912	-25.1	5,698	7.5	1,848	-19.6
	일용직	22,614	4.3	8,313	19.2	28,742	4.6
	관계없음	-		96,012	1.8	26,167	-3.3
연령별	20대 이하	-		101,181	1.7	35,105	-5.1
	30대	-		70,340	0.5	21,791	-11.6
	40대	-		66,768	0.7	22,095	-8.3
	50대	-		69,834	-1.1	34,340	-5.2
	60대 이상	-		67,740	11.2	35,796	13.6
	관계없음	-		-		-	
학력별	중졸 이하	3,861	-6.0	60,355	-1.1	21,553	-0.1
	고졸	27,215	-21.1	145,020	1.8	49,734	-4.8
	전문대졸	11,563	-19.8	64,454	4.5	21,177	-9.1
	대졸	2,741	-25.1	90,926	2.9	26,412	-3.3
	대학원졸 이상	184	29.6	6,795	-0.6	1,509	-4.5
	관계없음	162,538	-16.3	8,313	19.2	28,742	4.6
임금대별	100만 원 미만	11,523	-0.0	2,674	33.2	-	
	100-150만 원	32,547	-65.4	58,946	-39.1	-	
	150-200만 원	95,685	24.4	150,741	21.0	-	
	200-250만 원	41,826	-4.5	73,096	10.7	-	
	250만 원 이상	26,521	6.8	72,679	7.8	-	

주 : 1) 남녀고용평등법 및 구인 연령차별금지법상 모집과 채용에 있어 평등한 기회를 제공해야 하므로 성별, 연령별 구인인원은 제시되지 못함
2) 취업건수는 구직자 정보를 기준으로 하며, 공공근로가 포함된 수치임
3) 분류불능 항목의 값은 제외. 각 항목의 합이 전체 값과 상이할 수 있음
4) 2011년 6월 이후 구인구직신청 서식 상의 고용형태 분류명칭이 변경됨(부록의 용어해설 참조)
5) 임금자료는 근로시간 및 고용형태를 구분하지 않은 통계임

2) 지역별 구인 · 구직 및 취업 동향

2017년 12월 지역별 구인 · 구직 및 취업동향은 <표 6-6>과 같다. 이 중 신규구인인원을 살펴보면 세종시를 제외한 모든 지역에서 전년 동월 대비 구인이 감소한 가운데 강원 지역에서 가장 높은 감소율을 보이고 있다. 신규구직건수는 서울, 광주, 경기, 전북, 전남, 경북 지역에서는 전년 동월 대비 감소하였고, 그 밖의 지역에서는 증가하였으며 강원, 세종, 제주 등에서는 30% 이상의 구직 증가율을 보이고 있다. 전년 동월 대비 취업건수는 세종, 제주, 충남, 강원 등의 지역에서 큰 증가율을 보인 반면 광주, 전남, 충북, 인천, 서울, 경기 등에서는 10% 이상 감소한 것으로 나타났다.

〈표 6-6〉 2015년 12월 워크넷 지역별 구인 · 구직 및 취업 (단위 : 명, 건, %, %p, 전년동월대비)

구분 \ 세부항목	신규구인인원		신규구직건수		취업건수	
	2017년 12월	증감률	2017년 12월	증감률	2017년 12월	증감률
전 체	208,102	-17.1	375,863	2.3	149,127	-2.8
서 울	24,987	-10.0	61,317	-7.9	22,949	-11.4
부 산	12,273	-21.0	33,926	3.3	13,174	12.8
대 구	7,485	-24.6	21,466	20.8	5,482	-7.6
인 천	11,223	-14.2	20,386	2.7	7,215	-13.1
광 주	6,271	-16.2	10,448	-9.2	3,966	-42.6
대 전	2,677	-24.3	10,715	19.3	3,423	2.5
울 산	4,048	-24.2	9,387	25.1	3,443	-8.6
세 종	1,344	103.9	1,371	41.9	876	177.2
경 기	66,976	-15.5	85,247	-8.1	34,497	-11.3
강 원	7,553	-37.7	14,941	48.8	7,118	37.6
충 북	9,402	-3.2	12,099	12.0	5,151	-14.5
충 남	11,516	-26.2	20,063	28.6	13,636	50.5
전 북	8,484	-12.0	12,246	-3.6	5,644	8.9
전 남	8,109	-14.9	8,712	-10.1	5,245	-15.8
경 북	10,243	-7.2	24,645	-7.2	6,728	-4.0
경 남	13,029	-27.6	25,638	23.1	8,360	-1.5
제 주	2,482	-13.8	3,256	39.5	2,220	78.7

주 : 1) 취업건수는 구직자 정보를 기준으로 하며, 공공근로가 포함된 수치임
2) 지역구분은 구인 · 구직을 등록한 지방노동관서 소재지 기준임
3) 분류불능 항목의 값은 제외. 각 항목의 합이 전체 값과 상이할 수 있음
4) 2012년 7월부터 지역구분에 세종시 추가

3) 구인 및 구직 동향

(1) 산업별 구인인원

2017년 12월 산업별 구인 현황은 <표 6－7>과 같다. 2017년 12월 산업별 구인 현황을 살펴보면, 제조업이 68,258명으로 가장 많았으며, 다음이 보건업 및 사회복지 서비스업(23,550명), 사업시설관리 및 사업지원 서비스업(21,756명), 자가소비 생산활동(14,071명), 도매 및 소매업(12,877명), 건설업(12,298명), 공공행정・국방 및 사회보장 행정(11,752명) 등의 순으로 나타났다.

〈표 6-7〉 산업별 신규구인인원 (단위 : 명, %, 전년동월대비)

구 분	전 체		기간의 정함이 없는 근로계약	
	2016년 12월	2017년 12월	2016년 12월	2017년 12월
전 체	251,107	208,102	170,282	128,298
농업, 임업 및 어업	18,187	9,570	14,874	7,498
광업	144	108	139	99
제조업	89,337	68,258	83,088	62,967
전기, 가스, 증기 및 수도사업	499	376	328	251
하수・폐기물 처리, 원료재생 및 환경복원업	1,353	1,110	1,167	956
건설업	15,105	12,298	10,344	8,943
도매 및 소매업	14,664	12,877	12,668	10,613
운수업	3,313	3,653	2,572	2,693
숙박 및 음식점업	6,043	4,622	3,950	3,146
출판, 영상, 방송통신 및 정보서비스업	3,265	2,868	2,350	1,988
금융 및 보험업	778	642	360	303
부동산업 및 임대업	2,742	2,404	1,346	991
전문, 과학 및 기술 서비스업	4,993	5,933	3,702	3,450
사업시설관리 및 사업지원 서비스업	27,357	21,756	14,343	8,288
공공행정, 국방 및 사회보장 행정	11,032	11,752	974	644
교육 서비스업	5,296	4,654	2,028	1,864
보건업 및 사회복지 서비스업	24,118	23,550	12,562	11,093
예술, 스포츠 및 여가관련 서비스업	1,052	794	504	421
협회 및 단체, 수리 및 기타 개인 서비스업	6,688	6,794	2,910	2,052
(가구내 고용활동 및 달리 분류되지 않은) 자가소비 생산활동	15,121	14,071	58	33

주 : 1) 분류불능 항목의 값은 제외. 각 항목의 합이 전체 값과 상이할 수 있음
2) 2016년 12월은 한국표준산업분류 9차 개정, 2017년 12월은 한국표준산업분류 10차 개정이 적용되어 증감 통계는 수록하지 않음
3) 2011년 6월 이후 구인구직신청 서식 상의 고용형태 분류명칭이 변경됨(부록의 용어해설 참조)

(2) 직종별 구인인원

2017년 12월 직종별 구인 현황은 <표 6-8>과 같이 나타났다. 2017년 12월 직종별 구인 현황을 살펴보면, 경비 및 청소 관련직(34,471명)이 가장 많았으며, 다음이 경영・회계・사무관련 전문직(25,118명), 생산 단순직(23,195명), 보건・의료 관련직(15,554명) 등의 순으로 나타났다. 전년 동월 대비 구인인원 증감률을 살펴보면, 법률・경찰・소방・교도 관련직, 보건・의료 관련직, 사회복지 및 종교 관련직, 운전 및 운송 관련직을 제외한 모든 직종에서 구인이 감소한 가운데 관리직, 농림어업 관련직, 섬유 및 의복 관련직, 미용・숙박・여행・오락・스포츠 관련직 등에서는 30% 이상 감소한 것으로 나타났다.

〈표 6-8〉 직종별 신규구인인원 (단위 : 명, %, 전년동월대비)

구 분	전 체				기간의 정함이 없는 근로계약			
	2016년 12월	2017년 12월	증감	증감률	2016년 12월	2017년 12월	증감	증감률
전 체	251,107	208,102	-43,005	-17.1	170,282	128,298	-41,984	-24.7
관리직	3,442	1,403	-2,039	-59.2	2,703	1,053	-1,650	-61.0
경영・회계・사무 관련직	31,235	25,118	-6,117	-19.6	22,435	17,400	-5,035	-22.4
금융・보험 관련직	433	324	-109	-25.2	252	189	-63	-25.0
교육 및 자연과학・사회과학 연구 관련직	3,436	3,336	-100	-2.9	1,041	1,058	17	1.6
법률・경찰・소방・교도 관련직	165	176	11	6.7	145	137	-8	-5.5
보건・의료 관련직	15,221	15,554	333	2.2	7,912	7,028	-884	-11.2
사회복지 및 종교 관련직	9,437	9,524	87	0.9	3,738	3,255	-483	-12.9
문화・예술・디자인・방송 관련직	4,554	3,790	-764	-16.8	3,610	3,010	-600	-16.6
운전 및 운송 관련직	9,853	11,843	1,990	20.2	7,768	7,226	-542	-7.0
영업 및 판매 관련직	9,858	7,130	-2,728	-27.7	7,812	4,837	-2,975	-38.1
경비 및 청소 관련직	35,245	34,471	-774	-2.2	5,758	4,644	-1,114	-19.3
미용・숙박・여행・오락 및 스포츠 관련직	1,852	1,284	-568	-30.7	986	680	-306	-31.0
음식서비스 관련직	8,917	7,754	-1,163	-13.0	5,471	4,434	-1,037	-19.0
건설 관련직	12,831	11,003	-1,828	-14.2	8,333	7,501	-832	-10.0
기계 관련직	17,758	13,949	-3,809	-21.4	16,492	12,895	-3,597	-21.8
재료 관련직(금속・유리・점토 및 시멘트)	11,075	7,811	-3,264	-29.5	10,488	7,418	-3,070	-29.3
화학 관련직	6,992	5,040	-1,952	-27.9	6,501	4,526	-1,975	-30.4
섬유 및 의복 관련직	2,733	1,776	-957	-35.0	2,564	1,667	-897	-35.0
전기・전자 관련직	9,765	7,774	-1,991	-20.4	8,389	6,610	-1,779	-21.2
정보통신 관련직	1,756	1,589	-167	-9.5	1,400	1,363	-37	-2.6
식품가공 관련직	4,753	4,123	-630	-13.3	4,223	3,598	-625	-14.8

구 분	전 체				기간의 정함이 없는 근로계약			
	2016년 12월	2017년 12월	증감	증감률	2016년 12월	2017년 12월	증감	증감률
(환경 · 인쇄 · 목재 · 가구 · 공예 및) 생산 단순직	31,335	23,195	-8,140	-26.0	28,169	20,683	-7,486	-26.6
농림어업 관련직	18,460	10,135	-8,325	-45.1	14,091	7,086	-7,005	-49.7

주 : 1) 분류불능 항목의 값은 제외. 각 항목의 합이 전체 값과 상이할 수 있음
2) 2011년 6월 이후 구인구직신청 서식 상의 고용형태 분류명칭이 변경됨(부록의 용어해설 참조)

4) 희망직종별 구직건수 및 취업

2017년 12월 희망직종별 신규구직건수 및 취업은 <표 6−9>와 같다. 2017년 12월 희망직종별 신규구직건수는 경영 · 회계 · 사무관련 전문직이 84,593건으로 가장 많았으며, 다음이 경비 및 청소 관련직(44,234건), 보건 · 의료 관련직(27,517건), 생산 단순직(21,133건), 음식서비스 관련직(19,325건) 등의 순으로 나타났다. 전년 동월 대비 증감률을 살펴보면, 농림어업 관련직, 재료 관련직, 화학 관련직, 보건 · 의료 관련직, 사회복지 및 종교 관련직 등에서 10% 이상의 증가율을 보이고 있다.

취업 현황을 살펴보면, 경비 및 청소 관련직의 취업건수가 37,781건으로 가장 많았으며, 다음이 경영 · 회계 · 사무 관련 전문직(25,553건), 보건 · 의료 관련직(12,140건) 등의 순임. 전년 동월 대비 증감률에서는 농림어업 관련직에서 가장 큰 증가율을 보인 반면 법률 · 경찰 · 소방 · 교도 관련직, 금융보험 관련직, 영업 및 판매 관련직 등에서는 감소율이 상대적으로 크게 나타났다.

〈표 6-9〉 희망직종별 신규구직 및 취업 (단위 : 명, 건, %, %p, 전년동월대비)

구 분	신규구직건수			취업건수		
	2016년 12월	2017년 12월	증감률	2016년 12월	2017년 12월	증감률
전 체	367,348	375,863	2.3	153,467	149,127	-2.8
관리직	15,623	15,854	1.5	4,595	4,327	-5.8
경영 · 회계 · 사무 관련직	84,426	84,593	0.2	27,804	25,553	-8.1
금융 · 보험 관련직	2,724	2,581	-5.2	769	647	-15.9
교육 및 자연과학 · 사회과학 연구 관련직	11,126	10,747	-3.4	2,521	2,557	1.4
법률 · 경찰 · 소방 · 교도 관련직	1,340	1,227	-8.4	433	348	-19.6
보건 · 의료 관련직	24,772	27,517	11.1	11,206	12,140	8.3
사회복지 및 종교 관련직	16,241	18,014	10.9	5,936	5,879	-1.0
문화 · 예술 · 디자인 · 방송 관련직	14,869	15,020	1.0	4,956	4,277	-13.7
운전 및 운송 관련직	12,389	12,861	3.8	5,176	5,001	-3.4
영업 및 판매 관련직	13,309	12,009	-9.8	4,399	3,741	-15.0
경비 및 청소 관련직	43,716	44,234	1.2	37,333	37,781	1.2
미용 · 숙박 · 여행 · 오락 및 스포츠 관련직	9,178	9,185	0.1	2,604	2,583	-0.8
음식서비스 관련직	19,780	19,325	-2.3	7,078	6,528	-7.8
건설 관련직	17,436	18,604	6.7	5,198	4,895	-5.8
기계 관련직	14,401	14,886	3.4	6,958	6,191	-11.0
재료 관련직(금속 · 유리 · 점토 및 시멘트)	5,144	6,001	16.7	2,188	2,227	1.8
화학 관련직	2,305	2,563	11.2	1,086	1,127	3.8
섬유 및 의복 관련직	1,993	1,976	-0.9	570	531	-6.8
전기 · 전자 관련직	15,328	15,828	3.3	6,429	6,110	-5.0
정보통신 관련직	8,808	8,724	-1.0	2,778	2,670	-3.9
식품가공 관련직	3,375	3,600	6.7	1,545	1,507	-2.5
(환경 · 인쇄 · 목재 · 가구 · 공예 및) 생산 단순직	21,074	21,133	0.3	8,490	8,076	-4.9
농림어업 관련직	7,802	9,265	18.8	3,374	4,421	31.0

주 : 1) 취업건수는 공공근로가 포함된 수치임
2) 군인 및 분류불능 항목의 값은 제외. 각 항목의 합이 전체 값과 상이할 수 있음

5) 임금 불일치

임금의 불일치는 근로자가 받고자하는 희망임금과 구인업체(기업)의 제시임금의 비율로 나타나는데 여기에서는 직종별 제시임금과 희망임금에 대해 살펴보도록 한다. 2017년 12월 직종별 제시임금과 희망임금은 <표 6－10>과 같다. 2017년 12월 구인업체의 평균 제시임금은 182.3만원, 신규구직자의 평균 희망임금은 188.7만원으로 나타났다. 직종별 평균 제시임금은 건설 관련직이 242.9만원으로 가장 높았으며, 다음이 관리직(238.2만원), 기계 관련직(219.5만원), 정보통신 관련직(209.8만원), 운전 및 운송 관련직(209.1만원), 재료 관련직(209.1만원), 전기・전자 관련직(209.0만원) 등의 순으로 나타났다. 평균 희망임금 역시 건설 관련직이 272.6만원으로 가장 높았으며, 다음이 재료 관련직(248.1만원), 관리직(235.3만원), 정보통신 관련직(221.7만원), 운전 및 운송 관련직(220.4만원), 기계 관련직(218.7만원), 금융・보험 관련직(216.3만원), 화학 관련직(214.8만원), 전기・전자 관련직(201.8만원) 등의 순으로 나타났다.

〈표 6-10〉 직종별 제시・희망임금 및 희망임금충족률 (단위 : 명, 만 원, %)

구 분	신규 구인인원	평균 제시임금	신규 구직건수	평균 희망임금
전 체	208,102	182.3	375,863	188.7
관리직	1,403	238.2	15,854	235.3
경영・회계・사무 관련직	25,118	183.4	84,593	181.9
금융・보험 관련직	324	183.6	2,581	216.3
교육 및 자연과학・사회과학 연구 관련직	3,336	183.8	10,747	197.4
법률・경찰・소방・교도 관련직	176	174.3	1,227	187.6
보건・의료 관련직	15,554	148.9	27,517	171.6
사회복지 및 종교 관련직	9,524	160.1	18,014	157.0
문화・예술・디자인・방송 관련직	3,790	198.0	15,020	188.5
운전 및 운송 관련직	11,843	209.1	12,861	220.4
영업 및 판매 관련직	7,130	188.9	12,009	191.6
경비 및 청소 관련직	34,471	172.5	44,234	157.8
미용・숙박・여행・오락 및 스포츠 관련직	1,284	177.8	9,185	172.7
음식서비스 관련직	7,754	159.5	19,325	164.4

구 분	신규 구인인원	평균 제시임금	신규 구직건수	평균 희망임금
건설 관련직	11,003	242.9	18,604	272.6
기계 관련직	13,949	219.5	14,886	218.7
재료 관련직(금속 · 유리 · 점토 및 시멘트)	7,811	209.1	6,001	248.1
화학 관련직	5,040	194.3	2,563	214.8
섬유 및 의복 관련직	1,776	169.9	1,976	179.9
전기 · 전자 관련직	7,774	209.0	15,828	201.8
정보통신 관련직	1,589	209.8	8,724	221.7
식품가공 관련직	4,123	177.8	3,600	167.0
(환경 · 인쇄 · 목재 · 가구 · 공예 및) 생산 단순직	23,195	180.6	21,133	174.6
농림어업 관련직	10,135	150.1	9,265	159.9

주 : 1) 구인인원 및 구직건수는 임금응답자 수로 다른 표에서 제시된 수와 다를 수 있음
2) 군인 및 분류불능 항목의 값은 제외. 각 항목의 합이 전체 값과 상이할 수 있음
3) 평균 제시임금=제시월임금합계/구인신청건수(월 기준), 제시월임금합계는 '분류불능'(응답자오류) 응답을 제외하고 계산한 것임
4) 평균 희망임금=희망월임금합계/신규구직건수(월 기준), 희망월임금합계는 '분류불능'(응답자오류) 응답을 제외하고 계산한 것임

4. 노동력의 이동

노동력의 이동은 우리가 잘 아는 바와 같이 1차 산업→2차 산업→3차 산업으로 이동되어 왔다. 노동이동은 농촌에서 도시로 이동하는 노동이동(勞動移動, labor mobility)과 일정기간 동안 한 사업장(기업)에서 다른 사업장(기업)으로의 이동(변동)을 뜻하는 노동이동(勞動異動, labor turnover)으로 나눈다. 이하에서는 이들에 대하여 살펴본다.

1) 농촌 · 도시의 이동

산업혁명이 시작되기 훨씬 이전부터 농촌에서 도시로의 인구이동은 이루어져 왔다. 전 세계적으로 살펴봐도 본격적인 산업화 · 공업화 이전에는 농경사회가

대부분이었다. 대부분의 노동력은 1차 산업이라고 할 수 있는 농업, 임업, 광업 등에 종사하며 생계를 이어왔다. 그러나 산업혁명을 기점으로 급속한 노동력의 이동은 시작된다. 농·어촌 지역의 많은 노동력은 도시로 유입되는데, 광공업과 서비스업을 중심으로 여러 산업이 도시를 중심으로 발전하였기 때문이다. 이러한 노동력의 이동에 대해서는 많은 학자들의 의견이 있는데, 대표적 이론을 살펴보면 다음과 같다.

(1) 페티-클라크 법칙

수익의 크기가 농업→제조업→상업(서비스업)의 순서로 높다고 한 페티의 이론을 바탕으로, 클라크가 국민소득의 국제비교 또는 시계열(時系列) 비교를 통해 실증적으로 밝힌 노동력 구성비에 의한 산업구조 변화의 통계적 법칙이다. 영국의 페티는 당시 다른 유럽 국가에 비해 네덜란드의 1인당 소득이 높은 것은 농업보다도 제조업이나 상업에 종사하는 노동력이 많기 때문이라고 말하며, 농업보다 제조업이, 제조업보다는 상업의 이득이 높다고 하였다. 그 후 영국의 경제학자 클라크는 노동력인구가 농업에서 제조업으로, 다시 제조업에서 상업으로 이동하는 경향에 관해 19세기 후반 이후의 각국 통계를 수집하여 상세한 실증분석을 하였다. 경제발전에 수반하는 노동력 구성의 산업별 변화의 경향을 페티의 법칙이라 명명하였으나 현재는 일반적으로 '페티-클라크의 법칙(Petty-Clark's law)' 또는 '클라크의 법칙'으로 불리고 있다. 클라크는 농업의 노동인구 비율이 저하되고, 제조업에서는 비율은 상승하나 어느 수준에 이르면 정체 내지는 약간의 하락을 나타냈고, 상업·서비스업 등에서는 상승경향이 계속되고 있음을 밝혀냈다(조우현, 1998).

(2) 호프만의 법칙

독일의 경제학자 호프만(Hoffman, W. G.)이 주장한 것으로, 호프만(Hoffman)은 그의 저서[8)]에서 한 나라의 공업화과정을 3단계로 구분하여 다음과 같이 설명하고 있다. 제1단계에는 소비재생산부문이 압도적으로 크고, 제2단계에서는 생산재산업부문이 점차적으로 중요한 비율을 차지하게 되며, 제3단계에는 양 부문의 비중이 비슷하여지거나 생산재산업부문의 비중이 소비재산업부문의 비중보다 커진다는 산업구조의 고도화과정을 설명하고 있다. 그는 이러한 관계를 순생산액으로 표시한 생산재공업을 1.0으로 하여 소비재공업생산을 비율로 표시하였는데 이를 '호프만 비율'이라고 하며, 산업구조의 고도화에 따라 소비재공업생산의 비율은 점점 저하되는 것을 '호프만 법칙(Hoffmann's law)'이라고 한다. 각국에 대한 실증적 연구결과에 의하면 제1단계에 진입한 시기는 1850년대(영국), 1860년대(프랑스), 1900년대(일본), 1920년대(인도)이고, 제2단계에 진입한 시기는 1850년대(미국), 1890년대(프랑스), 1920년대(일본)이고. 영국, 미국, 프랑스 등 선진국들은 20세기 초에 제3단계에 진입한 것으로 설명하고 있다.[9)]

최근에는 노동자 1인당의 설비투자액(자본장비율)을 기준으로 소비재산업을 경공업으로, 투자재산업을 중화학공업으로 바꾸고 중화학공업비율(제조업의 부가가치에서 중화학공업이 차지하는 비율)을 산출하는 데 이용하고 있다.

2) 노동력 이동의 분석

농촌 · 도시 간의 노동력의 이동에 대한 설명은 주로 농업부문과 비농업부문간의 소득격차와 취업기회라는 두 가지 요인으로 설명되는 것이 대표적이다. 이는 비농업부문의 취업기회와 농촌 · 도시 간의 상대적 노동소득의 격차가 농촌지역의 노동력을 도시로 이동시킨다고 할 수 있다. 이를 좀 더 자세히 살펴보면 다음과 같다(배무기, 2006).

(1) 토다로 모형

토다로(Todaro, M.)는 저개발국들에서 도시에 대량의 불완전 취업자와 실업자가

---

8) Hoffman, W.(1931). Studien und Typen der Industrialisrung.

9) Hoffman, W.(1949). "The Growth of Industrial Production in Great Britain : A Quantitative Survey". Economic History Review, II, No. 2.

존재함에도 불구하고 농촌지역에서 도시에로의 노동이동이 계속되고 있는 현상에 주목하였다. 토다로는 농촌 · 도시 간의 이동현상을 농촌에 있는 노동력의 도시의 전통부문(비공식부문 : 영세자영업 또는 영세기업 등의 소규모 사업)으로 이동하고 그곳에서 숙련되면 근대부문(높은 수준의 임금부문)으로 취업한다고 파악하였다. 즉, 농촌지역의 노동력은 도시의 근대부문에 직접적으로 취업하기보다는 먼저 도시의 전통부문으로 이동하고, 그곳에서 일정기간 체류한 후 근대부문으로 다시 이동하는 단계적 이동을 취한다. 이러한 토다로 모형은 산업화과정에서 농촌노동력이 도시로 이동하는 모습을 설명해 준다. 즉, 도시에서의 인구의 자연증가율을 무시한다고 가정하면, 농촌노동력의 이동은 근대부문의 고용창출률, 근대부문에 대한 도시전통 부분의 상대적 비율과 그것이 내포하고 있는 실업률, 나아가 도시와 농촌 간의 임금의 상대적 격차 등에 의존하는 것이 된다(배무기, 2006).

(2) 농민층분해론

농민층분해론에서는 다음과 같은 가정을 한다. 먼저 소농(小農)에 의한 소규모 농업인이 있고, 농업외부에 있어서 각종 산업에서는 비교적 자본주의화가 잘 진행되고, 따라서 농업부문에 있어서도 화폐경제가 깊숙이 침투되어 있다. 이러한 전제하에서 농업내부에 있어서의 생산성 격차와 경쟁의 결과 생산성(수익성)이 높은 소농은 상층인 대농경영으로 계층이 상승하게 되고 경쟁에서 이기지 못하는 소농은 하층이 되는 것이다. 따라서 대농이 된 상층농민을 제외하고는 주로 열악한 조건의 영세 소농은 하층으로 몰락하게 되어 일부는 농업내부의 농업노동자로 남을 수 있지만 대부분은 도시로 밀려나게 된다는 것이다. 이러한 농민분해론이 발전하여 농업내부에 있어서의 경영 간의 생산성 격차를 분해의 기본 요인으로 파악하여 그것을 Push 요인으로, 다른 한편에서는 농업외부의 노동시장으로부터의 노동력 흡입을 Pull 요인으로 파악하여 이원론적 이론으로 나타내었다(배무기, 2006).

3) 우리나라 취업자 구성의 변화

일을 할 의사와 능력이 있는 사람이 현재 일을 하고 있을 때 취업자라고 한다. 따라서 취업자는 일을 하고 있는 산업에 속해있을 뿐만 아니라 해당 산업의 직종에 속해 있다. 즉, 기업이 속해 있는 산업 또는 직종에서 필요한 사람으로서 취업하고 있기 때문에 취업자는 개념적으로 '노동의 수요'를 의미한다. 예를 들어 현재 '버스기사(운전원)'인 경우 산업분류로는 '운수업'이고 직업별로는 '기능원 및 관련 기능 종사자'로 분류된다. 이와 같이 취업자가 어떤 산업과 직업에 종사하고 있는지를 연도별로 파악하는 것은 노동수요가 어떻게 변화되는지를 알게 해준다.

산업분류 및 직업분류는 이미 배웠으나, 여기서는 산업을 3분류(1차 산업, 2차 산업, 3차 산업)하고 직업은 대분류(1~9)하여 취업자의 구성변화를 보고, 성별・연령별 취업자의 구성, 학력별 취업자의 구성 등에 대하여 간단하게 살펴본다.

(1) 산업별 취업자

산업별 취업자의 구성비율 변화를 농림어업, 광공업, 사회간접자본 및 서비스업 등 3가지로 구분하여 살펴보면 <표 6-11>과 같다.

농림어업에서 1963년, 1990년, 2000년, 2010년, 2012년에 각각 63.0%, 17.9%, 10.6%, 6.6%, 6.2%로서 지난 반세기 동안에 급격히 감소하는 모습을 보인다. 광공업의 경우 이 비율은, 1963년에 8.7%, 1990년에 27.6%를 보인 후 2000년~2012년의 기간에 20.4%에서 16.7%로 서서히 저하되는 추세를 보였다.

〈표 6-11〉 산업별 취업자의 구성 (단위 : 천 명, %)

연도	계	농림어업(1차산업)	광공업(2차산업)	사회간접자본 및 기타 서비스업(3차산업)
1963	100.0 (7,563)	63.0	8.7	28.3
1990	100.0 (18,085)	17.9	27.6	54.5
2000	100.0 (21,156)	10.6	20.4	69.0
2010	100.0 (23,829)	6.6	17.2	76.4

연도	계	농림어업 (1차산업)	광공업 (2차산업)	사회간접자본 및 기타 서비스업(3차산업)
2011	100.0 (24,244)	6.4(1,542)	16.9(4,108)	76.7(18,595)
2012	100.0 (24,681)	6.2(1,528)	16.7(4,120)	77.1(19,033)

주 : 1999년 이전은 구산업분류에 따른 수치임.
출처 : 통계청, 경제활동인구연보, 각년도.

흔히 3차 산업으로 지칭되는 사회간접자본 및 서비스업의 경우 이 비율은, 1963년에 28.3%이었으나 지난 반세기 도안 매년 지속적인 증가를 보여 2012년에 77.1%에 이르고 있다.

산업화과정에 따라 노동력의 산업별 구성이 제1차 산업→제2차 산업→제3차 산업으로 구성 비율이 커지는 경험법칙을 "Petty-Clark법칙"이라고 하며, 우리나라도 이러한 경로를 거쳐 왔다.

(2) 직업별 취업자

직업별 취업자의 구성을 1990년 이전과 1993년 이후로 구분하여 살펴보면 다음 <표 6－12>와 같다. 1963~1990년의 기간에 농림수산직의 취업자의 비중이 63%에서 18%로 급격하게 낮아졌고, 그 비중은 1993~2002년의 기간데 10~12%를 유지하나 점차 저하되는 추세를 보인다. 같은 기간에 농림수산직 이외의 직종에서 취업자 비중은 모두 증가추세를 보였다.

1963~1990년의 기간에 취업자 비중의 증가속도는 전문・기술・행정관리직이 2.6배, 사무직이 3.7배, 판매직이 1.4배, 서비스직이 2.1배, 생산・운수장비・단순노무직이 2.3배가 증가되어 사무직과 전문・기술・행정관리직이 취업자에서 차지하는 비중의 증가가 취업자의 증가배수(2.4배)보다 상대적으로 빨랐다.

〈표 6-12(1)〉 직업별 취업자의 구성(1963~92) (단위 : 천 명, %)

연 도	계	전문, 기술, 행정,관리직	사무직	판매직	서비스직	농림 수산직	생산, 운수장비 운전사, 단순노무직
1963	100.0(7,563)	3.3	3.5	10.1	5.2	62.9	15.0
1975	100.0(11,692)	3.6	6.4	13.0	7.1	45.8	24.1
1980	100.0(14,970)	5.3	9.3	14.5	7.9	34.0	29.0
1985	100.0(14,970)	7.3	11.5	15.5	10.8	24.6	30.3
1990	100.0(18,085)	8.7	13.0	14.5	11.2	17.8	34.8
1992	100.0(19,009)	10.3	15.0	15.0	11.5	17.8	34.3

주 : 1974년 직업분류에 의함.
출처 : 통계청, 경제활동인구연보. 각년도.

한국표준직업분류의 개정에 따라 집계된 수치는 1993~2007년의 기간에 취업자의 비중이 감소하는 직종은 농업・어업숙련직(12.1%→6.9%), 기능원・기계조작조립원(27.8%→21.3%), 단순노무직(10.9%→11.6%) 등이고, 취업자의 비중이 증가하는 직종은 전문가・기술공・준전문가(12.6%→19.8%), 서비스・판매직(21.1%→23.7%)으로 나타나고 있다. 이러한 추이는 경제활동의 대상이 전문적인 지식을 요구하는 직종으로 전환되고 있음을 반영한다.

2007년 말 한국표준직업분류(2017년 7차 개정자료 미반영)가 개정됨에 따라 이전의 직업분류와의 단순비교는 어렵지만, 2008~2012년의 기간에 취업자의 비중이 감소한 직종은 관리자(2.3%→1.9%), 농림어업(6.7%→5.8%)으로 나타났고, 취업자의 비중이 증가하고 있는 직종은 사무종사자(14.8%→16.6%)와 장치기계조작 및 조립종사자(11%→11.6%) 단순노무종사자(12.7%→13.5%)로 나타났다.

〈표 6-12(2)〉 직업별 취업자의 구성(1993~2010)

(단위 : 천 명, %)

연 도	계	입법자, 고위임직원 및 관리자	전문가, 기술공 및 준전문가	사무직	서비스, 판매직	농림어업직	기계장치, 기계조작원	단순노무직
1995	100.0 (20,414)	2.5	13.9	12.6	22.6	11.1	26.8	11.2
1997	100.0 (21,214)	2.4	15.1	12.5	23.1	10.3	25.6	11.0
1998	100.0 (19,938)	2.5	16.3	12.4	23.6	11.5	23.3	10.4
1999	100.0 (20,291)	2.3	16.9	11.3	23.7	10.7	23.3	11.8

연도	계	의회의원, 고위임직원 및 관리자	전문가	기술공 및 준전문가	사무종사자	서비스종사자	판매종사자	농림어업숙련종사자	기능원 및 관련기능종사자	기계장치, 기계조작원	단순노무종사자
2000	100.0 (21,156)	2.2	6.6	9.8	11.9	12.6	13.4	10.0	12,7	10.8	10.0
2007	100.0 (23,433)	2.4	8.7	11.1	14.1	12.4	11.3	6.9	10.3	11.0	11.6

연도	계	관리자	전문가 및 관련 종사자	사무종사자	서비스종사자	판매종사자	농림어업숙련종사자	기능원 및 관련 기능종사자	장치, 기계조작 및 조립종사자	단순노무종사자
2008	100 (23,577)	2.3	18.6	14.8	11.3	12.8	6.7	9.9	11	12.7
2010	100 (23,829)	2.4	19.2	15.7	10.2	12.3	6	9.4	11.3	13.5
2011	100 (24,244)	2.1	19.3	16.5	10.2	11.9	5.9	9.3	11.4	13.4
2012	100 (24,681)	1.9	19.4	16.6	10.3	12.2	5.8	9.2	11.6	13.0

주 : 1993~1999년은 1993년 직업분류.
2000~2007년은 5차 개정(2000)에 의한 직업분류
2008년 이후는 6차 개정(2007)에 의한 직업분류
출처 : 통계청. 경제활동인구연보.

(3) 성별 · 연령별 취업자

1963~2012년의 기간에 취업자 중 남성 취업자 비율은 65.2%(1963년)에서 58.3%(2012년)로 저하되고, 여성의 비율은 34.8%(1963년)에서 41.7%(2012년)로 증가하였다. 이는 지난 50년 동안에 여성의 취업비중이 꾸준하게 증가되어왔음을 알려준다. 여성의 사회적 진출이 활발해 짐에 따라 이러한 여성 취업자의 비중은 꾸준히 높아질 것으로 예상된다.

남자의 경우 15~19세 연령계층이 취업자에서 차지하는 비율은, 1963년의 10.9%에서 2012년에는 0.7%에 불과하다. 이 연령층의 취업자 비중이 낮아진 것은 상급학교의 진학률의 증가에 의한 것으로 우리나라의 경우 진학률이 다른 나라와 비교하여 상대적으로 높은 것에 기인한다고 볼 수 있겠다. 20세 이상의 취업자의 비중을 살펴보면 25~29세는 지속적으로 낮아지고 있는 반면, 30세 이상의 취업자의 비중은 꾸준히 증가되고 있는 것을 볼 수 있다. 특히 60세 이상 연령층이 취업자에서 차지하는 비율은 4.7%(1963), 5.4%(1980)로 서서히 증가한 후 2012년 12.5%로 증가하였다. 이는 노령화 사회에서의 노인인구의 경제활동 참가가 활발한 것으로 볼 수 있겠다. 또한 베이비 붐 세대가 은퇴하는 향후 10~15년 사이 더욱더 증가할 것으로 예상된다.

〈표 6-13(1)〉 연령별 취업자의 구성변화(남자) (단위 : 천 명, %)

연 도	전 국	15~19세	20~24세	25~29세	30~59세	60세 이상	취업자 중 남자
1963	4,930(100.0)	538(10.9)	550(11.2)	731(14.8)	2,879(58.4)	232(4.7)	65.2
1980	8,462(100.0)	476(5.6)	864(10.2)	1,281(15.1)	5,383(63.6)	458(5.4)	61.8
1997	12,483(100.0)	152(1.2)	755(6.0)	1,852(14.8)	8,713(69.9)	1,010(8.1)	58.8
1998	11,847(100.0)	137(1.2)	611(5.2)	1,716(14.5)	8,408(70.9)	975(8.2)	59.4
2005	13,330(100.0)	110(0.8)	560(4.2)	1,439(10.8)	9.875(74.1)	1,347(10.1)	58.3
2010	13,915(100.0)	81(0.6)	433(3.1)	1,331(9.6)	10,468(75.2)	1,602(11.5)	58.4
2012	14,387(100.0)	97(0.7)	493(3.4)	1,231(8.6)	10,765(74.9)	1,802(12.5)	58.3

출처 : 통계청(각년도). 경제활동인구연보.

여자의 경우 15~24세 연령층이 여성취업자에서 차지하는 비율은, 1963년(29.5%)에서 1980(28.0%)년대까지는 큰 변동이 없었으나 2010년을 기점으로 10%가 되지 않고 있다. 여성들의 진학률 증가로 인하여 취업자의 비중은 꾸준한 감소추세로 2012년에는 8.7%로 나타나고 있는데, 이는 과거 남아선호(男兒選好) 사상으로 여성의 교육에 대한 관심이 미약하였으나, 이제는 저출산으로 인해 한 가정에 1~2자녀만 있어 남녀의 차별 없는 교육투자가 이루어지고 있는 것이다. 남성과 마찬가지로, 30~60세 이상 연령층이 여성취업자에서 차지하는 비율은 3.4%(1963년), 4.9%(1980년)로 서서히 증가한 다음 2012년에는 12.7%로 향후에도 지속적으로 증가할 것으로 예상되고 있다.

〈표 6-13(2)〉 연령별 취업자의 구성변화(여자) (단위 : 천 명, %)

구 분	전 국	15~19세	20~24세	25~29세	30~59세	60세 이상	취업자 중 여자
1963	2,633(100.0)	378(14.4)	397(15.1)	332(12.6)	1,432(54.4)	94(3.4)	34.8
1980	5,222(100.0)	559(10.7)	906(17.3)	461(8.8)	3,039(58.2)	257(4.9)	38.2
1997	8,731(100.0)	233(2.7)	1,226(14.0)	1,131(13.0)	5,319(60.9)	822(9.4)	41.2
1998	8,090(100.0)	194(2.4)	1.027(12.7)	1,047(12.9)	5,040(62.3)	782(9.7)	40.6
2005	9,526(100.0)	133(1.4)	1,023(10.7)	1,185(12.4)	6.151(64.6)	1,034(10.9)	41.7
2010	9,914(100.0)	123(1.2)	738(7.4)	1,208(12.2)	6,710(67.7)	1,135(11.5)	41.6
2012	10,294(100.0)	133(1.3)	757(7.4)	1,133(11.0)	6,966(67.8)	1,306(12.7)	41.7

출처 : 통계청(각년도). 경제활동인구연보.

우리나라가 IMF관리체제를 겪으면서 연령별 취업자의 변화는 어떠했는지를 살펴보자. 1997~98년의 기간에 IMF관리체제로 인한 취업자 감소, 즉 실업이 된 인원은 남자의 경우 636천 명, 여자의 경우 641천 명으로서 약 128만 명이 실업자가 되었다. 이중 여성이 차지하는 비율은 50.2%로서 남녀가 각각 반반으로 비슷하다. 그러나 총취업자 중 여성이 차지하는 비율이 이 시기에 40%정도임을 감안하면 IMF로 인한 여성실업이 상대적으로 컸음을 반영한다.

특히 IMF기간의 취업자의 감소(636천 명)에서 남자의 경우, 상대적으로 저연령층인 15~29세의 연령층이 295천 명으로서 감소된 취업인원(636천 명)의 46.4%를 차지하였고, 같은 연령층의 여성취업자 수 감소는 322천 명으로 감소된 취업인원의 50.2%이었다. 결과적으로 IMF관리체제를 거치면서 상대적으로 저연령층의 실업이 많았고 또한 여성의 실업이 많았다고 하겠다.

참고문헌

배무기(2006). 노동경제학. 서울 : 경문사.
조우현(1998). 노동경제학-이론과 개혁정책. 서울 : 법문사.
통계개발원(2017). 국민 삶의 질 2017.
통계청(2000). 경제활동인구연보.
______(2004). 한국의 사회지표.
______(2005). 장래인구특별추계결과.
______(2005). 한국의 사회지표.
______(2006). 2005 인구주택총조사.
______(2007). 경제활동인구연보.
______(2009). 한국의 사회지표.
______(2011). 2010 인구주택총조사.
______(2011). 2010 한국의 사회지표.
______(2016a). 2015 인구주택총조사.
______(2016b). 2016 인구주택 총조사(등록센서스 방식집계결과).
______(각년도). 경제활동인구연보.
______(각년도). 인구주택총조사보고서.
한국고용정보원(2017a). 워크넷 구인·구직 및 취업동향(11월).
______________(2017b). 워크넷 통계연보(2016년).
Ehrenberg, R. G., & Smith, R. S.(1996). *Modern Labor Economics*(6th ed.). Harper Collins.
Hoffman, W.(1931). Studien und Typen der Industrialisrung.
___________(1949). "The Growth of Industrial Production in Great Britain : A Quantitative Survey". *Economic History Review*, II, No. 2.
ILO(2003). Yearbook of Labour Statistics.
___(2010). Yearbook of Labour Statistics.
www.kostat.go.kr

CHAPTER 07

노동시장

1 경제의 순환 : 생산물시장과 생산요소 시장

2 노동시장의 개념, 특성, 기능

3 노동의 공급

4 노동의 수요

5 노동시장의 균형

chapter 07 노동시장

1. 경제의 순환 : 생산물시장과 생산요소시장

1) 경제의 생산측면과 소득측면

인간생활에 필요한 재화와 서비스는 일반적으로 기업에 의하여 생산되어 시장에 공급되고, 공급된 재화와 서비스는 시장을 통하여 거래되어 소비(수요)가 이루어진다. 재화는 자동차, 학교건물, 휴대폰, 볼펜과 같이 형체가 있는 것을 의미하고 서비스는 교통, 교육, 통신, 법률서비스와 같이 형체는 없으나 이러한 것을 이용함으로써 편리한 생활을 하게 된다. 이렇게 생산되어 소비가 이루어지는 추상적인 거래장소를 '생산물시장'[1]이라고 한다. 이와 같이 생산물시장을 중심으로 재화와 서비스의 수요와 공급이 이루어지는 것을 |그림 7－1|[2]의 상단부분과 같이 생산측면(product side)이라고 한다.

재화와 서비스가 생산되기 위해서는 생산을 위한 생산요소가 필요하다. 생산요소는 노동, 토지, 자본, 경영 등을 말한다. 기업은 이러한 생산요소를 구매하여 생산물시장에 공급할 재화와 서비스를 생산하고, 가계(개인)는 노동, 토지, 자본, 경영 대가를 받고 공급을 제공한다.

---

1) 생산물시장은 동대문시장(서울), 자갈치시장(부산), 서문시장(대구)과 같이 지역을 나타내는 구체적인 시장도 있으나 특정한 장소가 아닌 사이버공간에서 이루어지는 거래도 생산물시장이다.

2) |그림 7-1|은 기업부문과과 가계부문으로 구성된 폐쇄경제모형이다. 여기에 정부부문과 해외부문이 포함되는 경우 개방경제모형이라고 한다.

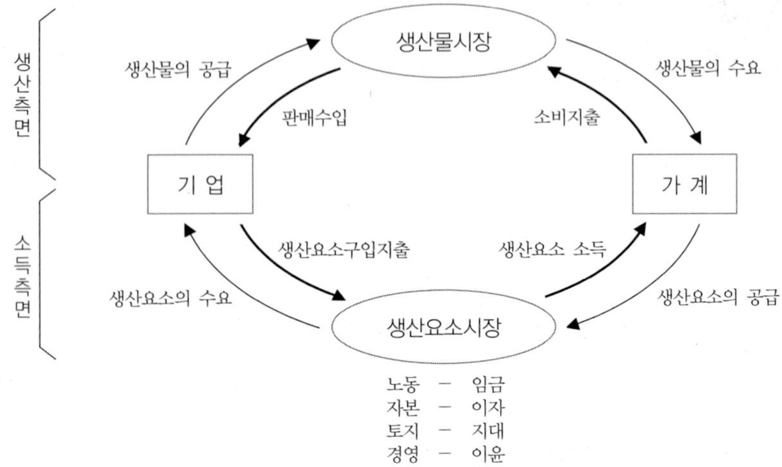

|그림 7-1| 폐쇄경제모형에서 생산물과 소득의 순환

가계에 속한 개인은 노동에 대한 대가로서 임금, 토지나 건물에 대한 대가로서 지대(임대료), 자본에 대한 대가로서 이자, 경영을 제공한 대가로서 이윤을 얻는다. 각각의 생산요소에 대한 대가는 각 가계(가정)의 소득이 되고 각 가정은 이러한 소득을 가지고 필요한 재화와 서비스를 생산물시장에서 구입하여 소비한다.

이렇게 생산요소의 거래가 이루어지는 추상적인 거래장소를 '생산요소시장' 또는 간단하게 '요소시장'이라고 한다. 노동이 거래되는 시장을 노동시장, 토지나 건물이 거래되는 시장은 부동산시장, 자본이 거래되는 시장을 자본시장이라 한다. 이와 같이 생산요소시장을 중심으로 노동, 토지, 자본, 경영 등의 생산요소의 수요와 공급이 이루어지는 것을 |그림 7-1|의 아래 부분에 표시한 것과 같이 소득측면(income side)이라고 한다.

2) 생산물시장과 생산요소시장 : 예시

생산측면과 소득측면은 동전의 앞면과 뒷면으로 생각할 수 있다. 즉, 재화의 생산(앞면)이 이루어지면 생산과정에 참여한 생산요소들에 대한 대가로서 소득(뒷면)이 생긴다는 것을 의미한다. 이해를 돕기 위하여 생산 및 소득측면에 대응되는

생산물시장과 생산요소시장을 중심으로 |그림 7−1|에 구체적인 수치를 넣어 |그림 7−2|와 같이 예시적으로 살펴보자.

시장에서 100만 원에 거래되는 보일러가 있다고 하자. 보일러는 생산물시장에서 거래된다. 소비자는 이 보일러의 가격으로 100만 원을 지출한다. 소비자가 지출한 100만 원은 기업의 입장에서는 보일러의 판매수입이 된다. 기업이 보일러를 생산하기 위해서는 생산요소로서 노동력, 토지, 자본, 경영 등을 요소시장에서 구입하여야 한다. 100만 원짜리 보일러 1대 속에는 예시적인 |그림 7−2|와 같이 이들 각각의 생산요소에 대가로서 임금(60만 원), 지대(10만 원), 이자(10만 원), 이윤(20만 원)이 소득으로 가계에 귀속된다.

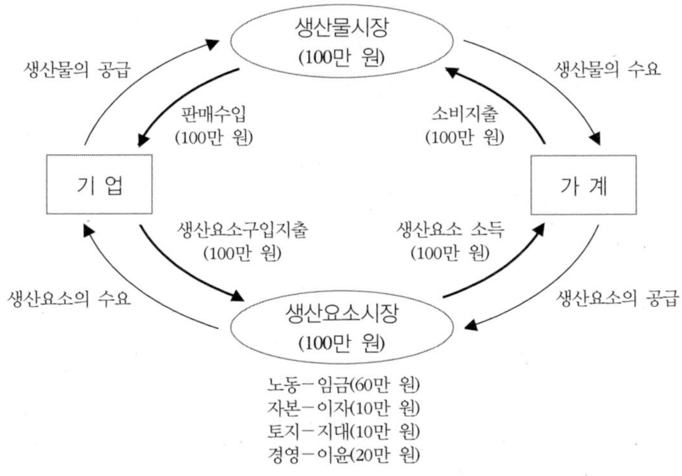

|그림 7−2| 폐쇄경제모형에서 생산물과 소득의 순환(예시)

2. 노동시장의 개념, 특성, 기능

1) 노동시장의 개념

노동시장(labor market)이란 노동력이라는 상품이 거래되는 곳을 말한다. 노동력의 공급자인 근로자와 그를 필요로 하는 사용자인 기업(구매자)이 만나는 장소이다. 즉, 노동시장은 노동의 수요와 공급이 만나는 추상적인 곳을 의미하며, 이러한 노동시장에서 '임금'과 '고용량'이 결정된다.

노동의 수요(demand of labor)는 기업에 의하여 이루어진다. 다시 말하면 기업이 필요로 하는 인력을 선발하여 쓴다는 의미이다. 노동수요가 얼마나 되는가에 대한 통계수치는 경제활동인구 중 취업자 수가 노동의 수요량이 된다. 노동수요를 파악하는 통계는 앞서 살핀 산업별 · 직업별 · 성별 · 연령별 취업자 등으로 파악할 수 있다. 노동의 수요는 생산물(=상품과 서비스)시장에 의하여 유발 또는 '파생'되는 수요이다. 예를 들어 여성의류가 잘 팔리면 여성의류를 제조하는 기업에서 더 많은 노동력을 필요로 하듯이 생산물시장에서 여성의류의 수요가 증가하면 노동수요가 증가한다. 기업의 노동수요는 임금(wage, W)이 비싸면 노동수요량이 적고 임금이 싸면 노동수요량이 커진다.

노동공급(supply of labor)은 개인에 의하여 그 공급이 이루어지며, 개개인의 노동공급이 합쳐져 사회전체의 노동공급이 이루어진다. 노동공급은 임금이 오르면 노동공급량이 증가하고 임금이 떨어지면 노동공급량이 감소한다.

2) 노동시장의 특성

노동시장을 추상적 개념으로 파악하고, 노동력의 거래에 영향을 미치는 제반 조건 또는 사정까지를 포함하여 파악하는 방법은 다른 상품시장과의 차별적인 이유 때문이다. 노동시장이란 일반적으로 다음과 같이 상품시장과는 다른 특성을 가지고 있다(이준범, 1999; 김유배, 2004).

(1) 시장의 다원성

노동시장은 하나의 노동에 대한 시장만이 존재하는 것은 아니다. 실제에 있어서 여러 상이한 종류의 노동을 위한 수천의 시장이 존재한다. 노동자의 위치, 직업, 기술 등에 따라 다양한 시장이 존재하며, 상호관련이 있는 여러 가지 유형의 노동시장을 갖고 있는 것이다. 한국과 미국, 의사와 변호사의 시장이 각각 다르다. 한국의 쌀과 미국의 쌀이 다른 것처럼 생산물 시장도 세분화되어 있기는 하지만 노동시장에 비해 훨씬 덜 세분화되어 있다.

(2) 노동력과 인격

노동시장과 생산물 시장을 구분 짓는 가장 중요한 특징은 바로 노동시장에서 거래되는 노동력이 바로 사람이라는 것이다. 생산물시장에서는 구매자와 판매자 간에 소유권이 거래된다. 그러나 노동시장에서는 사람이 가진 육체적, 지적 노동력의 제공을 거래하는 것이다.

노동력의 제공에 있어서는 노동자의 인격을 떠나서 생각할 수 없다. 임금이나 근로시간, 작업환경 등과 같은 물리적 조건과 함께 상사의 감독방법, 인사정책의 공정성 및 근로자의 의사반영 등의 조건이 중요하다. 마샬(Marshall, 1956)은 노동력이라는 상품이 다른 상품과의 다른 점을 다음과 같이 제시하였다.

- 근로자는 자신의 노동력을 판매하지만 그 자신을 판매하는 것은 아니다.
- 근로자가 자신의 노동력을 판매할 때 근로자 자신이 그곳에 가서 노동력을 제공하지 않으면 안 된다(사용자의 지휘, 감독-법률적, 형식적 대등관계지만 현실은 그렇지 않음).
- 노동력이라는 상품은 사용 여부에 관계없이 시간의 경과에 따라 자동적으로 소모되는 상품이다.
- 노동력의 판매자(근로자)는 교섭에서 불리한 입장에 서기가 쉽다.
- 노동력 특히 일정한 노동능력을 추가적으로 공급하는 데에는 장시간이 요구된다.

(3) 노동력의 미표준화

여기에서 생산물 시장과는 많은 차이가 나타난다. 특히 자연원료 및 반제품 등은 완전히 표준화되고 있으며, 상표가 다르다고 하더라도 그들의 물질적 성능은 거의 동일한 경우가 많다. 그러나 노동력은 상품과는 다른 특성이 존재한다. 우선 지적수준 및 육체적 조건, 교육수준, 성별 등에 따라 다르며, 공식적인 교육의 정도와 형태, 작업경험의 기간, 특정한 직무훈련의 정도에 있어서도 다르다.

(4) 판매장소의 미존재

일반적 상품을 사려고 할 때는 하나의 판매장소가 있다. 예컨대 전자제품을 살 때는 각각의 전자제품을 파는 시장(하이마트, 전자랜드, LG 플라자 등)이 존재하고 있지만 노동시장에 있어서는 이러한 정보망이 발달되지 못하고 있으며, 노동자의 입장에서 보면 정보의 흐름이 느리고 부정확하다. 이것이 노동자들로 하여금 새 직장을 탐색하는데 비용을 증가시키거나 꼭 필요한 경우 이외에는 직장을 옮기지 않으려 하게 되며, 각 사용자로 하여금 임금을 비롯한 고용조건을 달리할 수 있게 하는 중요한 이유가 되고 있다.

(5) 제도적 변화

노동시장은 생산물 시장보다 제도적 변화의 영향을 더욱 크게 받는다. 생산물 시장이 주로 가격의 매개기능에 의해 조절되는 면이 많은 반면, 노동시장의 경우에는 노동력의 가격인 임금의 매개기능에 의해서만 그 수급관계가 주로 결정된다고 보기 어렵다. 왜냐하면 노동시장을 둘러싸고 있는 여러 가지 환경적 요인, 예컨대 정치 · 사회 · 경제적 환경 또는 공업화의 단계, 노동시장의 집중화 정도, 각종 노동보호입법의 추진, 교육제도, 여성의 경우 경제활동참가율의 변화, 인구 및 인구구성의 변화 등이 상호 복합적으로 작용하고 있기 때문이다.

3. 노동의 공급

노동공급은 노동자가 일정기간 노동력을 매매하고자 하는 의도를 나타내며, 유량(flow)의 개념이다. 즉, 일정시점에서의 공급이 아니라 일정기간 동안에 있어서의 노동력의 공급을 의미한다고 할 수 있다.

1) 국가의 노동공급의 결정요인

한 나라의 노동공급은 경제사회발전의 초기단계에서는 사회적 이동(농촌→도시)에 의하여 이루어지나, 이론적으로는 총인구, 경제활동참가율, 노동시간, 노동력의 질 등 4가지 요인에 의하여 이루어진다.

(1) 총인구 및 생산가능인구

총인구 또는 생산가능인구의 규모가 크면 클수록 노동공급은 크다. 우리나라의 5,000만의 인구와 중국의 13억 인구를 비교하면 중국의 노동공급량은 인구수로 보아 약 26배의 차이가 난다. 또한 노동공급은 생산가능인구가 중요시된다. 즉, 인구구조로 보아 피라미드 형태는 유년부양률이 높음을, 항아리형은 생산연령계층인구가 많으나 "노년부양률"의 문제가 생긴다는 것은 제5장(노동력의 이해)에서 배웠다. 총인구 및 생산가능 인구가 크다는 것은 그 만큼 노동의 공급의 규모가 크다는 뜻이 된다.

(2) 경제활동참가율

경제활동참가율[3]이란 생산가능인구중 취업자와 실업자의 합계인 경제활동인구가 차지하는 비율을 말한다. 따라서 생산가능인구가 많다 해도 일을 하지 않으면, 즉 경제활동에 참가하는 비율이 낮다면 노동공급이 크다고 볼 수 없다. 경제활동참가율이 증가한다는 것은 노동공급이 증가함을 의미한다.

(3) 노동시간

노동시간 또한 노동공급에 영향을 미치는 요소이다. 인구규모가 같고, 경제활동참가율이 동일하다고 했을 때, 노동시간이 많으면 많을수록 노동공급이 많아지기 때문이다. 일반적으로 선진국의 경우 임금이 상승할수록 개별 노동자에게

3) 제5장의 경제활동인구의 구성 및 분류를 참고하기 바란다.

는 노동의 효용보다 노동의 비효용이 더 커지는 경향이 있는데, 이는 여가에 대한 선호가 증대되어 노동시간이 단축되는 것을 의미하므로 전체적인 노동공급을 감소시키는 요인이 된다. 후술하는 개인의 소득－여가에서 알아보기로 하자.

(4) 노동력의 질

과거 값싸고 풍부한 노동력, 증가하는 경제활동참가율, 긴 노동시간 등이 노동공급을 증가시켜 우리나라의 경제발전에 원동력이 되었던 시대가 있었다. 그러나 세계화, 정보화, 네트워크화 등 국경 없는 무한경쟁시대를 맞은 우리의 현실과 미래의 대응을 위하여 노동공급에서 가장 중시되는 것은 '노동력의 질'이다. 노동력의 질은 1960년대부터 개화된 인적자본이론(human capital theory)의 핵심이다. 위에 제시한 생산가능인구 수, 경제활동참가율, 노동시간 등 3가지가 동일하다고 할 경우 노동력의 질적 수준이 높다면 생산성과 생산능력, 부가가치 능력은 훨씬 높아지게 된다. 노동력은 개인이 공급하는 것으로 이는 개인차가 있고, 능력에 있어서 모두 다르다. 노동력의 질적 향상은 교육훈련 및 기술의 개발로 이루어질 수 있다.

이 밖에도 근로자 개인의 노력 및 책임, 숙련도 등을 들 수 있는데, 노동공급의 주체인 노동자들이 자신이 맡고 있는 직무에 어느 정도 충실하게 임하느냐의 여부를 의미하는 것으로 동일한 노동공급시간이라고 하더라도 개별 노동자들의 노동에 대한 노력의 정도에 따라 노동공급에 미치는 효과는 상이하다고 볼 수 있다. 이러한 노동에 대한 노력의 정도는 노동자의 육체적 건강과 신체적 조건, 실질임금의 수준, 성과급제도를 비롯한 임금지급방식, 노무(인사)관리와 같은 노동에 대한 통제방법 등에 따라 결정된다(김용원, 2007).

2) 개인의 노동공급

(1) '소득-여가' 선택에 의한 예산선

홍길동 씨는 노동력이 있는 사람이다. 그는 일을 하여 소득(임금)을 벌 것인가?, 아니면 여가를 즐길 것인가?에 대하여 선택하게 된다. 이러한 선택문제와 노동공급과의 관계를 예를 들어 설명하자. 홍길동 씨는 하루 24시간 중 8시간을 잠자고, 식사시간과 그 외의 필요시간으로 6시간을 소비한다면 홍길동 씨는 10시간의 여가시간을 갖게 된다. 여가시간에 일을 하면 수입이 생기고 놀면 여가를 즐기게 된다. 이제 시간당 임금이 2,000원(w_0=2,000)이라면 홍길동 씨가 여가시간 10시간을 일하면 20,000원을 벌고 5시간을 일하면 10,000원을 벌게 된다.

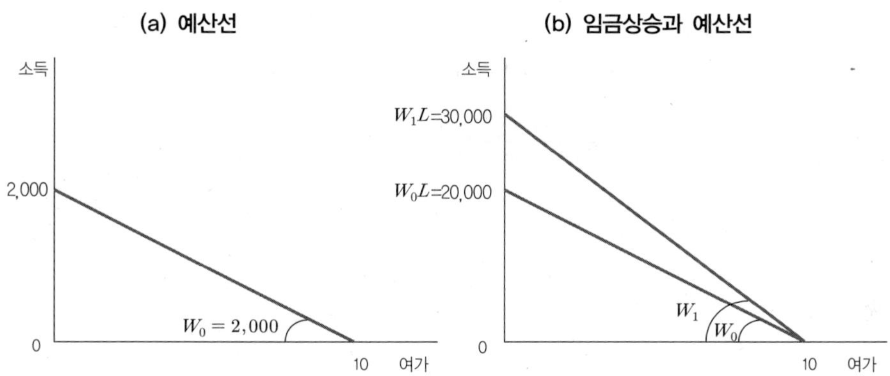

|그림 7-3| 소득과 여가와의 관계 : 예산선

이러한 상황을 나타낸 것이 |그림 7-3|의 (a)이고, 이 선을 예산선(豫算線, budget line)이라고 한다. 그림과 같이 예산선은 시간당 임금(wage rate)이 주어졌을 때 '소득-여가'를 배분하는 선으로 이해하자. 시간당 임금이 2,000원에서 3,000원(w_1= 3,000)으로 상승하면 예산선은 그림의 (b)와 같이 변화한다. 그림 (b)의 Y축(소득)에 있는 $w_0\ L$=20,000원(=2,000원 × 10시간), $w_1\ L$=30,000(=3,000원 × 10시간)은 여가시간을 모두 일함으로써 얻어지는 소득을 의미한다. 시간당 임금은 기업측에서 제시하는 것으로서 홍길동 씨의 의사와는 관계없이 객관적으로 정해지므로, 예산선은

시간당 임금이 주어졌을 때 '소득−여가'에 대한 객관적 상황을 나타낸다.

(2) '소득-여가' 선택에 의한 무차별곡선

여가와 소득은 많을수록 주관적으로 느끼는 효용(效用, utility)이 높다고 하겠다. 이러한 관계를 입체적으로 표시한 것이 |그림 7−4|의 왼쪽 그림이다. $A' \rightarrow C'$로 이동하는 구간은 소득(임금)이 고정된 상황에서 여가시간이 증가함에 따라 효용이 증가하는 것을 나타내고, $B' \rightarrow D'$로 이동하는 구간은 여가시간이 고정된 상황에서 소득이 증가함에 따라 효용이 증가하는 것을 나타낸다.

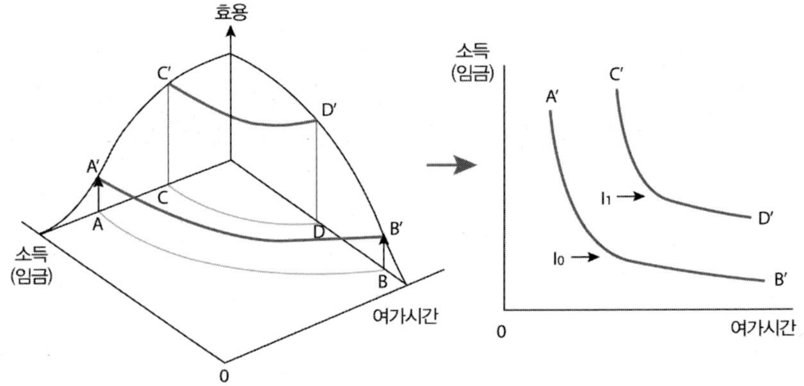

|그림 7−4| 소득과 여가와의 관계 : 무차별곡선

그리고 $A' \sim B'$를 연결한 선은 효용수준이 같은 것을 나타내는 등고선을 의미하며, 효용등고선은 효용수준이 같기 때문에, 즉 차별이 없기 때문에 무차별곡선(無差別曲線, indifference curve)이라고 한다. $A' \sim B'$는 I_0로, $C' \sim D'$는 I_1로 표시하여 무차별곡선 I_0와 I_1을 평면상에 표시한 것이 |그림 7−4|의 오른쪽 그림이다.

홍길동 씨의 경우 무차별곡선 I_0을 유지하면서 소득(임금)을 증가하려면 여가시간을 줄여야 하고 여가시간을 많이 가지려면 소득은 감소하게 된다. 무차별곡선 I_0 보다 더 높은 효용수준이 무차별곡선 I_1을 유지하면서 소득(임금)을 증가하려면 여가시간을 줄여야 하고 여가시간을 많이 가지려면 소득은 감소하게 된

다. 이러한 관계를 그림으로 나타낸 것이 |그림 7−4|의 오른 쪽에 표시한 2개의 무차별곡선이다.

여가와 소득의 한계효용이 모두 '0'보다 크므로 무차별곡선은 우하향(右下向)하고 그림에서 보듯이 I_0와 I_1으로 이동하면, 즉 무차별곡선이 원점에서 멀어질수록 보다 높은 효용을 나타낸다. 즉, I_0의 무차별곡선보다 I_1의 무차별곡선이 보다 높은 효용을 나타낸다. |그림 7−4|의 그림은 단순히 2개의 무차별곡선만을 표시하고 있으나 무수히 많은 무차별곡선의 집합이 생략된 것이다.

무차별 곡선의 개념

무차별 곡선에서는 소비자의 효용(效用; 주관적 만족)을 두 개의 서로 다른 소비생활에 대하여 어느 한쪽이 다른 쪽보다 소망스럽다고 느끼거나, 또는 두 생활이 동등한 만족도를 제공한다고 느끼게 된다. 즉, 효용을 서수적으로 측정할 수 있다고 가정하고 있는데, 서수적 방법이란, 예를 들어 귤과 사과를 먹는다고 할 때, 귤의 효용이 사과의 효용보다 꼭 2배 크다고 하는 것이 아니라 단순히 크다고만 하는 것이 효용의 서수적 측정이다. 귤의 효용이 사과의 효용보다 크기는 큰데 얼마나 큰지는 표시하지 않는 것이다.

■ 무차별곡선의 개념

① 배 3개와 사과 1개, ② 배 2개와 사과 2개, ③ 배 1개와 사과 3개 등과 같이 상품을 조합 또는 묶음으로 고찰하여 효용이 조합 ①과 ②를 비교할 때 조합 ①이 조합 ②보다 소비자에게 더 선호되는가 덜 선호되는가 아니면 두 조합이 똑같은가 하는 선호의 순서를 정하게 된다. 만약 소비자에게 똑같은 만족 혹은 효용을 주는 상품의 조합들 중에서 한 조합만 선택하게 한다면 이는 어떤 조합을 선택해도 상관없다는 말이다. 이와 같이 똑같은 만족을 주는 상품의 조합들에 대하여 소비자는 무차별(indifferent)하다고 말한다. 무차별한 상품의 조합점들을 이은 곡선을 무차별곡선(indifferent curve)이라고 말한다.

■ 무차별곡선의 특징

① 원점에서 멀리 떨어진 무차별곡선일수록 높은 만족수준을 나타낸다[상품을 많이 소비할수록 좋다는 다다익선(多多益善)의 결과임].
② 무차별곡선은 우하향한다(소비자가 동일한 효용수준을 유지하면서 한 상품의 소비를 증가시키기 위해서는 다른 상품의 소비를 감소시킬 수밖에 없다).
③ 무차별 곡선은 서로 겹치거나 교차할 수 없다.
④ 무차별곡선은 우하향하면서 원점을 향하여 볼록한 형태를 취한다(한계대체율 체감의 법칙; 한계대체율(MRS)은 무차별 곡선의 기울기이다).

(3) 노동공급량의 결정

합리적인 인간인 홍길동 씨는 무수하게 자신의 무차별곡선에서 가장 효용이 높은 무차별곡선과 앞에서 본 예산선을 고려하여 자신의 여가시간과 노동시간을 결정할 것이다. 홍길동 씨가 시간당 2,000원을 받는 인적자본을 지닌 사람이어서 |그림 7－3|의 예산선을 택할 수밖에 없다고 하자. 그는 이 예산선과 |그림 7－4|의 무차별곡선과 접하는 점에서 노동시간과 여가시간을 택할 것이다. 이러한 상황을 나타낸 것이 |그림 7－5|이다.

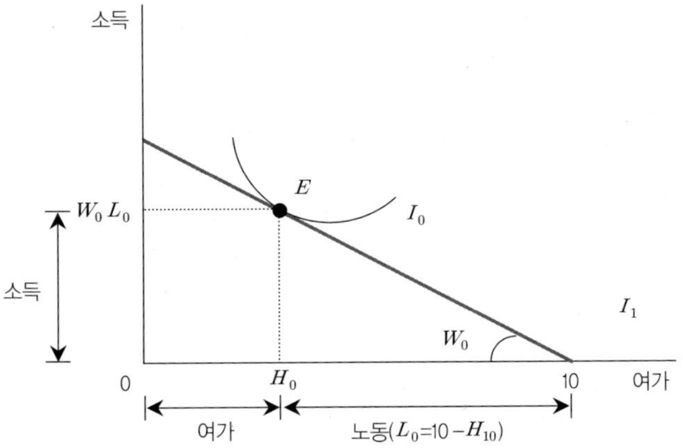

|그림 7－5| 노동공급량의 결정

총여가시간을 H(=10시간)로 표시하면 이 그림에서와 같이 임금이 W_0 일 때 홍길동 씨는 예산선(객관적 여건)과 무차별곡선(주관적 여건)이 접하는 E 점(균형점이라고 한다)에서 OH_0 의 여가시간을 택하고 노동시간(L_0)은 ($10-H_0$)를 택하며, 노동소득(임금)은 $W_0 \times L_0$를 얻게 된다.

(4) 노동공급곡선의 도출

시간당 임금수준이 W_0 일 때 홍길동 씨의 균형점은 |그림 7－6(a)|의 a점이며 노동시간은 L_0 이다. 임금수준이 계속적으로 높아져 W_1 에 이르면 균형점은 a→

b점으로 이동하게 된다.

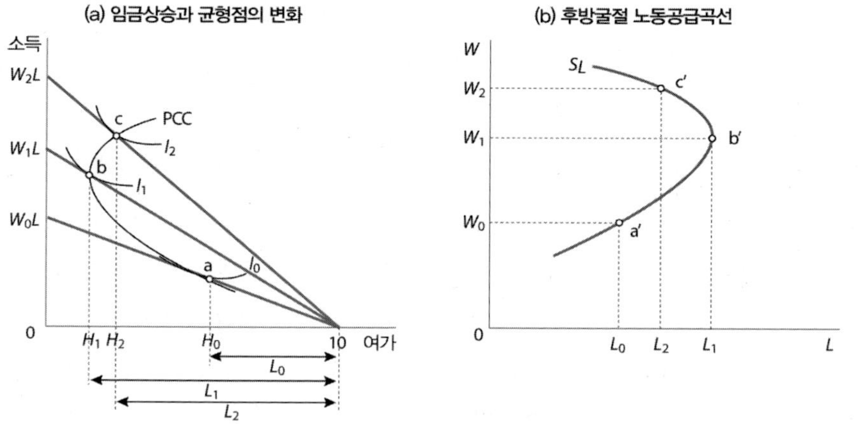

|그림 7-6| **개별노동공급곡선의 도출과 후방굴절 노동공급곡선**

이렇게 임금이 $W_0 \rightarrow W_1$으로 상승함에 노동시간이 $L_0 \rightarrow L_1$로 증가하는 상황을 |그림 7-6|의 (b)와 같이 나타내면 균형점이 $a \rightarrow b$로 이동하게 되고 이에 대응하는 점은 $a' \rightarrow b'$가 된다. |그림 7-6(b)|의 $a' \rightarrow b'$로 이동하는 궤적은 임금상승 시 노동공급(시간)이 증가하는 전형적인 노동공급곡선(labor supply curve)이 된다.

홍길동 씨가 매우 유능하여 시간당 임금이 $W_1 \rightarrow W_2$로 매우 높게 상승하면 어떻게 될까? 매우 높은 임금상승은 |그림 7-6(a)|에서 보듯이 $W_1 \rightarrow W_2$에 대응하는 홍길동 씨의 균형점은 $b \rightarrow c$로 이동하고 이에 대응하는 노동공급곡선은 |그림 7-6(b)|의 $b' \rightarrow c'$가 된다. $b' \rightarrow c'$로 이동하는 궤적을 후방굴절노동공급곡선(kinked or backward labor supply curve)이라고 한다. $b' \rightarrow c'$로 이동하는 이러한 노동공급곡선상에서 우리의 홍길동 씨가 노동공급을 한다면 그는 건강을 중시한다든지 삶의 질을 추구하는 등 '일' 보다는 '여가'를 중시하는 사람이라고 할 것이다. 경제적으로 어려웠던 과거에는 대부분의 경우 $a' \rightarrow b'$의 노동공급곡선상에서 노동공급을 하였으나 최근에 들어와서 $b' \rightarrow c'$의 노동공급을 중시하는 경향도 없지 않다고 하겠다.

(5) 대체효과와 소득효과

임금이 상승하는 경우 개개인이 노동공급(시간)을 더할 것인가, 줄일 것인가의 여부는 임금상승에 따른 대체효과(代替效果, substitute effect)와 소득효과(所得效果, income effect)의 상대적 크기에 달려있다. 소득효과란 임금이 상승하면 한 개인의 근로소득은 증가하고, 소득이 증가하면 여가와 여타의 소비재를 동시에 더 구입하려고 한다. 여가를 더 소비하게 되면 노동시간의 공급은 감소한다. 이와 같이 임금상승이 개인의 소득을 증대시켜 여가를 더 소비하게 하는 효과를 소득효과라고 한다. 임금상승의 소득효과는 여가를 늘리고 노동공급을 줄이는 것이다.

대체효과란 여가의 가격(임금)이 상승하면 우선 노는 것(여가)이 상대적으로 비싸진다. 소비자는 상대적으로 비싸진 자원(여가)을 덜 소비하려는 마음을 갖게 되는데, 이는 여가의 절약이라는 형태로 나타날 것이다. 따라서 여가에 대한 수요량은 감소하게 된다. 따라서 여가활동이 소득취득활동으로 용도전환(대체)된다. 이것을 임금상승의 대체효과라 한다. 임금상승의 대체효과는 여가를 줄이고 노동공급을 늘리는 것이다(조우현, 1998).이들 효과는 |그림 7－7|과 같이 나타낼 수 있고, 일반적으로 다음과 같이 요약된다.

- 대체효과 : 임금상승 → 여가의 상대가격 상승 → 여가소비 감소 → 노동공급 증가
- 소득효과 : 임금상승 → 실질소득 증가 → 여가소비 증가 → 노동공급 감소

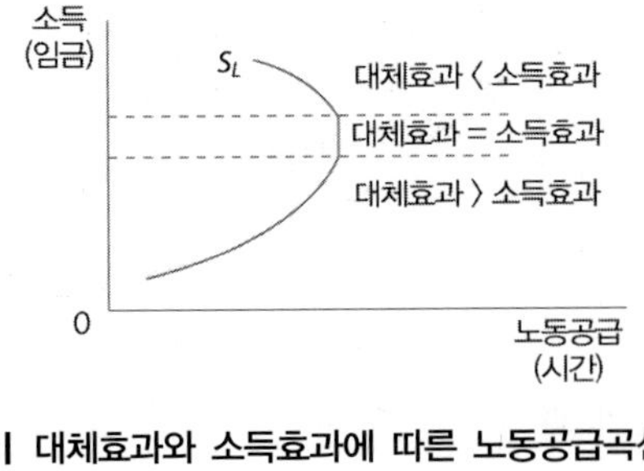

|그림 7－7| 대체효과와 소득효과에 따른 노동공급곡선의 모양

그러므로 대체효과가 소득효과보다 크면, 즉 여가가 열등재(劣等財)인 경우, 노동공급곡선이 우상향($a' \rightarrow b'$)하고 소득효과가 대체효과보다 더 크다면 후방굴절하는 노동공급곡선($b' \rightarrow c'$)으로 나타난다. 이것이 |그림 7-6(b)|이다. 후방굴절형 노동공급 곡선에서 임금이 상승할 때, 소득효과와 여가와의 관계는 여가가 정상재일 때와 열등재일 때 다시 아래와 같이 나누어진다.

- 소득효과 : 임금상승 → 여가 열등재 → 여가소비 감소 → 노동공급 증가
  여가 정상재 → 여가소비 증가 → 노동공급 감소

3) 시장전체의 노동공급

(1) 시장노동공급곡선의 도출

앞에서는 개별적인, 즉 홍길동 씨의 노동공급곡선을 경제이론에 따라 도출하였다. 개별 노동공급곡선의 합계가 시장전체의 노동공급곡선이 된다. 개별 노동공급곡선은 후방굴절하는 경우가 있으나 시장전체의 노동공급곡선은 일반적으로 우상향한다. 시장전체의 노동공급곡선을 그림으로 표시하면 |그림 7-8|과 같다.

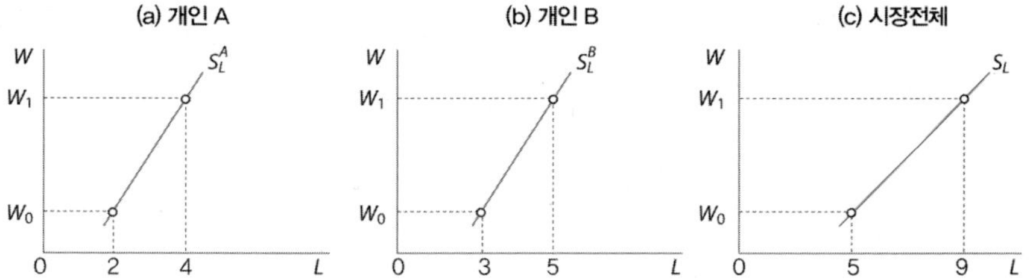

|그림 7-8| 시장전체의 노동공급곡선의 도출

노동을 공급하는 사람은 무수하게 많다. 이 그림은 단순화를 위하여 시장전체에 두 사람만이 있다고 가정하여 그린 것이다. 시간당 임금이 W_0(=2,000원)일 때 '개인A'는 2시간의 노동공급을 하고 '개인B'는 3시간의 노동공급을 하여 시장전

체로는 5시간의 노동공급을 하게 된다. 같은 논리로 임금이 W_1(=3,000원)일 때 '개인A'는 4시간의 노동공급을 하고 '개인B'는 5시간의 노동공급을 하여 시장전체로는 9시간의 노동공급을 하게 된다. 따라서 시장전체의 노동공급곡선은 |그림 7-8|의 (c)가 된다.

(2) 시장노동공급곡선의 기울기

|그림 7-8(c)|의 시장전체의 노동공급곡선은 임금상승과 노동공급시간(노동공급량)과의 관계를 나타내고 있다. 노동공급곡선의 기울기가 완만하다는 것은 임금변화보다 노동공급의 변화가 크다는 것을 의미한다. 시장전체의 노동공급곡선의 기울기는 주로 다음과 같은 이유에서 결정된다.

첫째, 노동의 이동가능성이 크면 클수록 노동공급곡선은 완만한 형태를 지닌다. 둘째, 노동의 이동비용이 낮을수록 노동공급곡선은 완만한 형태를 가지며, 셋째 측정기간이 길어질수록 노동공급곡선의 모양은 완만하게 나타난다.

4) 노동공급의 탄력성

노동공급의 탄력성이란 임금의 변화에 따른 노동공급량의 변화정도를 의미한다. 즉, 임금변화율에 대한 노동공급량의 변화율을 의미하는 것으로 공식은 아래와 같다(임금 : W, 노동공급량 : L).

$$\text{노동공급의탄력성} = \frac{\text{노동공급량의 변화율}(\%)}{\text{임금의 변화율}(\%)} = \frac{\frac{\Delta L}{L}}{\frac{\Delta W}{W}} = \frac{\Delta L}{\Delta W} \cdot \frac{W}{L}$$

예컨대, 1년 동안에 우리나라 근로자 평균임금이 100만 원에서 120만 원으로 인상되었고 근로자수는 같은 기간에 1,000만 명에서 1,100만 명이 증가되었을 때 노동공급의 탄력성[4]은 0.5(=10%/20%)이다.

---

4) 노동공급의 탄력성이 1.0보다 크면 '탄력적', 1.0보다 작으면 '비탄력적'이라고 한다.

노동공급의 탄력성이 무한대(∞)에 가깝게 되면 임금의 미세한 변화에도 노동공급량은 민감하게 반응한다. 노동공급곡선이 수평인 경우는 루이스(A. W. Lewis)의 이중경제모형에서 무제한적 노동공급이 가능한 경우인데, 일반적으로 저개발국에서는 농업을 중심으로 한 전통적인 경제부문에 과잉노동력이 존재하므로 근대적인 경제부문으로의 고용기회가 주어지면 장기간에 걸친 저임금 상태의 무제한적 노동공급이 가능하여 경제발전이 촉진된다고 한다. 반대로 노동공급의 탄력성이 '0'인 경우도 가정할 수 있는데, 이 경우에는 노동공급곡선이 수직선이 되며, 임금의 변화에도 불구하고 노동공급량이 전혀 변하지 않는데, 일정한 자격을 요하는 특수한 직업의 경우가 이에 해당한다(김용원, 2007).

이러한 노동공급의 탄력성을 결정하는 요인으로는 생산규모를 산정하는 인구수, 노동조합의 결성 여부와 교섭력의 강도, 여성 또는 기혼 취업의 용이성, 산업구조의 변화 등 매우 다양하게 이야기할 수 있다.

5) 경제활동 참가이론

(1) 비근로 소득 또는 타 가구원의 소득

소득은 여러 측면에서 일어날 수 있는데, 일반적으로 노동에 의한 근로소득과 이자, 재산, 상속 등의 비근로 소득으로 구분해 볼 수 있다. 어떤 가족의 경제활동에서 노동을 공급하는 이유는 소득을 얻기 위해서이다. 그런데 경제활동을 하지 않고도 소득을 얻는다면 경제활동을 할 이유는 줄어들게 된다. 일반적으로 소득이 일정수준이상 증가하게 되면 여가에 대한 선호가 증대하여 경제활동참가율은 낮아지게 되는 것이다.

예컨대, 홍길동 씨의 가족이 매달 200만 원의 소득으로 생활을 하고 있었는데, 유산 상속으로 인하여 10억을 받았다면 경제활동에 참가를 줄이고, 여가를 더 선호하게 된다는 것이다. 또한 홍길동 씨의 부인이 경제활동에 참가하여 소득이 늘어나게 된다면 소득의 증대로 인해 여가를 더 선호하게 된다는 것이다.

(2) 시간당 임금의 상승

일반적으로 시간당임금이 상승하게 되면 여가에 대한 비용이 비싸지기 때문에 경제활동참가율은 높아진다. 경제활동참가 예정자의 주관적인 요구임금률에 비해 노동시장에서의 임금률이 낮을 때에는 경제활동에 참가하지 않게 되지만, 노동시장에서의 임금률이 상승하여, 요구임금률보다 높아지게 되면 경제활동에 참가하게 되는 것이다.

(3) 개인의 여가

개인의 여가에 대한 태도, 즉 개인의 소득과 여가에 대한 선호는 경제활동참가율에 영향을 미친다. 여가(leisure)라 함은 일정한 주어진 시간(하루 24시간 또는 한주 168시간) 중 노동시장에서 보내지 않는 비취업시간을 말한다.

여가는 보통재이므로 사람들은 노동을 공급하여 얻게 되는 노동소득과 여가사이의 일정한 상충관계(trade off)를 바탕으로 한 선호체계를 갖고 있다고 가정할 수 있다. 앞에서 공부한 바와 같이 여가와 소득간의 선호체계를 나타내는 무차별곡선으로 나타낼 수 있다. 소득이나 여가는 인간에게 모두 소망스러운 것이므로 무차별곡선은 통상의 모양과 같이 우하향한다.

(4) 가계 내 생산

전통적으로 가계는 소비만 하고 기업이 생산을 담당하는 것으로 되어 있다. 그러나 가계에서의 소비 행위의 내용을 살펴보면, 시장에서 구입한 재화를 순간적으로 소비하여 효용(만족)을 얻고 있는 것은 아니다. 식사라는 소비를 보면 시장에서 구입한 재료를 일정 시간을 투입하는 가사노동을 필요로 하며, 이와 같이 재화 및 시간을 투입하여 생산된 것이 식사(밥, 김치, 소고기 국 등)이다.

식사에 국한되지 않고 우리가 소비하는 것은 모두 시간을 투입하여 효용을 극대화하려고 한다. 이처럼 시장재화와 가사노동을 결합시켜 상품을 만들며 이들 상품이 효용을 극대화한다고 볼 때 우리가 가계에서 소비하는 상품은 매우 노동집약적인 것도 있고, 자본(재화) 집약적인 것도 있을 수 있다. 가계생산기술의 향상, 즉 가계 내에서의 생산성이 높아지면 가사노동에 투자하는 시간은 절약되고 이를 바탕으로 경제활동에 참가할 수 있는 시간이 그 만큼 높아지게 된다는 것이다(배무기, 2006).

(5) 기타의 노동공급에 영향을 미치는 요소

앞서 살펴본 요소 이외에도 경제활동에 영향을 미치는 요소들이 있는데, 이를 간략히 살펴보면 다음과 같다.

① 육아와 통근시간

경제활동참가에 영향을 주는 요인 중 육아와 자녀는 중요한 요소이다. 우리나라의 전통적인 면을 살펴보면 대체로 여성은 결혼과 동시에 또는 자녀 출산과 동시에 경제활동을 그만두게 된다. 또한 일을 그만두지 않더라도 자녀의 양육에 필요한 시간 때문에 출・퇴근에 제약이 있게 마련이다. 육아에 필요하거나 탁아시설에 자녀를 보내는데 필요한 시간 또는 통근시간이 확보되지 않으면 경제활동에 참가할 수 있는 시간이 줄어들거나 없어지기 때문이다.

② 농가・비농가, 성별

일반적으로 농가가 비농가에 비해 경제활동참가율이 높다. 이것은 농가의 경우 아무 곳에서나 일을 하기 쉽고, 가구원 누구나 참가하여 일을 할 수 있기 때문이다. 대체로 비농가의 경우에는 경제활동을 할 수 있는 일정한 일터가 부족하기 때문이기도 하다.

농가・비농가를 떠나 성별의 경우에서는 남성이 여성보다 경제활동에서 우위를 점한다. 이는 여성의 경우 가사, 육아 등의 가정경제 내에서의 활동을 이유로 들 수 있다. 그러나 여성만을 생각해 볼 경우 농가에서의 경제활동참가율이 더 높게 나타난다. 이는 농가의 여성은 앞서 기술한데로 아무 곳에서나 일을 하기 쉽고, 주로 집근처에서 일을 하기 때문에 통근시간에도 유리하기 때문이다.

③ 조세정책 및 사회보장제도

조세정책과 사회보장제도 또한 경제활동 참가율과 관계가 있다. 감세정책은 노동자의 근로의욕을 고취시키고 소득증대의 효과를 가져다주고, 기업에게는 비용의 절감을 가져와 투자증대를 통한 고용증대로 경제활동 경제활동참가율을 높이는 효과를 가져다 줄 수 있다. 그러나 감세는 대체효과와 소득효과를 동시에 유발시키므로 경제활동참가율을 저하시킬 가능성도 있다.

사회보장제도는 노동자들을 각종 위험으로부터 보호하여 안심하고 노동시장에 참여할 수 있게 하여 경제활동참가율에 긍정적인 영향을 줄 수 있다. 그러나 지나친 사회보장 급여의 수준은 노동에 대한 동기유발을 저해하여 경제활동참가율을 저하시킬 수 있다.

④ 기혼여성의 경제활동 참가결정요인

㉠ **기혼여성의 실질임금** : 노동공급의 가장 큰 결정 요소인 임금이 높다면 이들의 경제활동참가는 늘어나게 된다.

㉡ **남편의 임금 및 타 가구원의 소득** : 남편의 임금 또는 타 가구원의 소득이 높다면 앞서 살펴본 바와 같이 경제활동에 참가하지 않거나, 줄일 가능성이 높고, 반대로 낮다면 경제활동에 참가할 가능성이 높게 된다.

㉢ **교육수준** : 여성의 교육수준이 높으면 높을수록 경제활동참가는 높은 비율로 나타난다. 일반적으로 기혼여성 또한 교육수준이 높으면 높을수록 경제활동에 참가하는 비율은 높게 나타난다.

㉣ **자녀의 수와 자녀의 연령** : 자녀의 수는 기혼여성들에게 있어서 경제활동에 대단히 제약되는 요인이다. 자녀의 수가 많으면 많을수록 양육에 드는 시간이 많아 경제활동에 참여를 어렵게 하고, 연령은 취학 이전의 유아일 경우 더욱 경제활동을 어렵게 하는 요인이 된다.

㉤ **기혼여성에 대한 기업의 수용태세와 실업률** : 기혼여성 노동력에 대한 기업의 수용태세는 시간제근로에 대한 편의제공이라든지 기혼여성 노동력에 대한 적합한 직종의 개발, 적합한 임금, 기타 부가급여 등의 경비를 들 수 있겠

다. 이러한 수용태세가 긍정적인 기업일수록 기혼여성의 취업이 용이하다. 또한 실업수준이 전반적으로 높을 때는 취업기회가 감소하므로 기혼여성들 또한 취업가능성은 낮아지게 되고 경제활동참가율이 낮아지게 되는 것이다.

⑤ **사회구조 및 경제상황**

사회가 고학력 인력의 필요 또는 고학력 사회로 갈수록 청소년의 경제활동 참가비율은 줄어들게 된다. 예컨대, 고등학교를 졸업하고 대학으로의 진학을 하게 되면, 이는 경제활동인구(실업자)가 아닌 비경제활동인구(학생)로 분류된다. 이러한 현상은 특히 학벌을 중요시하는 사회에서 볼 수 있는데, 우리나라의 경우 사회적 현상이 고학력을 선호하기 때문에 이러한 결과가 나타난다. 또한 경제상황은 실업과 더불어 경제활동참가에 영향을 미치게 된다. 흔히 경기가 좋지 않을 때 나타나는 경제활동참가 여부를 실망노동자 효과와 부가노동자 효과[5]로 설명할 수 있다.

4. 노동의 수요[6]

앞서 노동시장에서도 언급했듯이 노동수요는 일정기간 동안에 있어서의 수요를 의미하므로, 유량(flow)의 개념이다. 또한 기업이 판매하고자 하는 상품 및 서비스를 제공하는데 쓰여지는 수요이다. 즉, 기업이 생산한 제품에 대한 상품에 대한 수요가 없다면 기업의 노동에 대한 수요도 없게 될 것이며, 이러한 의미에서 노동의 수요는 최종생산물에 대한 수요에서 파생되었다는 의미에서 파생수요(derived demand)라 한다. 이점을 반드시 상기하고 다음의 내용을 살펴보자.

5) 9장의 실업유형 중 경기적 실업을 참조하기 바란다.
6) 한성덕(2005). 직업정보의 이해에서 발췌하였음

1) 개별기업의 노동수요

(1) 생산함수

생산이란 생산요소를 적절하게 배합, 가공하여 인간에게 유용한 재화와 서비스를 창출함으로써 사회후생을 증대시키는 행위이다. 생산은 제품을 생산하는 것뿐만 아니라 재화의 포장, 운송, 저장 등 사회후생을 증대시키는 모든 행위를 포함하는 개념이며, 대부분 기업조직을 통하여 이루어진다.

기업은 재화와 용역을 생산하여 시장(생산물시장)에 내다 팔아서 이윤을 추구하는 경제단위이다. 기업은 이윤을 추구하되 가장 많은 이윤, 즉 이윤극대화(利潤極大化)를 추구한다. 이를 위하여 이윤극대화를 위한 생산량(Q)을 결정하고 생산량은 생산을 위한 생산요소의 투입에 의하여 결정된다. 생산요소는 크게 노동, 자본, 자연 등으로 분류되나 이론의 단순화를 위하여 노동(L)과 자본(K)을 생산요소로 이해하자.

노동과 자본 등 생산요소를 투입하여 생산량이 얼마가 되는가를 나타내는 것이 생산함수(生產函數, production function)이다. 생산함수는 단기(短期, short-run)와 장기(長期, long-run)로 나누어진다. 개별기업의 입장에서 건물, 기계설비와 같은 자본량은 짧은 기간에 증가시키는 것이 어려우나 노동량은 조절이 가능하기 때문에 이러한 경우 '단기생산함수'라고 하고, 긴 시간을 두고 자본량을 변화시킬 수 있는 경우 '장기생산함수'라고 한다. 이제 생산량을 Q, 노동량을 L, 자본량을 K라고 하면, 자본량은 단기에 변동이 없으므로(즉, $\overline{K}$) 단기생산함수와 장기생산함수는 다음과 같이 함수식으로 표시된다.

- 단기생산함수 : $Q = f(L, \overline{K})$; 자본은 변화가 없고($\overline{K}$), 노동량(L)이 변화한다.
- 장기생산함수 : $Q = f(L, K)$; 자본(K)과 노동량(L)이 다 같이 변화한다.

(2) 개별기업의 단기생산함수

이해를 돕기 위하여 예를 들자. 이몽룡 사장은 보일러를 생산하는 소규모기업을 운영하고 있다. 보일러의 생산을 위한 자본(공장건물과 기계설비 등 고정요소라고 하고 $\overline{K}$로 표시한다)에 노동량을 투입하여 한 달 동안의 생산량을 기록한 것이 <표 7－1>이다.

〈표 7-1〉 '이몽룡' 사장의 단기생산함수

① 노동량	L	명	10	20	30	40	50	60	70	80
② 총생산량	Q	대	0	100	185	260	329	394	455	513
평균생산량	$AP_L=\frac{Q}{L}$	대	0	5.00	6.17	6.50	6.58	6.57	6.50	6.41
③ 한계생산량	$MP_L=\frac{\Delta Q}{\Delta L}$	대	0	10.0	8.5	7.5	6.9	6.5	6.1	5.8

이 공장은 10명의 근로자를 고용해서는 공장가동이 되지 않기 때문에 생산량은 '0'(Q=0)이고 노동량을 증가시키면 총생산량이 증가한다(노동량을 조정할 수 있기 때문에 가변요소라고 한다). 그러나 근로자 1인당 생산량, 즉 노동의 평균생산량(平均生産量, average product of labor; $AP_L=\frac{Q}{L}$)은 서서히 증가하다가 50명(AP_L =6.58대)을 넘어서면 감소하게 되는 것을 알 수 있다. 그리고 근로자를 1명 더 고용할 때(ΔL) 증가된 생산량(ΔQ)과의 관계를 나타낸 것이 노동의 한계생산량(限界生産量, marginal product of labor; $MP_L=\frac{\Delta Q}{\Delta L}$)이다. 근로자를 50명에서 60명으로 증가하는 경우(ΔL=10명) 생산량은 329대에서 394대로 증가하여(ΔQ=65대) 한계생산량은 $MP_L=\Delta Q/\Delta L=$ 6.5대가 된다. 한계생산량은 계속적으로 감소함을 알 수 있다. 이와 같이 고정요소($\overline{K}$)가 존재하는 단기에 가변요소(L)의 투입량을 증가시키면 어떤 단계를 지나고부터는 그 가변요소의 한계생산물이 감소하는 현상을 '수확체감의 법칙'(또는 한계생산물체감의 법칙)이라고 한다. 수확체감의 법칙(收穫遞減의 法則, law of diminishing returns)은 기업별로 차이는 있으나 단기에 거의 모든 산업에서 나타나는 일반적인 현상이다.

유의해야 할 점은 지적 자본(생산물)에서는 '수확체증의 법칙'이 성립된다는 것이다. 즉, 업무처리 과정에서 습득한 지식이나 노하우는 그것을 쓸수록 더욱 발전하며, 새로운 노하우를 발견하는 토대가 된다.

(3) 시장가격과 한계생산물가치

이몽룡 사장이 생산하는 보일러는 시중에서 20만 원에 거래된다. 그리고 이몽룡 사장과 똑같은 보일러를 생산하는 기업은 대단히 많아서 보일러 가격을 혼자서 결정할 수가 없이 시장가격이 형성되면 우리의 이사장은 시장가격에 맞추어 생산하고 판매하여야 한다. 이러한 경우 이몽룡 씨의 기업은 가격순응자(價格順應者, price taker)이다. 따라서 이몽룡 씨 혼자서 보일러 가격을 올려서는 판매가 되지 않으므로 20만 원의 시장가격에 맞추어 생산하여야 하는 운명이다(표 6－2의 ④란). 생산자는 물론 소비자도 시장가격에 따라 제품을 생산하고 소비하는 이러한 시장을 완전경쟁시장(完全競爭市場)이라고 한다. 또한 보일러 업계에서 근로자의 임금은 130만 원을 지급하지 않으면 근로자를 고용할 수 가 없다고 한다(표 6－2의 ⑥란).

⑤란에는 한계생산물가치(value of marginal product of labor; VMP_L)가 계산되어있다. 한계생산물의 가치는 한계생산량에 시장가격을 곱한 것으로서, 한사람이 더 고용되어 더 생산된 것을 시장에 내다 판아 벌어들이는 가치(액수)를 의미한다.

〈표 7－2〉 '이몽룡'사의 제품가격과 한계생산물 가치

① 노동량	L	명	10	20	30	40	50	60	70	80
② 총생산량	Q	대	0	100	185	260	329	394	455	513
③ 한계생산량	$MP_L = \frac{\Delta Q}{\Delta L}$	대	0	10.0	8.5	7.5	6.9	6.5	6.1	5.8
④ 가격	P	만 원	20	20	20	20	20	20	20	20
⑤ 한계생산물가치	$VMP_L = MP_L \times P$	만 원	0	200	170	150	138	130	122	116
⑥ 1인당 임금	W	만 원	130	130	130	130	130	130	130	130

노동의 한계생산물은 흔히 노동생산성(勞動生產性)이라고 하며 자본의 한계생산물은 자본생산성(資本生產性)이라고 부른다. 표에서 보듯이 한계생산물의 가치는 수확체감의 법칙에 따라 점점 떨어진다.

(4) 개별기업의 이윤함수

생산에는 생산요소의 구입에 드는 비용(생산비)이 많다. 즉, 자본에 대한 이자, 노동에 대한 임금, 경영에 대한 이윤, 토지에 대한 임대료 등이 있겠으나, 단순화를 위하여 이 들 중에서 노동에 대한 대가로서 임금만이 이몽룡 씨의 생산비로 가정하여 이윤을 계산하자.

이윤(利潤, profit; π)은 총수입(總收入, total revenue; TR)에서 총비용(總費用, total cost; TC)을 뺀 것이다. 총수입은 생산량에 제품가격을 곱한 것이고, 총비용은 노동량에 임금을 곱한 것이므로 이러한 관계를 수식으로 표시하면 다음과 같고,

- 총수입 = 가격 × 생산량 : $TR = P \times Q$
- 총비용 = 임금 × 노동량 : $TC = W \times L$
- 총이윤 = 총수입 − 비용 : $\pi = TR - TC$

총수입, 총비용, 총이윤을 계산한 것이 <표 7−3>의 ⑦, ⑧, ⑨란이다. 이 표를 보면 이몽룡 사장은 기업이윤을 내려면 노동력(근로자)을 40~70명 사이에서 고용하여야 한다. 40명, 70명을 고용하는 경우 기업이윤은 없으며 이러한 경우 손익분기점(損益分岐點, break-even point)에 있다고 한다. 최대이윤은 80만 원으로서 이 때의 노동량은 50명과 60명이다. 이몽룡 사장의 입장에서는 자사제품의 시장점유율을 높이기 위하여 60명을 고용하여 394개의 제품을 생산할 것이다.

〈표 7−3〉 '이몽룡'사장의 이윤함수

① 노동량	L	명	10	20	30	40	50	60	70	80
② 총생산량	Q	대	0	100	185	260	329	394	455	513
③ 한계생산량	$MP_L = \dfrac{\Delta Q}{\Delta L}$	대	0	10.0	8.5	7.5	6.9	6.5	6.1	5.8
④ 가격	P	만 원	20	20	20	20	20	20	20	20
⑤ 한계생산물가치	$VMP_L = MP_L \times P$	만 원	0	200	170	150	138	130	122	116
⑥ 1인당 임금	W	만 원	130	130	130	130	130	130	130	130
⑦ 총수입	$TR = P \times Q$	만 원	0	2,000	3,700	5,200	6,580	7,880	9,100	10,260
⑧ 총비용	$TC = W \times L$	만 원	1,300	2,600	3,900	5,200	6,500	7,800	9,100	10,400
⑨ 총이윤	$\pi = TR - TC$	만 원	-1,300	-600	-200	0	80	80	0	-140

(5) 개별기업의 노동수요곡선의 도출

앞의 예에서, 보일러의 시장가격은 20만 원이다. 20만 원은 보일러를 한대 팔면 들어오는 수입으로 한계수입(marginal revenue)이라고 한다. 1인당 임금수준이 130만 원인 상황에서 이몽룡 사장의 회사가 단기에 최대이윤(80만 원)을 내는 고용량은 60명이다. 이몽룡 사장이 근로자 60명을 고용하는 것은 표에서 보듯이 1인당 임금(130만 원)과 한계생산물의 가치(130만 원)가 같다는 것을 알 수 있다. 이를 통하여 완전경쟁시장에서 개별기업의 노동수요는 한계생산물가치와 임금수준이 일치할 만큼의 노동량이며, 이를 식으로 정리하면 아래와 같고, 그림으로 표시한 것이 |그림 7－9|의 (a)이다.

한계생산물가치	= 한계생산량	× 제품가격	= 임금
VMP_L	$= MP_L$	$\times P$	$= W$
130만 원	= 6.5대	× 20만 원	= 130만 원

즉, 임금이 130만인 경우 이몽룡 사장은 60명을 고용할 때 극대이윤이 생기며, 130만 원은 명목임금(名目賃金, nominal wage)이라고 한다. (a)는 개별기업의 노동수요가 명목임금의 함수임을 보여준다. 130만 원을 넘는 임금상승이 있으면 이몽룡 사장은 노동량을 줄일 것이고, 그 이하로 하락하면 노동량을 증가시킬 것이다.

그림 (b)는 노동수요가 실질임금(實質賃金, real wage)의 함수임을 나타낸다. 위의 식은 아래와 같이 변형된다.

$$W = MP_L \times P \quad \Rightarrow \quad \frac{W}{P} = MP_L \ \left(\frac{130만원}{20만원} = 6.5대\right)$$

즉, 명목임금 130만 원은 실질적으로 보일러 6.5대(실질임금)와 같다는 말이다. 따라서 개별기업의 노동수요는 (b)와 같이 실질임금의 함수로 표시할 수 있다.

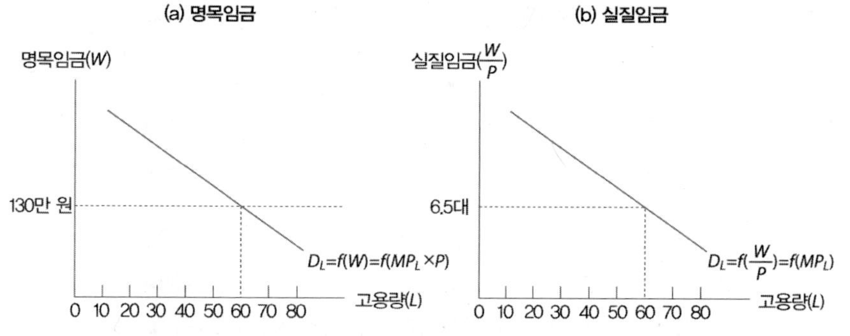

|그림 7-9| 개별기업의 노동수요 : 명목임금(W), 실질임금($\frac{W}{P}$)의 함수

이상에서 살펴본 개별기업의 노동수요를 쉽게 표현하면, 한 명의 근로자가 새로이 취업하여 더 생산한 제품(한계생산물)을 시장에 판매하여(한계생산물 가치) 자신의 임금(명목임금)으로 가져갈 때 기업은 극대이윤을 얻게 된다는 말이다.

생산물시장과 생산요소시장이 완전경쟁적인 경우, 각 생산요소(여기서는 노동)는 각 생산요소가 기업의 수입에 기여한 가치만큼의 보수를 받게 될 때 기업은 극대이윤을 얻게 된다는 것을 뜻한다. 이 같이 각 생산요소의 가격(임금)이 각 생산요소의 한계생산물가치와 일치하는 점에서 결정되어야 한다는 이론은 한계생산성이론(marginal productivity theory)이라고 한다.

2) 시장전체의 노동수요

(1) 산업의 노동수요곡선

산업의 노동수요곡선은 개별기업의 노동수요곡선을 수평적으로 합계한 것이다. 앞의 예에서 보일러를 생산하는 회사는 이몽룡 회사도 있고 성춘향 회사도 있을 수 있듯이 수많은 기업들이 있다. 이들 기업에서 각 임금수준에 대응하여 고용하는 노동량을 수평으로 합계한 것이 산업의 노동수요곡선으로 이해하자.

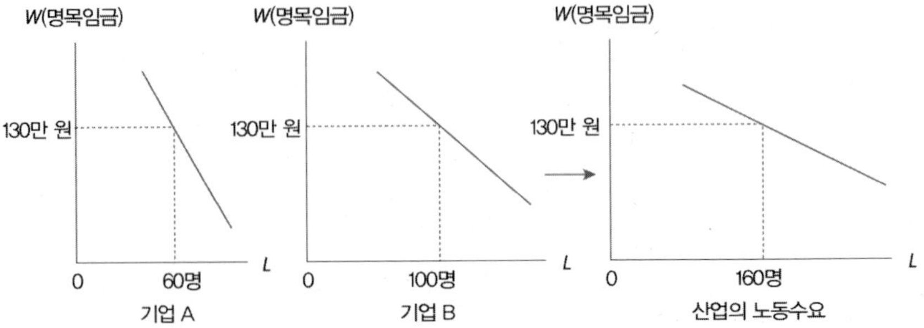

|그림 7-10| 이몽룡 기업(A)이 속한 산업의 단기노동수요

(2) 시장전체의 노동수요

한 나라의 노동수요는 얼마나 되나? 이러한 것을 파악하는 것은 현실적으로 어렵다. 따라서 제5장(노동력의 이해)에서 배운 바와 같이 통계청의 경제활동인구조사에 의하여 취업자를 파악한다. <표 7-4>는 총취업자 수와 취업자의 산업별 구성비율을 나타낸다.

〈표 7-4〉 산업별 취업자의 구성 (단위 : 천 명, %)

연 도	계	농림어업	광공업	사회간접자본 및 기타 서비스업
1990	100.0 (18,085)	17.9	27.6	54.5
2000	100.0 (21,156)	10.6	20.4	69.0
2010	100.0 (23,829)	6.6	17.0	76.4
2011	100.0 (24,244)	6.3	17.0	76.7
2012	100.0 (24,681)	6.2	16.7	77.1

출처 : 통계청(각년도). 경제활동인구연보.

2012년의 경우 24,681천 명의 노동수요가 이루어졌다는 것을 뜻한다. 1990~2012년의 기간에 농림어업과 광공업 취업자의 구성비율이 저하되고 사회간접자본 및 기타서비스업(제3차 산업)의 취업자 비중이 증가하여 노동수요가 산업별로 변화되는 모습을 나타낸다. 이러한 산업별 취업자의 구성은 향후에도 가속화될 전망이다. 취업자를 크게 비임금근로자와 임금근로자로 구분하여 노동수요를 종사상의 지위(status of workers)로 나타내면, 종사상 지위별로 취업자의 구성이 어떠한 변화를 하였는지가 파악된다.

종사상 지위는 고용주, 자영자, 무급가족종사자, 상용근로자, 임시근로자, 일용근로자(일고) 등과 같이 취업자가 실제로 일하고 있는 신분 내지 지위상태를 말한다(제10장의 구인구직 취업 동향을 참조). 자영업주는 유급직원 없이 자기 혼자 또는 무급 가족종사자와 사업체나 농장 등을 운영하는 자 또는 상점이나 전문적인 직업을 독립적으로 경영하는 자를 말한다. 또한 임금근로자는 상용직(고용주와 1년 이상의 고용 계약), 계약직(1개월 이상 1년 이하), 시간제(해당 사업장에서 근무하는 통상의 근로자보다 짧은 시간), 일용직(고용계약기간이 1개월 미만인 경우, 매일매일 고용) 등으로 구분될 수 있다.

<표 7-5>에서 알 수 있듯이 취업자 중 임금근로자의 비율은 60.5%(1990년)에서 63.2%(2000년), 71.1%(2010년)로 지속적인 증가를 보이고 있으며, 2012년 71.7%로 나타나고 있다. 이러한 비율은 앞으로도 서서히 증가될 것으로 전망된다.

〈표 7-5〉 종사상 지위별 취업자의 구성변화 (단위 : 천 명, %)

연 도	취업자	비임금근로자				임금근로자			
		합 계	고용주	자영자	무급가족 종사자	합 계	상용고	임시고	일 고
1990	18,085(100.0)	7,135(39.5)	1,168	3,900	2,067	10,950(60.5)	5,938	3.171	1,840
1995	20,414(100.0)	7,515(36.8)	1,520	4,049	1,946	12,889(63.2)	7,499	3,598	1,802
2000	21,156(100.0)	7,795(36.8)	1,458	4,407	1,931	13,360(63.2)	6,395	4,608	2,357
2005	22.856(100.0)	7,671(33.6)	1,664	4,508	1,499	15,185(66.4)	7,917	5,056	2,212
2010	23,829(100.0)	6,858(28.9)	1,499	4,093	1,266	16,971(71.1)	10,086	5,068	1,817
2012	24,681(100.0)	6,969(28.2)	1,549	4,169	1,251	17,712(71.7)	11,097	4,988	1,627

출처 : 통계청(각년도). 경제활동인구연보.

3) 노동수요의 결정요인과 탄력성

노동수요의 탄력성이란 임금의 변화에 따른 노동수요량의 변화정도, 즉 임금 변화량에 대한 노동수요량의 변화량을 의미한다고 볼 수 있다. 노동의 수요탄력성은 노동이라는 파생수요의 특성을 이해함으로써 알 수 있는 것이다.

(1) 노동수요의 결정요인

노동수요의 결정은 주로 기업에서 이루어진다. 상품의 생산, 판매를 통한 이윤 극대화를 목적으로 노동을 수요함으로, 총수입과 총생산비용의 차액인 총이윤은 노동의 수요를 결정하는데 가장 큰 요인이라 할 수 있다. 노동의 수요는 이윤의 크기에 따라 달라지며, 다음과 같은 요인에 의해 결정된다.

① 임금

노동에 대한 수요는 기본적으로 노동의 가격, 즉 임금의 의해 영향을 받게 된다. 일반적인 수요 · 공급 법칙에서 살펴봤듯이 임금이 상승하면 노동수요는 감소하고, 임금이 하락하면 노동의 수요는 증가하게 된다.

② 상품에 대한 수요

노동의 수요는 앞서 지적한 바와 같이 파생수요이다. 생산된 상품에 대한 소비자의 수요가 많다면, 기업은 이윤을 창출하기 위해 더 많은 노동을 투여하여 총수입의 증대를 이루려고 할 것이다. 앞서 이몽룡 사장의 예처럼 보일러에 대한 수요가 많다면 더 많은 생산을 하고자 노동의 수요를 일정수준까지 증가시키게 된다.

③ 타 생산요소의 가격

기술수준이 일정하다고 할 때, 노동의 수요는 다른 생산요소의 가격에 의해 영향을 받는다. 이러한 영향은 생산요소는 노동과 자본만 존재하고 이들 요소 간에 대체가 가능하다면, 자본에 대한 가격이 상승할 경우 기업들은 자본 대신 상대적으로 저렴한 노동의 수요를 늘이게 된다. 그러나 자본의 가격이 상승할 경우 이는 생산비를 증가시켜 상품의 가격에도 영향을 주어 상품의 수요가 감소할 수도 있다. 타 생산요소의 가격 상승이 노동의 수요에 미치는 영향은 상대적이지만 타 생산요소의 가격은 노동의 수요에 중요한 영향을 미친다.

④ 기술수준

기술수준 또한 두 가지 측면에서 생각해 볼 수 있다. 일반적으로 생산기술의 발전은 기업으로 하여금 적은 생산요소의 투입으로 많은 산출량을 얻게 하여 노동의 수요를 감소시킬 수 있지만, 반대로 기술의 진보 또는 발전은 생산비용을 감소시키기 때문에 상품가격을 하락시킴으로써 상품의 수요를 증대시킬 수 있다. 이러한 경우 생산기술의 발전은 노동의 수요를 증대시킬 수도 있다. 기술수준은 상대적으로 수요에 영향을 미치기 때문에 일률적으로 평가하기는 어렵지만 노동의 수요에 영향을 주는 것만은 분명하다.

⑤ 노동생산성

생산성의 증대 또한 노동의 수요에 대해 이중의 효과를 가지게 된다. 우선 생산성 증대는 일정한 양의 상품을 보다 적은 양의 노동 투입으로 생산을 가능하게 하므로 기업은 노동의 수요를 감소시킬 것이다. 그러나 앞서 기술수준에서 보았듯이 이 또한 상품의 가격을 하락시켜 상품에 대한 수요를 증가시키게 된다. 따라서 생산성의 증대는 노동수요의 감소효과와 증대효과를 동시에 가져올 수 있다.

(2) 노동수요의 탄력성

노동수요의 탄력성이란 임금의 변화에 따른 노동수요량의 변화정도를 의미한다. 즉, 임금변화율에 대한 노동공급량의 변화율을 의미하는 것으로 공식은 아래와 같다(임금 : W, 노동수요량 : L).

$$\text{노동수요의탄력성} = \frac{\text{노동수요량의 변화율(\%)}}{\text{임금의 변화율(\%)}} = \frac{\frac{\Delta L}{L}}{\frac{\Delta W}{W}} = \frac{\Delta L}{\Delta W} \cdot \frac{W}{L}$$

산출되는 이론은 노동공급의 탄력성의 공식과 같다. 이러한 노동수요의 탄력성에 대해 탄력성의 크기를 결정하는 요인은 마샬(A. Marshall)에 의해 제안되었고, 이후 힉스(J. R. Hicks)에 의해 체계화되었다. 힉스-마샬 법칙은 바로 노동수요의 탄력성을 결정하는 요소를 말한다. 이러한 힉스-마샬 법칙은 다음의 네 가지로 요약될 수 있다.

① 최종생산물에 대한 수요의 탄력성(생산물 요소의 탄력성)

노동에 대한 수요는 여러 번 지적한 바와 같이 파생수요이다. 따라서 노동의 수요도 노동이 생산요소로 들어가는 최종 생산물수요의 탄력성에 영향을 받을 수 밖에 없다. 최종생산물에 대한 수요가 탄력적일수록 노동에 대한 수요 또한 탄력적이게 된다.

② 총생산에서 차지하는 노동의 비용

기업이 어떤 제품을 생산하는데 노동비용의 비중이 낮다면 임금의 상승은 단위당 비용에 적은 영향을 미치게 된다. 따라서 생산물 가격이나 매출 등은 고용량에 적은 영향을 미치게 되는 것이다. 그러나 노동비용이 높다면 임금의 상승은 단위당 비용에 많은 영향을 미치게 된다. 즉, 노동의 비중이 높다면 수요의 탄력성은 높아지고, 반대인 경우는 낮아지게 된다.

③ 노동의 대체 가능성

노동은 다른 생산요소(자본)와 함께 생산물을 만들게 된다. 만일 다른 조건이 같을 때, 임금이 상승하게 되면 기업은 상대적으로 비싼 타 요소로 대체하고자 하는 요인이 발생한다. 이때 노동을 대체할 수 있는 다른 생산요소의 대체가능성이 크냐 작으냐에 따라 그 효과는 달라지게 된다. 여기에서 다른 요소와의 대체 가능성이 클수록 노동에 대한 수요탄력성도 크게 된다. 즉, 대체효과가 클수록 노동에 대한 수요의 탄력성도 커진다.

④ 노동과 함께 사용되는 생산요소의 공급탄력성

임금이 상승하게 되면 생산물의 생산비가 증가하여 제품가격이 상승하게 되고, 제품에 대한 수요는 감소한다. 이렇게 되면 노동을 포함한 다른 생산요소의 수요도 감소하게 된다. 임금이 상승하여 기업측에서 다른 생산요소의 투입량을 증가시키려고 할 때 자본의 공급탄력성이 크다면 기업은 노동을 자본으로 대체시키기가 쉬울 것이므로 자본의 투입량을 증대시키게 될 것이다. 그렇게 되면 상대적으로 노동의 수요가 감소하게 되고, 노동의 수요도 탄력적이 될 것이다. 즉, 노동과 결합하여 사용되고 있는 다른 생산요소의 공급탄력성이 작을수록 노동수요의 탄력성도 작아지고, 다른 생산요소의 공급탄력성이 클수록 노동의 수요탄력성도 커지게 된다.

노동수요의 탄력성은 이외에도 노동조합과도 관계가 있는데, 일반적으로 노동수요의 탄력성이 작을수록 노동조합의 세력을 커질 것이다. 임금협상의 경우 노동수요가 비탄력적일 때에는 임금이 인상되더라도 고용량의 감소는 적을 것이므로 노동조합은 유리한 입장에 서게 된다. 또한 힉스-마샬 법칙에 따라 노조가 조직된 산업의 상품에 이용되는 조합원을 대체하는 생산요소의 이용가능성이 적을수록 노동수요의 탄력성도 작아진다. 따라서 노동조합은 비조직분야에서의 상품이용 가능성을 적게 하고 비조합원을 동원하여 생산활동을 계속할 가능성을 봉쇄해야 그 세력을 강화할 수 있기 때문에 한 산업 전체 상품시장에서의 조직화를 추구하며, 노동자 전체를 포함하는 조직을 추구하게 되는 것이다(김용원, 2007).

5. 노동시장의 균형

1) 노동시장의 균형 : 임금과 고용량의 결정

이 장의 서두에서 노동시장에 대한 설명을 하였다. 즉, 노동시장(labor market)이란 노동의 수요와 공급이 만나는 추상적인 곳을 의미하며, 노동시장의 기능은 "임금"과 "고용량"을 결정하는 시스템이다. 고용량에 대한 우리나라의 통계자료는 제2장(노동력의 이해)에서 이미 살펴보았으며 또한 앞의 <표 7－4>와 <표 7－5>에서도 살폈다. 아래에서는 노동시장에서 임금과 고용량이 결정되는 상황을 이해하도록 한다.

1991년, 2001년, 2012년의 임금근로자의 월평균임금과 임금근로자수가 <표 7－6>에서 파악되었다. 연도별로 노동의 수요와 공급의 관계로 이를 정리하면 아래 그림과 같다. 1995년의 노동시장에서는 노동수요(취업자수 10,950천 명)와 노동공급(경제활동인구 중 실업자를 제외한)이 만나 임금(월평균임금)이 결정된다. |그림 7－11|은 1995~2012년의 기간에 노동수요와 노동공급이 증가하면서 임금수준이 상승해 온 모습을 보여준다.

〈표 7-6〉 임금과 고용량 (단위 : 천 명, %)

연 도	임금근로자 월평균임금(천원)	임금근로자(천명)			
		합 계	상용고	임시고	일고
1995	1,196	10,950	5,938	3.171	1,840
2001	1,393	13,360	6,395	4,608	2,357
2012	2,567	17,712	11,097	4,988	1,627

주 : 2009년 이후에는 한국표준산업분류 9차 개정(2008)에 의한 산업분류임.
출처 : 통계청(각년도). 고용형태별근로실태조사(구, 임금구조기본통계조사 포함).

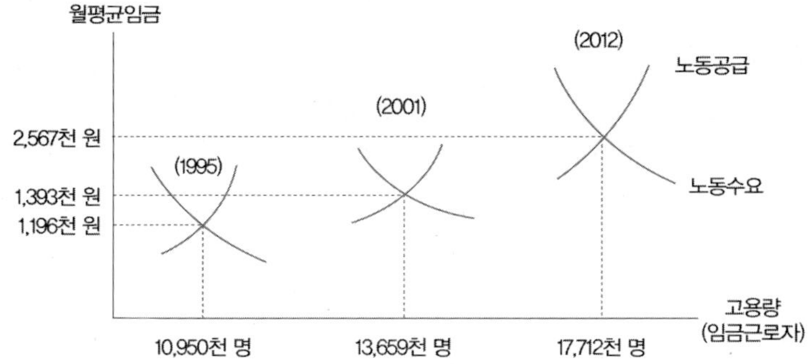

|그림 7-11| 노동시장의 균형 : 임금과 고용량의 결정

2) 산업별, 직업별 임금의 변화

(1) 산업별 임금의 변화

우리나라 산업전체 근로자의 월평균 명목임금(W)은 <표 7-7>에서 보는 바와 같이 1994년에 1,048천 원이었으나 2009년 2,333천 원으로 2.2배가 증가하였다. 월평균임금수준이 가장 높은 산업별 순위는 1994년의 경우 전기 · 가스 · 수도사업(1위), 사회 및 개인 서비스업(2위), 건설업(3위)이었으나 2005년 그 순위는 전기 · 가스 · 수도사업(1위), 금융 · 보험 · 부동산업(2위), 광업(3위) 순으로 바뀌었다. 1994~2005년의 기간에 월평균임금의 증가배수가 가장 큰 산업은 전기 · 가스 · 수도사업이 2.8배로 가장 높았고, 건설업이 1.7배로 가장 낮았다. 개정된 한국표준산업분류로 2009년 이후 평균임금을 비교해보면, 전기, 가스, 증기 및 수도사업(1위), 금융 및 보험업(2위), 광업(3위)의 순으로 나타나고 있으며, 개인서비스업이 가장 낮은 것으로 나타났다.

〈표 7-7〉 산업별 월평균 임금수준 (단위 : 천 원)

연 도	전산업	광업	제조업	전기, 가스 및 수도업	건설업	도소매 및 음식 숙박업	운수, 창고 및 통신업	금융, 보험 및 부동산업	사회 및 개인 서비스업
1994	1,048	1,097	980	1,408	1,240	963	1,001	1,149	1,287
1997	1,474	1,514	1,389	1,917	1,631	1,385	1,395	1,156	1,754
1999	1,495	1,517	1,368	2,152	1,501	1,336	1,156	1,636	1,772
2005	2,333	2,473	2,287	3,957	2,139	2,163	2,277	2,528	2,357
증가배수 (2005/1994)	2.2	2.3	2.3	2.8	1.7	2.3	2.3	2.2	1.8
(2005/1999)	1.6	1.6	1.7	1.8	1.4	1.6	2.0	1.6	1.3
연 도	전산업	광업	제조업	전기, 가스, 증기 및 수도사업	건설업	도매 및 소매업	운수업	금융 및 보험업	협회 및 단체, 수리-개인 서비스업
2009	2,270	2,472	2,162	3,442	2,289	2,216	1,958	3,011	1,904
2010	2,360	2,621	2,274	3,598	2,418	2,339	2,040	3,136	1,921
2011	2,454	2,745	2,352	3,717	2,536	2,389	2,195	3,344	1,992
2012	2,567	2,803	2,502	3,873	2,636	2,481	2,356	3,515	2,039

주 : 2009년 이후에는 한국표준산업분류 9차 개정(2008)에 의한 산업분류임.
출처 : 통계청(각년도). 고용형태별근로실태조사(구, 임금구조기본통계조사 포함).

(2) 직업별 임금의 변화

우리나라 산업전체 근로자의 월평균 명목임금(W)은 <표 7-8>에서 보는 바와 같이 2001년에 1,393이었으나 2012년 2,567천 원으로 약 1.9배가 증가하였다. 2012년 월평균임금수준이 가장 높은 직종별 순위는 관리자(1위), 전문가 및 관련 종사자(2위), 사무종사자(3위) 순위로 나타났다.

〈표 7-8〉 직종별 월평균 임금수준

(단위 : 천 원)

연 도	전 직종	관리자	전문가	준 전문가	사무 종사자	서비스 종사자	판매 종사자	농업, 임업 및 숙련 근로자	기능 종사자	조작·조립 종사자	단순 노무 종사자
2001	1,393	2,456	1,920	1,598	1,223	1,054	1,028	1,129	1,280	1,228	819
2007	2,127	4,172	2,779	2,258	2,108	1,460	1,847	1,685	1,906	1,759	1,246

연 도	전 직종	관리자	전문가 및 관련종사자	사무 종사자	서비스 종사자	판매 종사자	농림, 어업 숙련 종사자	기능원 및 관련 기능 종사자	장치, 기계조작 및 조립종사자	단순 노무 종사자
2009	2,270	4,285	2,697	2,367	1,612	1,167	1,769	2,047	1,916	1,374
2010	2,360	4,486	2,811	2,447	1,617	2,270	1,914	2,124	1,990	1,403
2011	2,454	4,810	2,926	2,631	1,628	2,390	1,955	2,215	2,121	1,490
2012	2,567	4,944	3,054	2,805	1,710	2,357	2,018	2,316	2,215	1,515

주 : 2007년 이후는 6차 개정(2007)에 의한 직업분류임.
출처 : 노동부(각년도). 임금구조기본통계조사보고서.

참고문헌

김용원(2007). 노동경제학의 이해. 경북 : 대구대학교출판부.
김유배(2004). 노동경제학. 서울 : 박영사.
노동부(각년도). 임금구조 기본통계조사보고서.
배무기(2006). 노동경제학. 서울 : 경문사.
이준범(1999). 현대노사관계론. 서울 : 박영사.
조우현(1998). 노동경제학-이론과 개혁정책. 서울 : 법문사.
통계청(각년도). 경제활동인구연보.
한성덕(2005). 직업정보의 이해. 대구 : 정암서원.
Marshall, A.(1956). *Principles of Economics*(8th ed.). Macmillan.

CHAPTER 08

노동시장의 구조와 임금의 결정

1 노동시장의 구조

2 노동시장의 기능

3 임금의 결정

chapter 08

노동시장의 구조와 임금의 결정

1. 노동시장의 구조

노동시장은 노동력을 공급하는 노동자와 노동력을 수요하는 사용자(기업) 간에 상품으로서의 노동력 거래에 관한 일정한 조건(임금수준, 노동시간 및 기타 근로조건)이 결정되고, 이에 따라 노동력의 계약이 성립되는 기구이다. 노동시장은 다른 시장에 비하여 경쟁관계가 불충분하며, 상품으로서의 노동력의 질적 차이가 심하고, 노동력의 수급예측이 곤란하며, 가격형성이 불공평할 뿐 아니라 노동력의 유동성도 부족한 것이 특징이다. 따라서 노동력이라는 상품의 수급관계가 조절되는 노동시장에서는 노동력이라는 상품이 갖는 특수성으로 인하여 일반 재화시장의 경우와 같은 가격결정 기능, 즉 거래자의 성격, 목적 등은 문제가 되지 않는다. 일반적으로 노동시장에 대한 견해는 다음과 같다(김용원, 2007).

첫째, 경쟁노동시장가설(competitive labor market hypothesis)은 노동시장을 경쟁적이며 연속적인 비구조적 단일시장으로 파악하는 가설이다. 여기에서는 기술, 숙련, 지역적인 특성을 제외하면 모든 노동자들 사이에는 질적 차이가 존재하지 않는다고 본다. 따라서 노동시장은 경쟁상태 하의 조건에서 수급조절기능을 원활하게 수행한다.

둘째, 분단노동시장가설(segmented labor market hypothesis)은 노동시장을 두 개 이상이 분단되고 상호 관련성이 부족한 시장으로 보는 제도학파 또는 정치경제학의 입장이다.

여기에서는 상당히 다른 속성을 가진 노동자들이 여러 가지 제도적 장치로 인하여 분단된 상태의 노동시장에서 노동력을 제공한다. 따라서 노동시장에서 상호 교류나 이동이 사실상 제한되어 있고 임금과 기타 근로조건에 있어서도 현저한 차이를 나타낸다.

노동시장에 대한 신고전학파 중심의 주류경제학의 경쟁노동시장이 가진 한계를 여러 가지 관찰 또는 실증적 연구에 의해 비판하였고 이것을 토대로 하여 나타난 것이 분단노동시장가설이다. 이 분단노동시장이론은 여러 가지 사회적 · 경제적 · 제도적 요인들로 인하여 구조화되어 있다는 주장이 제도학파 학자들에 의해 제기되었으며, 스미스의 보상원리에 대한 반론으로 나타난 비경쟁집단원리에 기초를 두고 있는데 이는 밀과 케인즈에 의해 처음으로 전개되었고 이후 제도학파의 학자들에 의해 더욱 발전되었다. 지지하는 학자들의 견해는 다르지만 분단노동시장가설의 이론은 크게 직무경쟁이론, 내부노동시장이론, 이중노동시장이론, 급진파이론 등으로 나누어진다(김용원, 2007).

1) 직무경쟁이론

노동시장에서 노동자들의 경쟁대상은 임금이 아닌 취업의 기회로 파악함으로써 임금경쟁이론에 대응하는 직무경쟁이론을 서로우(L. C. Throw)는 전개하였다.

직무경쟁이론에 의하면 임금은 노동수요와 노동공급의 상호작용과 시장의 경쟁 원리에 의해 결정하기보다는 사회적 관습과 제도적 요인들에 의해 결정되는 경향이 높다. 노동시장에서 기업의 역할은 단지 노동시장에서 결정된 임금에 따라 일정 수의 노동자들을 고용하는 것이 아니라, 노동자들이 취업할 수 있는 직무 및 직장의 수와 종류를 결정한다는 것이다.

또한 기업은 기업 내부에 직무위계를 가질 수도 있는데, 기업 내부의 이러한 직무위계의 각 단계에서 필요한 인원을 선발하여 채용한다. 기업이 노동자를 채용할 때에는 임금을 고정시켜 놓고 그 직무에 바람직한 질과 속성을 가진 노동자를 선발 채용한다. 기업이 노동자를 채용할 때에는 임금을 고정시켜 놓고 그 직무에 바람직한 노동자를 선발 채용한다. 사회적 관습이나 제도적 요인에 의해 결정된 고정적인 임금수준에 대하여 노동자들은 높은 수준의 직무를 얻기 위해 서로 경쟁하며, 기업은 자신들이 평가에 따라 노동자들을 최상의 직무로부터 최하의 직무로 배분한다. 따라서 이 경우의 노동시장은 유동성이 제약받는 구조적 노동시장의 성격이 강하다.

따라서 노동시장은 사회적 · 제도적 요인에 의해 심대한 영향을 받을 뿐만 아니라 노동수요자에 의해 주도적으로 운행되는 성향이 강하다는 점과 내부노동시장의 존재를 암묵적으로 강조하고 있다고 볼 수 있다.

2) 내부노동시장이론

던롭(J. T. Dunlop), 커(C. Kerr) 등은 기업의 규모가 대형화되고 노동조합이 성장함에 따라 기업 간의 노동시장과는 연관성이 미약한 기업 내부의 노동시장이 형성된다고 하여, 노동시장을 외부시장(external markets)과 내부시장(internal markets)으로 양분하면서 내부노동시장이론을 주장했고 도린거(P. B. Doeringer)와 피오르(M. J. Piore)는 이러한 던롭과 커의 개념을 확대 · 발전시켜 구체화하고 있다.

내부노동시장은 한 사업장에서 임금의 결정과 직무의 배치 · 전환 · 승진 · 현장훈련 등이 외부노동시장과 단절된 채 기업내부에 마련된 일련의 관리적인 규칙과 절차에 의해 고용관계가 형성된 것으로 이해될 수 있다. 내부노동시장은 사업장 외부의 외부노동시장과는 엄격히 분리되어 있으며, 외부노동시장과의 연결은 신규채용에 대한 입직문(ports of entry)과 이직의 퇴직문을 통해서 이루어진다(배무기, 2006).

(1) 내부노동시장의 형성요인

내부노동시장의 형성요인으로는 기능의 특성과 현장훈련, 관습, 장기근속 가능성과 기업규모 등을 들 수 있다(배무기, 2006).

첫째, 기능의 특수성과 현장훈련이다. 노동자의 기능이 기업의 특수적인 것일수록 기업은 필요한 숙련공을 기업 자체의 훈련을 통해 양성해야 하고, 양성된 숙련공을 장기간 근속하도록 해야 하므로 내부노동시장을 강화할 필요가 있다.

기업특수적인 기능을 형성하는 훈련은 공식적 교육보다는 현장훈련(OJT)에 의해 내부노동시장의 필요성이 증대된다. 대부분의 현장훈련에서는 훈련을 통해 전수되는 지식과 기술이 체계화되거나 기록되지 않은 채 선임자의 경험과 시범을 통해 신참에게 전수된다. 그리고 기업의 내부에서 기업특수적인 현장훈련을 받은 노동자는 시간이 갈수록 다른 기업의 노동자와는 이질적인 노동자가 된다. 훈련된 특수한 기술은 특정한 기업에서만 유용하기 때문에 기업이 부담하는 훈련비용은 증간된다. 따라서 기업은 훈련받은 노동자의 이동을 감소시키려 한다. 노동자들도 훈련된 기술은 다른 기업에서는 별로 유용하지 않기 때문에 그 기업에서 장기간 근속하기를 원한다. 따라서 기업 내부의 임금과 기타 근로조건의 결정은 외부노동시장과는 별도로 이루어진다.

둘째, 관습이다. 관습은 기업 내에서 주로 과거의 관례나 관행에 의해 전해지며, 이는 채용, 훈련, 임금 지불 등 노사관계 전반을 지배한다. 노동관습은 내부노동시장의 고용안정성의 부산물로서 다시 내부노동시장을 강화시키는 작용을 한다.

셋째, 장기근속 가능성과 기업의 규모이다. 내부노동시장은 기업과 노동자 간의 장기간의 고용관계가 유지되어 생기는 관계이다. 장기근속의 전망에 중요한 영향을 미치는 요인은 기업의 규모인데, 대기업의 경우 내부노동시장의 형성 가능성이 높다. 그 이유는 대기업은 폐업이나 전업에 따른 비용부담이 크며, 많은 수의 종업원의 관리를 위해 복잡한 관리조직을 구성하게 되고, 노동자 사이의 분업 및 협업관계를 조정하기 위해 위계적 직무체계도 마련해야 하기 때문이다.

(2) 내부노동시장의 전망

내부노동시자의 전망은 기업의 경쟁력, 기업의 성장속도, 기술과 산업구조의 변화로 볼 수 있다.

첫째, 기업의 경쟁력은 개별기업 단위로 보면 경쟁력이 강한 첨단 분야의 기업일수록 내부노동시장의 발전 가능성이 크다. 첨단 분야의 고급인력은 외부노동시장에서 구하기 어려워 기업 스스로 이러한 인력을 양성해야 하기 때문이다.

둘째, 기업의 성장속도는 충분한 승진기회를 제공할 수 있는 기업의 지속적인 성장은 내부노동시장의 유지에 꼭 필요한 조건이다.

셋째, 기술과 산업구조의 변화는 빈번한 고용조정이 이루어지는 상황에서는 내부노동시장의 유지가 곤란하므로 기술의 변화와 이를 반영하는 산업구조의 변화는 내부노동시장의 유지를 어렵게 한다.

(3) 내부노동시장이론의 한계

내부노동시장이론은 비교적 안정적이며 조직이 잘 정비되어 있고, 주로 중・대규모 기업 내부의 노동시장에 초점을 맞춤으로써 고용이 안정된 노동자들만을 분석을 대상으로 삼을 뿐, 고용이 불안정한 소규모 영세사업장의 저임금 노동자에 대한 분석이 결여되어 있다.

3) 이중노동시장이론

이중노동시장이론(dual labor market theory)은 노동시장이 이질적인 1차 노동시장과 2차 노동시장으로 분단되어 있다는 것이다. 1차・2차 노동시장 간의 노동자 이동은 제한적이며 임금과 기타 근로조건도 상이한 여건 하에서 결정된다고 한다.

1차 노동시장은 주로 내부노동시장을 중심으로 형성이 되며, 우세한 자본력, 기술력, 시장지배력 등으로 높은 성장률과 이윤율을 실현하는 독점적 핵심기업에 의해 제공되는 직장이다. 여기에서는 상대적으로 높은 임금과 많은 인적자본에 대한 투자기회, 양호한 근로조건, 다양한 승진기회, 고용의 안정성 등이 보장될 뿐만 아니라 승진, 보수, 책임, 권한, 지위 등이 경력과 더불어 향상된다.

2차 노동시장은 열악한 자본력, 기술력, 불안정한 시장 수요 등으로 낮은 이윤율과 성장률을 나타내는 경쟁적인 주변부기업에 의해 제공되는 직장이다. 이 시장은 저임금, 열악한 근로조건, 승진기회의 부재, 낮은 현장훈련 기회 등의 특징을 갖는다. 그 결과 고용이 불안정하고 높은 이직률과 결근율을 보이며, 생산의욕이 낮고 불복종과 규율 위반의 현상이 빈번하게 나타난다.

동질적인 노동자라 하더라도 1차와 2차 노동시장에 고용된 노동자들은 질적으로 다른 노동자가 되며, 양 시장의 노동자들은 비경쟁적 관계에 되어 상호 이동성이 제한될 수밖에 없다. 이중노동시장이론은 인적자원을 생산성을 통한 임금결정요인으로 파악하기보다는 고용주의 차별기준으로 파악하고 있다는 점과 기술을 강조하여 노동시장분석에서 현장훈련을 중요시하고 있다는 점에서 직무경쟁이론, 내부노동시장이론 등과 매우 유사하다고 볼 수 있다.

4) 급진파이론

급진파이론(radical theory)은 마르크스주의 경제학의 변증법적 분석방법에 의해 자본에 의한 노동시장의 의도적 분단에 초점을 맞추어 노동시장의 특성을 분석하였다 노동시장가설 중에서도 자본주의 경제체제에 대한 가장 명시적인 비판을 제기하였으며 계급간의 모순을 강조하였다.

이 이론은 이중노동시장이론과 많은 점에서 유사하지만 제국주의경제가 후진국경제를 수탈하는 방식으로 1차 노동시장이 2차 노동시장을 착취한다고 주장한다. 이 이론은 두 가지 특징을 갖는데, 하나는 자본주의적 생산관계하에서 자본가계급이 노동자계급을 착취하기 위해 자본가들이 노동시장을 의도적으로 분단시킨다는 주장이며, 다른 하나는 기술을 자본가들이 그들 계급의 이익을 위해 조작하는 변수로 파악하고 있다.

2. 노동시장의 기능

1) 노동시장에서의 균형

노동시장의 기능은 하나의 국민경제 또는 하나의 직종에 있어서 노동력의 수요와 공급이 주어질 때 어떻게 균형임금과 균형고용량을 결정해 주느냐에 있다

(배무기, 2006).

어떤 직종에 있어서 근로자의 직업선택의 자유와 사용자의 구직 및 구인에 있어서 완전한 자유 등으로 경쟁시장의 조건하에 있다고 가정하자. 이 직종에 얼마만큼의 고용이 결정되며 균형임금은 얼마로 될 것인가 살펴보면 다음과 같다. |그림 8－1|에는 이 직종에 대한 노동력의 공급곡선과 기업으로부터의 수요곡선이 표시되어 있다. 우리는 수요자와 공급자가 결국 양 곡선이 만나는 E점 균형을 이루며, 그 대의 균형고용량이 L로 되고 균형임금률이 W로 되는 것을 알 수 있다. 노동시장이 존재하기 때문에 어떤 개인이나 또는 기관이 이를 하나하나 배치시키지 않더라고 이와 같이 균형고용량과 균형임금이 결정되는 것이 노동시장의 기능이다. 이 기능은 다른 무엇으로도 대체하기 어려운 일을 해주는 중요한 기능이라는 것을 알 수 있다.

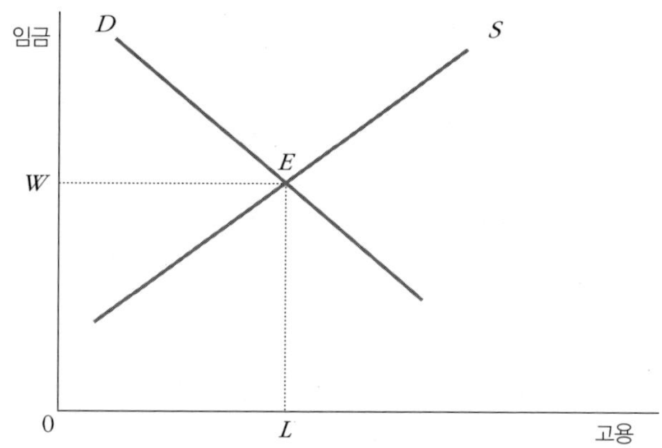

|그림 8－1| 노동수요의 공급의 균형

2) 공급 · 수요의 변화와 대응

시간이 경과함에 따라 노동의 공급과 수요를 결정해 주는 요인이 달라질 수 있고, 그것이 공급곡선이나 수요곡선을 이동(shift)시킬 수가 있다.

첫째, 공급곡선의 이동(shift)이 있는 경우에 노동시장이 어떻게 기능을 해주는

가를 살펴보면 다음과 같다. |그림 8－2(a)|에는 공급곡선이 좌 · 우측으로 이동된 것이 나타나 있다. 공급곡선의 좌측이동은 공급이 줄어든 것을 의미하고, 우측의 이동은 공급이 늘어난 것을 의미한다. 개별근로자에게 있어서 노동공급스케줄에 영향을 미치는 요인은 비노동소득의 변화, 기타 가구원의 임금 또는 노동소득의 변화, 취업활동에 대한 선호의 변화 등이 있을 수 있다. 이 직종에 대한 최초의 수요공급의 균형점은 E_0점이었고, 이에 대응하는 균형고용량은 L_0점, 균형임금은 W_0이었다. 그런데 공급곡선의 우측 이동에 의하여 E_2점에서 새롭게 균형을 이루게 되면 이에 대응하는 L_2고용량은, 임금은 W_2가 된다. 이 직종에 대한 노동공급량의 증가는 다른 시장이 불변인 한 균형고용량의 증가와 균형임금의 감소를 초래한다. 이와는 반대로 노동공급량의 감소는 균형임금의 증가를 초래한다.

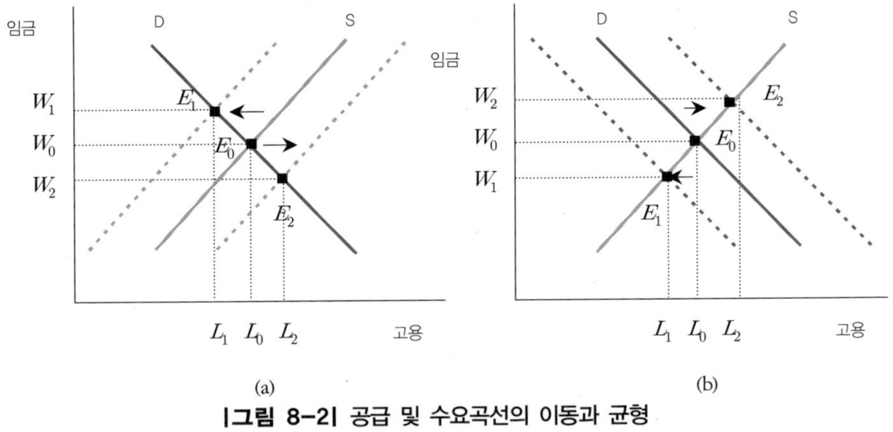

|그림 8－2| 공급 및 수요곡선의 이동과 균형

둘째, 노동력의 수요가 변화하면 노동시장은 새로운 균형점으로 유도하는 기능을 하며 |그림 8－2(b)|에는 수요곡선의 이동(shift)이 나타나 있다. 개별기업 수준에서 노동에 대한 수요곡선을 이동 또한 노동공급과 마찬가지로 우측으로의 이동은 수요의 증가를 의미하고, 좌측으로의 이동은 수요의 감소를 의미한다. 이러한 수요를 이동시키는 요인은 기술의 변화, 최종생산물가격의 변화, 노동 이외의 타생산요소의 가격변화 등을 들 수 있다.

어떤 직종에 수요가 그림과 같이 증가(우측이동)하게 되면 단기적으로 노동공급상의 제약 때문에 높은 임금을 경험하게 된다. 새로운 균형점 E_2는 더욱 높아진 임금을 의미하므로 공급자들이 L_0, L_2만큼의 노동공급을 늘여 대응하며 공급곡선이 이동하게 된다. 새로운 균형점에서 고용량 L_2, 임금은 W_2으로 되며 수요 변화의 결과 고용량과 임금이 모두 증가하게 된다. 이와 동일한 원리로 수요가 감소된 경우(좌측이동)에는 고용량과 임금이 모두 감소하게 되어 새로운 균형점인 E_1으로 이동하게 되는 것이다.

3. 임금의 결정

임금(wage)[1]은 근로를 제공하고 그 대가로서 얻는 소득이다. 이 임금은 계약에 의하여 결정되는 소득이라는 점에서 이윤과 다르며, 또 근로에 대한 보수라는 점에서 이자, 지대와 성격을 달리 한다. 또한 임금은 사용자의 입장에서 보면 근로의 대가로 생산요소에 따른 비용이며, 근로자의 입장에서 보면 노동력의 대가(보수)이며 생활의 원천이 되는 주된 소득원이다(우재현, 2001). 이러한 임금의 의의 및 체계를 알아보기 전 임금의 결정은 어떻게 되는지 임금 이론에 대해서 먼저 알아보자.

1) 임금이론과 임금결정

(1) 임금생존비설

임금 생존비설(the subsistence theory of wages)은 임금철칙설(the iron law of wages)이라고도 불리며 17세기 중상주의[2]를 배경으로 탄생으로 탄생하였다. 산업혁명 이후 임

1) 근로기준법 2조에 따르면 '임금'이란 사용자가 근로의 대가로 근로자에게 임금, 봉급, 그 밖에 어떠한 명칭으로든지 지급하는 일체의 금품을 말한다.

2) 중상주의자들은 국부의 증대를 위하여 외국무역에 대한 국가의 강력한 규제를 요구하고, 국제경쟁력을 강화하기 위하여 임금을 극소화할 것을 요구하였다.

금노동자의 수적 증대와 근대적 노동시장의 형성이 임금의 중요한 요소로 부각되자 임금의 결정요인데 대한 스미스(Smith, A.), 리카도(Ricardo, D.), 맬더스(Maltus, T.) 등 고전학파 경제학자들의 관심이 증대되었다. 이 학설의 이론적 지주는 당시 지배적이었던 맬더스의 인구법칙[3]이었다. 이 임금생존비설은 "임금을 지배하는 철과 같이 잔혹한 법칙", 즉 임금철칙으로 이해되었으며, 자본주의 사회에서는 임금이 장기적으로 근로자의 최저생존비에 머무르지 않을 수 없다고 설명하였다.

이 학설은 장기적으로 임금에 대한 노동공급이 완전탄력적임을 가정하고 있으며 한계생산력체감의 법칙도 암묵적으로 가정하고 있다는 점과 노동에 대한 수요측의 변화가 임금수준에 미칠 수 있는 영향을 완전히 무시한 것이 특징이라 할 수 있다.

이러한 생존비설은 '생존비'라는 개념이 애매하고 그것이 임금에 의하여 영향을 받아 논리상의 문제가 발생한다는 점과, 맬더스가 말한 생존비는 편의품, 오락비를 포함하는 '관습적 생활수준'을 의미한다고 하나, 관습적 생활수준은 고정적이거나 독립적인 것이 아니고, 그 시기의 지배적인 근로소득에 주로 의존되고, 근로수득이 생존비를 규정하고 생존비가 다시 임금수준을 결정하는 순환논법에 빠지게 되는 점은 한계로 지적된다. 또한 역사적으로 임금은 최저생존비에 머무르지 않고 계속 증가하였고, 임금의 상승, 생활수준의 향상에도 불구하고 출생률은 오히려 저하되었다는 측면에서 비판을 받았다(김용원, 2007).

그러나 이러한 임금생존비설이 꼭 오류만 있는 것은 아니었다. 논리상의 문제점은 있지만, 당시 비농업부문의 산업발전이 극히 낮았고 농촌과 도시를 불문하고 노동력이 공급과잉상태에 있는 경우에는 임금수준이 거의 생존비수준에 머물러 있었고, 맬더스 이론을 계승한 루이스(Lewis, A. W.)에 의하여 무제한적 노동공급이론[4]을 전개하였는데, 이는 오늘날 후진제국에서 상당한 타당성을 지니고 있

3) 인구법칙에 의하면 임금이 생존비 이상으로 상승하면 근로자들은 인구와 노동공급을 증가시켜 결국 임금을 생존비수준으로 인하시킨다고 하였다. 만약 임금이 생존비 이하로 되면, 기아, 사망률의 상승, 혼인의 연기, 기타 도덕적 절제에 의하여 노동공급이 감소되고 임금이 다시금 생존비수준으로 상승한다는 것이다.

4) 방대한 농업사회와 무제한적으로 노동이 공급되는 조건하에서는 임금수준이 결국 생존비에 의하여 결정될 수밖에 없다는 이론이다. 즉, 어떤 경제가 전환점에 이르기까지는 미숙련노동력이 도시에 무제한적으로 공급될 수 있다. 이때 도시와 농촌에는 모두 생존임금원리가 지배하기 때문에 도시와 농촌 간의 임금격차에 의하여 노동력이 이동되지는 않게 된다.

다. 한국노동시장에 적용을 해보면, 열악한 조건으로 노동력이 거의 무제한적으로 공급되고 있는 일부 분단시장 내에서 일부의 지나친 저임금업종의 임금결정에 임금생존비설은 상당한 타당성이 있다.

(2) 임금기금설

임금생존비설이 노동의 공급을 강조하였다면, 임금기금설(wage fund theory)는 노동의 수요측면을 강조한 이론이다. 19세기 밀(Mill, J. S.)에 의해 주창된 이 학설은 어느 한 시점에서 노동자의 임금으로 지불될 수 있는 부(富)의 총액 또는 기금이 정해져 있고, 이 기금은 시간이 지남에 따라 변화될 수 있다는 것이다. 즉, 저축의 증대와 부의 축적으로 기금이 증가될 수는 있지만 어느 한 순간에는 이미 사전적으로 결정되어져 있다. 그러므로 임금을 수취하는 사람들은 이 기금을 자신들 사이에 배분할 수밖에 없고, 따라서 평균 실질임금수준은 근로자의 수와 직접적인 관계를 가진다는 것이다. 특정 사회의 어느 시기에 임금으로 지불되는 자본부분, 즉 임금기금의 규모는 일정하므로 시장임금의 크기는 임금기금을 노동자의 수로 나눈 값이 된다.

$$\text{임금수준(賃金水準)} = \frac{\text{임금기금(賃金基金)}}{\text{근로자 수(勤勞者 數)}}$$

이 가설의 전개는, 자본가의 금전적인 수단은 자본, 이윤 또는 소득으로 구성되는데, 자본이란 어떤 연도에 그것을 가지고 생산을 시작하는 것이라고 할 수 있고, 생산의 연도말까지는 이윤이 발생하지 않는다. 그런데 불변자본 부분을 제외한 자본이 임금지불에 사용된다. 자본가의 이윤(소득)은 연도말에 가서야 실현되므로 그것으로 임금을 지불할 수는 없다. 그렇지만 자본가가 연도말에 이윤을 획득했을 때 그 중의 일부를 자본축적을 위하여 저축한다면, 그것이 다음 연도의 임금기금의 일부로 추가될 수 있다는 것이다.

임금기금설은 한 나라에 있어서 임금기금은 일정한데 기금의 증가와 감소 또는 근로자의 수의 감소와 증가에 따라 임금이 상승 또는 하락한다고 보는 것으로 노동조합의 교섭력을 통한 임금인상은 불가능하며, 노동자의 생활개선은 노동자 자신의 가족 수를 줄이거나 기업의 번영에 기여함으로써 임금기금을 증대시키는 것으로만 가능하다는 노동조합의 무용론이 제기되어 노동자들로부터 반발을 사게 되었다. 따라서 밀은 스스로 이 이론을 포기함으로써 임금기금설은 영향력이 쇠퇴하고 후에 시니어(N. W. Senior)의 신임금기금설(new wage fund theory)이 다시 등장하게 되었다.

임금기금설은 높은 임금은 높은 실업률을 유발시킨다고 하여 고용이론에 영향을 주었으며, 임금상승 시도는 반드시 물가상승을 초래하여 명목임금의 상승을 가져준다는 임금－물가 악순환론, 임금은 기업의 지불능력에 의존한다는 지불능력설, 임금상승은 한계생산력의 증대에 의해 가능하다고 하는 생산성임금론과 한계생산력설 등에 영향을 미쳤다. 임금기금설은 노동수요, 즉 기업의 사정을 도가 지나치게 강조하여 나온 논리임에 분명하나, 때때로 한국사회에서 임금기금설이 전개되고 있다는 것은 다시 생각해 볼 문제임에 틀림없다.

Senior 신임금기금설

전체 자본의 규모가 일정하더라도 임금기금부분은 일부분에 지나지 않기 때문에 임금기금의 크기는 노동의 생산성과 노동자의 수에 의해 결정된다고 주장한 이론이다. 즉, 신임금기금설은 임금기금의 신축성을 인정하였다. 시니어는 노동의 생산성과, 이들 상품생산에 고용된 근로자의 수에 의해 임금기금이 결정된다고 주장하였다. 노동생산성은 ① 근로자들의 근면성, 기술, 체력과 지력 ② 자연의 조력 ③ 자본이용 ④ 정부간섭의 유무에 의존한다고 하고, 이중 ③ 자본이용을 강조하였다. 따라서 신임금기금설은 임금기금을 더 이상 고정적으로 생각하지 않으며 근대임금이론인 한계생산력설에 매우 가깝게 생산성을 강조하기에 이르렀다.

(3) 노동가치설

마르크스(Marx, K.)에 의해 주창된 노동가치설(labor value theory of wages)은 노동력 재생산비설이라고도 하는데, 밀과 비슷한 시대에 활약하였으며, 고전학파가 수립한 임금생존비설에서 생각하듯이 평균 실질임금수준이 생존비와 같다는 점을 수용하였다. 다만 관습이 생존수준을 결정하는데 미치는 영향을 강조하였다.

마르크스는 임금의 생존비수준을 수용하였지만 그것에 도달하는 과정은 임금생존비설과는 달랐다. 맬더스의 이론을 거부하는 한편 임금을 생존비 수준으로 저하시키는 근본적인 힘은 근로자의 무지와 무절제가 아니라 자본주의적인 불황에 의하여 야기되는 실업이라고 하였다.

노동가치설에 의하면 노동력의 가치는 노동자계급의 유지와 재생산에 필요한 생존수준을 생산하는데 필요한 노동시간에 의해 결정된다. 노동만이 모든 가치 창조하고 그 때 생산된 총 가치는 임금으로 근로자들에게 지불되는 것보다 크며, 그 큰 부분을 잉여가치로서 자본가가 수취한다. 근로자들이 임금으로 받는 필요노동 이상의 잉여노동을 하지 않으면 안 되는 것은, 자본가가 생산수단을 독점적으로 소유하기 때문이며, 근로자들이 필요노동시간과 잉여노동시간을 합친 만큼의 시간을 노동하지 않고자 한다면 취업할 수가 없다.

(4) 한계생산력설

한계생산력설(marginal productivity theory)은 19세기 후반에 한계주의(marginalism)의 등장으로 나타난 이론이다. 임금기금설이 현실적으로 임금이 상승하는 현상을 이론적으로 해명하지 못하자 한계개념을 도입하여 임금결정의 문제를 설명한 이론이다. 즉, 한계혁명의 결과로 등장한 신고전학파의 가격결정이론을 임금결정에 적용했는데, 임금은 최종단위의 노동이 생산하는 생산물의 가치인 노동의 한계생산물가치에 의해 결정된다는 것을 핵심내용으로 한다.

노동의 수요를 통하여 이론을 전개하며, 노동공급은 주어진 것으로 가정하고 있어 공급에 대한 설명은 없다. 시장은 완전경쟁시장을 가정하고, 노동의 수요에 대한 두 가지 명제를 기초로 설명하였다(배무기, 2006).

① 개별적 기업들은 그들이 이윤을 얻을 수 있을 때까지 고용량을 늘린다. 즉, 고용노동 단위당비용이 기업에 대한 근로자의 기여분과 같아질 때까지 고용을 확대한다.

② 이윤극대화를 위한 기업 간의 경쟁을 통해 그 기업의 생산물에 기여한 근로자의 한계생산물의 가치와 임금이 같아지게 된다.

한계생산력설은 한계생산력이 바로 임금을 결정한다고 하지는 않는다. 그러한 의미에서 한계생산력설은 임금이론이 아니라고 할 수 있다. 한계생산력설에서는 임금은 노동시장의 수요와 공급에 의하여 결정된다고 한다. 즉, 기업수준에서는 고용이론이며, 노동시장 또는 산업수준에서는 임금의 결정에 있어 수요측면을 적극 강조하였다는 의미에서 임금이론이라고 할 수 있다.

이 이론은 임금수준의 현실적 변동을 설명하는데 설득력을 갖는다. 특히 장기간에 걸친 임금의 변동, 상호 경제적 조건과 구조가 다른 국가, 지역, 산업 간의 임금격차를 한계생산물(가치)의 개념으로 설명함으로써 많은 지지를 받고 있다. 그러나 한계개념의 도입으로 이론의 추상적인 면과 노동수요측면의 분석에 초점을 두고 있기 때문에 노동공급측면이 경시되었다는 점, 특히 단기간의 적용에 있어 적용이 어렵다는 점은 한계로 지적되고 있다.

(5) 교섭세력설

19세기 말 이후 산업사회의 제반문제는 주로 노사 간의 단체교섭을 통해 해결하는 방식으로 변모하는 과정에서 노동조합의 성장과 더불어 근로자측의 교섭력이 현실의 임금결정에 상당한 영향력을 미치게 되었다. 교섭력설(theory of bargaining strength) 또는 교섭세력설은 주창하는 학자들에 따라 내용에 차이는 있으나 고용기회나 노동공급량에 불리한 영향을 미치지 않으면서도 일정한 범위내에서 임금이 교섭력 강도에 의하여 변경될 수 있다는 것이다.

대부분의 교섭력설은 지지하는 학자들은 사용자의 교섭을 벌이는 개별근로자들의 불리한 위치로부터 논의를 전개하고 있는데, 아담 스미스(Smith. A)의 『국부론』에서는 사용자들은 단결이 용이하나 근로자들은 부족한 재정적 뒷받침 때문에 교섭에서 오래 버틸 수 없다는 점을 지적하였다. 또한 손톤(Thornton, W. T.)은 노동이란 저장이 불가능하므로 궁박판매(窮迫販賣)가 불가피하다고 지적하였고,

다른 학자들은 노동시장에 대한 근로자들의 지식 부족과 교섭능력의 부족을 지적하기도 하였다.

이러한 개별근로자들의 불리한 위치 때문에 실제 임금의 교섭에서는 불리한 임금을 받게 되므로, 노동조합을 결성하여 교섭력을 강화시키거나 파업(strike)을 위한 기금 등을 증가하게 되면 임금이 교섭력 방향에 의하여 인상될 수 있다는 것이다.

(6) 임금수준의 결정기준

앞서 살펴본 임금 이론들은 그 시대의 경제적 상황이나 노동시장의 현황을 반영하는 것으로 노동의 수요와 공급에 대한 각각의 측면을 강조하고 있었다. 이러한 임금은 기업에서의 지불능력과 근로자의 생계비, 생산성 및 노사의 교섭능력, 노동의 수요와 공급 등 여러 요인이 복합적으로 작용한다. 그렇다면 각각의 요인에 따른 임금의 결정기준에 대해서 알아볼 필요성이 있다.

① 비교임금

비교임금(going wage)은 타 기업에서 지불하는 임금의 수준을 의미하는데, 노동자 또는 노동조합의 임금인상요구가 어느 일정시기에 보편적으로 집중될 때, 특정 산업 또는 동일 업종의 다른 기업의 임금 인상률이 하나의 임금인상 기준으로 적용하게 된다는 것이다. 비교임금은 임금관리의 측면에서 볼 때 몇 가지 문제가 지적되는데, 임금은 일반적인 임금시세만을 중요시하는 것은 올바르지 않고, 비교대상을 선정함에 있어서도 동일한 노동시장뿐만 아니라 상품시장의 공통성도 동시에 고려해야 한다.

② 지불능력

기업체가 임금수준을 결정하는데 영향을 주는 주요한 요인이다. 임금이 기업의 지불능력을 초과할 경우 기업이 도산하여 기업이나 노동자 모두에게 해(害)가 된다는 것이다. 이러한 논리는 기업의 임금결정과정에서 가장 빈번하게 사용되고 있는 논리이며, 노동조합이나 노동자에게도 어느 정도 설득력 있게 받아들여지고 있는 기준이다.

③ 생계비

임금이 최소한 노동자가 생활하는데 필요한 생계비 수준은 되어야 한다는 것이다. 노동자에게 있어서 임금은 유일한 소득원천이라 할 수 있으므로 최소한의 생활보장을 할 수 있는 생계비 기준이 임금수준을 결정하는 절대적인 기준이라고도 할 수 있으며, 노동자의 이익을 대변하는 노동조합의 기본적인 입장이기도 하다.

④ 노동생산성

노동생산성의 증가에 따른 임금인상 또는 그 범위 내에서 임금인상을 허용한다고 할 경우 노동의 투입량에 대한 생산량을 의미하는 노동생산성은 중요인 임금결정의 기준이 된다. 커(Kerr, C.)의 연구결과를 살펴보면 한 국가에서 노동자의 생산성 증대와 실질임금은 정(正)의 관계가 있다는 것을 입증하고 있다. 노동생산성을 임금 결정의 기준으로 사용할 때 발생하는 문제점은 생산성의 향상이 반드시 노동의 투입량에 의한 것인지 파악하기 힘들며, 산업별, 직종별 임금격차를 발생할 수 있다는 점이다.

⑤ 사회적 균형 및 경제동향

노동력의 수급여건에 따른 사회일반의 임금수준과 동일업종의 임금수준을 고려하여 사회적 균형을 이룰 수 있도록 하여야 한다. 또한 임금수준은 한 나라의 경제성장의 정도 및 1인당 국민소득에 비례하는데, 성장률이 높은 산업과 자본집약적 산업, 사양사업 등의 구조를 파악하는 것이 필요하겠다.

2) 임금의 의의 및 체계

(1) 임금의 의의

이러한 임금에 대해서는 두 가지의 상반된 견해가 있는데, 하나는 임금이 노동 또는 서비스의 대가로 근로자는 임금을 통해 자신이 생산에 기여한 바를 모두 지불받는다는 신고전학파의 견해가 있다. 다른 하나는 임금을 노동력의 재생산비, 즉 노동력의 가격이라고 보는 노동가치론의 주장인데, 여기에서는 노동자들이 생산에 기여한 바의 일부만 받고 지불되지 않는 나머지는 이윤으로 자본가에게 귀속된다고 본다.

(2) 임금의 체계

임금은 사용자에게는 유능한 인재를 확보・유지하고, 전체 조직의 목적을 달성하도록 유인할 수 있는 수단인 반면 근로자에게는 삶의 기반인 동시에 중요한 동기부여의 원천이다. 임금체계란 근로자 개개인에게 지급되는 임금이 무엇을 기준으로 결정되는가를 의미한다. 임금체계는 임금의 구성항목 중 가장 중요한 기본급의 결정요인, 즉 기본급 차등요인을 기준으로 분류되는데, 일반적인 기본 유형은 연공급, 직능급, 직무급, 성과급으로 구분할 수 있다(노동부, 2008).

〈표 8-1〉 임금체계의 기본 유형

임금체계	내 용
연공급	학력, 근속 등의 가치
직능급	직무수행능력의 가치
직무급	역할, 책임, 난이도 등 직무의 가치
성과급	성과의 가치

① 연공급

연공급(年功給)은 속인급(屬人給)이라고도 한다. 연령, 근속, 학력, 성별 등에 따라 임금을 결정하며, 생활안정을 중시한다. 채용 시 개인의 학력차이를 전제로 하여 연령이나 근속연수의 상승에 따라 임금을 상승하는 임금체계이다. 선진국으로 갈수록 직능급 또는 직무급으로 더 높은 비율을 차지한다. 연공급은 우리나라와 일본에서 많이 사용하고 있는데, 근속연수에 비례하여 상승하는 임금형태로 종신 또는 장기고용이 전제되고 있기 때문에 귀속의식을 증대시키고, 이직률이 낮게 나타난다(이영면 · 이동진, 2008).

1997년 외환위기를 기점으로 우리나라에서는 호봉제에서 연봉제로의 전환이 가속화되고 있다. 연공임금체계가 근로자의 장기근속을 유도하고 생활을 안정시키는데 도움을 주는 측면이 있어, 고도 성장기에는 나름대로 순기능적 역할이 있었지만, 급격한 기술혁신과 저성장시대 도래로 순기능보다는 역기능 역할이 부각되고 있다는 것이다(김동배 외, 2005; 엄동욱, 2008).

② 직무급

직무급(職務給)은 속인급과 대비되는 개념으로 속무급(屬務給)이라고도 한다. 직무의 중요성과 곤란도 등에 따라서 직무의 질과 양에 대한 상대적 가치를 평가하고 그 결과에 의하여 임금을 결정하는 방식이다. 직무분석 및 직무평가를 기초로 가치 기준을 평가한다. 직무의 상대적 가치를 측정한 후에 임금을 지급하는 방식이기 때문에 인적자원의 적재적소 배치가 가능하고, 동일노동 동일임금을 실현할 수 있는 합리적 임금체계이다.

③ 직능급

직능급(職能給)은 직무급과 연공급의 혼합형태를 보인다. 직무급이 일에 대한 임금이라 정의하고, 연공급이 사람에 대한 임금이라면, 직능급은 직무수행능력에 대한 임금이라 할 수 있다. 즉, 직무를 전제로 한 사람에 대한 임금이다. 직무급이 직무평가에 의해 이루어지는 반면, 직능급은 종업원의 능력을 직능고과에 의해 평가하고 그 결과에 따라 임금을 결정하는 것이다.

〈표 8-2〉 연공급, 직무급, 직능급의 비교

구 분	장 점	단 점
연공급	• 정기승급을 실시함에 따른 종업원에게 생활의 안정감과 장래에 대한 기대를 가질 수 있음 • 사내의 위계질서 확립, 실시가 용이 • 평가의 객관성	• 동기부여의 효과가 미약하며 소극적 근무태도를 야기 • 비합리적인 인건비 지출 • 전문기술인력의 확보곤란 • 능력업무와의 연계성 미약 • 개인의 능력활용이 쉽지 않음
직무급	• 직무에 기초를 두는 임금의 결정이 가능하게 함으로 동일노동 동일임금의 원칙에 따라 임금배분의 공평을 기할 수 있음 • 임금수준의 설정에 객관적인 근거를 부여함 • 직무분석, 직무평가의 과정에서 경영조직의 개선, 작업조직의 개선, 작업방식의 합리화가 가능 • 적재적소의 인사배치에 의해 노동력의 효율적 이용이 가능 • 불합리한 노무비 상승의 방지	• 직무급의 기초가 되는 직무평가가 주관적이고, 명확성이 떨어질 수 있음 • 기술변화, 노동시장의 변동 등으로 직무내용을 변경할 필요성이 생길 수 있음 • 적정배치를 하기 어렵고, 직무구성과 인적능력구성이 일치하지 않게 되면 효과를 거두기 어려움 • 직무내용의 정형화, 고정화로 직무수행에 유연성이 떨어지기 쉬움
직능급	• 능력개발이 직능등급 상승으로 이어지므로 종업원에게 자기개발 욕구의 동기부여가 쉬움 • 기업실정에 맞게 유연하게 운용할 수 있음 • 보상기회가 확대되고, 기존의 획일적 보상에서 보상의 개별화로 능력에 맞는 처우가 될 수 있음 • 제도가 운영에 있어 공정하고 명확하게 이루어진다면 다른 제도보다 구성원에게 공정한 것으로 납득성을 가져올 수 있음 • 최저생계보장이 이루어지고, 보상에 있어 직종에 구분이 없으므로 기존의 생산직의 불만요소를 감소시킬 수 있음	• 직무수행능력의 파악과 평가가 쉽지 않음 • 자칫 연공주의로 흐를 가능성도 있음 • 직무성격상 직능급보다는 직무급이 적합한 직종이 있으므로 운영 시에는 직종 간 차이를 고려해야 함 • 50세 이후에는 능력개발에 한계가 있으므로 그 이후에는 부적절할 수 있음

출처 : 한국노동연구원(1998). 직능급 도입을 위한 평가제도 개선방안. pp. 5-6.

④ 성과[능률]급

성과급(成果給), 혹은 능률급(能率給)은 근로자의 작업량에 따라 임금을 지급하여 근로의욕을 자극하는 임금지급방식을 말한다. 이는 일정한 작업량을 시간단축 척도로 사용하는 할증임금제도와 능률향상에 따른 추가 이윤을 배분하는 이윤배분제도 등이 있다. 이러한 능률급의 지급방법은 개인별로 적용하는 단순성과급, 복률성과급, 할증성과급이 있고, 집단적으로 적용하는 스캔론 플랜, 러커 플랜, 이윤배분제도 등이 있다. 이중 집단적으로 적용하는 방법에 대해 자세히 살펴보면 아래와 같다.

㉠ **스캔론 플랜**(Scanlon plan) : MIT 교수였던 스캔론(J. N. Scanlon)이 창안한 제도로 1930년대 세계적 공황의 시기에 노사의 대립보다는 공동협력의 방법으로 어려움을 이겨낼 것을 주장한 것이다. 제안제도를 통해 종업원의 지식을 활용함으로써 위기를 극복하고, 이익을 얻을 수 있으며, 그 이익의 일부를 노동자에게 보너스로 지급한다는 것이다(이준범, 1999). 현재 노사협력차원의 성과배분임금제로 집단을 중심으로 일체의 개인보상을 하지 않으며, 이제도의 실시에 의하여 생긴 노무비의 절약분은 참가자 전원에게 배분된다. 성과의 배분은 다음과 같은 기준에 의해 월단위로 실시된다.

- 과거 일정기간의 실제노무비를 산출하여 기준율로 정함
- 근로자 개인의 배분은 각자의 실제노동시간에 따르는 기본급총액에 비례하여 지급
- 기준율을 적용하여 그 달의 기준노무비를 산출
- 실제노무비와 기준을 비교하여 노무비 절약액을 산출
- 절약액은 일정비율로 회사측과 근로자측에 배분

㉡ **러커 플랜**(Rucker plan) : 미국의 러커(Rucker, A. W.)에 의해 제창된 개념으로 부가가치에 대한 임금총액의 비율, 즉 분배율을 미리 정해 놓고 매출액의 증가나 인건비의 절약 등 부가가치 생산성의 증감에 따라 자동적으로 임금총액을 계산하는 방식이다. 분배상의 특색은 첫째, 전체 경제의 분석에서 얻어진 분배율을 개별기업에 적용하고, 둘째 분배율은 생산가치에 대한 노무비의 비율을 가리키며, 셋째 성과분배를 노사협력을 위한 자극으로 보고 있다. 러커 플랜의 중요한 목표는 노사협력관계의 확립, 유지, 생산성 향상 및 공정배분으로 생활수준 향상을 이루는데 있다. 노사 간에는 생산분배위원회가 조직되어 운영되며, 근로자는 이 위원회를 통해서 생산가치의 증대를 위한 의사결정과정에 참가하여 자신들의 근로의욕을 높인다.

부가가치에서 차지하는 노무비의 비율(분배율)을 정해 놓고, 부가가치의 증

감에 따라 자동적으로 분배액을 결정하는 러커플랜(Rucker Plan)과 부가가치 대신에 매출액을 취하는 스캔론 플랜(Scanlon Plan)은 모두 미국에서 생산성향상운동의 일환으로 제안된 것이며 성과배분방식(成果配分方式)이라고도 한다.

ⓒ **이윤배분제**(Profit sharing plan) : 노사 간의 미리 정해진 계산 기준에 의해 기업이 근로자에게 임금 외에 추가급부로 이윤의 일부를 분배하는 제도이다. 노사관계의 개선 및 작업능률의 증진, 근로자의 생활안정 등을 목적으로 실시하고 있다. 근로자에게 시가보다 낮은 가격으로 주식을 분배하여 이익을 배당한다던지, 근로자에게 복리후생을 위한 기업이윤의 일부를 투입하는 방법 등으로 분배한다. 근로자의 이익배당과 분배율을 근속연수와 연관시킴으로써 근로자의 장기근속을 유도하게 되고, 기업의 이윤창출이 자신의 이윤배당액을 증가시킴으로 근로의욕 및 능률증진을 시킬 수 있으며, 노사관계의 개선에 도움을 준다. 최근 우리나라에서 실시하고 있는 종업원지주제는 이윤배분제의 좋은 예로 볼 수 있다.

⑤ 연봉제

연봉제(年俸制)는 고용노동부가 매년 실시하는 「연봉제 · 성과배분제 실태조사」에서 '근로자 개인의 능력 · 실적 및 공헌도를 평가하여 연간 임금액을 책정하는 개인별 성과급제'로 정의하고 있다(김동배 · 정진호, 2006). 개인의 능력, 실적 및 공헌도에 대한 평가를 바탕으로 계약을 통해 연간 임금액을 결정하는 실적 중심형의 임금형태이다. 연봉제는 임금의 구성항목들을 통합한 연봉금액을 계약에 의하여 결정하는 것으로 보통 기본급, 수당, 상여금 등의 구분 없이 지급되는 것이 특징이다. 최근 우리나라 대기업에서는 관리직, 전문기술직 등과 같은 특수직종에서 연봉제를 많이 채택하고 있다.

(3) 우리나라의 임금체계

임금은 여러 가지 항목으로 구성되는데, 임금체계는 구성항목의 내용과 비중을 의미한다. 선진국에서는 임금은 대부분이 기본급이며, 간혹 성과배분적 상여금이 부가되는 형태를 취하는 반면, 우리나라의 임금은 기본급의 비중이 낮을 뿐만 아니라 많은 수당으로 구성되어 있다. 대체로 우리나라의 임금구조는 크게 기본급, 수당, 상여금의 3가지로 구성된다(우재현, 2001).

① 기본급

기본급은 근로기준법에 의한 기본근로시간을 근로한데 대한 임금으로 1일 8시간, 1주 40시간 분의 임금을 의미한다. 우리나라의 노동법은 임금구조의 복잡성을 고려하여 통상임금과 평균임금[5)]이라는 용어의 조작적 정의를 도입하여 법정 제수당 및 퇴직금 등의 산정기초임금으로 사용하도록 하고 있다.

㉠ **통상임금** : 통상임금이란 근로자에게 정기적이고 일률적으로 소정근로 또는 총 근로에 대하여 지급하기로 정한 시간급 금액, 일급 금액, 주급 금액, 월급 금액 또는 도급 금액을 말한다(근기법시행령 제6조). 통상임금은 기본급 외에 약정수당 중 정기적이고 일률적으로 소정근로에 대하여 지급하기로 한 고정적 수당을 더하여 산정한다. 약정수당 중에서 정기적이고 일률적이지 아니하거나 소정근로에 대한 대상성이 인정되지 않는 수당은 통상임금에서 제외된다.

㉡ **평균임금** : 평균임금이란 이를 산정하여야 할 사유가 발생한 날 이전 3개월 동안에 그 근로자에게 지급된 임금의 총액을 그 기간의 총일수로 나눈 금액을 말한다. 근로자가 취업한 후 3개월 미만인 경우도 이에 준한다(근기법 2조).

이러한 내용들을 종합해 볼 때, 일반적으로 기본급과 통상임금, 평균임금 사이에는 다음과 같은 관계식이 성립한다.

$$\text{기본급} \leq \text{통상임금} \leq \text{평균임금}$$

5) 통상임금은 근로기준법시행령[시행 2008.7.1] [대통령령 제20873호, 2008.6.25, 일부개정]을 참조하고, 평균임금은 근로기준법 [시행 2009.8.22] [법률 제9699호, 2009.5.21, 일부개정]을 참조하기 바란다.

〈표 8-3〉 통상임금과 평균임금의 적용

구 분	통상임금	평균임금
적용규정	• 해고예고수당 • 휴업수당 • 연차휴가수당 • 연장 · 야간 · 휴일가산수당 • 기타법에 유급으로 표시된 보상	• 퇴직금 • 휴업수당 • 연차휴가수당 • 휴업보상 · 장해보상 · 유족보상 • 장례비, 일시보상, 분할보상 등 • 재해보상 • 감급의 제한

김동배와 류성민(2008)의 연구를 살펴보면, 기본급 결정요소별 비중에는 차이가 있지만 각 결정요소의 순위에 대해서는 연공(근속, 연령, 경력, 학력 등), 능력(직무수행능력, 역량 등), 직무가치(직무난이도, 중요도, 책임 등), 성과(업무성과)의 순으로 노사의 의견이 일치하고 있다.

② **수당**

수당은 그 지급이 법적인 의무사항인지 아니면 노사 간 단체협약, 취업규칙 등에서의 약정사항인지에 따라서 다음과 같은 법정수당과 법정외 수당(약정수당)으로 구분할 수 있다.

㉠ **법정수당** : 법령의 규정에 의하여 사용자에게 지급할 의무가 있는 수당들을 말한다. 시간외 근무수당(연장근로수당, 휴일근무수당, 심야특근수당 등), 연월차수당, 생리수당 등이 이에 해당한다.

㉡ **법정외 수당** : 사용자에게 법령에 의한 지급의무는 없으나 노무관리상의 필요에 의하여 단체협약이나 취업규칙 등에 의하여 지급되는 수당으로 가족수당, 직책수당, 근속수당, 자격수당 등 여러 가지가 있다. 이러한 수당은 법적인 구속력을 가지는 것은 아니며, 회사 자체 내의 규정 및 자치적인 수당으로 우수한 인재채용을 위한 방법으로도 사용된다.

③ **상여금**(bonus)

상여금은 의미는 원래 보너스로서 경영성과가 있는 경우 성과배분의 목적으로 지급되는 임금을 말한다. 그러나 우리나라에서는 과거 저임금 시절 임금보존을 위한 역할을 해 왔기 때문에 노사 모두 상여금이 성과급적 임금이라기보다는 일정한 기간을 주기로 하는 정기적인 임금의 성격으로 생각하고 있는 경향이 강하다(우재현, 2001).

이러한 기본적 임금구조를 바탕으로 우리나라의 임금은 월간 기준으로 지급되는 정액급여 및 초과급여와 연간기준으로 지급되는 특별급여가 있다. 단체협약 또는 취업규칙 등에 의해 고정적으로 지급되는 고정적 임금[6](정액급여와 고정적 상여금 : bonus)과 변동적 임금(초과근로 또는 작업성과에 따라 변동적으로 지급되는 초과급여와 변동적 상여금)으로 구성된다.

|그림 8-3| 한국의 임금체계

출처 : 김용원(2007). 노동경제학의 이해. p. 69.

3) 최저임금제도[7]

최저임금제(minimum wage system)는 국가가 법적 강제력을 가지고 근로자의 보호를 위하여 정부가 임금결정에 직접 개입하여 최저액을 규제하는 제도이다. 즉, 저임금근로자에 대하여 임금의 최저액을 보장함으로써 근로자의 생활조건을 향상시키고, 기업경영의 합리화와 기업 간의 경쟁력을 촉진하여 국가경제의 건전한 발전에 기여함을 목적으로 한 것이다.

---

6) 고정적 임금은 총액임금이라고도 한다.

7) 최저임금법은 근로자에 대하여 임금의 최저수준을 보장하여 근로자의 생활안정과 노동력의 질적 향상을 꾀함으로써 국민경제의 건전한 발전에 이바지하는 것을 목적으로 한다[최저임금법 제1조, 전문개정 2008.3.21].

(1) 최저임금제의 결정기준

우리나라의 최저임금에 있어서의 결정기준은 "근로자의 생계비, 유사 근로자의 임금, 노동생산성 및 소득분배율 등을 고려하여 정한다(최저임금법 제4조 1항)" 고 되어 있다. 최저임금제도의 기본원리에 관한 논리적 배경을 보면 공정임금(fair wage), 생활임금(life wage), 기업의 지불능력 세 가지를 들 수 있다.

① 공정임금

공정임금은 한계생산력을 바탕으로 하여 근로자의 한계생산력에 적합한 임금을 말하며, 그 이하의 임금이 불공정임금으로 간주되는 것이다. 우리나라의 임금 실태에 적합한 최저임금제는 우선적으로 저임금 산업에 관한 것이라야 한다는 점에서 공정임금의 원칙이 현실적인 기준이 될 수 있는 것이다 .

② 생활임금

생활임금은 근로자가 생활할 수 있는 임금을 요구하는 가운데서 최저임금의 원칙의 하나로 인정된 것이라 할 수 있다. 이것은 최저임금제가 근로자의 생활을 확보하는 것을 목적으로 하고 있다는 점에서 산업최저한으로서의 의미를 갖는다고 하겠다.

③ 기업의 지불능력

최저임금제의 실시목적이 근로자의 지나친 저임금을 해소함으로써 경제적 약자인 근로자를 보호하고 사회적 불안을 제거하여 근로자의 생산의욕을 고취한다고 볼 때, 이러한 문제를 해결한다는 이유로 기업의 지불능력이 되어서는 안 된다. 임금은 앞서 살펴보았듯이 산업 간, 직종 간, 기업규모별로 격차가 있기 때문에 기업의 지불능력을 고려한 적정의 최저임금을 산정해야 할 것이다.

또한 일반적으로 최저임금법의 결정기준에 대한 ILO조약 및 권고를 종합하면 ㉠ 근로자들의 생활욕구, ㉡ 비교 가능한 임금 및 소득, ㉢ 산업의 지불능력, ㉣ 경제발전의 요인 등이 공통적인 결정기준으로 나타나고 있다(최저임금위원회, 2004).

(2) 최저임금의 결정방식

국가마다 최저임금의 방식이 다른 것은 사회, 문화적 차이 외에도 경제발전의 단계 및 의회제도, 사법제도 등의 발전단계와 노사의 협력 및 노동운동의 발전과도 밀접한 연관이 있다. 이러한 각각의 결정방식에 대한 내용은 <표 8-4>와 같다.

〈표 8-4〉 최저임금의 결정방식

결정방식	내 용
법률 (미국 등)	• 최저임금 수준을 직접 의회에서 결정하는 방식 • 국민의 다양한 의견 수렴 가능(전국적 최저한도 확보가능) • 최저임금액의 결정이 국회 내의 정치적 세력관계에 영향을 받을 수 있음 • 입법과정이 및 법률의 제정 등 절차가 복잡함 • 경제여건의 변화에 신속한 대응이 어려움
최저임금위원회 또는 임금위원회 (우리나라, 일본)	• 최저임금 수준을 노사대표와 공익대표로 구성된 위원회에서 갖는 방식 • 위원회가 심의하여 정부에 권고하고 정부가 최종적 결정 • 노사와 공익대표 모두의 참여로 국민경제 전체로 볼 때 적정수준이 결정 • 심의과정에서 노사 간의 갈등으로 결정지연 가능성 • 가장 널리 채택되고 있는 제도
단체협약의 효력확장	• 전국, 지역적으로 단체협약에서 결정 • 최저임금의 적용을 협약당사자 이외에도 확장하여 적용 • 미조직 노동자의 보호 및 사용자 간의 공정경쟁의 보장 가능 • 노조의 파업을 배경으로 한 교섭이기 때문에 다른 방식보다 높은 편 • 노사 간의 자율적 교섭관행이 미성숙한 곳에서는 적용이 어려움
중재재판소 또는 노동위원회	• 중재재판소나 노동위원회 등 노사관계 조정을 담당하는 기관이 결정 • 결정한 임금을 최저한도로 법적 구속력을 가짐 • 오스트레일리아의 연방최저임금제도가 대표적임
사용자 간 협정	• 사용자가 일방적으로 결정하는 방식 • 기업의 사정이나 지불능력만을 고려한 제도 • 노동자측의 생계비, 기타 최저임금제의 사항을 포괄하지 못하고 있음

(3) 최저임금제의 기대효과

최저임금제의 실시로 기대할 수 있는 효과는 다음과 같다(우재현, 2001).

① **저임금과 임금격차의 개선**

지나친 저임금과 산업 간, 직종 간 그리고 지역 간의 임금격차를 개선하는 효과를 갖는다. 저임금근로자에게 최저생활을 보장할 수 있도록 하는 한편, 사용자와 정부에 있어서는 건실한 노동력 재생산을 가능하게 하여 기업과 국민경제의 성장, 발전에 기여하게 된다.

② **노동력의 질적 향상과 기업근대화의 촉진**

저임금 개선을 통해 노동력을 질적으로 향상시키고, 기업에게 충격을 주어 기업경영의 근대화를 촉진시키는 충격효과를 들 수 있다. 기업은 최저임금제 도입을 계기로 고임금, 고능률 효과를 초래하는 동시에 노동절약적 투자가 확대되고 경영전반에 대한 개선, 즉 합리화와 효율화에 박차를 가한다는 것이다.

③ **기업 간 공정경쟁의 확보**

최저임금제의 실시로 기업 간의 공정경쟁을 확보할 수 있다. 저임금을 바탕으로 한 전근대적 경영이 개선되지 않을 없게 되므로 임금조건에 관한 한 동일업종에서는 동일한 경쟁조건이 마련되는 것이다.

④ **노사관계의 안정화 촉진**

세계 최초로 최저임금제를 실시한 뉴질랜드는 항만에서의 파업을 발생시킨 노사분규를 해소하기 위하여 도입했던 결과 분규의 해소는 물론 분규의 발생을 미연에 방지하고 산업평화의 확보에 기여한다는 적극적 효과를 거둔 바 있다.

⑤ **유효수요증대로 경기활성화**

이 제도의 실시로 근로소득이 상승하고 소득재분배 상태가 개선됨으로써 사회전체의 유효수요를 증대시켜 경기를 활성화시키는 효과를 갖게 된다.

⑥ **사회복지정책의 기초**

선진국의 경험에 미루어 볼 때 최저임금제는 전후(戰後)에 정착하게 된 가장 중요한 노동정책의 수단임을 알 수 있다. 오늘날 대부분의 근로자들은 임금을 주 소득원으로 하고 있는데, 이러한 최저임금제의 도입으로 그 이하의 임금을 받는 근로자 또는 소득이 없는 근로자들의 생활에 대한 부조 및 정책자료의 근거가 되고 있다.

(4) 최저임금제의 부정적 효과

앞서 살펴본 기대효과들은 최저임금제의 긍정적 효과로 볼 수 있다. 하지만 최저임금제가 반드시 긍정적 효과만 있는 것은 아니다. 최저임금제의 부정적 효과에 대해서는 다음과 같다(김용원, 2007; 배무기, 2006; 우재현, 2001).

① **고용에 대한 부정적 효과**

시장임금보다 최저임금수준이 높게 적용되면 생산요소간의 상대적인 가격수준이 왜곡되지 않을 수 없으며, 그렇게 될 때 생산요소의 상대적 가격들이 더 이상 각 요소의 상대적인 사회적 희소성 또는 기업이 판단하는 요소의 가치를 반영하지 못하게 된다. 그 때문에 기업에서는 상대적으로 비싸진 노동서비스의 사용을 줄이고자 할 것이며, 따라서 고용이 감소하고 실업이 발생하게 된다.

② **희생자 집단의 발생**

어떤 사회에서 최저임금제가 전산업에 적용되지 않고 부분적으로만 적용될 경우에는 최저임금제도의 도입으로 적용산업에서 제외된 근로자들은 비적용부문에 집결하게 되고, 그곳의 임금을 저하시키며 보다 소망스럽지 못한 임금상태로 고용되거나 아니면 실직하게 된다.

※ 주된 희생자 집단 : 청소년, 고령자, 장애자, 여성 및 미숙련자 등으로 구성되며, 이들이야말로 최저임금제도가 보호하고자 하는 집단들이다.

③ **지역 간의 경제활동의 배분을 왜곡**

자본, 노동 등의 자원의 부존상태는 지역에 따라 다른 것이 일반적이므로 노동이 풍부한 곳의 임금이 상대적으로 낮은 것과 같이 지역 간에 다소 간의 임금격차가 있게 마련이다. 그러나 만약에 동일한 수준의 최저임금이 전국적으로 적용되게 되면 지역의 부존자원상태에 따라 이제까지 능률적으로 특화되어 왔던 생산요소의 사용비율 내지 산업구성에 왜곡이 발생하게 되고, 이것이 장기적으로 지역 간의 경제활동의 배분을 왜곡시키며, 결과적으로 전체적인 생산량의 감소를 초래하게 된다.

④ **소득분배의 역진적 효과**

최저임금수준이 강제될 때 그 수준 이하의 임금을 받고 있던 소득이 낮은 사람들 중에 일부는 새로운 최저임금을 받을 수 있지만, 상당수는 실직될 수 있으며, 최저임금수준 이상의 근로자들은 아랫부분으로부터의 상승압박 때문에 임금이 연쇄적으로 인상될 가능성이 있다. 따라서 최저임금제로 말미암아 소득이 매우 낮은 사람이 실직함으로써 그 사람의 소득과 부를 상대적으로 높은 임금을 받는 사람들에게 재분배하는 역진적인 효과를 가져오게 된다.

⑤ **기술습득을 위한 유인제도에 부정적 영향**

원래 취업생활에서 초기에는 기술훈련을 습득하는 관계상 근로자가 그 교육비의 일부를 부담한다는 의미에서 임금수준이 보다 낮아지는 경우가 많다. 그러나 최저임금제도에 의하여 그와 같은 것이 억제되고 저수준의 기술자와 고수준의 기술자 간의 임금격차를 인위적으로 축소시키게 되면 교육훈련 내지 기술투자에 대한 수익률은 감소하게 된다. 그것이 결국 전체적으로 보다 적은 양의 교육훈련투자를 야기시키고 노동력의 평균적인 질을 저하시켜 생산량을 저하시키고 빈곤을 가속화시키게 된다.

(5) 우리나라의 최저임금제도[8)]

우리나라의 경우 1953년 근로기준법을 제정하면서 최저임금제 실시 근거를 두었으나, 당시 경제여건상 최저임금제 수용이 어렵다는 판단하에 실제운영은 하지 않다가 근로자의 저임금 해소와 일정 수준이상의 생활수준보장을 위해 최저임금제 도입필요성이 증가함에 따라 1986. 12. 31. 최저임금법을 제정・공포하고 1988. 1. 1.부터 실시하게 되었다.

① 최저임금법의 내용 및 현황

적용대상 사업장 규모와 업종을 점진적으로 확대, 2000년 11월 24일부터 1인 이상 모든 사업장의 모든 근로자에 대하여 적용하기 시작하였다.

〈표 8-5〉 연도별 최저임금 적용대상 확대

시 기	1988. 1. 1	1989. 1. 1	1990. 1.1	1999. 9. 1	2000. 11. 24
대상규모	10인 이상	10인 이상	10인 이상	5인 이상	1인 이상
대상업종	제조업	광업, 건설업	모든 산업	모든 산업	모든 산업

최저임금의 결정은 노・사・공익대표 각 9명으로 구성된 최저임금위원회에서 매년 인상안 의결 후 정부에 제출하면 고용노동부장관이 결정고시(8월 5일)한다. 결정, 고시된 최저임금은 다음연도 1월 1일부터 12월 31일까지 적용된다. 이러한 최저임금의 최근 현황은 아래 <표 8－6>과 같다.

〈표 8-6〉 연도별 최저임금 현황 (단위 : 원)

구 분	2015.1.1.~12.31.	2016.1.1.~12.31.	2017.1.1.~12.31.	2018.1.1.~12.31.
시간급	5,580	6,030	6,470	7,530
일급(8시간)	44,640	48,240	51,760	60,240

8) 노동부(2008). 고용백서에서 내용을 발췌

② **최저임금의 임금산정**

최저임금의 산정범위는 근로기준법 제2조의 규정에 의한 '임금'으로 고용노동부장관이 정하는 것(시행규칙 제2조 별표 1)은 최저임금 산입범위에서 제외(법 제6조 제4항)한다.

〈표 8-7〉 최저임금의 산정에서의 임금

최저임금 산정 시 불산입되는 임금	최저임금 산정 시 산입되는 임금
• 매월 1회 정기적으로 지급하는 임금외의 임금 • 소정의 근로시간 또는 소정의 근로일에 대하여 지급하는 이금외의 임금 • 기타 최저임금액에 산입하는 것이 적당하지 않은 임금(생활보조 또는 복리후생을 위한 수당 등)	• 단체협약, 취업규칙, 근로계약에 임금항목으로 미리 명시 또는 관례에 따라 지급하는 임금 • 미리 정하여진 지급조건, 지급률에 따라 소정근로에 대하여 매월 1회 이상 정기적, 일률적으로 지급하는 임금 또는 수당 • 기타 직무, 직책수당, 물가조정수당, 기술, 면허, 특수 작업수당 등

4) 부가급여제도

부가급여란 종업원을 위하여 사용자가 개별적 또는 단체적으로 지불하는 것으로서 종업원에게 화폐가 아닌 형태로 지불하는 모든 보상을 의미한다. 부가급여는 사용자가 정립하는 퇴직금, 연·월차휴가, 생리휴가, 산전후 휴가 등 유급휴일에 대한 지급료, 의료보험 및 사회보험제도에서의 사용자 부담 보험료, 회사부담의 교육비, 식사제공 및 상품권제공 등의 모든 항목을 의미한다. 이러한 부가급여는 사용자와 근로자 모두가 선호하는 형태를 띠고 있는데 그 이유를 살펴보면 아래와 같다(배무기, 2006; 김유배, 2004).

① **사용자의 부가급여 선호이유**

㉠ **조세와 보험료부담 감소** : 사용자는 사회보험에 대한 사용자측 기여분이나 보험료를 근로자의 임금액에 비례적으로 납부하는 경우가 많다. 그런데 부가급여분 만큼 임금액이 감소되면 사용자에게는 그만큼 조세나 보험료부담이 감소된다.

㉡ 채용 희망근로자의 기호에 알맞은 부가급여제도를 제공

㉢ **정부 규제회피의 수단** : 사용자는 정부가 독과점을 이유로 임금 등에 대한 규제를 강화할 때 그것을 회피하는 수단으로서 임금인상 대신 정부측에서 식별하기 어려운 부가급여수준을 높일 수가 있다.

㉣ **장기근속 유도** : 사용자는 이직률이 높은 데서 오는 각종 퇴직, 채용 및 훈련비용을 절감하고 장기근속을 유도하는 방편으로 이용한다.

㉤ **기업의 노무관리수단** : 사기를 진작시키며 근로자의 기업에 대한 충성심을 발휘하게 하고 근로자에 대한 내부통제를 용이하게 하는데 이용된다.

② 근로자의 부가급여 선호이유

㉠ **현물급여의 이점** : 사용자와 마찬가지로 조세상의 혜택이 주어진다. 일정한 금액을 현금으로 받으면 근로자는 근로소득세를 부담하게 된다. 그러나 그것이 비현금 형태로 제공될 때에는 조세를 감면받을 경우가 많다. 또한 할인권 내지 상품권 등은 대량으로 할인된 가격으로 구입이 가능하기 때문에 더욱 저렴한 비용으로 구입이 가능하다.

㉡ **연기된 보상[9]의 이점** : 연금 또는 퇴직금의 형태와 같이 보통은 정년퇴직 이후의 노령기에 이를 수령하게 되고 이 시기의 근로자의 임금소득은 보통 낮기 때문에 부담하게 되는 세율도 낮은 것이 보통이다(조세상의 혜택). 또한 노후대책의 기능으로 매월 추가적인 세부담 없이 저축된 금액을 퇴직 이후에 받게 됨으로 노후에 경제적 어려움이 해소될 수 있다.

③ 노동조합의 부가급여 선호이유

일반적으로 노동조합이 조직되어 있는 기업이 부가급여수준이 보통 높다. 이것은 노동조합의 간부가 통상적인 임금인상투쟁에서 얻는 명성보다도, 어떤 새로운 부가급여제도를 획득함으로써 자신의 노동조합지도자로서의 입장을 더 강화할 수 있기 때문이다. 즉, 노동조합은 노조원(근로자)의 욕구에 맞춰 임금인상

9) 연기된 보상이란 노동소득이 현재 발생하지만 화폐형태로 지불되는 것은 연기 내지 유예되는 것이다. 연금이나 또는 임금후불설적 입장을 취할 때의 퇴직금이 여기에 속한다.

시 부가급여를 선호한다는 것이다.

④ 부가급여의 종류

부가급여는 노사 간의 단체협약에 의하여 규정되는 것이 보통이나, <표 8-8>과 같이 법령에 의하여 소위 '법정복리비'로서 지급되는 것도 있으며, 이 밖에도 사용자의 단독결정이나 노사 간의 단체협약에 의하여 제공되는 '법정 외 부가급여'도 있다.

〈표 8-8〉 부가급여의 종류

법정복리	법정외 복리
• 휴일 • 휴가(월차휴가, 연차휴가, 생리휴가, 산전산후 유급휴가 등) • 휴게시간 • 퇴직금 등	• 복리후생시설 • 상여금 • 학자금 지급, 교육훈련 • 정기승급 • 주택자금 대출 • 의료비 지원 등

5) 임금격차[10)]

임금격차는 동일시점에서의 산업, 직종, 기업, 직업, 성, 연령, 학력, 생산성 등 여러 가지 차이로 인하여 발생하는 임금 수준의 차이를 의미한다. 일반적으로 근로자의 개인적 조건이라고 할 수 있는 요소는 성, 연령, 학력, 경력, 숙련도, 직무 등을 들 수 있고, 기업 간의 조건으로는 산업 간의 격차, 기업규모 간의 격차, 직종간의 격차 등을 설명할 수 있다.

(1) 직종별 임금격차

직종의 다름에 따라 나타나는 직종간의 임금의 차이를 직종별 임금격차(職種別賃金隔差, occupational wage differentials)라고 한다. 완전경쟁시장하에서의 A, B 두 직종

10) 임금격차는 배무기(2006)의 내용을 일부 발췌하였음

간에 근로자가 동질적이고, 노동시장에 대한 완전한 정보가 있으며, 노동이동이 자유롭고 이동에 따르는 비용 및 진입장벽이 없다면 임금 격차는 없어지게 될 것이다. 그러나 A와 B 직종 중 어느 한 직종의 임금이 높을 때, 근로자들은 그 직종으로 이동을 할 것이다. 이 때, 이동에 있어서 더 높은 교육훈련 수준 및 열악한 환경조건이라면 임금이 높다고 해서 이동이 발생하지는 않는다. 이러한 직종 간의 임금격차가 나타나는 원인은 여러 가지가 있는데, 아담 스미스(Smith. A)는 보상적 임금격차(compensating wage difference)로 설명하였다.

① 보상적 임금격차

직종들 간에는 상대적으로 근로자에게 유리한 것도 불리한 것도 있다. 보다 유리한 직종은 높은 임금, 직장의 쾌적함, 위신, 명성, 일에 대한 만족감 등을 제공하는 것이고, 반대로 어떤 직종에서는 불만족스럽거나 사회적으로 평가를 받지 못하며 전망도 밝지 못한 경우에는 그 점에 대해서 보상해 줄 만큼의 높은 임금이 지불되어야 한다는 것이다. 경쟁조건하에서 직종 간에 자유로운 노동이동을 통하여 이루어지는 화폐적(금전적) 이익의 균등화가 아니고 금전적 · 비금전적 이익(또는 불이익)을 합친 순이익의 균등화이다. 즉, 여러 직종에서의 균등한 보상원리를 적용해야 한다고 하였다. 이와 같이 어떤 직종에 존재하는 불리한 성격 또는 추가적인 부담 등에 대하여 보상해줌으로써 그렇지 않은 직종과 균등한 상태로 유지해 주는 임금격차가 바로 보상적 임금격차 또는 균등적 임금격차이다. 소위 3D 업종에 종사하는 노동자들은 낮은 임금을 받고 있으나, 전문직 또는 최고경영자, 고위직 공무원 등은 높은 임금과 명예를 가지고 있는 게 일반적이다. 이러한 보상적 임금격차는 직종간의 상대적 불리성 내지 부담이 발생하는 원인에 대하여 다음의 세 가지를 제시하고 있다.

㉠ 비금전적 차이 : 직종들 간에는 비금전적 차이, 즉 온도, 습도, 소음, 진동 등의 작업환경에서의 차이 및 노동의 난이도, 스트레스 정도를 비롯한 작업정도의 차이가 있다. 또한 어떤 직업은 사회적으로 높은 평가를 받지 못하는 직종도 있고, 위신이나 명성을 누리며, 주관적 만족도를 높일 수도 있는데,

비금전적 특성에 있어서 불리한 직종에 대하여 보상내지는 상대적으로 높은 임금을 지불하게 되면 임금격차가 줄어든다는 것이다. 이를 바로 비금전적 임금격차라고 한다. 위험수당의 지급 및 중노동에 대한 수당, 벽지근무수당, 기타 위험에 대한 수당 등을 지급하게 되면 사회적으로 기피하는 직업 또는 직종에 종사하게 되어 임금격차가 줄어들 것이라 생각하는 것이다.

㉡ **금전적 위험** : 특별한 일이 발생하지 않는 한 매월 임금을 받는 근로자들은 소득이 확실히 보장된다. 그러나 어떤 직종에서는 임금의 보장이 확실하지 않는 경우도 있다. 그뿐 아니라 노동소득의 수준 그 자체가 불안정적이어서 어떤 때는 소득이 높고, 어떤 때는 소득이 낮거나 완전히 없을 수도 있다. 보통의 사람들은 금전적인 위험성이 적거나 안정성을 지향하는 편이므로 두 직종간의 평균임금은 같다할지라도 그 직종 고유의 금전적 위험을 보상해 주지 않으면 안 된다는 것이다. 즉, 가산적인 임금을 지불하여야 한다는 것이다. 이와 같이 발생하는 임금격차를 금전적 위험에 따르는 임금격차라 한다. 개인의 선호차이는 있겠으나, 일반적인 경우에는 소득보장상의 위험 또는 불안정성을 기피하는 경향이 강하므로 금전적 위험이 존재하는 직종의 임금은 다른 직종에 비해 예상소득 이상으로 유지되지 않으면 안 된다는 것이다.

㉢ **교육훈련의 차이** : 일반적으로 교육수준 및 교육훈련을 많이 받는 직종일수록 높은 임금을 받게 된다. 전문직, 기술직 또는 행정관리직 등에 종사하는 근로자가 일반 판매직이나 생산직, 단순노무직 등에 종사하는 근로자보다 높은 임금을 보이고 있다. 이러한 임금격차는 교육훈련의 차이에 기인하는 것이라 할 수 있는데, 다른 직종보다 더 많은 교육훈련을 받은 직종의 종사자들은 교육훈련에 투입된 직・간접적인 비용 때문에 그에 대한 보상으로 더 많은 임금을 받게 된다는 것이다.

㉣ **책임과 장래성** : 어떤 직종의 근로자가 상대적으로 무거운 책임을 지고 있는 일에 종사할 경우 그에게 맡겨진 무거운 책임 때문에 더 많은 임금이 지급되어야 한다는 것이다. 일례로 사람의 생명을 다루는 의사나 변호사 등

은 더 많은 책임을 요구한다고 볼 수 있다. 또한 장래성은 장래에 대한 불확실성 내지는 유망성을 의미한다고 할 수 있는데 장래에 대한 불확실성이 크다면 더 많은 임금을 보상해 주어야 한다는 것이다.

② 과도적 임금격차

어떤 직종에서 노동수요가 증가하게 되면 단기적인 노동공급곡선이 이에 반응하게 된다. 이때 발생하는 단기적인 임금의 상승폭은 단기적 노동공급이 비탄력적이므로 비교적 크다. 그러나 만약 그 수요가 반영구적이거나 또는 이 직종에 참가하는 근로자들이 그렇다고 믿게 될 때, 이 직종에 대한 노동공급은 장기적인 반응을 보이며 노동은 보다 탄력적으로 공급되게 된다. 단기노동공급곡선으로 발생하는 임금인상폭과 장기노동공급곡선으로 발생하는 임금인상폭간의 차액을 과도적 임금격차(過渡的 賃金隔差, transitional wage differentials)라 한다.

③ 헤도닉 임금이론

헤도닉 임금(hedonic wage)은 시카고대학의 로젠(Sherwin Rogen)이 1974년에 처음 사용한 후, 노동경제학에서 일반적으로 사용되고 있는 용어이다. 헤도닉 임금이란 고통스럽고, 불유쾌한 직무에 대한 보상요구를 반영한 시장임금 수준을 뜻한다. 우리나라에서는 비효용을 낳는 직무에 보상요구를 하고, 효용을 낳는 직무에 대해서는 대가를 지불하려는 노동자의 의사반영의 시장가격을 강조하여 효용임금이라고 번역하기도 하고, 원래 헤도니즘(hedonism)의 뜻을 그대로 번역하여 쾌락임금이라고 번역하기도 한다. 또한 노동자의 보상요구를 충족시키는 임금이라는 의미로 효용을 낳는 직무 직무에서는 의중(意中)반영임금이라고 번역하기도 한다(조우현, 1998).

(2) 산업별 임금격차

산업별 임금격차는 많은 나라에서 장기에 걸쳐 안정적이며 변화가 적은 것이 하나의 특징으로 되어 있다. 그렇다면 장기간에 걸쳐 안정적인 산업별 임금격차가 유지되는 원인은 다음과 같은 것을 들 수 있다(김용원, 2007).

① 산업 간 노동생산성의 차이

고임금 산업은 대체로 숙련노동자의 비율이 크고, 총비용 가운데 노동비용의 비중이 낮으며, 높은 자본의 노동에 대한 비율을 갖는다. 즉, 어떤 사회에서 산업 간의 생산성의 격차가 클수록 산업 간의 임금격차는 크게 될 것이다. 이러한 측면은 다른 조건이 동일하다면 생산성의 차이가 임금의 차이로 나타나게 될 것이라는 것이다.

② 노동조합의 존재유무

노동조합이 광범위하게 조직되어 있는 산업 또는 교섭력이 강한 산업일수록 임금수준은 높다는 것이다. 즉, 교섭력에 따라 임금이 좌우될 수 있으므로 교섭력이 큰 산업일수록 임금은 높게 된다.

③ 산업별 집중도

산업별 집중도는 대체로 제품시장에 있어서의 독과점력(獨寡占力)의 정도를 나타내는 것으로 독과점력(獨寡占力)을 강력히 행사할 수 있는 산업은 그로부터 얻을 수 있는 독과점 이윤의 일부를 임금으로 지급할 수 있기 때문이다.

(3) 기업별 임금격차

기업별 임금격차의 원인으로는 기업의 규모에 따른 임금격차를 말한다. 현실적으로 대기업과 중소기업에는 상당한 임금격차가 나타나고 있고, 이를 반영해 주듯 대부분의 고학력 실업자는 중소기업에 취업하지 않고 대기업으로의 취업을 희망하고 있다. 대기업은 앞서 내부노동시장의 형성과정에서 배웠듯이 높은 임금 및 연공임금의 관행이 있기 때문에 흔히 볼 수 있는 현상이다. 기업규모별 임금격차를 유발시키는 원인은 다음과 같다(김용원, 2007; 배무기, 2006).

① **자본집중가설**

이 가설에 의하면 대기업은 자본집중도가 높아 근로자 1인당 자본장비율(K/L : capital labor ration)이 높아서 부가가치 생산성이 높고, 이러한 부가가치 생산성에 대응하여 임금이 상대적으로 높아질 수 있다.

② **생산물시장구조가설**

주로 기업의 제품판매과정에서 시장에서 독과점력(獨寡占力)을 행사할 수 있느냐의 문제와 관련된다. 대기업일수록 시장점유율이 높을 가능성이 많으며 그만큼 생산물 시장에서 독과점력(獨寡占力)을 행사할 가능성은 높다.

③ **노동력의 질적차이**

일반적으로 대기업의 경우 중소기업보다 노동자들의 근속년수가 길고 학력수준도 높아 대기업 노동자들의 생산성이 상대적으로 높게 나타난다. 즉, 노동력의 질적차이로 인해 생산성이 높아지게 되고 이에 따라 임금격차가 나타난다는 것이다.

④ **노동조합의 조직률**

대기업일수록 노동조합이 조직되어 있을 가능성이 높기 때문에 대기업이 중소기업보다 고임금을 유지할 가능성이 높다는 것도 지적되고 있다. 노동조합이 조직되어 있을 경우 또는 교섭력이 강할 경우 임금협상에서 상대적으로 유리한 위치에 있을 가능성이 많다.

⑤ **효율임금정책**

최근에는 기업규모별 임금격차를 효율임금정책으로 설명하기도 한다. 대기업은 대규모 조직이므로 노동자 개개인의 직무수행을 감독하고 평가하는데 막대한 비용이 들뿐만 아니라, 상대적으로 많은 교육훈련 투자비용으로 이직에 대한 비용부담이 크기 때문에 효율임금정책의 이득이 더 크다.

효율임금이론(efficiency wage theory)

노동생산성과 임금은 정(+)의 상관관계를 갖고 있기 때문에 높은 임금을 지불하게 되면 노동생산성의 증대가 이루어진다. 효율임금이론은 어떤 기업의 근로자에게 시장임금 이상의 고임금을 지불함으로써 노동생산성의 향상을 도모하여, 사용자가 이윤을 극대화하기 위한 방법이다. 기업에서 효율임금정책을 사용할 경우 취업 기업별로 임금격차가 나타날 수 있다. 상대적인 고임금이 노동생산성을 증대시키는 이유는 다음과 같다.

① 고임금은 노동자들의 실직비용을 증대시켜 직무에 태만하지 않도록 한다.
② 고임금은 이직률을 감소시키므로 채용비용과 훈련비용을 감소시킨다.
③ 고임금은 기업 명성을 높이므로 신규채용 시 우수인력의 확보가 가능하다.
④ 고임금은 노동자의 기업에 대한 충성심과 귀속감을 높여 작업표준과 노력의 평균적 수준을 증대시킬 수 있다.

(4) 학력별 임금격차

학력은 특정 업무를 담당하기 위한 자격 또는 조건이므로 학력별 임금격차는 한국이나 일본 등의 소위 학력사회가 아닌 선진국에서는 그다지 문제가 되지 않고 있다. 우리나라의 경우 학력을 중시하는 사회이기 때문에 학력 자체가 개별적 임금결정의 중요한 요소로 작용하기도 한다. 이러한 학력별 임금격차에 대한 이론은 거의 없는 편으로 기존의 연구들을 토대로 다음과 같은 원인을 유추해 볼 수 있다.

① 노동시장의 학력별 분단

기업의 직무체계가 주로 학력을 기준으로 조직되어 있는데, 이러한 직무구조의 학력별 구분에 기초하여 학력별로(특히 대졸과 고졸) 입직문(port of entry)이 확연히 구분되어 있다. 노동시장에서의 학력별 분단에서 가장 중요한 문제는 노동소득이 높고 직장의 전망이나 직장으로부터의 만족도가 높은 산업이나 직종에 대하여 접근할 수 있는 기회가 상당한 정도의 학력에 구분된다는 점이다. 학력사회에서는 학력이 생산에 있어서의 생산성의 높이를 반영한다기보다 산업 및 직종에 대한 차별화의 수단으로 사용되어 지고 있는 것은 문제가 된다.

② **학력 간 노동공급사정의 차이**

노동시장의 학력별 분단은 질적인 차원의 문제로 볼 수 있으나, 학력 간 노동공급사정의 차이는 다소 양적인 차원의 문제로서 학력별 임금격차의 크기를 결정하는 요인으로 작용하는바 어떤 의미에서는 순수하게 노동시장적 요인이라 할 수 있겠다. 학력 간에 존재하는 교육비용을 기초로 한 임금격차와는 다른 현실적인 임금격차의 발생원인은 반드시 실습적(實習的) 요인이나 제도적 요인을 도입할 필요도 없이 학력 간 노동공급사정의 차이만으로도 설명이 가능하다.

③ **학력의 선별기능**

사용자가 구직자들의 생산과정에서의 노동생산성을 측정하는 데에는 많은 어려움과 비용이 들게 된다. 따라서 비용을 절감하는 하나의 방법으로서 학력이 노동생산성과 가장 높은 상관관계가 있다고 확신하여 학력을 대리변수로 보고 선별장치로 활용하는 것이다.

④ **전통적 관념**

전통적인 사대부 우위의 유교사상 및 사회적인 관습이 노동시장에 영향을 미친다고 볼 수 있다. 유교사상의 영향으로 고학력자에 대해 높은 사회적 평가를 무비판적으로 내리고, 승급, 승진, 직무배치 등 인사관리에 있어서도 학력은 중요한 기준이 되고 있다. 또한 고학력자에 대한 고임금지급에 대한 사회적 저항이 비교적 적은데, 이러한 점에서 학력별 차별화를 통해 총임금비용의 절약을 꾀하려는 사용자들의 합리화 수단으로 이용되었을 가능성도 배제하기 어렵다.

(5) 성별 임금격차

어느 나라에서나 정도의 차이는 있지만 남성이 여성보다 높은 임금을 받고 있는 편이다. 이는 대한 원인은 단순히 성(性)의 차이에서 오는 성차별적 관점과 생산성의 차이 또는 인적자원투자에 대한 생산성의 격차로 설명할 수 있다.

① 성(性) 차별

여성근로자에 대한 차별은 채용 시 나타나는 직종차별과 순수한 임금상의 차별로 분류된다. 여성은 남성에 비해 결혼, 출산, 육아 등으로 인하여 높은 결근율과 이직률을 보인다는 사용자, 동료, 노동조합 등의 편견으로 인해 여성노동자들은 차별대우를 받게 된다. 또한 여성들은 교육, 훈련에서도 차별을 받게 되는데, 이는 교육받은 근로자가 장기간 근속을 해야 교육훈련에 투입된 비용을 회수할 수 있으나 여성의 경우는 장기간의 근속이 어렵다는 편견이 있기 때문이다. 이러한 교육훈련의 차이는 다시 생산성 및 임금의 격차로 나타나게 되고, 여성들은 저임금 직종에 집중적으로 배치된다는 것이다.[11)]

② 노동생산성의 차이

성별 임금격차가 발생하는 것은 학력, 연령, 경력 등의 차이에서 오는 노동생산성의 차이가 있다. 학력(교육수준)과 연령, 경력 등은 성별격차라 보기에는 어렵지만, 과거 우리나라에서는 여성이기 때문에 교육받을 기회에 있어서 불리한 입장에 서기도 하였다. 또한 기업의 고용관행이 미혼여성 또는 젊은 층의 여성근로자를 선호하고 결혼하면 퇴직토록 강요하기도 하였으며, 기혼여성의 노동시장 참가에 문제가 있을 밖에 없었다. 또한 경력년수도 바로 이와 같은 조건들 때문에 짧을 수밖에 없는 상황이 많이 때문이었다. 이러한 점들을 생각해 보면 여성근로자에 대한 노동시장 내부적인 차별, 즉 저임금(교육투자에 대한 낮은 투자수익률)과 각종 여성에게 불리한 고용관행 등이 바로 노동시장의 외부적인 차별, 즉 여성에 대한 낮은 학력(교육투자의 기피)의 원인으로 작용하였다고 볼 수 있다.

11) 인적자본 투자량의 차이가 노동생산성의 차이를 불러일으키고 그로 인해 임금 격차가 발생하게 된다. 즉, 여성은 남성에 비해 교육을 받을 기회가 불리하여 저임금의 노동시장에 진입하게 되고, 이러한 저임금 직종에 집중화현상으로 여성근로자 간의 경쟁이 격화될 수 있는데 그로 인하여 임금이 저하되는 효과를 쇄도(殺到)효과(crowding effect) 또는 혼잡효과라고 한다. 일부 직종에서의 여성근로자 간의 경쟁격화에 의한 저임금조장을 설명하는 것을 쇄도가설 또는 혼잡가설이라고 한다(배무기, 2006).

참고문헌

김대모(2005). 적정임금 결정방법으로서의 생산성 임금제의 논리적 근거. 산업관계연구, Vol. 15 No. 1, pp. 1-21.

김동배 · 류성민(2008). 노사의 임금체계 선호. 노동리뷰, Vol. 2008, No. 5, pp, 32-40. 한국노동연구원.

김동배 · 박우성 · 박호환 · 이영면(2005). 임금체계와 결정방식. 한국직업능력개발원.

김동배 · 정진호(2006). 임금체계의 실태와 정책과제. 한국노동연구원.

김용원(2007). 노동경제학의 이해. 경북 : 대구대학교출판부.

김유배(2004). 노동경제학. 서울 : 박영사.

노동부(2008). 고용보험백서.

_____(2008). 노동백서.

배무기(2006). 노동경제학. 서울 : 경문사.

엄동욱(2008). 기업 임금체계의 변화와 연공임금 : 근속과 경력에 대한 보상 차이를 중심으로, 제 9회 한국노동패널 학술대회 논문집.

우재현(2001). 산업복지원론. 대구 : 정암서원,

이영면 · 이동진(2008). 제조업체의 기본급 임금체계와 고령자 고용에 관한 연구. 인적자원관리연구, 15권 특별호. pp. 103-120.

이준범(1999). 현대노사관계론. 서울 : 박영사.

이창욱(1995). 생산성과 임금에 관한 연구. 생산성논집, Vol. 9, No. 2, pp. 1-25.

조우현(1998). 노동경제학-이론과 개혁정책. 서울 : 법문사.

최저임금위원회(2004). 우리나라의 최저임금 결정절차.

한국노동연구원(1998). 직능급도입을 위한 평가제도 개선방안.

CHAPTER 09

실업과 노동시장정책

1 실업의 유형과 발생원인

2 실업 : 청년실업

3 실업의 대책

chapter 09 실업과 노동시장정책

1. 실업의 유형과 발생원인

1) 실업의 유형

실업(unemployment)은 일을 할 수 있는 의사와 능력을 갖고 있으면서도 일정 기간 수입이 발생하는 취업처를 갖지 못한 상태를 말한다. 통계청의 경제활동인구조사(2010)에서는 실업자의 개념을 조사대상 주간 중 수입 있는 일에 전혀 종사하지 못한 자로서, 적극적으로 구직활동을 하고, 즉시 취업이 가능한 자, 30일 이내에 새로운 직장에 들어갈 것이 확실한 취업대기자는 구직활동 여부에 관계없이 실업자로 분류하고 있다.

실업은 수요부족실업(demand-deficient unemployment)과 비수요부족실업(non-demand-deficient unemployment)으로 나눌 수 있다. 수요부족실업이란 총수요의 부족으로 인해 노동력에 대한 수요가 감퇴되고 그로 인해 기업에 의한 해고, 일시해고 등에 의해 발생하는 실업이다. 수요부족실업의 전형적인 것은 경기의 후퇴로 인해 발생하는 경기적 실업이다. 비수요부족실업에는 마찰적 실업, 구조적 실업, 계절적 실업 등이 있다(배무기, 2006).

(1) 경기적 실업(cyclical unemployment)

경기적 실업이란 불경기에 수반하여 발생하는 실업으로 주요 원인은 유효수요의 부족이다. 즉, 유효수요가 노동시장에 공급된 노동력을 흡수할 정도로 충분하지 못하기 때문에 발생하는 실업이다. 케인즈는 실업을 사회의 유효수요 부족과 관련시켜 설명함으로써 실업에 대한 인식과 정부의 대응에 일대 전환을 가져왔다. 케인즈의 고용이론에서는 유효수요의 부족을 경기순환의 한 국면으로 인식할 경우 이것은 일시적이고 단기적인 경기적 실업으로 보았다.

이러한 수요부족실업(경기적 실업)의 대책으로는 실업을 예방할 수 있도록 경기후퇴 시 기업의 대량해고를 자제하도록 제한한다던지, 공공사업을 실시한 고용창출 정책을 펼친다던지, 경기부양정책을 펼쳐 총수요를 증가시키는 등의 방법을 사용할 수 있지만 지나친 경기부양정책은 물가상승을 유발시켜 주의가 필요하다. 또한 경기가 후퇴하여 생기는 경기적 실업과 관련된 두 가지 개념을 살펴보면 아래와 같다.

① 실망노동자이론(효과)

불황 시에는 구인자의 수보다 구직자의 수가 월등히 많게 되어 그들 가운데 상당한 수가 취업의 기회를 얻지 못하고 실망한 결과 더 이상 구직활동을 포기하고 비경제활동 상태로 탈락하게 된다. 따라서 집계된 실업자의 수는 실망 실업자를 포함하지 않으므로 실제 이하로 과소평가 되어 있다.

② 부가노동자이론(효과)

만일 가구주가 불황으로 실직하게 되면, 그렇지 않았을 경우 취업을 희망하지 않았을 자녀와 배우자까지도 노동시장에서 구직활동을 하게 된다. 따라서 그 자녀와 배우자도 실직상태에 있게 되어 그 시점의 실업자 수는 실제 필요한 고용기회의 수보다 과장되어 있을 수 있다. 즉, 경기변동과 노동력 규모 사이에는 부의 관계가 존재한다고 본다.

이러한 실망노동자이론과 부가노동자 이론은 같은 경기상황에서 과연 어느 효과가 더 크게 나타나는가하는 것이 문제로 논의된다. 두 가지 상반된 효과의 계측이라는 관점에 외국의 많은 경제학자들은 관심을 가져왔다. 실증적 연구의 결과는 대체로 실망노동자효과가 부가노동자효과보다 더 큰 것으로 나타난다. 한국의 경우에도 두 효과에 대한 실증연구 결과들은 실망노동자효과가 더 큰 것으로 나타나고 있다(배무기, 2006).

(2) 마찰적 실업

케인즈 이전의 신고전학파 경제학자들은 노동시장에서 마찰적 요인, 즉 정보의 부족이 노동력의 수급불일치를 가져와 실업을 초래하는 요인으로 노동시장에서 정보의 불완전성으로 인하여 발생되는 실업을 마찰적 실업이라 한다.

마찰적 실업은 실업과 미충원 상태의 일자리가 공존할 경우, 직업탐색의 과정이 필요한데, 노동시장에서의 정보가 불완전하기 때문에 많은 노동자들은 한 직장에서 다른 직장으로 옮기는 과정에서 이와 같은 실업을 겪는 것이 불가피 하다. 기업은 채워지지 않은 공석이 생기더라도 여기에 배치할 노동자를 찾지 못하고 노동자는 기업에 빈자리가 생기더라도 그것을 쉽게 발견하지 못하는 데서 생기는 실업이다. 이러한 유형의 실업은 직업사이에 이동하는 과정에서 발생하므로 마찰적 실업만 있는 상태는 완전고용이라 볼 수 있고, 이때의 실업률을 자연실업률이라고 한다(김용원, 2007).

따라서 취업에 대한 정보제공을 포함한 노동시장 기능이 효과적일수록 이러한 마찰적 실업은 감소하게 된다. 마찰적 실업은 직장탐색을 위하여 자진사직을 하는 것이 보편화되고, 또한 실업급여 등의 사회보험 등으로 실직 중에도 기초생계비가 마련되는 선진국에서는 점차 그 중요성이 커지고 있다.

직업탐색 이론

구인·구직에 대한 노동시장의 정보가 효과적으로 제공된다면 마찰적 실업은 감소할 수 있다. 노동시장에서의 마찰적 요인, 즉, 노동시장에 대한 정보와 노동자 행동과의 연관성에 대한 이론이 바로 직업탐색이론이다. 자신의 요구 임금에 맞는 직장을 찾기 전까지 구직활동을 하는 것을 직업탐색이라 하고, 이와 같은 탐색 활동에 드는 비용, 예컨대 식사, 교통비, 통신비 등의 직접비용과 일을 하지 않은 동안의 포기해야 하는 임금소득의 기회비용이 소모되는 것이다. 구직자들은 탐색에 드는 비용과 구직 후 소득을 비교해서 구직 후 소득이 더 높다고 판단할 경우 탐색활동을 계속하고 이 기간 동안은 실업자가 되는 것이다.

(3) 구조적 실업

구조적 실업은 국가의 중요한 경제구조의 변화에 노동시장 전체에 수요부족 또는 공급과잉으로 발생하는 것이 아니라, 노동력 수급상황의 불균형이 발생하여 총수요의 증대만으로 해결이 어렵고 직업훈련이나 기술습득 등에 의해 해소될 수 있기 때문에 장기간 지속될 가능성이 크다. 즉, 노동에 대한 수요가 충분하다고 하더라도 어떤 특정한 부분에서는 노동에 대한 수요가 공급에 미달하여 실업이 발생할 수 있다.

경제가 성장하고, 고부가가치에 의한 저부가가치의 대체를 포함하는 기술혁신이 이루어지면, 농업부문이 상대적으로 축소되는 반면 중화학공업은 성장・발전하게 된다. 또한 일반 재화로부터 서비스로 이행해 가는 소비자 수요구조의 고도화도 원인으로 볼 수 있다. 이러한 노동력 수요의 질적・기능적 구조의 변화에 대하여 노동력 공급의 질적・기능적 구조가 적절하게 또는 신속하게 적응하지 못한다면 노동력의 질적・기능적 수급구조에 불균형이 발생한다. 즉, 구조적 실업은 실업과 공석이 존재함에도 불구하고 기술을 갖춘 노동자가 이동이 불가능하거나 기술을 갖춘 노동자가 없는 경우에 주로 발생한다(김유배, 2004). 이러한 실업은 산업 간・지역 간 노동력 수급의 불균형 현상으로 발생하기 때문에 노동시장에 관한 완전한 정보가 존재하더라도 발생하는 현상이다.

(4) 기술적 실업

산업 간 노동력수급의 불균형을 초래하는 원인의 하나로 기술혁신과 기업의 노동절약적 신기술의 도입을 들 수 있다. 산출량은 일정하면서 노동절약적 신기술이 도입되면 기업의 노동수요는 감소하므로 기존 취업자 중의 일부는 실업상태에 빠질 수밖에 없는데, 이와 같이 기술혁신과 노동절약적 신기술의 도입으로 노동수요가 감소하여 발생하는 실업을 기술적 실업이라고 한다.

이러한 기술적 실업은 제품생산에 사용되는 자본과 노동의 새로운 결합방법의 도입이나 노동절약적 기계설비의 도입으로 노동력의 해고를 가져다주기도 하지만, 기술발전의 효과는 고용에 긍정적 측면도 있다. 즉, 신기술의 도입은 제조원가와 제품의 가격을 하락시켜 수요를 자극함으로써 생산량을 확대시키고 나아가 노동수요도 증대시키기 때문이다.

따라서 이러한 구조적・기술적 실업의 대책으로는 직업교육이나 직업훈련 프로그램을 활성화하여 산업변화 및 기술변화에 대체할 수 있도록 산업구조 변화 예측에 따른 인력수급정책이 필요하다. 또한 지역 간 이동을 원활히 하기 위하여 이주에 대한 보조금 등의 지원이 있어야 하겠다.

(5) 계절적 실업

계절적 실업(seasonal unemployment)은 농업, 건설업, 관광산업 등 기후나 일기의 주기적인 변화에 따라 노동수요의 변화가 심한 부문에서 발생하는 일시적인 실업이다. 또한 의료, 식음료 등 계절성이 비교적 강한 상품을 생산하는 업체도 계절적 영향으로 일시적인 생산활동과 중단을 반복하는 경우가 많아 어떤 계절에는 노동수요가 집중되고 다른 계절에는 노동수요가 매우 부족하여 계절적으로 실업이 발생하게 된다. 계절적 실업은 경기적 실업과 유사한 측면이 있지만 계절성에 따라 실업을 정확하게 예측할 수 있다는 점에서 차이가 난다. 계절적 실업에 대한 특별한 대책은 없고 일시적 실업인력의 활용 문제가 중요하다.

2) 실업의 발생원인[1)]

실업이론은 거시적 방법에 입각한 케인즈의 이론과 미시적 방법에 입각한 신고적학파의 이론이 대립하면서 발전해 왔다. 신고전학파 이론은 실업이란 노동시장의 일시적인 불균형에 의해 발생하는 일시적인 현상으로 현실적으로 실업이 존재한다고 하더라도 노동시장은 항상 완전고용으로 향하는 경향이 있다고 주장한다. 이와는 대조적으로 케인즈는 임금과 고용간의 직접적인 관계를 인정하지 않고 실업의 발생원인을 유효수요의 부족으로 보았다. 따라서 신고전학파의 이

1) 조우현(1999). 노동경제학; 김용원(2007). 노동경제학의 이해의 내용을 발췌하였음

론이 임금률 중심의 고용이론인 반면, 케인즈의 이론은 유효수요 중심의 고용이론이라 할 수 있다(김용원, 2007).

(1) 신고전학파의 실업이론

신고전학파는 자유경쟁 시장에 대한 신뢰를 갖고 노동시장이 완전경쟁상태이면 실업의 존재는 불가능하다고 보았다. 현실에 존재하는 실업자는 모두 자발적 실업으로 간주했다. 비록 현실적으로 실업이 존재한다고 하더라도 장기간 지속될 수 없고, 시장의 기능에 의해 다시 완전고용으로 복귀한다고 주장했다.

신고전학파는 다음의 가정하에서 노동수요와 고용의 관계는 임금의 신축성에 의해 균형을 유지하는 경향이 있기 때문에 완전한 자유경쟁 하에서는 장기적으로 항상 완전고용이 성립한다고 본다.

① Say's law(supply creates its own demand)
　－공급은 스스로 수요를 창출한다.
② 시장의 신속한 가격결정기능
③ 발라(L. Walras)의 일반균형법칙
　－언젠가는 수요와 공급이 균형을 향한다.
④ 물가 · 임금의 완전 신축성
⑤ 노동시장의 완전경쟁

|그림 9－1|에서 균형임금 $(\frac{W}{P})_e$ 보다 높은 임금을 요구하는 사람들은 현재의 균형임금 수준에서 일할 의사가 없다고 보기 때문에 자발적 실업이다. 그런데 이 자발적 실업은 자유경쟁 자본주의 시장경쟁 자본주의시장경제에서는 문제가 되지 않는다.

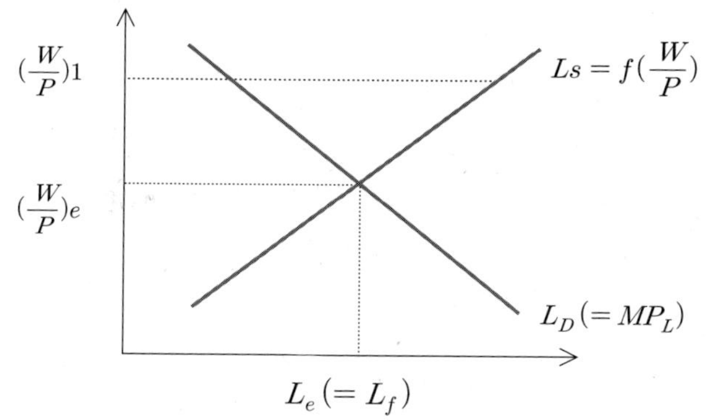

|그림 9-1| 신고전학파의 실업이론

(2) 케인즈의 실업이론

케인즈는 신고전학파의 이론을 비판하면서 노동자들이 중시하는 것은 화폐(명목)임금이지 실질임금은 아니라고 했다. 케인즈에 의하면 실업이란 임금의 신축성의 상실에 의해 발생하는 것이 아니라 유효수요의 부족에 의해 발생하는 것으로 이러한 실업을 비자발적 실업이라고 했다.

그래서 케인즈는 실업을 해소하기 위해서는 임금의 신축성을 회복시키는 것이 아니라, 유효수요를 증대시키기 위해 고용 그 자체를 확대시키는 정책의 실시를 주장했다. 즉, 케인즈는 실업을 유효수요와 관련시켜 설명했는데, 이러한 형태의 실업을 유효수요부족 실업 또는 경기적 실업이라고 했다. 케인즈는 다음의 가정하에서 실업은 유효수요의 부족에 의해 발생한다고 주장했다.

① 노동의 공급은 명목(화폐)임금의 함수이며, 노동에 대하 수요는 실질 임금의 함수이다.

② 명목임금의 하방경직성(downward rigidity) : 일반적으로 한번 오른 임금은 노동자의 화폐환상(money illusion)으로 일정수준이하의 명목임금 하락에 저항한다. 이러한 하방경직성의 이유는 다음과 같다.

㉠ 강력한 노동조합의 존재

㉡ 기업특수적 인적자본투자와 내부노동시장의 존재

㉢ 노동자와의 장기계약

㉣ 복지나 부가급여 수준이 높아지더라도 명목임금의 하락에 저항하는 노동자들의 화폐환상

㉤ 명목임금에 대한 화폐환상으로 오히려 좋아진 근로조건(부가급여)을 선택하지 않는 노동자의 역선택 발생 가능성

㉥ 효율임금정책

③ Say's law이 성립되지 않음

④ 노동시장의 불완전 경쟁

|그림 9-2|에서 노동공급곡선은 명목임금의 하방경직성으로 인하여 $W_o AL_s$ 이며, OLf는 완전고용량을 나타낸다. 유효수요가 부족하여 경기가 침체되고 물가가 서서히 하락하면($P_0 \rightarrow P_1$), 명목임금은 하방경직성을 갖기 때문에 물가하락은 실질임금을 인상시켜 노동의 수요는 감소하게 된다($MP_L \cdot P_0 \rightarrow MP_L \cdot P_1$). 이 경우 고용량은 L_1으로 감소하고 $L_1 Lf$ 만큼의 비자발적 실업이 발생하게 된다. 케인즈는 비자발적 실업의 원인을 유효수요의 부족으로 인한 판매부진으로 하락한 물가는 실질임금을 인상시켜 노동수요가 감소된다는 사실로 설명했다. 따라서 케인즈는 유효수요 부족으로 인한 실업을 해소하는 방안으로 재정 투·융자의 확대 또는 통화량의 증대와 같은 유효수요를 증대시킬 수 있는 거시경제정책을 주장했다.

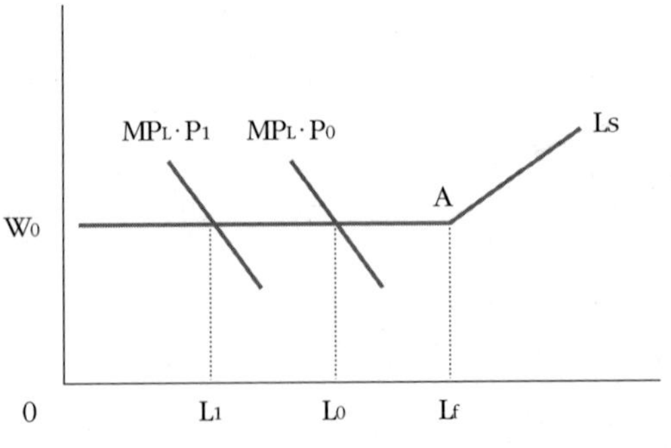

|그림 9-2| 케인즈의 실업이론

3) 인플레이션과 실업

인플레이션은 소득재분배와 자산재분배를 왜곡시켜, 빈익빈부익부(貧益貧富益富) 현상을 초래할 수 있다. 그리고 실업은 개인의 가정생활과 사회생활을 파탄으로 이끌고, 생산자원의 낭비, 빈곤, 범죄, 정치적 불안 등의 원인이 될 수 있다. 그러므로 인플레이션과 실업은 현대 경제의 중요한 과제라 할 수 있다.

(1) 인플레이션의 정의 및 종류

인플레이션(inflation)이란 물가수준의 계속적인 상승으로 인하여 화폐가치의 계속적인 하락을 의미한다. 이것은 일반적인 정의이지만 유일한 정의는 아니다. 인플레이션 정의에 관해서 의견이 일치하지 않다는 것은 그만큼 인플레이션 이론에 혼란이 있다는 징후라고 보아야 한다.

브론펜브레너와 홀츠먼(Bronfenbrenner & Holzman, 1970; 박홍립, 1994에서 재인용)의 인플레이션의 정의는 다음과 같다.

① 인플레이션이란 일반화된 초과수요의 상태이다.
② 인플레이션이란 총화폐재고 또는 1인당 화폐재고의 증가를 의미할 수도 있고, 또한 총화폐소득 또는 1인당 화폐소득의 증가를 의미할 수도 있다.
③ 인플레이션이란 다음과 같은 추가적인 성격과 조건을 수반하는 물가수준의 상승이다.
  ㉠ 인플레이션이란 완전하게 예상되는 것이 아니다.
  ㉡ 인플레이션은 비용증가를 통해서 더욱 큰 물가상승을 유발한다.
  ㉢ 인플레이션은 고용과 실질 산출고를 증가시키지 않는다.
  ㉣ 인플레이션이란 안전하다고 생각되는 물가상승률보다 더 빠른 물가상승이다.
  ㉤ 인플레이션은 재고측(在庫側)에서 일어난다.
  ㉥ 인플레이션은 간접세와 보조금의 순차액(順差額)으로 측정된다.

㉦ 인플레이션은 돌이킬 수 없는 것이다.

④ 인플레이션은 화폐의 대외가치저락을 의미한다. 대외가치의 저락은 외환율(外換率)이나 금(金)의 가격으로 측정된다.

(2) 필립스 곡선(Phillips Curve)

필립스(Phillips)는 1861~1957년간의 영국의 시계열자료를 회귀분석한 결과 명목임금상승률(=물가상승률)과 실업률 사이에 상관관계(안정적인 역의 상충 관계 trade-off)가 있다는 사실을 발견하였다. 이러한 관계를 직각 평면(그래프)에 표시하였는데, 이러한 곡선을 그의 이름을 따서 필립스 곡선이라 한다.

필립스 곡선이 의미하는 바는 임금의 상승률이 높으면 실업률은 낮고, 임금의 상승률이 낮으면 실업률이 높다는 것이다. 높은 실업률은 물가의 안정이나 하락을 수반하고 실업률이 낮을 때는 물가상승률이 높아져서 물가안정과 완전고용이라는 두 가지 정책목표를 동시에 달성하는 것은 불가능하기 때문에 정부정책의 모순이 발생하는 것이다.

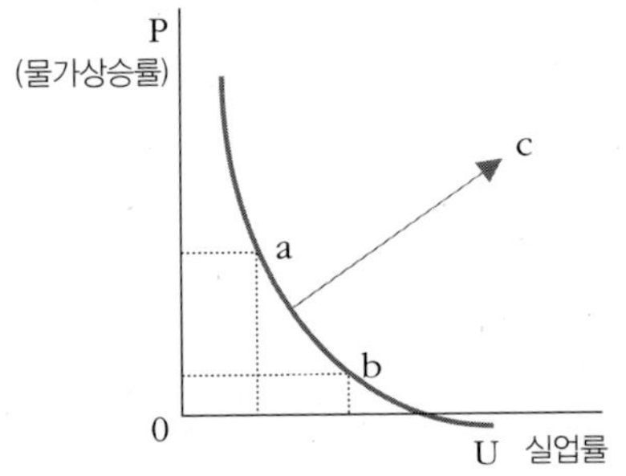

|그림 9-3| 필립스 곡선

① 필립스 곡선의 의의

실업률과 임금 인플레이션율 간의 상충관계를 의미하는 필립스곡선은 상대적으로 높은 실업률에서는 낮은 물가상승률이 대응하며, 실업률을 낮추면 낮출수록 더 높은 물가상승률을 감수하지 않으면 안 된다고 하는 관계이다.

|그림 9-3|에서 물가상승률 억제(필립스곡선의 b점)를 위해 긴축재정, 금융정책 등 총수요관리정책을 쓸 경우 물가의 안정은 확보할 수 있지만 실업률의 증가로 이어지고, 실업률을 억제(필립스곡선의 a점)하기 위해 확대재정, 금융정책을 전개하게 되면, 실업률은 하락하지만, 물가가 지속적 상승이 된다는 것이다. 이러한 실업률과 가격 인플레이션율 간의 상충관계의 악화(필립스곡선의 c방향) 이유는,

㉠ **가격인플레이션에 대한 예상** : 인플레이션이 심화되면 될수록 근로자들은 실질임금을 유지하기 위하여 점점 더 많은 명목임금인상을 요구하게 된다.
㉡ **노동력의 연령 및 성별 구성의 변화** : 실업률이 전체보다 높은 청소년 또는 여성근로자의 구성비가 증가하면 할수록 전체 실업률과 물가상승률 간의 상충관계는 악화된다.
㉢ **각 부문 간의 격차가 크면 클수록 상충관계 악화** : 사실상 어떤 국민경제 내에는 각 부문별 또는 근로자 속성별로 분단되어 있는 많은 노동시장이 존재한다고 할 수 있으며, 서로 다른 노동시장에서의 실업률의 차이가 크면 클수록 필립스곡선은 원점에서 멀어진다.

필립스곡선을 원점의 방향으로 이동시키기 위한 대책(실업률과 가격인플레이션을 낮추기 위한 대책)으로는 다음과 같은 것을 들 수 있다(배무기, 2006).

㉠ 예상가격률을 낮춘다. 이를 위하여 화폐금융 및 재정정책을 긴축적으로 운영할 필요가 있으며, 단기적 필요에 따라서 소득정책[2)]을 시행할 수도 있다.
㉡ 노동시장을 보다 경쟁적으로 만드는 정책과 임금의 하방신축성을 감소시키는 각종 제도적 장애물을 제거하는 정책을 쓴다.
㉢ 노동시장의 효율성을 증가시켜야 한다. 즉, 구직 및 구인에 대한 정보를 보다 효과적으로 제공하고 직업소개업무를 향상시켜야 한다. 나아가 기술부족에 따른 고용부진을 해소하기 위하여 정부차원의 훈련계획을 세울 필요

---

2) 소득정책이란 물가나 임금의 지나친 상승을 억제할 목적으로 정부가 동원하는 강제적, 반강제적 또는 설득적인 모든 조치를 포함하는 것이다(배무기, 2006).

가 있다. 다만 여기에는 한 가지 주의를 요하는데 지나친 교육훈련 사업에의 지원이 또 다른 자진사직(自進辭職)과 실업의 증가를 초해할 수도 있다는 사실이다.

㉣ 지역 간의 실업률 격차를 감소시킬 수 있도록 지역별로 취업에 관한 정보를 제공할 필요가 있다.

2. 실업 : 청년실업

1) 청년실업의 현황

IMF관리체제를 겪은 이후 최근까지의 청년층 실업상태를 살펴보자. 청년층은 OECD의 연령기준으로 15~29세를 지칭한다. <표 9-1>에서 보듯이 15~29세의 청년층인구(A)에서 학생 또는 가정주부 등 비경제활동인구(B)를 뺀 인구가 경제활동인구(C)이다. 청년층의 실업률은 일반인의 평균 실업률보다 높게 나타나고 있다. 청년실업이 일반적인 실업과 마찬가지로 경기상황에 영향을 받는 것은 당연한 결과이지만, 청년층이 중장년층보다 경기후퇴의 결과로 실업상황이 더 악화될 가능성이 높다. 이는 경기후퇴에 대응하여 기업이 고용조정에 나설 경우 기존의 인력을 조정하며, 신규채용을 줄이기 때문으로 볼 수 있기 때문이다. 아래의 표와 같이 실업률은 IMF 직후인 1998년에 13.0%(655천 명)에서 2005년에 7.7%, 2012년에 7.5%로 1998년 보다는 낮다. 그러나 이 비율은 평균실업률 7.0%(1998), 3.7%(2005), 3.2%(2012)보다 훨씬 높은 수치를 보이고 있다.

〈표 9-1〉 청년층(15~29세)의 실업상황(1998~2012) (단위 : 천 명, %)

연 도	청년층 인구(A)	비경제활동 인구(B)	경제활동 인구(C)	청년층 실업자(D)	15~19	20~24	25~29	청년층 실업률	평균 실업률
1998	11,651	6,264	5,037	655 (100.0)	87 (13.3)	284 (43.4)	284 (43.4)	13.0	7.0
2002	10,651	5,511	5,140	341 (100.0)	39 (11.4)	145 (42.5)	157 (46.0)	6.6	3.1
2005	9,920	5,105	4,815	387 (100.0)	35 (9.0)	173 (44.7)	179 (46.3)	7.7	3.7
2010	9,736	5,212	4,254	340 (100.0)	28 (8.2)	122 (35.9)	190 (55.9)	8.0	3.7
2011	9,589	5,390	4,199	320 (100.0)	27 (8.4)	121 (37.8)	172 (53.8)	7.6	3.4
2012	9,517	5,361	4,156	313 (100.0)	22 (7.0)	124 (39.6)	167 (53.3)	7.5	3.2

출처 : 통계청(각년도). 경제활동인구연보.

2) 청년층의 실업원인[3)]

일반적으로 청년층 실업은 주로 학교졸업을 앞두고 노동시장에 진입하는 시기인 연말에 집중된다는 계절적 특징을 보이고 있다. 그러나 근래의 청년층 실업은 경기침체의 원인과 인력채용패턴 변화 및 노동시장에서 인력의 질적 불일치 등으로 인한 마찰적 또는 구조적 요인도 상존하고 있다.

(1) 법 · 제도적 요인

청년실업의 원인 중 법 · 제도적 측면은 크게 두 가지로 생각해 볼 수 있다. 첫째, 대학정원은 1980년의 졸업정원제 이후 크게 늘렸기 때문이다. 1990년대 중반부터는 소위 교육 분야에서도 신자유주의 바람이 불면서 시장경쟁논리에 따라 대학 설립과 대학정원이 거의 자율화되다시피 하였다. 따라서 고학력자의 공급압박이 점차적으로 커지고 있다. 둘째, 대졸자 실업난에 대한 정부의 낙관적인 경기

3) 한국직업능력개발원(2005). 청년실업문제해결을 위한 대학생 직업능력개발방안에서 발췌

전망에 따라 안이한 접근도 한몫하였다. 정부는 일자리 창출을 강조하고 있지만 노동시장에 대한 근본적인 대책을 마련하지 못하였기 때문에 근시안적인 정책들을 발표하였고, 실질적으로 취업에는 크게 도움이 되지 못하였다는 것이다.

(2) 노동시장 요인

노동시장에서의 신규채용 억제에 다른 노동수요의 감소 및 축소가 실업을 증가시키고 있다. KDI 보고서를 보면 2000년대를 기점으로 우리경제의 성장속도가 둔화될 것으로 예측(1990년대 6.3%, 2003~2007년 4.8~5.4%, 2008~20012년 4.5~5.1%)하고 있다. 이에 따라 고용흡수력도 저하되고, 경제성장 속도에 따라 일자리가 늘어나는 규모도 하락하고 있다.

이러한 상황은 신규노동시장에 진입하는 청년층에 가장 큰 영향력을 미치고 있다고 할 수 있는데, 특히 경영환경 개선이 이루어지지 않고, 향후 경기에 대한 전망이 불투명함에 따라 기업에서는 신규채용을 억제하게 되는 것이다.

기업의 채용패턴 변화 또한 원인으로 볼 수 있는데, 대규모 공채위주에서 점차 수시채용으로 변하고 있는 추세로 채용대상자 또한 신규채용에서 경력직 위주의 채용으로 변화함에 따라 신규 노동시장의 진입을 어렵게 하고 있다.

(3) 구직자 개인요인

가장 먼저 청년층의 개인적 요인을 찾아보면 눈높이를 낮추지 못하고 있다. 이는 대기업에서 청년실업문제는 심각한 반면, 중소기업 및 3D 직종 등의 인력난은 여전히 지속되고 있다는 것을 보면 알 수 있다. 중소기업이나 힘든 일에 대한 기피현상은 어느 나라에서나 발생하는 문제이지만 이러한 문제는 단순한 '3D 업종의 기피'가 아닌 나라의 장래를 책임지는 전문적인 이공계열에 급속도로 작용되고 있는 것이다.

또한 청년층의 문제는 개인적인 취업준비 부족과 가족에 대한 의존성을 들 수 있다. 근래에 와서 대부분의 대학들이 취업에 대한 준비를 위해 프로그램을 개설하고는 있지만 이도 부족한 실정이고, 개인들 또한 취업의 어려움을 인식하지 못하고 있다는 것이다.

이러한 개인적 이유가 아닌 생애적 관점에서 청년층의 특징을 살펴볼 때 청년실업이 전체실업보다 높은 이유는 상대적으로 긴 직업탐색기간, 성인에 비해 잦은 전직, 왕성한 모험심, 도전의식, 열악한 노동환경으로부터의 탈피, 가족부양에 대한 책임이 가벼운 점 등을 들 수 있다.

3. 실업의 대책

1) 실업의 예방

실업은 총 수요의 감소 등의 여러 경제적 이유로 발생하지만 실업을 예방한다는 것은 쉬운 일이 아니다. 국가의 경제・정책적 차원에서 사양산업의 장래를 예견하고 미리 이에 대처하는 노력을 할 수는 있다. 그러나 실업을 적극적으로 막기는 어려운 경우가 많다. 그 때문에 노동 행정적 차원에서는 우선 대량실업이 발생하지 않도록 해고를 자제하도록 설득하는 방법, 근무교대제를 가령 2교대에서 3교대로 바꾸도록 유도하여 근로시간을 단축시켜 감소된 작업량에 대하여 상대적으로 많은 근로자의 고용을 유지하여 해고자를 감소시키도록 하는 방법도 있을 수 있다.

이 밖에도 근로기준법 제30조에는 사용자가 근로자에 대하여 정당한 이유없이 해고, 휴직, 정직, 전직, 감봉 기타 징벌을 하지 못하도록 하는 등 해고의 제한을 가하고 있다. 그리고 동법 제 32조에서는 해고의 예고제도를 도입하고 있다. 즉, 사용자가 근로자를 해고하고자 할 때에는 적어도 30일분 이상의 통상임금을 지급하도록 하고 있다. 다만, 천재・지변 기타 부득이한 사유의 근로자의 귀책사유가 있는 경우에는 그러하지 않도록 규정하고 있다.

이러한 실업예방을 위한 각종 조치는 기업경영상 해고가 불가피하다 하더라도 실직되는 근로자들은 대단히 어려움을 격기 때문에 국가정책적차원에서 취해지지 않으면 안 되는 것이다. 야호다(Jahoda)는 박탈이론에서 불만족스러운 취업일지라도 실직상태에 있는 것 보다는 낫다는 입장을 보이고 있는데, 고용은 생계를 유지하는 명백한 기능 외에도 한 개인을 현실과 연결시켜 주며 결과적으로 정신을 건강하게 해주는 기능이 있다고 주장하고 있으며, 그러한 기능으로는 다음과 같은 것을 들고 있다. 첫째, 시간을 구조적으로 사용할 수 있게 해준다. 둘째, 공유된 목표를 제공해 준다. 셋째, 타인과의 정기접촉이 가능하도록 해준다. 넷째 정체성을 제공해 준다. 다섯째 활동적이 되도록 한다. 따라서 개인이 생활을 유지하는데 부족한 보수를 받는 직업일지라도 개인에게 중요한 관계의 욕구와 성장의 욕구를 충족시키며 이러한 욕구는 다른 방식으로는 충족될 수 없다고 주장하였다(노연희 외, 2004). 따라서 실업의 예방은 국가의 정책적 시도와 더불어 실업회피를 위한 개인의 노력이 있어야 하겠다.

2) 경기부양정책

경기부양정책은 수요부족실업에 대한 가장 근본적인 대책이라고 할 수 있다. 이것은 노동행정을 담당하는 고용노동부 차원의 대책이 아니며, 재정경제부, 산업자원부 등의 경제 관련정책담당기관이 국민경제적 관점에서 세워져야 할 대책이다. 이를 위해서 지나친 물가상승을 유발시키지 않는 범위내에서 재화의 공급량을 증가시켜서 총수요를 증가시키기지 않으면 안 된다. 이때 자금의 흐름을 정확히 파악하여 생산적 용도에 자금이 공급되고 그것이 투기자금화하지 않도록 경계할 필요가 있다. 이 밖에도 재정, 금리, 환율, 조세 등의 부문에서도 경기부양정책은 추구될 수 있다.

3) 노동시장 정책

1997년 경제위기 이후 우리나라에서도 실업에 대한 관심이 크게 증가하였고, 실업은 사회적 자원의 낭비를 가져온다는 점에서 사회정책의 주요한 관심이 된다. 우리나라보다 앞서 고실업을 경험한 선진국에서는 실업을 축소하기 위해 다양한 정책들을 사용해 왔는데, 1980년 후반 주목받기 시작한 것이 바로 적극적 노동시장정책(Active Labor Market Policy; ALMP)이다. 적극적 노동시장정책은 우선 실업의 감소의 가능성이라는 측면에서 주목받기 시작했으며, 최근에는 소득상실을 보장하는 측면에서 이에 대한 정책적 관심이 증가하고 있다. 우리나라에서는 적극적 노동시장정책의 개념을 1995년 실시된 고용보험제도를 통해서 도입되었다(정무권, 1998; 강철희 외, 2001).

노동시장정책은 크게 두 가지 차원으로 구분해 볼 수 있는데, 그 중 하나는 전통적인 노동시장 정책으로 정부의 노동시장에의 최소한의 규제와 실업자의 소득보장에 초점을 둔 '소극적 노동시장정책'과 정부가 완전고용을 목적으로 고용유지 및 촉진, 직업훈련과 직업알선제도를 적극적으로 실시하여 노동시장의 인력수급 기능을 원활히 하는 '적극적 노동시장정책'으로 구분해 볼 수 있다. 최근에 OECD 국가들의 적극적 노동시장정책을 분석한 OECD 보고서에 의하면 적극적 노동시장정책의 범주로서 ① 노동시장에서 구직자와 구인자 간의 정보를 교환해 줌으로써 적재적소에 인력을 배치하는 직업안정 프로그램(job placement), ② 직업훈련(직업교육, 재취업교육, OJT 등), ③ 정부의 직접적인 직업창출프로그램(정부가 직접 공공사업을 벌이거나 공공서비스를 확대하여 정부부문의 고용을 창출시키는 프로그램), ④ 고용유지를 위한 기업보조와 실업자의 창업을 지원하는 프로그램 등을 포함시키고 있다(정무권, 1998).

또한 정책적으로 공공사업을 실시하여 고용을 창출할 수도 있다. 공공부문에의 취업기회의 확대, 소득보조적인 취업사업 등이 바로 고용창출정책에 속한다.

참고문헌

강상진 · 김아영 · 박광배 · 반재천 · 이규민(2006). 중학생 적성검사 개발. 한국고용정보원.
강철희 · 김교성 · 김영범(2001). 적극적 노동시장정책의 실업 감소 효과에 관한 연구. 한국사회복지학, Vol. 45, pp. 7-39.
김용원(2007). 노동경제학의 이해. 경북 : 대구대학교 출판부.
김유배(2004). 노동경제학. 서울 : 박영사.
노동부(2005). 노동백서.
노연희 · 김명언 · 장재윤 · 김민수(2004). 고용상태에 따른 심리적 안녕의 변화에 관한 종단연구; 성취프로그램 수료자들을 대상으로. 한국심리학회지; 산업 및 조직, Vol. 17, No 1, pp. 19-41.
박홍립(1994). 거시경제학. 서울 : 박영사.
배무기(2006). 노동경제학. 서울 : 경문사.
재정경제부(2005). 월간경제동향 7월.
정무권(1998). 적극적 노동시장정책의 정치경제 : 한국에서의 제도적 정착을 위한 모색. 한국정책학회, Vol. 7 No. 3, pp. 121-157.
조우현(1998). 노동경제학-이론과 개혁정책. 서울 : 법문사.
채창균(2001). 청년실업의 실태 및 원인분석. 직업능력개발연구, 제4권 2호, pp. 1-27.
통계청(2009). 경제활동인구조사.
______(각년도). 경제활동인구연보.
한국직업능력개발원(2005). 청년실업문제해결을 위한 대학생 직업능력개발방안.
한성덕(2005). 직업정보의 이해.
www.work.go.kr

CHAPTER 10

노사관계와 노동조합

1 노사관계

2 노동조합

3 단체교섭과 단체협약

4 쟁의행위

5 부당노동행위 구제제도

chapter 10 노사관계와 노동조합

1. 노사관계

1) 노사관계의 개념과 특성

(1) 노사관계의 개념

노사관계의 광의적 의미는 개별적 노사관계와 집단적 노사관계 모두를 뜻하는 것이나, 협의로는 집단적 노사관계만을 의미한다. 오늘날에는 노사관계를 구성하는 주체자로서 사용자와 노동자(노동조합) 그리고 정부라는 3자 관계로 파악하는 경향이 있다. 이는 던롭(J. T. Dulop)이 주장한 시스템이론으로 "노사관계를 경영자, 근로자 및 정부들 사이의 상호관계의 복합체"로 정의하고 있다. 레스터(R. A. Lester, 1959)도 "노사관계를 근로자조직과 산업경영자 간의 처리뿐만 아니라 임금, 생산성, 고용보장, 경영자의 고용관행, 조합의 정책 및 노동문제에 대한 정부의 행동 등 노동의 모든 영역을 포함한다"라고 정의하고 있다.

노사관계는 기업을 둘러싸고 있는 환경 하에서 형성되는 사용자와 노동조합과의 관계, 즉 사용자에 대하여 힘이 열세인 근로자들이 조직을 구성하여 사용자와 대등한 관계를 이루고자 하는 다원적 · 복합적 성격을 지닌 관계로서 노 · 사 · 정의 3자 관계로 파악된다.

|그림 10－1|과 같이 노사 간에 대립되는 힘과 이를 바탕으로 전개되는 교섭력은 산업평화를 지향하는 노사관계의 기본 틀을 제공하는 원동력이 되고 있음을 알 수 있다. 이때 정부는 객관적인 위치에서 노사 간의 갈등을 해소시키는 역할을 담당하고 노사쌍방간의 힘이 균형이 되도록 작용하는 역할을 해야 한다. 기

업에 있어 경영관리권은 경영자의 특권으로 인정하되 노동조합으로 하여금 이에 간섭할 수 있는 권한을 부여하고 양자 간 이해관계가 대립되는 경우에는 정부가 객관적 입장에서 중재권을 행사해야 한다. 그러나 노사관계는 산업현장에서 당사자들 간의 통제목적으로 만들어진 규칙은 합리적으로 이행되어야 한다(조진탁 · 이길환, 2009).

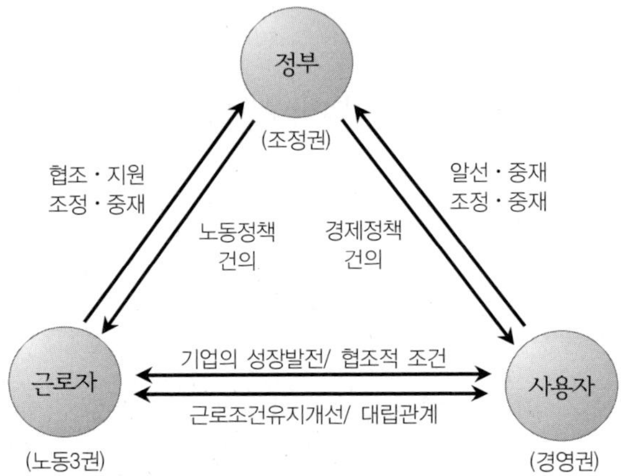

[그림 10-1] 노사관계의 구조

출처 : 조진탁 · 이길환(2009). NEW 노사관계론, p. 7.

(2) 노사관계의 특성

노사관계는 근로자가 사용자와의 개별적 고용관계에서의 불평등을 제거하고 대등한 교섭을 하기 위한 것이다. 이를 도모하고자 노동조합이라는 조직적 힘에 의존하게 된다. 이러한 이행과정에서 노사 간에는 이중적 구조가 발생한다. 이것은 다음과 같은 세 가지 측면에서 접근할 수 있다.

① 법률적 차원

이 차원은 개인들이 동등한 위치에서 행하게 되는 계약관계라고 할 수 있다. 사용자나 근로자는 상대방에게 어떤 법적 강제력을 행사할 수 없으므로 개인의 계약자유가 실현된다. 국가의 책임은 계약이 자유롭게 이루어질 수 있도록 쌍방이 법칙을 엄수하도록 하는 것이다. 자유고용계약 하에서 임금의 결정 등은 대개 사용자에 의하여 이루어지며, 근로자가 이에 만족하지 않을 때에는 계약을 하지 않으면 된다.

② **경제적 차원**

이 차원에서는 구매자와 판매자 간의 시장거래관계가 형성된다. 경제적 측면에서는 사용자와 근로자들이 이윤의 극대화를 위하여 합리적인 행위를 한다는 가정을 기초로 한다. 기업은 생산비의 개념으로 근로자를 고용하며 근로자 역시 임금과 여가 등을 고려하여 거래관계에 참여한다는 것이다.

③ **인간관계 차원**

이 차원은 기업규모가 커지고 조직이 계층적으로 분화됨에 따라 조직 내에서의 통합이 기업목적 달성에 필요불가결한 조건이 되는 데 기인한다. 즉, 기업의 조직이 유기체로서의 성격을 갖게 됨에 따라 조직을 운영하는 하나의 원리로써 강제보다는 협력을 통한 통합이 강조되고 있는 것이다.

2) 노사관계의 3주체

노사관계의 당사자는 근로자(노동조합)와 사용자가 그 주체이며, 정부는 노사관계제도를 확립하고 분쟁발생시 노사 간 의견을 조정하는 역할을 수행한다. 현대적 관점에서는 던롭이 주장한 바와 같이 근로자(와 그 조직)와 사용자(와 그 조직)에 정부를 포함시켜 노사관계의 3주체로 가정하는 것이 가장 일반적이다.

(1) 노동조합(근로자)

노동조합 및 노동관계조정법 제2조에는 "노동조합이라 함은 근로자가 주체가 되어 자주적으로 단결하여 근로조건의 유지·개선 기타 근로자의 경제적·사회적 지위의 향상을 도모함을 목적으로 조직하는 단체 또는 그 연합단체를 말한다"라고 규정하고 있다. 여기에서 노동조합이란 근로조건의 유지·개선 등 근로자의 경제적 지위의 향상을 꾀하는 것을 목적으로 한 단체임을 알 수 있다.

노동조합은 사용자는 물론 정부・정당 등 다른 어떠한 세력으로부터도 지배와 개입을 받아서는 안 되며, 또 조직의 단결이나 그 영속성을 중시하여야 한다. 현대 노동조합은 법적으로나 사회적으로 그 정당성이 인정되고 강력한 조직의 힘을 발휘하여 근로자의 근로조건・생활조건은 물론 사회적인 지위의 향상까지도 달성하고 있다. 직접 사용자인 경영자(기업)에 대해서는 물론 경제단체・재계 등에 대해서도, 또 정부・지방자치단체 등에 대해서도 발언권을 행사하고 있으며, 그 구성원인 근로자도 역시 자유와 기본적 인권이 원칙적으로 인정되고 있다.

(2) 사용자

사용자는 자기의 소유이든 아니든 경영권을 행사하며 공기업이나 사기업 경영자뿐만 아니라 정부, 군, 관청기업의 경영자까지도 포함된다. 노사관계의 한쪽 당사자는 말할 것도 없이 사용자이며 우리나라에 있어서는 개별기업의 경영자가 그 당사자가 된다. 우리나라에서는 노동조합이 기업별 조합으로 조직되어 있는 관계상 노사관계도 기업 내 노사관계로서 형성되어 있으며, 또 고용, 임금 기타 직접적인 근로조건은 선원 등 일부를 제외하고는 모두 개별기업 차원에서 설정되고 있다.

오늘날의 노사관계는 이와 같이 근로자와 사용자 사이의 민주적인 노사관계이며, 자본주의 초기의 단계와 같은 계급적 대립을 기본으로 한 노사관계가 아니다. 더구나 노동조합 조직의 실태라든가 그 세력의 강화에 대해서는 사용자측도 결속하여 노동조합에 대항하지 않으면 안 될 필요성이 발생한다. 그런 경우에는 경영자 단체를 결성하여 이것이 단체교섭의 당사자가 되기도 한다.

(3) 정부(노동문제 관련정부기구)

이미 서술한 바와 같이 노사관계의 한 당사자로서 정부의 역할도 많은 변화가 이루어졌다. 노사관계와 관련할 때 정부가 수행하는 역할은 다음과 같다.

① 근로조건 보호자로서의 역할
② 직업안정과 건강유지에 대한 역할
③ 노동조합에 대한 역할
④ 노사분쟁 조정자로서의 역할
⑤ 노사협의자로서의 역할

(4) 노사관계를 규제하는 여건

Dunlop의 노사관계체계에서는 노사관계의 3주체들이 기술적 특성, 시장 또는 예산의 제약, 각 주체의 세력관계의 3가지의 여건 내지 환경에 규제를 받는 것으로 되어있다. 이를 살펴보면 아래와 같다(배무기, 2006).

① **기술적 특성**(technological characteristics) : 어떤 사업장의 기술적 특성은 주로 생산현장에서의 근로자의 질이나 양 그리고 생산과정, 생산방법 등이 노사관계에 큰 영향을 미치게 되는데, 이는 경영관리의 형태나 조직의 형태, 감독에 관련된 문제, 고용되는 노동력의 특성, 공공적 규제의 필요성 여부 등이 영향을 미치는 것이다. 예를 들어 산업의 구조변화 및 기술변화는 노동집약적 산업에서 기술집약적 산업으로의 변화를 가져오는데 이때 노사관계의 변화가 나타난다는 것이다.

② **시장 또는 예산 제약**(market or budgetary constraints) : 시장 또는 예산상의 제약은 노사관계체계에서 근본적인 중요성을 가지는 제약요인이다. 일차적으로는 경영자에 대한 직접 영향을 의미하는 것으로 완전경쟁 시장의 경우 경쟁 속에 있기 때문에 이윤이 낮을 수 있으며, 기업의 지불능력에 따라 배분가능성의 차이가 나타난다. 즉, 기업의 규모와 제품수요, 고용에 있어서의 계절적 또는 경기적 변동 등의 영향은 간접적으로 작업장의 기술이나 다른 특성에 영향을 받는다. 또한 노사관계는 경제적 요인, 사회적 요인 및 제도적(정치적) 요인들에 의해서 규제를 받는다고 볼 수 있다.

③ 각 주체의 세력관계 : Dunlop의 이론체계에서 3주체(노-사-정)는 노사관계의 영역을 벗어난 보다 광범위한 사회 내에서의 세력관계가 이들 주체의 행동결정에 영향을 미치는 여건으로 작용하고 있는 것으로 본다. 이는 3주체의 위신, 사회적 지위, 더 높은 차원의 세력관계 등(군부집단의 지배, 독재자, 식민통치자, 정당 또는 일반여론 등 사회전체적으로 노사관계에 영향)에 의해 노사관계체계에 영향을 미친다. 예컨대 정치권력 또는 정당의 이해관계에 따라 노사관계를 보는 입장이 달라진다는 것이다.

3) 노사관계의 발전

18세기에 발생한 영국의 산업혁명에 의해 공장에서의 대량생산이 가능하게 되고, 중세 봉건주의사회가 해체되어 자본주의사회로의 이행이 본격화되었다. 자본주의 초기의 공장제수공업은 자본과 공장시설을 제공하고 이윤을 추구하는 자본가의 계층과 노동을 통해서 임금소득을 획득하는 노동자계층을 형성하여 새로운 사회계층을 분화시켰다.

이때 임금을 매개로 한 고용을 전제로 자본가의 계약관계가 형성된 것이 노사관계의 시초이다. 이를 계기로 노사관계는 그 시대와 사회의 여건에 따라 각각 독특한 형태를 가지고 발전하였는데, 일반적으로 아래와 같은 단계를 거쳐 현재의 노사관계가 형성되었다(Kerr, Dunlop, Harbison, & Myers, 1960).

(1) 전제적 노사관계(절대적 노사관계)

이는 근로조건이 사용자의 일방적 의사에 의해 결정되고 사용자와 근로자의 관계는 명령과 절대복종의 관계로서 인간적 요인의 거의 무시된 형태로서 절대적 노사관계라고도 한다. 자본주의의 초기인 19세기 중기까지 존재하였는데, 근대적 노동시장이 성립되지 못하였고, 기업의 소유자에 의한 경영으로 전제적 · 독재적 성격을 띠고 있었다.

(2) 온정적 노사관계(친권적 노사관계)

자본주의적 생산이 발달하고 정착근로자가 증대됨에 따라 전제적 노사관계로서는 생산과정에서 근로자의 협조를 얻을 수 없어 생산성이 떨어지게 되었다. 이에 대응하여 사용자는 근로자에게 주택과 의료 등 복지후생시설을 제공하는 등, 어느 정도 인간적 배려를 통하여 가족주의적 관계를 형성하였다. 즉, 전제와 은혜, 충성과 비자주성이라는 온정주의적 노사관계가 나타났는데 이를 친권적 노사관계라고도 한다.

온정적 노사관계는 사용자가 근로자에게 베푸는 은혜에 보답함으로써 노사관계를 순조롭게 유지할 수 있다고 생각하였다. 그것은 19세기 초기의 로버트 오웬(Robert Owen)이래로 볼 수 있게 되었고 거의 1세기에 걸쳐 일반화되었던 노사관계의 형태이다.

(3) 완화적 노사관계(전제완화적 노사관계)

산업혁명이 완성된 19세기 후기에는 자본의 집중과 경영규모가 종래보다 확대되어 유한회사와 주식회사 형태의 기업이 등장하였다. 비록 자본집중의 정도가 자본과 경영의 분리를 필요로 할 만큼 되지는 못하였다. 그러나 경영관리의 합리화가 발전하였고, 노동의 정착과 전업화에 따라 근대 노동시장이 형성되기 시작하여 직종별 노동조합이 생성되었다.

이와 같이 기업경영의 형태 및 노동의 발전으로 종래 자본가의 전제주의 성격은 상당히 제약되었으나, 노동의 조직력과 형태의 미분화로 인해 노동조합의 힘은 미약하여 자본가 측의 종래의 전제적 태도를 조금 완화시켰을 뿐이었다.

(4) 민주적 노사관계

민주적 노사관계는 이미 미숙련 노동자의 다수화에 따른 산업별 노동조합(Industrial union)의 발전으로 노동조합과 기업의 전문경영자 사이에 대등주의 입장에서 임금·작업 내지는 노동조건을 공동으로 결정하는 노사관계의 단계이다.

1930년대의 세계 대공황 이래 자본의 집중과 독점화는 급속히 진전되고 기업의 규모도 더욱 확대되어 소유와 경영이 분리되고, 전문경영의 확립과 사용자의 단체활동 활성화 등으로 사용자의 사회적 비중이 증대되었다. 한편 기술의 발전으로 생산의 기계화와 작업의 표준화가 진전됨에 따라 노동력의 질적 변화와 양적 확대로 산업별 노동조합이 등장하였다.

특히 산업별 노조와 사용자단체와의 통일단체협약 체결단계까지 진전되게 이르렀다. 이러한 변화는 노사관계에서 종래의 종속관계를 대등관계로 바꾸었고, 단체교섭을 통한 근로조건의 결정이라는 산업민주주의의 이념을 형성하였다.

2. 노동조합

1) 노동조합의 의의와 유형

(1) 노동조합의 의의[1)]

노동조합은 단결권 보장의 취지에 부합하여 사용자와의 개별적 근로관계에서 오는 형식적 자유와 평등을 극복하고 집단적 자주를 통해 근로조건 향상이라는 목적활동을 수행하기 위해 생성된 것이다. 노동조합 및 노동관계조정법 제2조 제4항에서 노동조합은 근로자가 주체가 되어 자주적으로 단결하여 근로조건의 유지·개선 기타 근로자의 경제적·사회적 지위의 향상을 도모함을 목적으로 조직하는 단체 또는 그 연합단체를 의미한다.

노동조합은 노사관계에 있어서 노사 간 세력의 대등성을 유지하는 데 중요한

---

1) 노동조합은 근로자의 근로조건을 유지, 개선함을 목적으로 함으로 다음과 같은 경우에는 노동조합으로 보지 않는다.
   1. 사용자의 이익을 대표하여 행동하는 자의 참가를 허용하는 경우
   2. 경비의 주된 부문을 사용자로부터 원조받는 경우
   3. 공제, 수양, 기타 복리사업만을 목적으로 하는 경우
   4. 근로자가 아닌 자의 가입을 허용하는 경우(다만, 해고된 자가 노동위원회에 부당행위의 구제신청을 한 경우에는 재심판정이 있을 때까지는 근로자가 아닌 자로 해석하여서는 안 된다)
   5. 주로 정치운동을 목적으로 하는 경우

역할을 하는 조직이다. 따라서 근로조건의 취약성이나 임금수준의 저하 등 근로자에게 해당되는 불이익 요소에 대하여 근로자들을 대변하여 개선하는 주기능이 있다. 그리고 사용자와의 꾸준한 대화와 협상을 통하여 근로자들의 불만요인을 사전에 해소함으로써, 고용과 근로조건의 안정을 도모하고 생산성향상과 근로자들의 삶의 질을 향상시키는 역할을 한다.

1984년 영국의 웹(S. J. Webb) 부처는 그들의 공저인 『노동조합주의 역사(The history of Trade Unionism)』에서 다음과 같이 정의하고 있다. 노동조합(trade union)이란 고용조건의 유지・개선을 목적으로 조직한 항구적인 단체라고 정의(Webb & Beatrice Webb, 1920)하고 있다. 이 정의를 살펴보면 다음과 같다.

① 조합원은 생산직 임금근로자(wage earners)를 주체로 한다.
② 노동조합의 기능의 목적은 근로조건, 고용조건 등의 경제적・사회적 지위의 개선에 있다.
③ 노동조합의 목적은 근로조건 유지・개선이므로 일반적으로 근로자의 경제적 지위와 향상을 기하는 것을 목적으로 하는 지속적 단체(continuous association)이지 특정의 목적달성을 위해 조직된 임시적인 단체가 아니다.

이러한 의미를 요약하면, 노동조합은 "근로자의 자주적인 단체로서 근로조건의 유지・개선을 목적으로 하는 항구적인 단체"로 정의할 수 있다.

(2) 노동조합의 유형[2)]

① 직업별 조합(직종별 조합, Craft union)

가장 먼저 발달한 노동조합의 조직형태이다. 직업별 조합은 특정기업이나 산업에 고용됨과 관계없이 직종 또는 직업을 같이하는 근로자들로 조직된 조합을 말한다. 주로 숙련공들의 기술이 필수적으로 요구되던 종래의 생산방식 하에서,

2) 직업별 노동조합은 세계에서 가장 먼저 생성된 노동조합 유형이고, 산업별 노동조합은 전 세계적으로 일반화된 노동조합 유형이며, 기업별 노동조합은 우리나라와 일본 등을 위주로 발달된 노동조합 유형이다.

숙련근로자가 조직을 통하여 노동시장을 배타적으로 독점함으로써 교섭력을 높이는 것을 주목적으로 하였다.

② **산업별 조합**(Industrial union)

산업별 조합은 기술수준 및 직종에 관계없이 동일산업에 근무하는 근로자들로 구성된다. 산업이 점점 분업화되면서 노동의 단순화와 대체성이 증가하게 되고, 대량생산체제를 도입하게 됨에 따라 숙련공에 대한 의존도가 점점 낮아졌다.

③ **기업별 조합**(**종단적 노조**, Company union)

기업별 조합은 직종과 산업에 관계없이 동일한 기업에 종사하는 근로자들로 구성되며, 주로 단위 기업 간의 지불능력이나 규모의 차이가 많은 곳에서 발생하는 조합의 형태이다. 기업별 조합은 같은 기업체에 근무하는 근로자들만으로 조직되므로 조직의 범위가 명확하며 조직활동이 비교적 용이하다.

④ **일반조합**(General union)

일반조합은 숙련이나 직종 또는 산업에 관계없이 일반 근로자를 폭넓게 규합하는 조합의 형태이다. 이것은 직업의 분업화 · 단순화 · 표준화 과정의 발달과 맞추어서 등장한 대량의 미숙련 근로자들이 노동생활을 영위하기 위한 최저생활의 필요조건을 확보하고자 생성되었다. 주요 요구조건으로는 고용의 안정과 임금 및 근로조건의 최저한도 설정 등을 들 수 있다.

〈표 10-1〉 유형별 노동조합의 특징

조합 / 특성	직업별 조합	산업별 조합	기업별 조합	일반 조합
환 경	• 초기공업시대 • 산업자본시대 • 숙련공의 직업독점시대 • 도제제도의 전성시대	• 기계생산시대 • 직종의 분화 시대 • 작업분업화 시대 • 반숙련공/미숙련공의 다수등장 시대	• 사용자 주도적인 노사관계의 조직 • 가족주의적 노사 패턴에서 갈등을 전재로 한 노사패턴으로서의 이양조직 • 국가관리 등 독점 공공사업체	• 미숙련공 다수 등장시대 • 직업별 조합에서 제외되었던 산업의 조식 • 직업별과 산업별의 중간산물
원 리	• 1직업 1조합 • 횡단적	• 1직업 1조합 • 횡단적	• 1직업 1조합 • 종단적	• 전산업 1조합 • 횡단적
조직기반	• 숙련공	• 반숙련공 • 미숙련공	• 기업	• 미숙련공 • 잡노동자
성 격	• 완전 폐쇄적 (클로즈드 숍)	• 개방적 (유니온 숍)	• 폐쇄적	• 안전 개방적
관 리	• 공제활동 • 중앙집권화	• 조합민주주의	• 복지활동 • 조합민주주의	• 중앙집권적 • 관료주의
노동시장 통제방법	• 직업독점 • 도제도	• 단체교섭 • 파업 • 경영참가	• 노사협의 • 단체교섭	• 입법규제 • 단체교섭 • 파업

출처 : 조진탁 · 이길환(2009). NEW 노사관계론, p. 69.

2) 노동조합의 기능

(1) 기본 기능

노동조합의 제1차적 기본 기능이란 조직기능이다. 노동조합의 목적이 집단적인 교섭을 통한 근로조건의 개선에 있다면, 근로자의 조직은 근로자 및 노동조합의 기본적인 기능인 것이다. 한편 조직기능은 '근로자 기능'과 '노동조합 기능'으로 분류할 수 있다. 여기서 근로자 기능이란 노동조합을 형성하기 위하여 비조합원인 근로자를 조직하는 제1차적 기능이고, 노동조합 기능이란 노동조합이 조직된 후에 그 노동조합을 유지하는 제2차적 기능이다. 기존 노동조합의 조직확장

기능은 근로자 기능에 해당하며, 이미 가입된 조합원들을 관리하는 기능은 노동조합 기능에 해당한다.

(2) 집행기능

① 단체교섭 기능

단체교섭 기능이란 사용자와의 단체교섭을 통하여 근로조건을 유지・개선하는 데 있다. 초기 노동운동에 있어서 노동조합은 사용자로부터 탄압을 받았고, 단체교섭이란 도저히 생각할 수도 없는 것이었다. 따라서 이때의 노동조합은 대내적인 공제적 기능에 바탕을 두고 쟁의수단을 통하여 자시들의 목적을 달성하고자 하였다.

그 후 노동 3권이 확보됨에 따라 교섭을 중심으로 하는 경제적 기능, 즉 단체교섭 기능이 조합기능의 전면에 나타나고 공제기능은 후퇴하게 되었다. 노동조합은 단체교섭을 통하여 근로조건의 유지・개선을 꾀하며, 노사 간에 일치점이 발견되면 그 결과는 단체협약으로 이행되어 양당사자는 약속을 지킨다.

② 경제활동 기능

경제활동 기능은 공제적 기능과 협동적 기능으로 구분할 수 있다. 공제적 기능이란 조합원 자신의 힘으로는 어떻게 할 수 없는 원인에 의해 생계를 잃었을 때, 조합이 행하는 자금원조이다. 즉, 질병, 재해, 노령, 사망 또는 실업에 대비하여 노동조합이 미리 공동기금을 준비하여 필요에 따라 조합원에게 지급하는 상호부조활동이 공제활동이며, 이를 상호보험이라고도 부른다.

협동적 기능은 근로자 보호문제로서 생산자의 보호문제뿐만 아니라 소비자 보호문제도 포함된다. 단체교섭은 생산공장에서의 근로자 보호를 주목적으로 하고 있는 데 반하여, 경제활동 기능은 근로자가 취득한 임금을 보호하기 위해서 소비측면에서의 보호를 고려한 생산공장 밖에서의 경제적 보호까지를 의미한다. 그리고 협동적 기능으로서의 전형적인 활동은 생산자협동조합, 소비자협동조합, 신용조합 또는 노동은행의 활동 등이 있다.

③ **정치활동 기능**

노동조합의 정치적인 활동, 즉 정치적 기능은 경제적 기능과 불가분의 관계에서 발생하는 기능이다. 즉, 노동조합은 경제적인 목적을 달성하기 위하여 부득이 정치적인 활동을 전개하지 않을 수 없다. 근로자의 근로조건의 개선과 경제적·사회적 지위의 향상 등은 국가가 제정하는 노동관계법에 의하여 직접적으로 영향을 받게 된다. 그러므로 노동조합은 특정 법률의 제정·개정의 촉구와 반대 등의 정치적 발언권을 행사하고자 하며, 이의 실현을 위하여 특정 정당을 지지하거나 반대하는 정치활동을 전개함으로써 경제적 목적을 달성하고자 한다.

3) 노동조합의 숍제도[3)]

(1) 클로즈드 숍(Closed Shop)

클로즈드 숍 제도는 기업 내의 근로자 전원이 강제로 노동조합에 가입된다. 즉, 기업과 노동조합간의 단체협약으로 채용 및 해고는 노동조합에 의하여 통제되며, 노동조합에 가입된 조합원 이외에는 채용하지 않는다. 우리나라의 경우 항운노조연맹에 가입되어 있는 조합원 중 항만하역과 철도하역에 종사하는 근로자는 클로즈드 숍제도의 적용을 받고 있다. 따라서 부두에서의 항만하역 작업이나 창고의 입출고를 담당하는 하역회사는 직접 근로자를 채용할 수 없고 항운노조를 통해서만 고용이 가능하다.

미국의 경우 1935년 와그너법(Wagner Act)에서는 클로즈드 숍의 적법성이 확인되었지만 1947년 태프트-하틀리법(Taft-Hartley)에 의해 이 제도가 불법화되었으며, 다만 건설업, 해운업, 인쇄업 등에 국한하여 1959년 이를 합법화하였다.

---

3) 노동조합의 조직은 임금과 노동시장에 밀접한 관련이 있다. 노동조합은 비조합원의 임금에 대해 상대적으로 상이한 영향을 미치는데, 바로 파급효과(spillover effect)와 위협효과(threat effect)가 있다. 파급효과란 노동조합이 조직됨으로써 노동조합 조직부문에 대한 노동수요가 줄어들어(사용자는 노조원보다 비노조원을 선호함) 그 결과 노조원들이 실업상태로 몰려 비조직부문의 임금을 하락시키는 것이다. 이와는 반대로 비조직부문의 사용자가 노조조직을 우려해 이 부문의 임금을 노조수준 또는 그 이상으로 상승시켜 주는 것을 위협효과라 한다.

(2) 오픈 숍(Open Shop)

근로자의 노동조합 가입 유무가 고용 또는 해고조건에 포함되지 않는 제도이다. 즉, 기업은 조합원이 아닌 자를 채용할 수 있으며, 채용 후에도 노동조합 가입 유무가 근무에 아무런 제약을 가하지 않는 제도이다. 이 제도는 조합원을 강제로 압박하는 수단이 되기 쉽지만, 이는 결과적으로 조합안정의 제도라기보다는 조합약화의 수단으로 사용되기도 한다.

우리나라의 경우 노동조합 및 노동관계조정법 제81조 제2항에 근로자가 어느 노동조합에 가입하지 아니할 것 또는 탈퇴할 것을 고용조건으로 하거나 특정한 노동조합의 조합원이 될 것을 고용조건으로 하는 행위를 부당노동행위로 규정함으로써 오픈 숍 제도를 적용하고 있다.

(3) 유니온 숍(Union Shop)

유니온 숍제도는 클로즈드 숍과 오픈 숍의 중간형태로서, 고용주가 근로자를 채용할 당시에는 조합원의 자격 유무를 고려하지 않지만, 일단 채용이 되면 일정 기간내에 노동조합에 가입하여야 하는 제도이다. 사용자는 노동시장에 자유로이 접근하여 자신이 원하는 사람을 채용할 수 있으며, 조합가입 의미는 일단 고용계약이 이루어진 후에 부과된다. 유니온 숍제가 클로즈드 숍제와 다른 점은 후자는 고용되기 전부터 조합원이 되어야 한다는 데 반해, 전자는 비조합원도 고용되지만 고용된 후 일정기간 내에는 조합에 가입할 것을 규정하고 있다.

미국의 경우 태프트－하틀리법(Taft-Hartley)에서는 고용 후 일정기간 내의 가입을 30일로 한정하고 있다.

(4) 에이전시 숍(Agency shop)

에이전시 숍제도는 종업원들이 노동조합가입 여부가 강제적으로 규정되지는 않지만 비조합원도 조합원들의 조합비에 해당하는 재정적 지원을 정기적으로 내도록 하는 제도이다. 이 제도가 실시되면 비조합원들이 조합비를 납부하지 않고서도 조합원과 동일한 혜택을 받으려는 무임승차 편승심리를 제거할 수 있고, 한편으로는 노동조합의 재원확보와 안정에 도움을 받을 수 있다.

(5) 메인터넌스 숍(Maintenance shop)

메인터넌스 숍제도는 일단 종업원이 조합에 가입하면 특정기간(규정에 명시된 기간)동안 조합에 머물러야 한다는 제도이다. 이 제도는 제2차 세계대전시 미국전시노동성이 노동조합의 클로즈드 숍제도의 요구에 대한 절충안으로서 제시한 제도이다.

(6) 프레퍼랜셜 숍(Preferential shop)

프레퍼랜셜 숍제도는 노동조합의 특혜를 부여하는 제도이다. 기업이 새로운 종업원을 채용하려 할 때 노동조합원에게 우선적으로 채용의 기회를 부여하는 일종의 조합원 특혜제도이다. 이는 클로즈드 숍 제도의 한 변형이라고 볼 수 있다. 즉, 클로즈드 숍 제도를 채택하고 있는 기업에서는 조합가입이 신규 종업원 채용의 전재조건이 되지만 특혜 숍 제도에서는 우선적으로 조합원에게 채용의 기회를 부여하고 그 다음 순서로 비조합원에게 채용의 기회를 부여한다. 이러한 점에서 볼 때 특혜 숍 제도하에서는 조합가입이 채용의 전제조건이 아니라 특혜조건인 것이다.

3. 단체교섭과 단체협약

1) 단체교섭

단체교섭이란 노동조합과 사용자 또는 사용자 단체가 임금이나 근로시간 그 밖의 근로조건에 관한 협약의 체결을 위해, 집단적 타협을 모색하고 또 협약을 관리하는 절차이다. 또한 근로자 단체와 사용자 단체가 근로자들과의 고용관계와 밀접한 영향을 주는 사항에 대하여 실체적 또는 절차적 공정규칙을 설정・해석・적용하기 위한 평화적 협상과정이라고 할 수 있다.

(1) 단체교섭의 개념

노사관계의 기본 바탕이 되는 산업민주화는 두 가지 방향으로 발전해 가고 있다. 독일식의 공동의사결정제도와 영미식의 단체교섭제도이다. 독일식 교섭은 공동체 원리를 기반으로 하는 독일식의 공동의사결정제도이고, 영미식의 단체교섭 방식은 시장경쟁의 원리를 기반으로 하는 것으로, 노조를 경영층에 대한 대항기구로 보는 것이며, 유럽 전반에 자리를 잡은 독일식의 제도는 근로자가 기업 내에서 그의 지위를 확보하고 의사결정을 할 수 있는 특권과 책임을 동시에 가지고 공동으로 경영에 참여하는 것이다.

오늘날 세계의 노사관계는 영미식 또는 독일식 어느 한 쪽을 선호하기보다는 양자가 혼합되어 협동관계와 대립관계라는 양면성을 띠고 있다. 대립적 측면을 초점으로 하고 노사 공존공영을 위한 노사관계의 질서와 산업평화 유지를 목적으로 확립된 제도적 장치가 소위 단체교섭제도이다. 그리고 협력적 측면을 초점으로 하여 노사 공존공영을 위한 노사관계의 질서와 산업평화 유지를 목적으로 확립한 제도적 장치가 경영참가제도이다. 두 제도는 대립적이기 보다 서로 보완적인 관계이다.

(2) 단체교섭의 방식

단체교섭의 방법 또는 형태는 노동운동의 성격, 노동조합의 조직형태, 산업구조, 노동시장의 구조, 사용자의 노사관계 태도 등에 따라 다르다. 노동조합이 전국적・지역적 규모의 산업별 또는 직업별 조직에 의하여 노동시장에서 정착하고 있는 경우와, 우리나라와 같이 그 조직이 주로 기업별 형태로 있는 경우로 구분되며 각 형태에 따라 단체교섭방식도 달라진다. 이러한 단체교섭의 형태는 |그림

10－2]와 같은 기업별 교섭, 집단교섭, 통일교섭, 대각선교섭, 공동교섭의 다섯 가지로 분류할 수 있다.

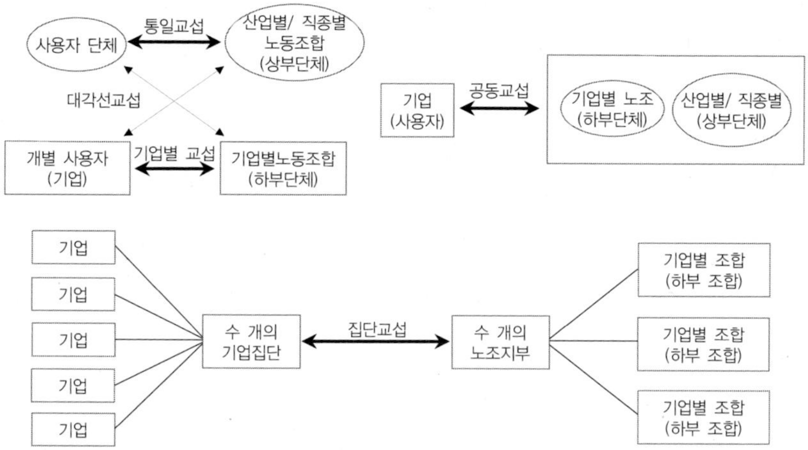

|그림 10－2| 단체교섭의 형태

출처 : 조진탁 · 이길환(2009). NEW 노사관계론, p. 97.

① 기업별 교섭

기업별 교섭은 특정사업 또는 사업장 단위로 조직된 독립된 노동조합이 단체교섭의 당사자가 되어 기업주와 교섭하는 방식을 말한다. 이러한 방식은 기업 간의 격차가 크고 교섭의 대상자인 사용자단체가 구성되어 있지 않건, 기업별 노조가 형성되어 있을 때 활용된다.

노조의 단체교섭력이 약화된 상태에서 교섭에 임하기 때문에 노조에게는 다소 불리한 점이 있으나 개별 노조단위의 상황반영이 용이하다는 장점이 있어 많이 활용된다. 우리나라에서는 대부분 기업별 내지 사업장별로 교섭이 행해지고 있다.

② 통일교섭

통일교섭은 전국적으로 조직된 산별 또는 직장별 노조가 전국적 또는 지역적 사용자 단체를 상대로 교섭하는 것을 말한다. 노동조합이 산업별 또는 직업별로 전국적 또는 지역적인 노동시장을 지배하고 있는 반면에 기업의 규모는 크지 않고 재정도 약하며, 또한 시장에서의 상호경쟁이 극심한 중소기업의 경우에 있어서 흔히 볼 수 있는 방식이다.

우리나라의 경우 금융, 철도, 전력, 통신, 담배 · 인삼, 항운 등에서 그 노동조합의 조직 자체가 산별 노동조합의 성격이 강하므로 산별 중심의 통일교섭이 이루어지고 있다.

③ **대각선교섭**

대각선교섭은 기업별 단위노조가 소속되어 있는 상부 단체와 각 단위노조에 대응하는 개별기업의 사용자 간에 이루어지는 교섭의 형태이다. 대각선교섭은 산업별 노동조합에 대응할 만한 사용자단체가 없거나 또는 이러한 사용자단체가 있더라도 각 기업에 특수한 사정이 있을 때에 이 방식이 사용된다.

우리나라와 같이 기업별 조합이 주류를 이루는 상황에서도 그가 소속하는 상급단체에 단체교섭 및 협약체결에 관한 권한을 위임하여 해당 기업별 조합에 대응하는 개별기업과 개별적으로 교섭하는 대각선 교섭의 방식을 취할 수도 있다.

④ **집단교섭**

집단교섭이란 다수의 노동조합과 이에 대응하는 다수의 사용자가 집단으로 구성되어 기업의 단위를 벗어나서 교섭하는 방식을 말한다. 이 방식은 노동조합측이나 사용자측이 산업별로 연합전선을 형성하여 교섭하는 것으로 연합교섭이라고도 한다.

⑤ **공동교섭**

공동교섭은 기업별 교섭을 기본방식으로 하고 기업별 조합과 함께 상부조합이 그 기업별 조합의 상대인 개별사용자와 교섭하는 방식을 말한다. 이 방식은 기업별 노동조합에 있어서는 기업별 교섭이 갖는 약점을 어느 정도 보완해 줄 수도 있을 것이다. 우리나라에서도 흔히 볼 수 있는 교섭형태이다.

2) 단체협약

(1) 단체협약의 의의

대립관계에 있는 노동조합 또는 그 연합체와 사용자 또는 사용자 단체 간 노동조건의 기준에 관한 협정문을 의미한다. 단체협약은 노동조합과 사용자 사이에 조합원의 노동조건 등 개별적 노동관계와 노동조합과 사용자 간의 집단적 노사관계에 적용할 규칙을 정하는 협정이다. 오늘날에는 단체협약의 사회경제적인 기능으로서 단순히 조합원의 근로조건 개선뿐만 아니라, 기업경영 전반에 걸쳐 근로자측의 참여를 확대하여 경영의 민주화에 기여하는 기능 또한 간과할 수 없다. 이처럼 단체협약은 노사관계를 규율하는 주요한 규범으로서 산업화과정에서 확고히 자리 잡게 되었고, 근로조건의 개선과 경영참가를 통한 산업민주화와 더불어 산업평화 유지에 초석이 되고 있다.

(2) 단체협약의 내용

① 규범적 부분

단체협약의 규범적 부분은 사용자와 개별 근로자와의 관계 중 근로계약의 내용을 규정하고자 하는 것이다. 따라서 '근로조건 기타 근로자의 대우'에 관한 부분이 중심이며 규범적 효력을 가지는 것이 원칙이다. 다만 규범적 효력을 갖기 위해서는 '대우에 관한 기준'이어야 하며, 그를 위해서는 개별 근로자의 취급에 관한 기준을 정하는 것인 동시에 개별 근로자가 구체적으로 어떻게 취급되는지가 먼저 명확해야 한다.

구체적으로는 임금・노동시간・휴식・휴일・유급휴가 외에 업무와 관련하여 화재・질병・휴업수당・퇴직금 등이 포함된다. 단체협약의 규범적 부분은 노동조건의 개선을 목적으로 하는 단체협약의 핵심적 기능에 관한 본질적 부분이기 때문에 규범적 부분이 전무한 협정은 단체협약이라고 할 수 없다. 가장 논의가 활발한 것은 해고협의 약관(조합원에 대한 해고의 경우, 조합원과의 협의를 의무화하는 조항)이다. 해고협의 약관이란 조합원의 해고에 관하여는 노동조합과 협의를 거친다는 조항을 말한다.

② 채무적 부분

집단적 노사관계에 관한 규정은 노동조합의 지위나 활동에 관한 것이며 개개 근로자의 대우에 관한 것은 아니므로 일반적으로는 채무적 부분에 속한다. 따라서 이들 조항은 채무적 효력을 가지는 것이 원칙이다. 일반적으로 조합원의 지위에 관한 조항, shop 조항, 조합활동에 관한 조항, 단체교섭에 관한 조항, 쟁의행위에 관한 조항 등이 해당된다. 이러한 채무적 조항은 이에 위반되더라도 그것은 규범적 사항과 다르다. 따라서 이에 위반된 근로조약의 부분이 무효로 된다든지 하는 일은 있을 수 없으며, 오직 노조 또는 사용자에 대한 채무불이행이라는 효력이 나타날 뿐이다.

③ 조직적 부분

단체협약의 내용 중 집단적 노사관계와 관련된 각종 제도나 기관의 조직과 운영 등에 관한 사항들을 말하며, 여기에는 주로 조합원의 징계나 인사의 관련기관이나 고충처리기관의 구성·운영에 관한 조항들이 해당된다.

〈표 10-2〉 단체협약의 내용에 따른 유형

유 형	기 준	내 용
규범적 부분	근로조건 기타 근로자의 대우에 관한 기준 -개별적 근로관계에 있어서 실현되는 부분	임금액, 임금지급방법, 근로시간, 유급휴일, 유급휴가, 상여금 지급, 경조금 지급 및 기타 후생에 관한 협정, 재해보상의 종류 및 그 산정, 누진퇴직금의 지급협정, 정년제에 관한 협정 등
채무적 부분	사용자와 노동조합의 관계를 정하는 부분, 즉 협약당사자의 권리·의무에 관한 사항 -집단적 노사관계에 있어서만 적용되는 부분	평화의무 및 평화조항, 단체교섭 위임 금지조항, 유일교섭 단체조항, 조합활동 조항, shop 조항, 단체교섭의 절차·범위 등에 관한 조항, 시설이용에 관한 조항, 노동쟁의에 관한 조항
조직적 부분	제도·기관의 조직과 운영에 관한 단체협약 부분 -집단적 노사관계에 적용되면서도 개별적 노사관계와 관련되는 부분	조합원의 해고동의 협정, 경영협의회, 고충처리기관 등의 조직과 운영, 근로자의 복리증진, 교육훈련, 노사분규 예방, 징계, 해고 등 인사에 관한 협의기관 구성 및 운영 등

④ **평화적 내용**

노사쌍방이 쟁의행위를 미연에 방지하고 분쟁을 평화적으로 해결할 것을 목적으로 한다. 예를 들면, 단체교섭에서 쌍방이 성의를 가지고 노력했음에도 불구하고 해결을 보지 못한 경우에는 노사의 자주적인 조정기관에 조정을 신청한다는 등의 조항을 말한다.

4. 쟁의행위

1) 쟁의행위의 개념과 기능

(1) 쟁의행위의 개념

노동쟁의는 노동조합과 사용자 또는 사용자 단체 간에 '임금·근로시간·복지·해고·기타 대우 등 근로조건의 결정'에 관한 주장의 불일치로 인하여 발생한 분쟁상태를 말한다. 주장의 불일치란 당사자 간에 합의를 위한 노력을 계속하여도 더 이상 자주적 교섭에 의한 합의가 곤란한 상태를 말한다.

노동쟁의가 성립되기 위해서는 ① 노조 또는 노조단체와 사용자 또는 사용자 단체 사이에 분쟁상태여야 한다. 노동쟁의의 주체로서 개인은 해당되지 않는다. ② 단체교섭이 선행되어야 한다. 여기에는 단체교섭을 거부한 경우도 해당된다. 노동쟁의의 절차는 단체교섭의 결렬을 선행조건으로 한다. 또한 노동쟁의의 대상은 '임금·근로시간·복지·해고·기타 대우 등 근로조건의 결정'이라고 규정되어 있는데, 여기서 '기타 대우 등 근로조건의 결정'이란 근로조건에 영향을 주는 것으로 사용자가 처분할 수 있는 사항이라는 것이 일반적인 해석이다.

노동조합 및 노동관계조정법 제2조에서는 쟁의행위란 "파업·태업·직장폐쇄 기타 노동관계 당사자가 그 주장을 관철할 목적으로 행하는 행위와 이에 대항하는 행위로서 업무의 정상적인 운영을 저해하는 것을 말한다"고 정의함으로써 쟁의행위의 적절성 및 정당성을 규정하고 있다.

(2) 쟁의행위의 기능

쟁의행위는 일반적으로 국민의 불안감을 가져오고 더 나아가서는 사회질서 혼란을 야기하는 소극적 기능과 노사 간의 힘이 불균형을 조절하여 단체교섭을 조성함으로써, 근로자의 인간다운 생활을 확보하게 하는 적극적인 기능도 가지고 있다. 쟁의행위는 소극적 · 적극적 측면을 강조하여 왔지만, 그에 대한 비판적인 측면도 있다. 따라서 쟁의행위는 노사관계에 있어서 불가피하지만 소극적 기능의 발생빈도와 규모를 최소한으로 줄이는 것이 바람직하다.

2) 쟁의행위의 보장

(1) 헌법상의 쟁의권 보장

헌법 제33조 제1항은 "근로자는 근로조건의 향상을 위하여 자주적인 단결권 · 단체교섭권 및 단체행동권을 가진다"라고 규정하고 있다. 본래 근로자에게 단체행동권을 보장한 취지는 근로자들의 경제적 · 사회적 지위의 향상을 위한 실력행사를 보장한 것이다. 뿐만 아니라 그와 같은 실력행사의 법적 효과로서 민사상 · 형사상의 면책을 위시하여, 쟁의행위를 했다는 이유로 노동자에게 해고나 기타 불이익을 주는 것을 막으려는 데 있다. 그러므로 쟁의행위는 헌법 제33조의 취지에 따라 노동조합이 노동조건의 개선을 목적으로 하고, 업무의 정상적인 운영을 저해하는 방법으로 행하여지는 한 정당한 행위로 평가된다.

(2) 노동법상 쟁의권 보장

노동조합 및 노동관계조정법 제4조의 정당행위는 헌법 제33조 제1항의 노동3권 보장의 내용을 확인한 것에 지나지 않는다. 한편 근로자가 근로조건의 향상을 위하여 쟁의행위를 하는 경우에도 그 정당성의 한계를 벗어나면 형법상 구성요건이 된다.

3) 쟁의행위의 유형

노동조합 및 노동관계조정법 제2조는 쟁의행위의 개념을 정의하고 쟁의행위의 유형을 열거하고 있다. 쟁의행위는 노사 간의 실력행사이므로 유형별로 행동의 효과와 집단행동의 속성으로 인한 정당성의 한계를 갖게 된다. 근로자측의 쟁의행위 유형은 다음과 같다.

(1) 파업

일반적으로 파업(Strike)은 '보상이나 노동조건의 변경이 있을 때까지 종업원이 집단적으로 노동을 거부하는 것' 또는 '노동자가 단결하여 임금, 노동시간 및 기타 노동조건의 유지 또는 개선이라는 목적을 쟁취하기 위해 조직적인 방법으로 노무의 제공을 공동으로 거부하는 쟁의행위'라고 정의되고 있다.

파업의 정의에는 다음의 몇 가지 특성이 함축되어 있다.

- 일시적 중단이다. 파업은 작업장 복귀를 전제로 한 작업의 일시적 중단이다.
- 작업의 전면적 중단이다. 그러므로 잔업거부나 태업 등의 작업의 일부 거부 행위와는 원칙적으로 다르다.
- 다수의 근로자가 참여한다. 개인에 의한 개별적 행동이 아니라 다수 근로자에 의한 집단적 행동이다.
- 노동자에 의해 일어나는 것이 파업이다. 학생들의 수업거부, 소작인의 집세 거부 등은 집단행동이긴 하지만 파업이라고 할 수 없다.
- 계산된 행동이다. 파업은 불만을 표현하거나 요구를 관철하기 위한 의도적이며 계산된 행동이다.

(2) 태업

태업(Sabotage : Soldiering)이란 고의로 기계설비를 손상시킨다든가, 불량품을 만들어내는 등의 적극적인 태업, 사용자의 비밀폭로 · 상품의 비판 등을 거래선에 알리는 개구(開口) 태업, 의식적으로 작업능률 내지 기업 전체의 능률을 저하시키는 소극적 태업 등을 총칭하는 개념으로 소극적 태업이 우리나라에서는 그것에 해당한다.

파업이 노동력을 생산수단과의 결합상태를 분리시키고 사용자의 노동력에 대한 지휘명령으로부터 근로자들을 완전히 벗어나게 하는 것이라면, 태업은 다만 사용자의 지휘명령을 그대로 따르지 않게 하는 데 그 특성이 있다.

(3) 준법투쟁

준법투쟁이란 노동조합의 통제 하에서 다수의 근로자들이 근로기준법 및 노동조합 및 노동관계 조정법 등 관련법령에 규정된 권리를 동시에 행사하거나, 의무를 동시에 이행하여 파업이나 태업과 같은 효과를 발생시키는 것을 말한다.

준법투쟁은 외형상 노동자의 법적 권리의 행사 또는 의무의 이행에 해당되므로 이를 과연 정당한 쟁의행위로 볼 수 있는지의 문제가 발생된다. 준법투쟁의 정당성은 우선적으로 준법투쟁의 제 유형이 쟁의행위에 해당되는지의 여부를 논하고, 둘째로 쟁의행위에 해당되는 경우에 그 정당성을 살펴보아야 할 것이다. 준법투쟁의 쟁의행위 유형은 연장근무 거부, 일제 휴직, 동시이행의 항변권, 집단사표, 안전투쟁 등이 있다.

(4) 생산관리

생산관리는 근로자가 단결하여 사용자의 지휘명령을 거부하면서 사업장 또는 공장을 점거함으로써 조합간부의 지휘 하에 노무를 제공하는 투쟁행위이다. 이것은 노동자가 종전의 경영방침을 그대로 따르면서 노동자들이 직접 경영을 하되 수익금을 회사를 위하여 보관하고 임금을 종전대로 지급하는 이른바 이상형

생산관리와, 회사자재를 마음대로 처분하거나 회사의 수익금을 일방적으로 인상한 임금에 충당하는 경우로 나누어 생각할 수 있다.

(5) 보이코트

보이코트(Boycott)란 사용자 또는 그와 거래관계에 있는 제3자의 상품의 구입, 기타 시설의 이용을 거절한다든가, 사용자 또는 그와 거래관계에 있는 제3자와 근로계약의 체결을 거절할 것을 호소하는 쟁의행위이다. 보이코트는 보통 상대방이 누구냐에 따라 구분되는데, 노동자들이 그들의 사용자에 대하여 압력을 가는 것을 1차적 보이코트라고 한다. 그리고 사용자와 관계에 있는 제3자에게 사용자와의 거래를 단절할 것을 요구하고 이에 응하지 않을 때에는 상품의 구입이나 노동력의 공급을 중단하겠다는 압력을 가하는 것이 2차적 보이코트이다.

(6) 피켓팅

피켓팅(Picketing)은 파업과 같은 주된 쟁의행위에 부수하여 다른 노동자 및 일반시민에게 쟁의 중임을 알려 노동자측에 유리한 여론을 형성하거나, 쟁의행위에서의 노동자 이탈을 방지하고 대체근로를 저지함으로써 주된 쟁의행위의 실효성을 높이기 위해서 필요한 장소에 감시하는 인원을 배치하건, 사업장의 출입통행을 제한하는 쟁의행위이다. 넓은 의미로는 제품의 출하업무를 저지하거나 관리직 직원의 출입을 통제하는 경우까지 포함한다.

(7) 직장점거

직장점거는 쟁의기간 중에 노동자가 기업시설에 머물면서 집회나 시위를 계속하고 파업과 같은 주된 쟁의행위의 실효성을 확보하기 위해서 기업시설을 점거하는 형태의 쟁의행위이다. 노동조합이 대개 기업별 조직형태를 취하고 있는 우리나라에서는 파업과 동시에 직장점거가 행해지는 경우가 많다.

5. 부당노동행위 구제제도

1) 부당노동행위 구제제도의 의의

부당노동행위란 사용자가 근로자와 노동조합의 정당한 노동권을 침해하거나 또는 노동조합이 사용자의 정당한 기업활동권을 침해하는 일체의 정당하지 못한 행위를 의미한다. 대부분의 선진국가들은 근로자의 노동3권을 보장하고 있으나 현실적으로 이러한 권리는 사용자에 의하여 침해를 받을 가능성이 높으며, 침해받았을 경우 권리를 실질적으로 보호해주어야 한다. 반대로 근로자나 노동조합이 정당한 단체교섭의 과정을 무시하고 사용자의 경영권을 침해하는 것도 용납될 수 없는 부당한 행위이다. 따라서 노사 어느 한쪽에 의해 행해진 부당한 침해행동에 대하여 사법적 심사를 조건으로 행정기관에 의한 구제방법을 도입하여, 대립적 관계의 노사문제를 신속하게 처리하기 위한 절차를 부당노동행위 구제제도라고 한다.

부당노동행위 구제제도는 헌법이 보장한 근로자의 노동3권(단결권 · 단체교섭권 · 단체행동권)의 구체적인 보장제도로서, 사용자의 조합운동에 대한 침해행위를 방지하기 위한 특별한 법률제도로 노사관계 질서의 공정성에 그 목적이 있다.

2) 부당노동행위의 성립과 주체

(1) 부당노동행위의 성립

노동조합 및 노동관계조정법 제81조는 다음과 같은 사용자의 행위를 사용자의 부당노동행위로 규정하고 이를 금지하고 있다.

① 불이익취급

근로자가 노동조합의 활동에 관계한 것을 이유로 다른 근로자에 비하여 차별적으로 해고하거나 불이익을 주는 행위

② 황견계약(Yellow Dog Contract) 등

근로자가 노동조합에 가입하지 않을 것 또는 노동조합으로부터 탈퇴할 것을 고용조건으로 하는 행위

③ 단체협약의 거부

노동조합으로부터 단체협약 체결 및 기타 단체교섭을 정당한 이유 없이 거부하거나 해태(懈苔)하는 행위

④ 지배 · 개입 및 경비원조

사용자가 근로자의 조합조직 또는 운영에 지배 · 개입하는 행위와 노동조합의 운영비 등을 원조하는 행위

⑤ 노동위원회나 기타 행정관청에 신고, 증언 또는 증거제출을 이유로 하는 불이익 취급

근로자가 정당한 쟁의행위에 참가한 것을 이유로 하거나 또는 노동위원회에 사용자의 부당노동행위를 신고 또는 증언하거나 또는 행정관청에 증거 제출한 것을 이유로 그 노동자를 해고시키거나 그에게 불이익을 주는 행위

(2) 부당노동행위의 주체

부당노동행위의 주체는 말할 것도 없이 사용자이다. 사용자의 개념에 대해서는 노동조합법 제2조에서 사용자를 "사업주, 사업의 경영담당자 또는 그 사업의 근로자에 관한 사항에 대하여 사업주를 위하여 행동하는 자"라고 정의하고 있다. 따라서 노동조합 및 노동관계조정법에서 말하는 사용자란 근로계약에 의하여 근로자에게 노동기회를 공여하고 그 대가로서 임금, 급여, 기타의 보수를 지급하는 자가 아닌 사업의 경영주체로서 이익의 귀속자를 말한다. 사업이 법인 조직일 때는 법인주체가 사업주가 되고 개인경영일 때는 개인이 된다.

여기에서 사업의 경영담당자란 회사의 이사나 지배인 등과 같이 사업의 경영

에 관하여 책임을 지고 있는 자를 의미한다. 사업의 근로자에 관한 사항에 관여하는 자란 인사, 급여 및 노동조건의 결정이나 근로자에게 지휘명령이나 감독 등과 같이 사업주의 이익을 대표하여 일정한 권한과 책임을 가지고 행동하는 자를 뜻한다.

3) 부당노동행위 구제의 방법과 구제기관

(1) 부당노동행위의 구제

① 처벌주의

부당노동행위 그 자체를 범죄로 보아 이를 처벌함으로써 부당노동행위 예방을 도모하고자 하는 것으로서, 우리나라의 1953년 노동조합법과 일본의 1945년 노동조합법에서 취하였던 구제방법이다. 그 밖에 처벌주의는 캐나다 등이 이용하고 있고, 사용자에 의한 반조합적 행위를 방해죄라 하여 형사범의 일종으로 취급하는 프랑스의 경우도 일종의 처벌주의를 채택하고 있다.

② 원상회복주의

부당노동행위 그 자체를 범죄로 보지 않고, 이에 대한 구제를 중시하여 구제명령에 위반한 때에 비로소 범죄로 본다는 것이다. 1986년까지 이 주의를 채택하였다.

③ 원상회복과 처벌 병과(併科)주의

부당노동행위의 구제에서 원상회복과 처벌을 병과할 수 있도록 한다. 우리나라는 이러한 병과주의를 채택하고 있다. 따라서 현행 우리나라가 원상회복주의 외에 부당노동행위를 방지하는 처벌주의를 병행한 것은 큰 진전이며, 가장 전형적인 제도로서 근로자보호에 만전을 기하고 있다고 볼 수 있다.

(2) 부당노동행위 구제의 기관

부당노동행위의 구제기관으로서 노동위원회와 법원이 있는데 어느 기관에 구제를 신청하느냐는 전적으로 당사자의 자유에 맡겨져 있다. 부당노동행위 사건을 법원에서 다루는 사업적 구제는 소송지연으로 인한 시간적 한계가 있고 많은 소송비용과 고도의 소송기술을 필요로 하기 때문에, 근로자에게는 부담이 매우 클 뿐만 아니라 신속하고 효과적인 구제를 기대할 수 없다는 점에서 문제가 있다.

우리나라의 노동조합은 미국의 와그너(Wagner)법과 같이 행정적 구제방식을 채택함으로써 사법적 구제의 결함을 보완하여 신속하고 탄력적인 구제를 도모하고 있다. 노동위원회에 의한 구제는 법원을 통한 구제의 결함을 보완하여 경제적이고 신속하게 노사관계의 실정에 적합한 해결을 위해 마련된 제도이다.

참고문헌

신철우(2005). 신노사관계론. 서울 : 신론사.

안율종(2007). 최신 노사관계론. 대구 : 대명.

오성환(2007). 직업정보론. 서울 : 서울고시각.

이강옥 · 김동조(2009). 소프트 노사관계론. 서울 : 청람.

조진탁 · 이길환(2009). NEW 노사관계론. 대전 : 대경출판사.

Dunlop. J. T.(1960). *Industrial Relations and Industrial Society in Union Management and the Public*, ed., by Bakke and Anrod, Harcurt Brace & World.

ILO(1974). Participation in Decision within Undertaking, Oslo Symposium. *Labor Management Relations Series*, Vol. 48.

Kerr, C. J. T., Dunlop, F. Harbison, & C. A. Myers(1960). *Industrialism and Industrial Man*. Harvard University Press.

Lester, R. A.(1959). Labor and Industrial Relations.

Mills, D. Q.(1982). *Labor Management Relations*(2nd ed.). McGraw-Hill.

Taylor, R.(1994). *The Future of the Trade Unions*. London : Ander Deutsch.

Webb, S. J., & Beatrice Webb(1920). *The History of Trade Unionism*. New York : Longmans Green.

CHAPTER 11

인적자원의 순환과정과 직업선택

chapter

11 인적자원의 순환과정과 직업선택

사람의 생명은 유한하다. 유한한 생명체로서 인간은 태어나서 성장기를 거치면서 자신의 인생을 영위하는 바탕으로 인적자본을 축적한 후 사회진출과 연결되는 이행과정(School-to-Work)을 거쳐 경제사회활동의 단위에 속함으로써 자신의 인적자본을 활용하다가 생을 마감한다. 경제사회활동의 단위를 국내와 해외로 구분하면 전자에는 가계(가정), 비영리법인을 포함한 기업, 그리고 정부를 포함한 국가, 후자에는 해외의 경제사회활동단위들로 구분할 수 있다. 태어난 시기와 주어진 시대상황이 개인마다 다르겠으나 개인의 인적자본의 집합으로서 인적자원이 경제사회활동단위에서 어떻게 형성되고 배분되어 그 기능을 하는가에 대한 순환과정을 살펴보자.

1. 인적자본의 개발과 투자관리

1) 인적자본, 인적자원, 인적자원개발

인적자본의 개발과 투자에 관해서는 먼저 이와 관련된 용어를 이해하고 보다 세부적으로 살펴보는 것이 좋다. 먼저 인적자본, 인적자원, 인적자원개발 등 다양하게 부르는 이들 용어에 대하여 살펴보면, 먼저 인적자본(人的資本, human capital)은 물적자본(物的資本, physical capital)과 같이 개개인에게 체화(體化)된 자본을 의미한다. 인적자본에 대한 이해를 돕기 위하여 다음과 같이 예를 들어보자.

> 연놀부 씨는 시가가 12억 원이 되는 5층 건물을 소유하고 있고 다른 직업은 없다. 소유하고 있는 건물을 임대하여 수입을 얻어 생활하며, 자녀가 없어 이를 어떻게 할지 고민하고 있다. 동생 연흥부는 월 500만 원을 받고 일하는 임금 근로자이다.

위와 같은 예에서 이 건물은 두말할 것 없이 물적자본이다. 연놀부가 이 건물을 임대하여 1년에 6천만 원의 임대료 수입을 얻는 경우 월 500만 원(=6천만 원/12월)의 수입이 생기며, 이는 물적자본가치에 대하여 연간 5%의 수입을 얻는 것을 의미한다. 놀부가 건물을 팔아서 12억 원을 은행에 저축하였더니 연간 6천만 원의 이자를 받았다면 그가 건물을 임대하여 받는 수입은 은행이자(5%) 정도의 수입을 버는 것과 같다. 반면에 '연흥부' 씨는 물적자본이 없이 근로자로서 월 500만 원을 받는다면, 1년에 6천만 원의 근로소득을 벌고 있고 6천만 원을 벌기 위해서 현금을 은행에 저축한다면 흥부의 몸값, 즉 인적자본은 12억 원이라고 할 것이다.

이와 같이 은행이자율을 기준으로 계산할 때, 건물(실물자본)을 임대하여 얻는 수입과, 은행에 저축(금융자본)하여 얻는 이자수입과 월급을 받는 수입은 모두 자본을 활용함으로써 생긴다는 것이다. 따라서 개인, 사회, 그리고 국가의 수입이 증가하려면 더 많은 자본이 형성되어야 한다. 우리나라가 자본축적이 되어있지 못했던 과거에는 부족한 자본, 특히 물적자본을 외국으로부터 도입하여 경제발전을 이루었다. 그러나 노동과 자본의 국제적 이동이 자유로운 오늘날에는 자본량이 중요한 것이 아니라 자본을 활용하여 더욱 더 수입을 늘릴 수 있는 능력으로서 가장 중요한 자본은 인적자본이다. 즉, 개개인이 가지고 있는 지식 · 기술 · 기능 등이 경제활동을 통하여 생산성과 부를 증진시키는 능력이 '인적자본'이다.

인적자본과 인적자원은 앞에서 말한 바와 같이 본질적으로 의미가 같다. 다만 인적자본이 개인에게 체화된 자본인 데 반하여 인적자원(人的資源, human resource)은 인적자본을 총계한 개념으로 사용하기도 하며, 경제적 가치를 생산하는 생산요소인 지식, 소양의 축적으로서 인적자본보다는 범위가 넓다. 즉, 개개인에 체화된 지식 · 기술 · 기능 등이 경제활동을 통하여 생산성과 부를 증진시키는 능력을 인적자본으로 보고, 여기에 도덕성・협동성・사회규범준수 등 사회적 통합과 신뢰를 이루는 무형적인 사회적 자본(社會的資本, social capital)을 포함시켜 인적자원이라고 말한다. 그리고 인적자원개발(human resource development : HRD)은 인적자원의 개발은 물론 그 축적과 활용까지 포함한다.

2) 인적자원개발의 주체

(1) 가정(가계)

일반적으로 개인의 인적자본을 축적시키는 주체는 가정이며 인적자본투자의 수요자는 가정에 속한 가족이다. 정태적으로 보면 가족(가구)구성원의 '인적자원'은 거주와 가계를 책임지는 당대의 가구주와 인적자원을 축적해 가는 후대의 자녀들로 구성된다. 개인이 가지고 있는 지식・기술・기능을 기초로 경제활동을 통하여 생산성과 부를 증진시키는 능력을 '인적자본'으로 보고, 여기에 도덕성・협동성・사회규범준수 등 사회적 통합과 신뢰를 이루는 무형적인 사회자본을 포함시켜 '인적자원'으로 보면 사회적 자본의 형성원천은 가정에서 이루어진다고 할 것이다. 이러한 의미에서 인적자원이라는 용어를 사용하였다.

그리고 동태적으로 보면 가구원이 소유하고 있는 인적자본은 그 축적을 위한 가구원 개개인의 정진정도에 따라 그리고 경제사회활동의 순환과정에서 증가되기도 감소하기도 한다. 특히 후대의 인적자원을 축적해주는 공급조직으로서 가정은 인적자본투자를 행하는 사회적 최소단위의 조직으로 볼 수 있다.

(2) 기업

영리추구를 목적으로 하지 않는 비영리기업을 포함하여 영리를 목적으로 하는 기업은 인적자원개발의 주체가 되며 기업의 근로자(종업원)는 인적자본투자가 필요한 수요자가 된다. 기업은 직업과 관련된 계속교육과 사내훈련을 근로자에게 제공함으로써 근로자가 이수한 공식교육을 벗어난 교육기회를 제공한다.

(3) 정부

정부는 인적자원의 개발에 있어서 가장 비중이 큰 주체로서 인적자본투자의 수요자인 내국민, 재외국민, 나아가 주한 외국근로자에 대하여 할 일을 다하여야 하는 책무를 위임받고 있다. 특히 "재외동포의 한민족으로서의 정체성 유지와 모국에 대한 유대감 강화 및 현지에서의 안정된 생활영위와 존중받는 시민으로 육성, 궁극적으로는 세계 속의 자긍심 높은 한민족의 상(象)을 구현"하는 일은 정부의 몫이다(신익현 외, 2000). 정부(국가)는 인적자원의 개발을 위하여 인적자본투자의 공급조직을 위한 법적, 제도적인 장치를 마련한다.

(4) 해외

인적자본을 축적하는 또 다른 주체로서 해외단위를 들 수 있다. 즉, 외국의 교육기관, 국제기구, 그리고 외국정부에 의하여 인적자원이 축적되는 경우 이러한 것은 인적자본개발(육성)의 주체가 된다. 또한 증가하는 국제적 인구이동(이민, 유학 등)을 통한 재외국민의 증가는 국가간 경쟁에서 무시하지 못할 요소로 자리잡고 있다. 그러므로 인적자원투자의 수요자는 우리 국민이 되나, 넓게 보아 재외국민도 그 수요자가 된다고 하겠다.

3) 인적자본투자의 대상

태어나면서 부모로부터 물려받은 타고난 능력에 대한 고려를 하지 않는다면 개개인의 인적자본은 시간이 지남에 따라 축적된 후천적인 능력들을 의미할 것이다. 그러한 능력들은 가정이나 비공식적인 공동사회에서 체득한 경험으로부터 획득되기도 하나 대부분의 능력들은 특정 목적달성을 위하여 조직화된 활동, 즉 인적자본투자대상이 되는 활동을 통하여 획득된다. 인적자본투자의 대상은 인적자본투자의 객체(客體, objects)라는 용어를 사용하기도 한다.

관련학계에서 통설로서 수용되는 인적자본의 투자대상은 흔히 학교교육을 통칭

하는 정규교육, 기업의 현장훈련, 노동시장정보획득, 건강, 국내·국외의 이주 등이다(배무기, 2006). 그러나 정규교육 이외에 학원수강, 사회교육이수 등을 통한 인적자본투자수요가 적지 않기 때문에 비정규교육도 인적자본투자의 대상이 된다.

(1) 정규교육

가장 일반적인 형태의 인적자본투자의 대상은 정규교육이다. 어느 나라를 막론하고 자국에 적합한 공식교육제도를 갖추어 정규교육을 통하여 인적자원을 형성한다.

우리나라는 부단한 교육기회의 확대를 통하여 국민의 평균 교육연수는 1975년에 6.6년이었으나 1990년에 9.5년, 2000년에 10.6년, 2005년 11.2년으로 증가하였고, 25세 이상의 국민 중 전문대학 및 대학졸업 이상자의 비율이 1975년에 5.8%에서 1990년에 14.1%, 2000년에 24.3%, 2005년에 31.4%(남자 37.8%, 여자 25.4%)로 증가하였다(통계청, 2011). 이것은 높은 교육열과 함께 정규교육기회의 확대에 의한 결과라고 하겠다.

(2) 비정규교육

기업에서 이루어지는 현장훈련(on the job training; OJT) 및 정규교육과정 이외의 교육을 비정규교육으로 보면, 비정규교육 또한 인적자본투자대상이 된다. 입시학원이나 정규교육과정을 보완하는 각종 학원수강, 운전학원과 같이 특정기능을 습득하기 위한 학원수강, 어학연수, 평생교육 및 사회교육 등은 비정규교육이기는 하나 인적자본투자의 대상이 된다. 왜냐하면 우리 사회에서 사교육비에 대한 사회적 문제제기가 끊임없이 이어지고 사설학원수강을 통하여 입시준비, 각종 시험준비, 그리고 각종자격증을 획득하는 현실을 감안하면 비정규교육은 인적자본투자의 대상이 된다고 하겠다.

(3) 현장훈련

기업에서 이루어지는 현장훈련(On the Job Training)은 취업자가 사업장에서 작업을 통하여 획득하는 기술훈련으로서 인적자본투자대상이다. 정규교육을 마친 근로자가 기업에서 습득하는 현장훈련은 크게 일반적인 훈련과 특수적 훈련으로 구분된다. 훈련비용의 부담 여부와 관계없이 이 같은 현장훈련을 통하여 습득한 기술과 지식을 지닌 근로자가 해당기업을 떠나지 않는 한 기업의 생산성을 높여준다.

(4) 노동시장정보

노동시장은 노동의 수요(기업)와 공급(근로자)에 의하여 임금과 고용량을 결정짓는 기구(mechanism)이다. 그러므로 노동력을 공급하는 개인의 입장에서, 노동시장에 대한 자료와 정보는 개인의 인적자본투자에 대한 행위를 결정짓게 한다. 경제사회의 발전에 따라 기업은 신지식, 신기술을 갖춘 노동력을 요구하게 된다. 이러한 기업의 요구에 맞는 노동력, 즉 기업의 노동수요에 적합한 인재가 되기 위해서는 이에 부응하는 인적자본을 축적하여야 할 것이다.

그리고 새롭게 노동시장에 진입하려고 하거나 현재 취업 한 상태에서 다른 일자리를 찾는 경우에도 개인의 취업 및 고용생활에서 더 많은 편익을 얻기 위해서는 노동시장에 대한 정보가 필요하다. 이러한 의미에서 노동시장에 대한 정보의 획득은 인적자본투자의 대상이 된다.

(5) 건강의 유지 및 증진

건강의 유지 및 증진을 위한 투자도 인적자본투자의 대상으로 본다. 개인은 물론 국민전체의 건강수준이 높아질수록 노동공급시간을 일정하게 유지할 수 있으며 노동력의 질도 향상된다. 예를 들어, 경제활동을 하는 근로자가 건강하다는 것은 결근이 적다는 의미이며, 체력저하로 인한 산업재해발생률을 낮추는 것을 의미한다.

(6) 국내 · 외의 이주

이주(migration)란, 일정한 인적자본을 축적한 근로자가 자신의 생산능력을 최대한 발휘하기에 보다 알맞은 곳으로 이동함으로써 자신의 가치를 더욱 증가시키는 과정을 말한다. 이러한 이주에도 비용이 투입되고, 이주에 의하여 더 높은 수익이 획득될 수 있기 때문에, 이것도 일종의 인적자본투자로 간주한다.

2. 진로선택과 직업 발달

1) 진로선택 : 진학 → 취업

(1) 각급 학교 진학상황과 졸업자의 취업률

초등학교, 중학교, 고등학교 등 각급 학교에 다니는 학생들의 취학률(就學率, enrollment rate)은 과거에 비하여 대단히 높아졌다. 취학률은 각급 학교에 재학해야 하는 적령인구 수에 대한 취학자 수의 비율을 말한다. 취학률이 높아지는 것은 적령인구의 교육기회가 확대되는 것을 의미한다.

1980~2010년의 30년 기간에 의무교육인 초등학교 취학률은 100% 전후에 있다. 100%를 상회하는 취학률을 보이는 것은 적령인구가 아닌, 예를 들어 만 5세임에도 불구하고 초등학교에 입학시켰던 과거의 풍조를 반영한 결과이며, 근년에 100% 이하의 취학률을 보이는 것은 연령차에 의한 학업수행의 어려움과 해외에서 수학하는 학생이 증가한 결과로 해석된다. 30년 전인 1980년에 유치원의 취학률은 4.1%였으나 2010년 현재 40%를 넘었다. 1980년에 중학교의 취학률은 100명 중 73명 정도가 취학했으나 2000년 이후부터 취학률이 95% 이상이다. 고등학교 취학률은 1980년에 48.8%였으나 2000년 이후에는 90% 이상이다. 고등학교에 대한 의무교육이 실시되지 않는 여건에서 취학률은 대단히 높다고 하겠다. 초등학교 졸업자의 상급학교 진학률은 1980년에 95.8%였으나 1990년 이후에는 거의

100%에 가깝다. 중학교의 상급학교 진학률은 1980년에 84.5%, 1990년에 95.7%, 1995년 이후에는 거의 100%이다. 고등학교의 상급학교 진학률은 1980년에 27.2%였으나, 2010년에는 80%에 이르고 있어, 고등학생 10명 중 8명은 대학(교)에 진학하고 있음을 의미한다.

〈표 11-1〉 취학률 및 진학률 현황 (단위 : %)

연 도	유치원	초등학교		중학교		고등학교		고등 교육기관
	취학률	취학률	상급학교 진학률	취학률	상급학교 진학률	취학률	상급학교 진학률	취학률
1980	4.1	97.7	95.8	73.3	84.5	48.8	27.2	11.4
1990	31.6	100.5	99.8	91.6	95.7	79.4	33.2	23.6
2000	26.2	97.2	99.9	95.0	99.6	89.4	68.0	52.5
2010	40.6	98.6	99.9	97.6	99.7	92.4	79.0	70.1

주 : 취학률 $= \frac{\text{취학자 수}}{\text{적령인구 수}} \times 100$

출처 : 교육과학기술부. 한국교육개발원 교육통계연보. 각년도.

취학률이 높아지는 것은 초등학교→중학교→고등학교로 이어지는 진로에서 진학률(進學率, advance rate)이 높아짐을 의미한다. <표 11-2>에서 보듯이 초등학교→중학교, 중학교→고등학교의 진학률은 2010년 100%에 가깝다. 1985년 이후 25년 동안에 가계소득수준의 향상에 힘입어 교육비부담능력이 높아졌고, 또한 급속한 핵가족화의 영향과 출산율의 저하로 학생수가 감소하였기 때문에 진학률을 이처럼 높인 것으로 여겨진다.

이에 따라 '고등학교→대학(교)'으로의 진학률도 25여 년 전에 비하여 크게 증가하였다. 대학(구 전문대학)과 대학교(4년제 이상)의 진학률은 1985년에 36.4%에 불과하였으나 2010년 79%에 이른다. 현재는 물론 앞으로도 대학에 진학하는 것은 과거에 고등학교에 다니는 것과 같이 대중교육으로 인식되는 상황이라고 하겠다.

〈표 11-2〉 각급 학교 졸업생의 진학률 (단위 : %)

연 도	초등학교→중학교			중학교→고등학교			고등학교→대학(교)		
	계	남 자	여 자	계	남 자	여 자	계	남 자	여 자
1985	99.2	99.4	99.1	90.7	93.1	88.2	36.4	38.3	34.1
1990	99.8	99.8	99.8	95.7	96.3	95.0	33.2	33.9	32.4
2000	99.9	99.9	99.9	99.6	99.5	99.6	68.0	70.4	65.4
2005	99.9	99.9	99.9	99.7	99.7	99.8	82.1	83.3	80.8
2010	99.9	99.9	99.9	99.7	99.7	99.7	79.0	77.6	80.5

출처 : 교육과학기술부 · 한국교육개발원. 「교육통계연보」. 각년도.

학교교육의 진로에서 중도에 탈락하는 경우도 있겠으나 초등학교→중학교→고등학교→대학(교)으로 이어지는 진로를 거쳐 사회진출을 하는 취업률(就業率, employment rate)을 살펴보자. 고등학교, 대학, 그리고 대학교 졸업자의 취업률은 1981년의 경우 각각 38.8%, 41.2%, 68.9%로서 4년제 대학교 졸업자의 취업률이 상대적으로 높았으나, 1990년을 전후한 시기 이후부터 4년제 대학교 졸업자보다 대학(구 전문대) 졸업자의 취업률이 훨씬 높은 상황으로 역전되었다. 1990년의 경우 대학졸업자의 취업률이 71.8%, 대학교 졸업자의 취업률이 55.0%로서 16.8%포인트가 높았으나 2009년 현재 이 비율은 각각 86.5%, 68.2%로서 20%포인트 정도 격차가 더 벌어지다가 2010년 현재는 각각 55.6%, 51.9%로 대학졸업자의 취업률이 두드러지게 감소하였다.

졸업생의 취업률에서 두드러지게 나타나는 현상은 지난 30여 년 동안에 여성졸업자의 취업률이 높아졌다는 것이다. 즉, 1981~2010년의 기간에 다소 기복은 있으나 여성졸업자의 취업률은 고등학교가 43.9%(1981년)→69.7%(2000년)→29.7%(2010년), 전문대학이 30.6%(1981년)→86.3%(2009년)→55.2(2010년), 대학교가 52.6%(1981년)→66.1%(2009년)→47.9%(2010년)로 변화하였고, 특히 졸업자의 취업률에서 남녀 간에 차이는 크지 않다는 것이다.

그러나 2000~2010년의 기간에 졸업자의 전반적인 취업률은 고등학교가 66.1%→25.9%, 전문대학이 79.4%→55.6%, 대학교가 56%→51.9%로 낮아져, 앞서 설명한 바와 같이 청년실업의 증가로 이어지고 있다.

〈표 11-3〉 졸업생의 취업률 (단위 : %)

연 도	고등학교			대 학			대학교		
	계	남	여	계	남	여	계	남	여
1981	38.8	34.3	43.9	41.2	48.7	30.6	68.9	78.1	52.6
1990	51.0	42.6	60.2	71.8	78.6	68.2	55.0	65.1	39.7
2000	66.1	62.1	69.7	79.4	81.1	78.2	56.0	58.6	53.4
2010	25.9	22.9	29.7	55.6	56.0	55.2	51.9	55.7	47.9

출처 : 교육과학기술부 · 한국교육개발원. 교육통계연보. 취업통계연보 각년도.

(2) 교육정도별 임금수준

학교교육의 경제적 효과는 각급 학교의 졸업자가 취업하여 받는 임금수준으로 나타난다고 하겠다. <표 11−4>에서 고등학교 졸업자의 월평균임금(명목임금)을 100.0으로 하여 대학 졸업자와 대학교 이상 졸업자의 임금을 비교하면 1990년의 경우 각각 117.4, 185.5로서 교육수준이 높을수록 임금수준의 차이가 컸다. 그러나 2009년 지수(指數)는 104.2와 154로서 고등학교 졸업자와 전문대학 졸업자의 임금 차이가 없어지고, 고등학교 졸업자와 대학교 이상 졸업자의 임금차이는 1.5배로서 1990년의 1.9배 보다 낮아졌다. 이러한 변화는 학력별 임금격차가 저하되고 있음을 반영한다.

〈표 11-4〉 교육정도별 월평균 임금수준 (단위 : 천 원, 고졸=100.0)

연 도	중졸 이하	고등학교 졸업	전문대 졸업	대학교 졸업 이상
1990	476.9(83.8)	569.4(100.0)	668.2(117.4)	1,056.0(185.5)
1995	959.1(87.2)	1,100.3(100.0)	1,192.6(108.4)	1,715.4(155.9)
2000	1,261.6(86.3)	1,461.1(100.0)	1,508.6(103.2)	2,321.7(158.9)
2005	1,665.9(83.7)	1,989.6(100.0)	2,034.7(102.3)	3,140.6(157.8)
2009	1,893.3(83.4)	2,271.1(100.0)	2,366.1(104.2)	3,497.2(154.0)

주 : 월평균임금총액=월급여액+연간특별급여액/12
출처 : 고용노동부. 고용형태별 근로실태조사보고서(구 임금구조기본통계조사). 각년도.

교육정도별 임금증가의 배수(倍數)는 1990~2009년의 기간에 고등학교가 3.99배, 전문대학이 3.54배, 대학교 이상이 3.31배로 나타난다. 임금증가의 배수로 보아 고등학교를 마친 근로자의 임금상승이 상대적으로 고학력의 대학(교)을 마친 근로자 보다 빠르게 상승하였다.

근로자의 임금수준은 호경기(好景氣)인가 불경기(不景氣)인가에 따라서, 또한 노동의 수요와 공급의 상황에 따라서 영향을 받기는 하나 교육정도별 임금수준의 격차가 줄어드는 것은 대학교를 졸업하였다고 하여 대접받는 시대가 아니라는 점을 말한다. 다시 말하면 기업의 생산성을 가늠하는 기능과 자격이 있는가 없는가를 중시하는 시대로 이행하고 있음을 말한다.

2) 진로선택 시 유의점

세상물정을 모르고 철이 없는 어린 시절에는 자신의 진로를 부모가 결정해준다. 즉, 유치원, 초등학교, 중학교를 거치면서 자신의 뜻과 관계없이 기초교육을 받는다. 그 이후의 진로선택은 고등학교과정에서 장래의 직업을 바라보면서 결정하게 된다. 이때부터 자신의 성격, 적성, 학습능력, 가정환경 등등을 고려하여 진학 여부를 결정하고, 대학진학을 목표로 인문계열, 자연계열, 이공계열, 예・체능계열 등 자신의 진로를 결정하게 된다.

진로를 결정하는 시기는 일반적으로 고등학교 및 대학과정에 있는 청소년기이다. 청소년기에 부모의 뜻에 따라 진로를 결정하기도 하고, 본인의 의사와는 관계없이 '수능'과 '내신'성적에 맞춘 진로를 택하는 경우도 허다하다. 대학에 다니면서도 본인의 전공과 관계없는 분야의 사회진출을 준비하는 경우도 비일비재하여, 이러한 진로선택이 과연 올바른 것인가? 하는 의문과 회의를 지니기도 한다. 앞에서 노동시장의 여건변화에서 언급하였듯이 기업환경은 세계화, 정보화, 네트워크화되는 환경으로 급속하게 바뀌고 있고, 이에 적응할 수 있는 인력을 요구하고 있다. 이 같은 변화에 대비하는 진로결정과정으로서 현재는 물론 앞으로도 다음과 같은 점이 고려되어야 할 것이다.

첫째, 진로결정과정에서 본인 스스로 미래사회에 대비하는 내재적(內在的) 목적에 중점을 두어야 한다. 내재적 목적이란 인간의 잠재적 능력(potentiality, capability)을 최대한으로 발현시킬 것을 의미한다. 쉽게 말하면 자아실현을 가능하게 하는 진로결정을 하여야 한다는 말이다. 과거에는 정치인, 군장성, 법관 등이 입신양명(立身揚名)의 대명사처럼 이야기되던 시절이 있었다. 이러한 시절에는 '서태지' 같은 가수나 운동선수, 그리고 오늘날의 유명 연예인이 성공한 사례로 언급되지 않는다. 그러나 오늘날에는 '박세리' 선수와 같은 프로골프선수가 입신양명의 대명사로 이야기된다. 이러한 사례는 산업구조와 직업구조가 급속하게 바뀌는 시대에서 현재의 진로결정이 몇 십 년 후에 자아실현이 되지 못하는 진로결정의 어리석음을 반복해서는 아니 되겠다. 하나의 예를 들겠다. 1950년대, 1960년대 우리나라는 농업국가였다. 이때에는 우수한 성적의 고교졸업자가 대학의 농업관련학과에 진학하는 사례가 많았다. 당시에는 농업이 주산업이었으나 2, 30년이 흐른 현재에는 우리나라가 농업국가가 아니라는 사실이다.

둘째, 대부분의 부모님은 과거에 젖은 사고방식으로 인하여 자녀에게 경제적으로 유망한 직업을 갖는 진로선택을 강요하는 사례도 적지 않다. 이러한 사례는 자녀의 자아실현에 도움이 되지 않는다는 점을 강조하고자 한다. 부모의 입장에서 바람직한 자녀의 모습은 기성세대인 부모의 그림 속에 있다. 현재의 기성세대(부모)가 청소년기에 있을 때에는 당시의 기성세대(조부, 조모)의 경험을 전수받고 가르침을 따르면 세상살이에 어려움이 없었다. 그 이유는 경제사회가 복잡하지도 않았고 따라서 고도의 지식력(知識力)과 전문성이 요구되지 않았기 때문이다. 그러나 현재는 물론 앞으로는 선대의 경험과 가르침으로는 한계가 있다. 즉, 지식기반사회에서 요구되는 기초능력으로서 일반기초능력과 직업기초능력으로 구분하고 그 구성요소를 정리하면 다음과 같은데, 이러한 기초능력들 중 개인적으로 선대의 경험과 가르침을 전수받아 그 능력을 키우는 것(한정된 자원의 활용능력, 대인관계능력 등)도 있으나 그 이외의 능력은 시대가 바뀐 상황에서 능력을 키우기에는 한계가 있다.

〈표 11-5〉 지식기반사회에서 요구되는 기초능력

구 분	구성요소
일반기초능력	• 언어구사력, 수리력 • 창의적 사고력, 문제해결력 • 자기관리능력
직업기초능력	• 한정된 자원의 활용능력 • 대인관계능력 • 정보활용능력 • 시스템관리능력 • 공학기술활용능력

출처 : 대통령자문 교육인적자원정책위원회(2001). 21세기 지식강국을 주도할 국가인적자원개발 정책보고서.

이 표에서 보듯이 지식기반사회에서 요구되는 기초능력에서 창의적 사고력과 문제해결력, 한정된 자원의 활용능력, 대인관계능력, 시스템관리능력 등은 개인적 소질과 역량에 따라 차이가 있다. 그러나 언어(외국어)구사력, 정보활용능력, 그리고 공학기술의 활용능력 등은 지식기반사회에서 객관적으로 인정받아야 그 능력이 인정되는 기본적인 능력이라고 하겠다. 그러므로 기본적인 능력으로서 ① 외국어 구사능력, ② 공학기술활용능력과 같은 전문성(專門性), ③ 정보통신(IT)의 활용능력 등이 지식기반사회에서 기본적으로 요구되는 능력임을 잊어서는 아니 되겠다.

셋째, 진로선택을 잘하여, 즉 진로에 대한 판단과 본인의 의지와 노력에 의하여 성공한 삶을 영위하는 사람이 대부분이겠으나 앞에서는 잘못된 진로선택을 하는 경우를 짚어보았다. 이러한 경우는 대부분 진로정보(進路情報, career information)에 대하여 잘 알지 못하거나, 주변의 사람으로부터 또는 대중매체로부터 얻은 부정확한 정보를 받아들이는 경우가 허다하다. 진로정보를 모른다는 것은 전쟁을 수행하는 군인이 적군이 어디에 있는지, 어떤 무기를 가지고 있는지를 모른 채 전쟁을 하는 것과 같다.

직업상담의 아버지라고 칭해지는 Parsons(1909)는 『Choosing a Vocation』에서 직업선택을 위해서는 자기이해를 시작으로 직업세계 이해, 합리적 추론(과학적 방법으로 연결 Matching)을 하는 3단계를 주장하였다. 즉, 합리적 직업선택을 위해서는 우선적으로 자신의 특성에 대한 명확한 이해가 선행되어야 한다. 이를 바탕으로 해당 직업의 정보와 노동시장 정보의 획득을 통하여 자신의 특성에 맞는 인적자본 투자를 하여야 한다는 것이다.

참고문헌

고용노동부(각년도). 고용형태별 근로실태조사보고서(구, 임금구조기본통계조사).

대통령자문교육인적자원정책위원회(2001). 21세기 지식강국을 주도할 국가인적자원개발 정책보고서(요약). 대통령보고서.

박성수(2007). 디지로그시대의 인적자원관리. 서울 : 박영사.

박운성(1998). 현대인사관리. 서울 : 형설출판사.

배무기(2006). 노동경제학. 서울 : 경문사.

신익현 · 김주섭 · 김태준 · 김현수 · 박동열 · 백성준 · 장원섭 · 조은상 · 최돈민 · 홍영란(2000) 국가인적자원개발 주요 정책 진단 · 분석 및 개발 연구. 한국직업능력개발원.

신재준 · 고지석(2005). 성공기업의 기업문화 만들기. 서울 : 새로운재안.

이학종(1994). 한국의 기업문화. 서울 : 박영사.

임창희(2008). 신인적자원관리. 서울 : 명경사.

중앙고등정보원(2002). 직업지도의 이론과 실제(일본후생노동성편).

최종태(1998). 현대인사관리론. 서울 : 박영사.

통계청(2003). 한국주요통계지표.

______(2011). 2010 한국사회지표.

한국교육개발원(각년도). 교육통계연보.

Parsons, F. (1909). *Choosing A vocation*. New York : Houghton Mifflin.

CHAPTER 12

직업정보시스템, 직업정보처

1 한국고용정보원

2 워크넷(Work-Net)

3 자격정보

4 직업훈련

chapter 12 직업정보시스템, 직업정보처

1. 한국고용정보원

1) 한국고용정보원[1]의 직업정보 제공

한국고용정보원은 국가 고용서비스의 선진화를 위해 공용정보의 생산과 분석 · 제공, 진로지도 및 직업정보 제공, 고용서비스 선진화지원, 국가 고용정보만 운영 등을 위해 설립된 공공기관이다(2006). 한국고용정보원은 고용정보의 생산과 분석 · 제공, 진로지도 및 직업정보제공, 고용서비스 선진화 지원, 국가고용정보망 운영 등의 업무를 수행한다.

한국고용정보원에서의 주요사업은 고용정보수집분석, 직업진로지도, 고용서비스선진화, 국가고용정보망 운영으로 주요사업의 세부내용 다음과 같다.

(1) 고용정보수집분석

① 고용정보분석 : 고용관련 DB분석 · 제공하여 정책수립 및 개선을 위한 기준점 제시

② 인력수급전망 : 산업 · 직종 · 직업별 고용구조 변화를 예측, 전망

③ 고용패널조사분석 : 국가인력수급 원활화를 위한 고용정책 수립 기초자료 제시

④ 고용조사시스템 : 대졸자 직업이동 경로조사, 청년패널조사, 고령화연구패널조사

1) www.keis.or.kr

⑤ 고용정보통합시스템 : 고용관련정보를 통합한 데이터웨어하우스(Data Wearhouse)

(2) 직업진로지도

① 한국직업사전 : 기술혁신 및 산업구조 변화 등에 따라 생성・소멸・변동되는 직업 현황을 조사・분석하여 표준 직업명을 제정, 객관적이며 표준화된 직업정도 제공
② 한국직업전망 : 우리나라를 대표하는 산업문야의 200여개의 직업에 대해 향후 5년간 일자리 증감여부와 원인, 하는 일, 근무환경 등에 관한 정보제공
③ 직업정보시리즈 : 변화하는 지식정보화 사회에 필요한 직업 및 취업자격관련 정보와 수요계층의 관심이 높은 분야에 대한 특화된 직업정보 제공
④ 직업정보시스템 : 진로 및 경력설계, 진로상담, 구인・구직 등에 도움을 주의위해 국내 대표 직업 817개(2017년 기준)에서 요구되는 역량, 임금, 관련자격 및 학과 등의 정보를 제공
⑤ 진로지도 : 구직자의 특성과 요구에 부합하는 직업심리검사 및 직업상담기법을 개발 보급
⑥ 취업콘텐츠 : 수요자 맞춤형 취업지원 프로그램 및 동영상 콘텐츠 개발 및 보급

(3) 고용서비스선진화

① 공공 고용서비스 선진화 : 고용서비스의 성과 및 과정에 대해 체계적으로 모니터링하고 평가, 우수기업 인증을 통한 시장의 신호 제공
② 우수기관 인증제 : 고용서비스에 대한 표준적인 인증기준을 설정, 우수기관을 인증・공표, 서비스 품질향상촉진 및 구인・구진자의 합리적 선택 지원
③ 일자리사업모니터링 : 재정지원 일자리 사업에 대한 종합평가, 일자리사업의 구조조정 및 효과성제고를 위한 효율화 방안 마련

(4) 국가고용정보망운영

① 워크넷 : 구직·구인정보와 직업·진로정보를 서비스하는 대한민국 공공 취업 포털, 민간취업포털과 지자체 일자리 정보 등 검색할 수 있는 일자리 정보 통합서비스 제공

② 고용보험시스템 : 고용보험관련 행정업무 처리를 위한 전산시스템

③ HRD-Net(직업능력개발훈련) : 고용노동부 고용센터, 지방자치단체, 훈련기관에서 훈련과정·훈련생·훈련비 등 직업능력개발 사업관련 업무수행 지원, 직업능력개발정보와 무료 학습콘텐츠 제공

④ 외국인고용관리전산망 : 외국인 근로자를 체계적 선발·관리, 사업주 인력 수급 지원 등

⑤ 사이버진로교육센터 : 진로교육, 취업지원 프로그램을 운영하고 진로지도를 위한 자료소개 및 정보 제공

2. 워크넷(Work-Net)

워크넷(work.go.kr) 한국고용정보원에서 운영하고 있는 국내최대의 취업알선 시스템이다. 인터넷으로 구인·구직자에게 인재·일자리정보, 고용동향 등 각종 취업정보와 신청·접수 등 서비스 제공하고, 고용노동부 고용센터, 지방자치단체, 공단 등에서 취업지원업무를 전자적으로 처리토록 하여 업무효율성 제공하고 있다.

1) 워크넷의 개요

1987년 5월 취업알선시스템(텍스트 위주의 서비스 제공)을 시작으로 1996년 9월 국내·외 취업알선 서비스를 개시하였고, 1998년 11월 Work-Net 서비스를 시작

하였다. 2000년 10월 실업 및 복지전산망 연계구축의 일환으로 Work-Net 기능확대사업(자활시스템 구축)을 시작하였다. 2003년 8월 Work-Net 개편사업을 완료하였으며, 2005년 고용·취업종합정보서비스 1차 사업 완료(청소년워크넷, 고령자워크넷 서비스 개시), 2006년 고용·취업종합정보서비스 2차 사업 완료(여성, 기업워크넷, 일용직워크넷 및 잡넷서비스 개시), 2008년 입국대행 및 취업교육 신청전산화(인터넷 신청·접수) 및 온라인 방문예약 서비스를 실시하고 있다. 또한 2011년 민간취업포털과 지자체 일자리 정보를 검색할 수 있도록 일자리정보를 통합서비스로 제공하고, 아울러 Open Api 제공과 지역 워크넷, 정부지원 일자리, 시간선택제 강소기업등 다양한 정보제공 및 모바일 서비스를 제공하고 있다.

2) 워크넷의 내용

워크넷은 다양한 일자리 정보, 인재정보 등 각종 취업관련정보와 직업적성검사, 직업흥미검사, 사이버 직업상담, 사이버 채용박람회, 집단상담프로그램 신청 등 다양한 취업지원서비스를 구인업체 및 구직자에게 신속하고 편리하게 제공함으로써 정보부족으로 인한 마찰적 실업을 최소화하기 위하여 서비스 되고 있다. 워크넷의 구성은 채용정보, 공채특별관, 청년친화강소기업, 모두의 취업, 인재정보, 직업·진로로 구분되며 청년, 여성, 장년을 위한 워크넷을 별도 운영하고 있다. 아래에 제시되는 내용은 한국고용정보원에서 제공하고 있는 워크넷의 주요메뉴를 요약한 것으로 각 프로그램의 상세한 내용은 워크넷 홈페이지(work.go.kr)을 참고 바란다.

(1) 채용정보검색

워크넷의 채용정보는 |그림 12－1|과 같이 다양한 방식으로 채용정보를 검색할 수 있도록 지원하고 있다. 세부적인 채용정보검색방법은 다음과 같다.

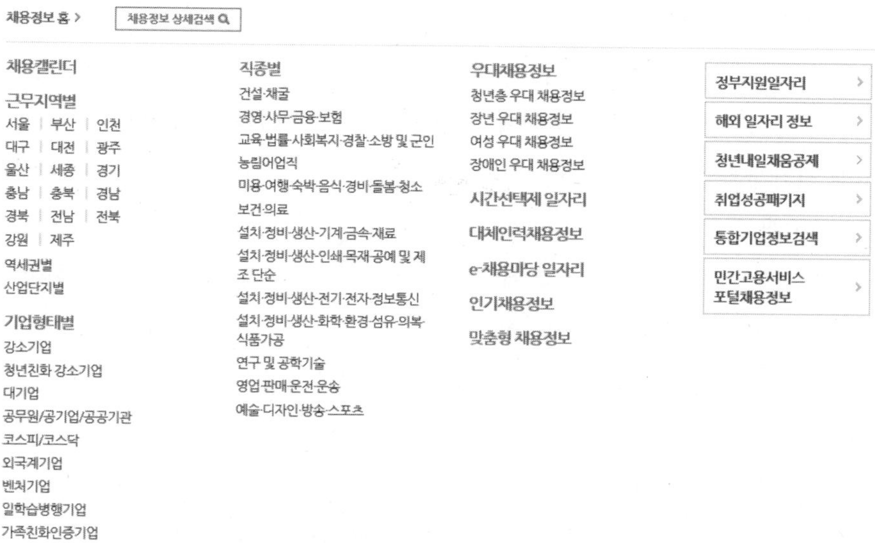

|그림 12-1| 워크넷 채용정보 홈

① 채용정보 상세검색 : 일자리 키워드, 근무지역, 희망직종, 기업형태/ 희망임금, 경력/ 학력, 고용형태, 우대조건 등 상세조건으로 일자리를 검색할 수 있고, 검색조건 펼치기를 클릭하면 보다 많은 조건을 이용할 수 있다.

② 채용캘린더 : 채용정보를 캘린더에서 오늘, 월간, 주간, 일간으로 구분하여 한눈에 파악할 수 있다.

③ 근무지역별 : 광역시/ 도 및 상세 시/ 군/ 구 지역의 채용정보를 검색할 수 있다.

④ 기업형태별 : 강소기업, 청년친화 강소기업, 대기업, 공무원/공기업/공공기관, 외국계기업, 벤처기업, 일학습병행기업을 검색할 수 있다.

⑤ 직종별 : 다양한 직종으로 일자리를 검색할 수 있다.

⑥ 우대채용정보 : 청년, 여성, 장년, 장애인 우대 채용정보를 검색 할수 있다.

⑦ 시간선택제 일자리 : 주 15~35시간, 근무기간 1년 이상, 최저임금 130% 이상인 시간제 일자리를 포함한 모든 시간제 일자리를 제공한다.

⑧ 대체인력 채용정보 : 출산휴가, 육아휴직, 육아기 근로시간 단축 등으로 공

백이 발생 또는 예산되는 일자리 정보를 제공한다.

⑨ E-채용마당 일자리 : 고용노동부 고용센터에서 인재를 채용하고자 하는 기업으로부터 온라인 채용대행 신청을 받은 일자리를 검색할 수 있다.

⑩ 인기채용정보 : 최다지원, 최다조회, 높은임금, 모집인원 많은 순으로 상위 100개 채용정보를 제공한다.

⑪ 맞춤형 채용정보 : 각 조건에 맞는 구직자가 가장 많이 지원하고 조회한 상위 100개 채용정보를 제공한다.

⑫ 정부지원 일자리 : 정부일자리 사업 통합정보는 정부 각부처별로 지원하는 일자리 정보를 한곳에 모아 놓은 서비스로 일자리 정보통합정보 시스템 '일모다(www.ilmoa.go.kr)'에서 제공되는 정보를 확인 할 수 있다.

⑬ 해외일자리정보 : 한국산업인력공단 WORLDJOB+(K-MOVE운영)에서 제공되는 정보로, 글로벌 인재로 성장할 수 있도록 일자리를 제공한다.

⑭ 민간고용서비스포털 채용정보 : 전국고용서비스협회에서 등록하는 일자리 정보를 제공한다.

(2) 개인서비스

워크넷은 크게 개인회원과 기업회원으로 구분할 수 있으며, 개인회원 로그인을 통한 구직등록, 채용정보 검색, 이메일 입사지원, 직업심리검사 등을 이용할 수 있다. 또한 기업회원은 워크넷에서 인재찾기, 구인등록, 인재정보 검색 등의 서비스를 이용할 수 있다. 본 장에서는 워크넷에서 개인서비스를 중심으로 워크넷 활용방법을 제시한다.

① 구직신청 관리 : 인증된 인력서 중 기본인력서로 설정한 1개만 인재정보에 공개되며, 이력서를 공개할 경우 채용을 원하는 기업은 인재정보 검색을 통해 기본이력서를 열람할 수 있다. 인증된 이력서는 최대 5개까지 복사하여 사용할 수 있다. 마감된 구직신청 이력과 구직신청 거부 인력을 확인할 수 있다.

② 입사지원관리 : 구직자가 원하는 회사에 직접 입사 지원한 내역을 관리할 수 있다. 개인회원이 워크넷에 등록된 채용정보에 이메일 입사지원 기능을 이용해 직접 입사지원을 한 경우 해당 내역을 조회하여 출력할 수 있다. 나에게 입사지원을 제안한 회사의 목록을 확인할 수 있다.

③ 관심정보보기 : 내가 찜한 채용정보, 청년 취업지원정책, 직업/학과정보를 확인할수 있다. 나를 찜한 기업은 기업에서 회원님의 이력서 열람 후 찜한 내역을 확인한다. 관심기업으로 등록한 기업목록 관리 및 이력서를 열람한 기업을 확인할수 있다.

④ 취업 나침반 : 워크넷의 구인/ 구직 신청 정보, 고용보험 신고정보, 고용, 산재 보험 토탈서비스의 신고정보, 국가기술자격정보 관리서비스의 자격증정보를 기반으로 취업준비생, 이직희망자, 재직자 등에게 '취업정보', '임금정보', '자격증정보', '채용조건'정보를 제공한다.

⑤ 맞춤채용정보 : 등록한 맞춤검색 조건 정보를 확인하수 있고 '맞춤정보 제목'을 선택 시 설정된 조건의 검색결과 화면으로 이동한다.

⑥ e-채용마당 지원하기 : E－채용마당 채용공고에 지원한 구직자를 위해 지원서 및 채용공고를 관리할 수 있다.

⑦ 고용보험서비스 : 고용보험 가입이력 조회와 실업인정을 인터넷으로 신청할 수 있다. 실업인정을 인턴넷 신청내역을 확인 할 수 있다.

⑧ 정부지원일자리 : 정부지원일자리 신청 및 참여내역을 확인 할 수 있다.

⑨ 맞춤서비스 정보 : 직업훈련포털 hrd.go.kr에서 제공하는 훈련정보의 맞춤서비스를 확인 할 수 있다.

(3) 취업지원프로그램

워크넷에서는 구직자의 성공적인 취업을 위한 프로그램으로 성별, 나이 등을 고려한 취업지원프로그램을 신청할 수 있다. 각 프로그램별 세부적인 내용은 다음과 같다.

① 성취프로그램 : 장기 실직자(6개월 이상 실직)를 대상으로 하며, 구직자들이 자신감을 회복하고 구직기술을 습득할 수 있도록 도와주는 프로그램

② 행복내일 취업지원프로그램 : 취업의욕강화와 취업을 준비하려는 분들에게 자신에 대한 이해 및 강점발견, 구직기술 습득, 직장적응 이해 등을 통해 취업능력향상을 지원하는 프로그램

③ 취업 희망 프로그램 : 취업에 도움이 필요한 분들에게 자신을 돌아보고 이해하며 긍정적인 측면을 찾도록 하여 자신감 회복과 취업 희망을 돕는 프로그램

④ 성실(중장년층) 프로그램 : 중장년(50세 이상)분들이 새로운 일자리를 찾아 알찬 제2의 인생을 설계하실수 있도록 구직 자신감을 고취시키고, 일자리 정보의 탐색에서 이력서 작성, 면접기법 등 구직활동에 필요한 제반기술을 익힐수 있도록 지원하는 프로그램

⑤ 주부재취업설계 프로그램 : 취업을 원하나 출산, 육아로 인해 경력이 단절된 여성이 기초직업능력을 제고함으로써 재취업 분야 결정 등 경력 계획을 수립할 수 있도록 지원하고, 재취업 분야 진입을 위한 방안을 실행 할수 있도록 지원하는 프로그램

⑥ CAP+(청년직업지도) 프로그램 : CAP+프로그램은 청년 취업준비생의 직업진로 선택을 지원하고, 취업서류 작성 및 면접기술 강화 등 구직기술을 강화하기 위한 프로그램

⑦ allA(청년진로역량강화)프로그램 : 청년 중 특히 오랜 실직이나 취업 실패로 인해 취업 의욕이 꺾이고 자신감이 낮아진 청년들을 위한 직장생활에 필요한 의사소통과 대인관계, 협력적 문제해결에 관련된 능력을 기르는 프로그램

⑧ 청년취업역량프로그램 : 단순하고 획일적인 스펙보다 직무능력과 역량을 중시하는 채용풍토가 확산됨에 따라, 대졸(예정)청년구직자의 경우 역량 채용 및 NCS기반 능력중심채용을 하려는 기업 및 공공부분의 채용동향의 이행, 자신에 적합한 산업 및 기업과 직무를 탐색하고 이에 부응하는 구직기술을 준비하도록 지원하는 프로그램

⑨ HI(고졸청년취업지원) 프로그램 : 고교졸업 예정의 취업희망자와 고졸학력을 가진 청년층이 첫 직장에 원활하게 진입하여 성공적으로 적응할 수 있도록 지원하는 프로그램

⑩ WIND(여성결혼이민자) 프로그램 : 여성결혼이민자 취업지원프로그램은 여성결혼이민자들에게 다양한 취업관련 정보를 제공함으로써, 한국사회에서 성공적으로 취업할 수 있도록 지원하는 교육 프로그램

3) 구인 · 구직의 연결

구인 · 구직의 연결은 고용계약의 성립을 알선하는 직업알선을 말한다. 직업소개와 직업알선, 취업알선은 동일한 의미로 생각하면 된다. 직업알선에서는 구직자에 대하여 능력에 적합한 직업을 선택하게 하고, 구인자에게는 적격한 근로자를 알선해 주는 활동이다.

(1) 구인상담 및 절차

구인상담은 구인자가 구인신청을 하면 법령에 정해진 바에 반하지 않는 한 이를 거부해서는 안 된다. 구인접수는 신규로 등록할 경우에 인터넷 워크넷을 통하여 접수하고, 관서를 방문하거나 구인자가 직접 방문하여 접수해야 하며, 기존에 이미 등록이 되어 있는 업체인 경우에는 접수자가 판단하여 우편이나 Fax, 워크넷으로 접수할 수도 있다. 전화접수는 신뢰성이 부족하고 문제의 소지가 발생할 수 있으므로 접수하여서는 안 되며 가능한 한 직접 방문하여 접수하도록 유도하여야 한다. 워크넷의 구인절차는 아래 |그림 12-2|와 같다.

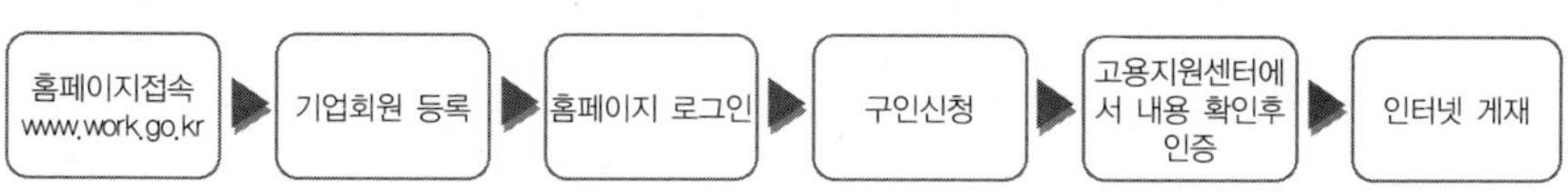

|그림 12-2| 인터넷을 통한 구인신청 방법

(2) 구직상담 및 절차

직업알선을 위한 초기상담으로 기본적인 인적사항 및 요구사항들을 상담한다. 구직절차 및 업무처리 절차에 의해 설명해주고, 이를 위한 서류를 작성하면 된다. 유효기간이 경과했으나 취업이 되지 않았을 경우, 재신청을 하여 계속적으로 알선을 받으면 된다. 방문접수가 용이하지 않은 경우 인터넷으로 신청하여도 무방하다. 이러한 과정은 |그림 12−3|과 같이 인터넷에 접속(work.go.kr)하여 신청해도 된다.

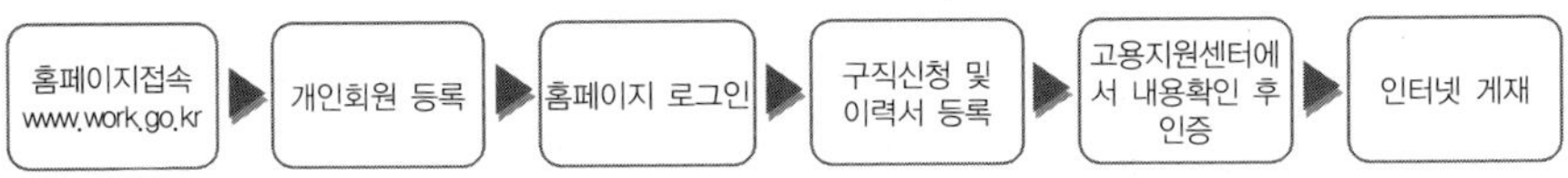

|그림 12−3| 인터넷을 통한 구직신청 방법

(3) 구인 · 구직의 연결

구인신청을 하게 되면 적격자 알선의 원칙에 따라 적격자가 있으면 구인업체와 구직자를 연결하면 된다. 그러나 다수의 구직자 또는 적격자가 없을 경우도 있다. 구인 · 구직의 일반적 원칙과 함께 연결방법을 알아보면 다음과 같다.

① 다수의 구직자가 연결될 경우 : 통근권 내 거주자 우선으로 알선하고, 구직자 상세조회를 거쳐 구인사항에 적합한 자격요건 및 경력을 갖추고 있는지 확인한다. 경력자를 구인할 경우에는 구직자의 경력내용을 확인하여 적합한 구직자를 알선한다.

② 구직자가 소수 또는 연결되지 않을 경우 : 유효구직정보를 구인자에게 제공 후 선택하게 하거나 상담자가 선택한다. 구인자가 선택한 경우에 대하여는 임금, 통근거리, 경력 등을 검토하여 적절한 구직자가 선택되었는지 확인하고 지정알선 화면에서 알선 처리한다.

③ 특수 직종, 특정분야의 경력자 : 모집분야가 특수하여 전산망으로 검색이 어려운 직종의 경우 또는 구직표 열람이 보다 효과적이라고 판단될 경우는

구인자에게 구직표를 열람시킬 수 있다.

④ 적합한 근로자가 없을 경우 : 민원업무의 과중으로 만족할 만큼 수시 검색을 통한 통보가 곤란하기 때문에 특별한 사정이 없는 한 전화 또는 방문하여 추가서비스를 받도록 상담한다. 향후 접수되는 신규구인업체에 알선이 되어 업체로부터 직접 연락이 갈수도 있음을 알린다.

3. 자격정보

우리나라의 「자격기본법」에 의하면 자격이란 '직무수행에 필요한 지식, 기술, 소양 등의 습득정도가 일정한 기준과 절차에 따라 평가 또는 인정된 것'으로 규정되어 있다. 이에 비해 경제협력개발기구(OECD)에서는 자격인정이란 공식적·형식적인 과정을 거쳐서 확인된 결과이며, 훈련과정이나 시험을 통하여 성공적으로 성취한 결과를 실증해준 결과라고 보았다. 이 밖에도 엄격하고 공식적으로 관리되는 자격제도와는 달리 개인이 스스로 획득한 자질(qualification)이 갖는 사회적·경제적 가치를 인정해 주는 제도가 일부 국가에 존재한다(신명훈 외, 1998; 김병숙, 2007).

우리나라의 국가자격은 시행주체별로 국가자격과 민간자격, 외국자격으로 구분하고 있다. 국가자격은 「국가기술자격법」에 의한 기술자격과 개별 법령에 의한 국가자격으로 구분할 수 있고, 민간자격은 국가가 공신력을 인정한 공인민간자격과 등록민간자격 그리고 사업 내 근로자의 특정기술 습득을 지원하기 위한 사업 내 자격으로 구분할 수 있다.

외국자격[2]의 경우 미국, 영국, 독일, 프랑스, 호주, 일본 등 각국의 자격 정보를 열람할 수 있도록 인터넷 큐넷을 통해 제공하고 있으며, 외국의 자격제도를 알아볼 수 있도록 자격증 및 자격에 따른 시행기관과 자격증의 종류 또한 명시하고 있다. 외국자격 종목별 상세정보는 큐넷을 참고하도록 하자.

2) www.q-net.or.kr

1) 국가자격[3)]

국가기술자격제도는 국가가 산업현장에서의 직무수행에서 필요한 지식이나 기술(Skill)의 습득정도를 일정한 기준과 절차에 따라 평가・인정하는 제도로써 국가기술자격제도의 기능 및 역할은 다음과 같다.

① 직업능력에 대한 신호 및 선별

근로자 또는 근로자가 되려는 자의 직무수행능력의 수준(level)과 분야(type)를 객관적인 나타내주는 신호로서 구직자와 구인자간에 직무수행능력에 대한 평가가 발생하는 skill mismatch문제를 해소하고, 기업이 근로자의 인사관리(채용, 승진, 전보, 보수 등) 시 국가기술자격을 선별장치로 활용

② 근로자의 직업능력개발 촉진 및 경력개발 선도

기업에서의 보상과 연결되는 국가기술자격의 취득을 위하여 근로자가 직업훈련을 통해 직무수행능력을 습득・향상토록 유인하는 기능 및 근로자가 국가기술자격의 수직적 등급체계를 통해 경력을 개발할 수 있도록 선도

③ 국가인적자원의 확충

국가기술자격의 신호・선별・선도 기능이 복합되어 국가적으로 양질의 인적자원을 확보할 수 있는 기반구축 및 근속년수나 학력중심의 인적자원관리에서 능력중심의 인적자원관리로 전환하기 위한 도구로 활용

우리나라의 국가기술자격 제도는 그림 |그림 12-4|와 같이 운영되고 있다. 국가기술자격제도는 19개 소관주처(청, 위원회)별로 관장하나 제도 총괄관리는 「국가기술자격법」에 의해 고용노동부가 담당하고, 시험출제, 자격운영 등은 한국산업인력공단에 위탁 운영하고 있다.

---

3) 국가자격 및 민간자격에 관한 사항은 www.q-net.or.kr을 참고하였음

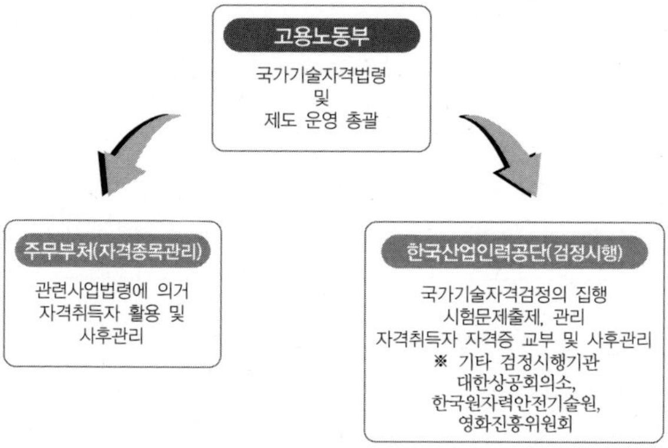

|그림 12-4| 우리나라 국가기술자격 제도의 운영

국가기술자격제도는 「국가기술자격법」의 개정을 통해 기존의 검정방식에서 국가기술자격체계는 2004년 12월 개정된 국가기술자격시행령에 의거 기술 기능 분야와 서비스 분야로 구분되며, 기술·기능분야는 기술사, 기능장, 기사, 산업기사, 기능사의 5단계로 구분이 되어 있으며, 서비스 분야는 기초 사무와 전문사무로 구분되어 기초 사무는 1~3급, 전문사무는 1~2급으로 구분되어 있다.

국가기술자격은 2016년까지 기술사 47,583명, 기능장 45,731명, 기사 1,746,618명, 산업기사 1,890,774명, 기능사 10,881,768명, 기능사보 400,842 서비스분야 13,223,221명이 자격을 취득하였다(국가기술자격통계연보, 2017). 또한 자격검증 절차는 |그림 12-5|와 같이 고용노동부의 승인을 받아 문제은행에서 출제를 하고 필기시험과 실기시험에 합격하면 자격증을 교부하는 절차로 이루어져 있다.

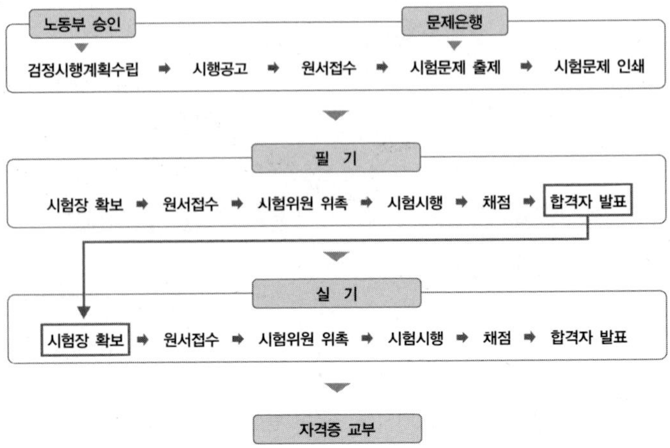

|그림 12-5| 우리나라 국가기술자격 등급 체제

(1) 국가자격의 체계

국가자격의 체계는 |그림 12-6|과 같이 기술사, 기능장, 기사, 산업기사, 기능사의 모두 5개 분야로 구성되어 있다.

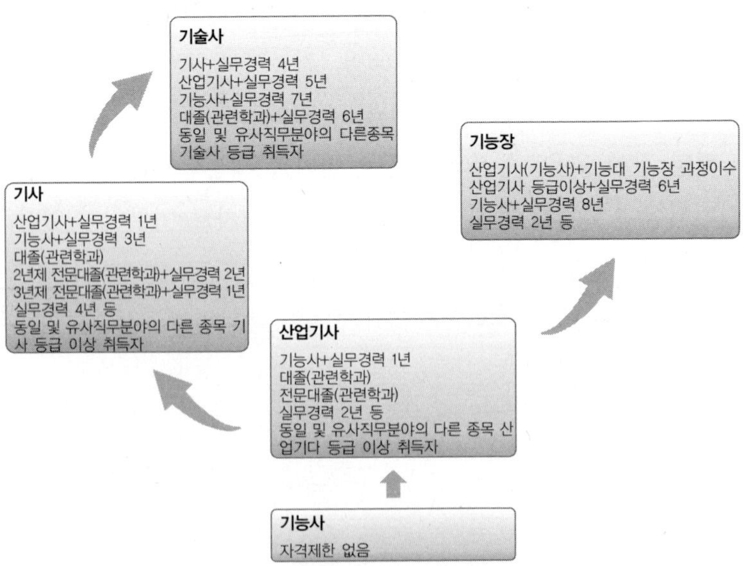

|그림 12-6| 자격분류체계

기술사와 기능장의 차이는 응시 구분 및 영역이 상이한 관계로 서로의 전문성의 정도를 비교하기에는 어려운 측면이 많다. 그러나 기술사와 기능장을 제외하면 기능사 → 산업기사 → 기사 → 기술사(기능장)의 전문자격 구분은 가능하다. 또한 우리나라의 국가기술자격 등급 체제는 기술 · 기능분야와 서비스 분야로 구분이 가능하다. 특히 서비스 분야는 기초사무와 전문사무의 영역으로 구분되어 있는데, 이들은 3급→2급→1급의 순으로 순차적으로 높은 수준을 보이는 체계를 가지고 있다.

(2) 국가자격의 검정기준 및 방법

국가기술자격검정은 검정방법과 검정분야에 따라 검정방법에 검정현과 과정평가형, 검정분야에 기능 · 기술분야, 서비스분야로 나뉜다. 검정종류 및 방법은 다음 |그림 12-7|과 같다.

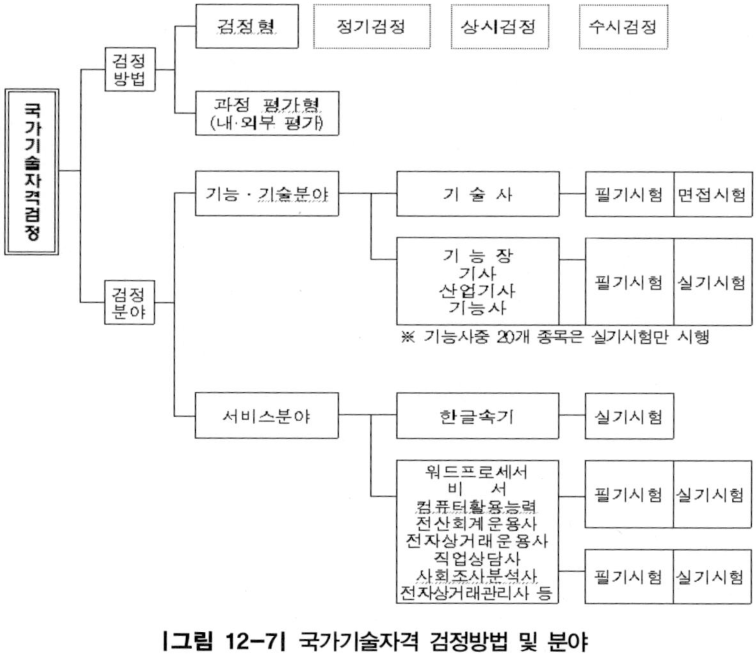

|그림 12-7| 국가기술자격 검정방법 및 분야

응시자격에 따른 각 자격등급별 자격검정 기준[4]은 <표 12－1>과 같다. 또한 기술·기능분야별 검정방법은 <표 12－2>와 같이 운영이 되고 있으며, 국가자격검정 자격증을 취득하기 위해서는 필기시험과 면접 또는 실기시험을 실시하여야 하고, 필기시험은 기술사는 단답형 또는 주관식 논문형의 시험을 응시하여 100점 만점에 60점 이상을 취득하여야 하고, 기능장, 기사, 산업기사는 <표 12－3>과 같이 100점 만점에 60점 이상의 점수를 얻게 되면 필기시험에 합격한다. 필기시험에 합격하게 되면 면접 또는 실기시험을 응시하여 시험을 치르게 되고, 기술사는 구술형 면접시험을 실시하며, 기능장, 기사, 산업기사, 기능사는 주관식 필기시험 또는 작업형 시험을 응시하여 100점 만점에 60점 이상을 얻게 되면 자격증을 취득하게 된다.

〈표 12-1〉 기술·기능분야 검정기준

자격등급	평가기준
기술사	응시하고자 하는 종목에 관한 고도의 전문지식과 실무경험에 입각한 계획, 연구, 설계, 분석, 조사, 시험, 시공, 감리, 평가, 진단, 사업관리, 기술관리 등의 기술업무를 수행할 수 있는 능력의 유무
기능장	응시하고자 하는 종목에 관한 최상급 숙련기능을 가지고 산업현장에서 작업 관리, 소속 기능인력의 지도 및 감독, 현장훈련, 경영계층과 생산계층을 유기적으로 연계시켜 주는 현장관리 등의 업무를 수행할 수 있는 능력의 유무
기 사	응시하고자 하는 종목에 관한 공학적 기술이론 지식을 가지고 설계, 시공, 분석 등의 기술업무를 수행할 수 있는 능력의 유무
산업기사	응시하고자 하는 종목에 관한 기술기초이론지식 또는 숙련기능을 바탕으로 복합적인 기능업무를 수행할 수 있는 능력의 유무
기능사	응시하고자 하는 종목에 관한 숙련기능을 가지고 제작, 제조, 조작, 운전, 보수, 정비, 채취, 검사. 또는 직업관리 및 이에 관련되는 업무를 수행할 수 있는 능력의 유무

4) 응시자격은 등급 및 종목에 따라 다르므로 큐넷(http://www.q-net.or.kr) 자격정보에서 자신이 응시하고자하는 종목을 확인하기 바람.

〈표 12-2〉 국가기술자격 검정 방법

자격등급	검정방법	
	필기시험	면접시험 또는 실기시험
기술사	단답형 또는 주관식 논문형 (100점 만점에 60점 이상)	구술형 면접시험 (100점 만점에 60점 이상)
기능장	객관식 4지 택일형 (100점 만점에 60점 이상)	주관식 필기시험 또는 작업형 (100점 만점에 60점 이상)
기 사	객관식 • 과목당 20문항(100점 만점에 60점 이상) • 과목당 40점 이상(전 과목 60점 이상)	주관식 필기시험 또는 작업형 (100점 만점에 60점 이상)
산업기사	객관식 • 과목당 20문항(100점 만점에 60점 이상) • 과목당 40점 이상(전 과목 60점 이상)	주관식 필기시험 또는 작업형 (100점 만점에 60점 이상)
기능사	주관식 필기시험 또는 작업형 (100점 만점에 60점 이상)	주관식 필기시험 또는 작업형 (100점 만점에 60점 이상)

(3) 자격운영 체계

우리나라의 국가기술자격제도의 운영은 고용노동부, 주무부처, 한국산업인력공단에서 운영을 한다. 고용노동부에서 국가기술자격법령 및 제도 운영에 관한 총괄적인 운영을 하며 주무부처에서는 관련 사업법령에 의거 자격취득자 활용 및 사후관리를 한다. 마지막으로 검정시행기관에서는 국가기술자격검정의 집행·시험문제 출제 및 관리 등 검정시행과 관련된 일련의 활동을 한다.

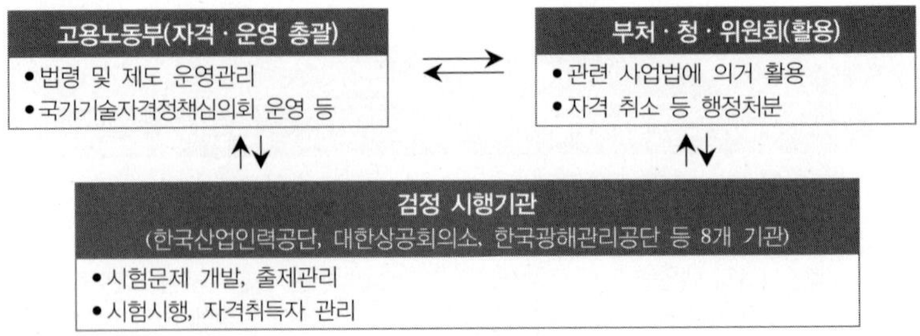

|그림 12-8| 국가기술자격제도 운영체계

출처 : 고용노동부. 2016 직업능력개발사업현황. p.25

기존의 자격제도 운영은 검정형으로 일괄적으로 운영되었다면 2014년 국가기술자격법 개정으로 |그림 12-9|와 같이 검정형과 과정평가형으로 개편되었다.

과정평가형은 국가직무능력표준(NCS)에 따라 편성 · 운영되는 지정 교육 · 훈련 과정을 충실히 이수하고 내부 · 외부평가를 통해 합격기준을 충족하여 취득하는 기술자격으로 2014년 국가기술자격법 개정 및 동법 시행령 개정으로 2015년도부터 시행하였고 한국산업인력공단에서 위탁 운영 · 시행된다. 2015년 국가기술자격 526종목 중 과정평가형 자격은 산업기사 3종목, 기능사 4종목 등 총 7개 종목에서 취득자가 배출되었으며 세부적으로 산업기사에는 사출금형산업기사, 기계설계산업기사, 컴퓨터응용가공산업기사. 기능사에는 컴퓨터응용밀링기능사, 기계가공조립기능사, 컴퓨터응용선반기능사, 전산응용기계제도기능사가 배출되었다. 개편된 과정평가형 자격제도 운영은 한국산업인력공단에 위탁 운영 · 시행된다.

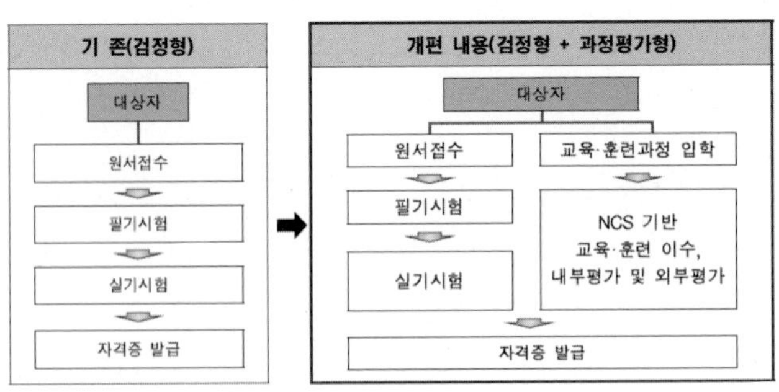

|그림 12-9| 국가기술자격 방식 변경

출처 : 고용노동부. 2016 직업능력개발사업현황. p.24

2) 민간자격 국가공인 제도

민간자격이란 국가외 개인 · 법인 · 단체가 신설하여 관리 · 운영하는 자격으로 산업사회발전에 따른 자격수요에 부응하고 자격제도의 체계화 · 효율화 등 민간부분을 중심으로 한 자격의 국제적 통용성을 추구하고자 도입하였다. 이러한 민간자격은 국가공인민간자격과 등록민간자격[5]으로 구분되며, 민간자격의 실태파악 및 민간자격정보제공, 금지분야 및 결격사유가 있는 민간지격기관의 양산 사전예방을 위해 한국직업능력개발원에서는 민간자격 등록(www.pqi.or.kr)을 실시하고 있다.

|그림 12-10| 민간자격 등록절차

민간자격 국가공인제도는 정부가 민간자격에 대한 신뢰를 확보하고 사회적 통용성을 높이기 위하여 1년 이상 3회 이상 검정실적이 있고, 법인이 관리/ 운영하며, 민간자격 등록관리 기관에 등록한 자격 중 우수한 자격을 자격정책심의위회 심의를 거쳐 공인하는 제도로 자격기본법 제19조에 따라 국가 외의 법인 · 단체 또는 개인이 운영하는 민간자격 중에서 사회적 수요에 부응하는 우수 민간 자격을 국가가 공인해주는 제도이다. 자격기본법 제19조(민간자격의 공인)에서 주무부장관은 민간자격에 대한 신뢰를 확보하고 사회적 통용성을 높이기 위하여 심의회의 심의를 거쳐 법인이 관리하는 민간자격을 공인할 수 있다(공인의 주체 : 주무부장관).

5) 등록민간자격은 한국직업능력개발원에서 운영하는 민간자격정보서비스(https://www.pqi.or.kr)에서 확인가능하다.

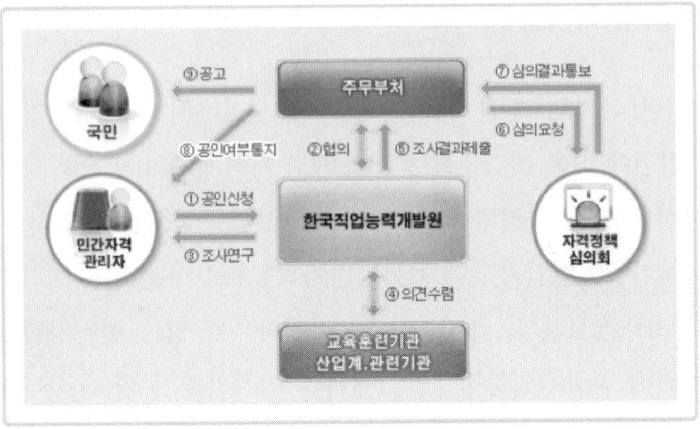

|그림 12-11| 민간자격 국가공인 절차

이러한 민간자격 국가공인제도는 자격제도를 활성화하고 공신력을 높임으로써 산업체가 요구하는 질 높고 다양한 인력을 양성하고, 자격증에 대한 사회적인 효용가치를 향상을 하는데 그 목적이 있다.

이러한 민간자격에 대한 국가공인의 기준은 다음과 같다.

① 자격기준법 제3조에 따른 자격제도 운영의 기본방향에 적합한 민간자격의 관리・운영능력을 갖출 것
② 신청일 현재 1년 이상 시행된 것으로서 3회 이상의 자격검정실적이 있을 것
③ 관련국가자격이 있는 경우에는 해당 민간자격의 검정기준・검정과목 및 응시자격 등 검정수준이 관련국가자격과 동일하거나 이에 상당하는 수준일 것

정부에서 민간자격제도를 활성화하는 과정에서 민간자격의 남발을 방지하고 역할 분담을 위하여 일부 종목에 대하여 민간자격을 제한하고 있다. ①「자격기본법」에 의한 민간자격 제한 종목은 사회통념에 반하거나 미풍양속을 해할 수 있는 분야, 국민의 생명, 건강 및 안전에 직결되는 분야, 고도의 윤리성이 요구되는 분야, ② 국가자격기술자격법상 국가외의 자가 행할 수 없는 기술 자격(총 328

종), ③ 개별법령에 의해 국가만이 행할 수 있는 자격으로 규정한 분야 등으로 규정하였다(김병숙, 2007).

민간자격 등록제도의 도입 배경을 살펴보면, 정부는 다양한 자격 수요에 부응하여 자격을 국가자격과 민간자격으로 구분하여 자격제도의 관리 주체를 다양화하는 내용을 핵심으로 1997년 「자격기본법」(법률 제 5314호, '97. 3. 27)과 「자격기본법시행령」(대통령령 제 15453호, '97. 8. 9)을 제정, 공포하고, 이 법의 제정을 통하여 그동안 국가 주도적이었던 자격제도에 민간이 참여할 수 있는 계기가 마련되었으며, 개별법령에 따라 국민의 생명, 건강, 안전에 직결되거나 고도의 윤리성을 요구하는 분야 등에 대하여 민간이 자격을 신설・관리・운영할 수 없도록 하였다.

그러나 누구든지 민간자격을 신설하여 관리・운영할 수 있으므로 민간자격이 남발 또는 난립하게 되었고, 허위, 과장광고, 자격관리자의 비윤리적이고 반도덕적 행위로 인한 소비자 피해가 빈번하게 발생함에 따라 이를 관리하고 지도, 감독할 수 있는 등록제도가 절실하게 요구되어 왔다. 이에 정부는 2007년 자격기본법 및 동법 시행령을 개정하고 시행규칙 제정을 통해 민간자격등록제를 도입하여 무분별한 민간자격의 신설 및 폐해를 사전에 방지하고 민간자격에 대한 실태를 파악하고 관리하고자 하였다.

민간자격등록제의 목적으로 정부는 국가 외 검정 불가능한 제한분야를 적극적으로 관리하여 민간자격의 금지분야 진입을 사전에 통제하고, 등록한 자격에 대한 데이터베이스 구축을 통해 체계적인 정보관리를 실시하는 한편, 객관적인 대국민 정보제공으로 민간자격정보에 대한 국민의 접근성을 제고함과 함께 올바른 민간자격 관리운영풍토를 정착시키고자 하는 것을 목적으로 한다.

민간자격 등록[6]은 2008년 655에서 2013년 2,748건으로 늘어났으며, 2015년부터는 매년 6,000건 이상의 등록이 되고 있다. 2017년 6,302건이 등록되었으며, 2018년 2월을 기준으로 총 누적 자격수는 28,527로 나타나고 있다.

또한 공인민간자격은 주식회사를 비롯한 사단법인, 재단법인, 학교법인 등의 공인민간자격관리기관기관이 62곳이 있으며, 관계부처별 공인민간자격은 16개

6) pqi.or.kr을 참고바람.

부처청에서 100개 종목에 관한 공인민간자격을 관리하고 있다. 자격 수는 2018년 2월을 기준으로 교육부가 가장 많은 25개의 자격수를 보이고 있으며, 과학기술정보통신부(20), 금융위원회(11), 산업통상자원부(9), 기획재정부(8), 문화체육관광부(6) 등의 순으로 나타나고 있다.

4. 직업훈련

우리사회는 저성장, 저고용, 양극화, 저출산, 고령화 등 구조적인 문제를 안고 있다. 또한 경제성장의 둔화와 함께 성장과 고용의 연계가 약화되는 이른바 고용 없는 성장이 이루어짐에 따라 기업의 일자리 창출 능력은 저하되고 있다. 우리가 직면한 사회적・구조적 어려움을 극복하기 위해서는 인적자원의 고도화 및 고숙련사회로의 전환으로 고부가가치 창출능력을 필요로 하는 시점이기도 하다. 이러한 이유로 인적자원의 개발과 직업능력개발체제와 확립은 실업률 하락과 동시에 고부가가치 산업으로의 전환으로 우리나라의 발전을 위한 필수 과제라고 할 수 있다.

1) 직업훈련의 의의

우리나라에서 체계적인 직업능력개발은 광복 이후부터 이루어졌다. 그러나 광복이후 우리나라의 실업교육은 교육을 받은 사람을 수용할 만한 일자리는 물론, 실기를 가르칠만한 교사도 부족하였으며, 실습시설이나 장비 등도 대단히 부족하였다. 또한 당시 우리사회의 인문중시 사상과 기술인을 경시하는 풍조에서 일인일기(一人一技)의 교육을 강조하며, 국가에 필요한 인력을 양성하기 위한 시책을 세우려 노력하였다. 당시 문교부에서는 1954년 중등학교 교육의 개선을 위한 종합고등학교 제도를 도입하였고, 1957년 평택종합고등학교를 설립하여 대학진학과정 이외에 농업・공업・상업 과정을 운영하며 학생들이 스스로가 원하는 분야를 공부하도록 실업교육 육성정책을 실시하였다(이종성 외, 1999).

「근로자직업능력개발법[7]」 제2조에 의하면 직업능력개발훈련이란 근로자에게 직업에 필요한 직무수행능력을 습득 · 향상하기 위하여 실시하는 훈련을 말한다. 직업훈련은 산업사회에서 필요로 하는 기능인력을 기업체 내의 기존 생산시설, 장비, 재료, 인력 등을 활용하여 개개 기업의 특성에 부응하는 인력양성을 수행함으로서 기업의 효율적 인력관리를 꾀할 수 있도록 기업의 직업훈련 참여를 촉진시키고 있다.

우리나라에서 공적인 개념의 직업훈련이 사용되기 시작한 것은 1953년 근로자기본법의 '기능자 양성'이나 법률적으로는 1967년 직업훈련법의 제정으로 직업훈련의 개념이 정립되고, 1967년 1월 16일 '직업훈련법'이 공포되면서 결실을 맺게 되었으며, 1974년 12월 '직업훈련에 관한 특별법'이 제정되어 일정 규모 이상 기업은 직업훈련을 의무적으로 실시하도록 하였다. 1976년에는 '직업훈련기본법'과 '직업훈련촉진기금법'이 제정되어 직업훈련을 통한 산업인력양성의 제도적 틀이 갖추어지게 되었다. 추후 직업훈련기본법은 몇 차례 개정 되었는데 1981년에는 여성과 중고령자, 장애인의 우선적 훈련실시 원칙을 규정하였으며, 1986년에는 훈련의무비용 산정 기준을 사업장의 근로자 수에서 임금총액기준으로 변경하였다. 1995년 7월 고용보험법에 의한 직업능력개발 사업의 도입으로 직업훈련의 중점이 기능인력 양성에서 근로자의 평생직업능력개발로 확대 발전하는 한편 직업훈련의 환경변화에 적극적으로 대처하기 위하여 1998년 정기국회에서 직업훈련기본법을 폐지하고 이를 대체하는 근로자직업훈련촉진법을 제정되었다. 2004년 12월 근로자직업훈련촉진법에서 근로자직업능력개발법으로 법제명을 변경하였다. 이러한 직업능력개발사업은 계속적인 신규 사업과 체제 개편이 이루어졌고 현재도 진행 중이다.

7) www.law.go.kr

2) 직업훈련의 종류와 실시현황

(1) 직업훈련의 종류

우리나라에서는 고용보험의 3대 사업으로 근로자직업능력개발훈련을 실시하고 있는데, 직업훈련의 구분은 대상 실시 주체에 따라 분류할 수도 있고, 직업훈련 과정 및 방법 및 목적에 따라 구분해 볼 수도 있다. 훈련의 목적과 방법에 따라 훈련이 구분되는 것이다. 직업훈련은 실시자의 성격에 따라 공공직업훈련, 사업 내 직업훈련, 인정직업훈련으로 구분된다.

① **공공직업훈련**(public vocational training)

국가, 지방자치단체 또는 공공직업훈련법인이 숙련된 다능공 양성을 목표로 실시하는 정규훈련방식의 직업훈련 형태이다. 공공직업훈련은 국가, 지방자치단체, 대통령이 정하는 공공단체 등에서 운영하며, 훈련비 전액 또는 일부가 국비로서 여기에는 수업료, 실습비, 실습복, 교재비 등이 포함되고, 입학자 전원에게 기숙사가 제공된다. 그리고 직업훈련 수료 후에는 전원 취업이 알선되며, 생활보호대상자, 국가유공자녀는 정부에서 소정의 훈련수당을 지급받게 된다.

② **인정직업훈련**(authorized training)

공공직업훈련법인 이외에 비영리법인이 고용노동부장관의 인가를 받아 실시하는 기능공 양성목표를 가진 정규훈련방식의 직업훈련 형태이다. 인정직업훈련은 법인과 개인이 각각 추구하는 영리・비영리 목적에 따라 훈련직종을 선정하여 운영하여 왔다. 비영리단체인 사업주단체나 지역공단 그리고 종교적 또는 복지적 측면이 강한 각종 기관과 단체가 참여하고 있으며 개인이 설립한 직업훈련원도 있다.

③ **사업 내 직업훈련**(in-plant training)

기업주가 단독 또는 타 기업주와 공동으로 사업체 내에서 기능공을 양성하거나 고용된 근로자에게 직무향상 및 직무보충 등을 훈련하는 직업훈련 형태이다. 사업 내 직업훈련은 기업체가 필요로 하는 직종에 대한 훈련을 실시하는 것으로 훈련 수료 후 소속기업에 취업이 가능하다.

또한 직업훈련과정은 기능사 훈련과정을 비롯하여 사무・서비스직 종사자 훈련과정, 감독자 훈련과정, 관리자 훈련과정 및 직업훈련교사 훈련과정으로 분류된다. 「근로자직업능력개발법 시행령」(2011.4.6.)에 정한 훈련과정 양성훈련(basic training), 향상훈련(up-grade training), 전직훈련(training for the change of occupation) 등으로 분류된다.

㉠ **양성훈련**

주로 신규 학교 졸업자 등 취업을 하고자 하는 자 등에게 직업에 대한 필요한 기초적인 직무수행능력을 습득시키기 위하여 실시하는 훈련을 말한다.

㉡ **향상훈련**

양성훈련과 같이 훈련을 받은 근로자에게 직업에 필요한 지식 기능을 갖춘 근로자에게 더 높은 직무수행능력을 습득시키거나 산업의 변화, 기술의 발전 등에 알맞은 근로자로 육성시키는 훈련을 말한다.

㉢ **전직훈련**

근로조건의 유연화, 고용기관 만료 등과 같이 근로자의 직업적 전환이 필요한 경우 새로운 직업에 대한 직무수행능력을 습득시키는 훈련을 말한다.

또한 직업훈련은 실시방법은 실시하는 장소의 개념에 따라 집체훈련, 현장훈련, 원격훈련 등으로 구분된다.

㉠ **집체훈련**(Off the Job Training)

직업능력개발훈련을 하기 위하여 설치한 훈련전용시설을 이용하거나 훈련에 적합한 시설(산업체의 생산시설 및 근무장소는 제외)에서 실시하는 훈련을 말한다.

㉡ **현장훈련**(On the Job Training)

산업체의 생산시설을 이용하거나 실제로 근무하는 장소에서 실시하는 훈련을 말한다.

㉢ **원격훈련**

직업능력개발훈련을 정보통신매체 등을 이용하여 원격지에 있는 근로자에게 훈련하는 훈련을 말한다.

이러한 직업훈련은 직업능력개발법에 의해 규정되어 있는데, 이상과 같은 직업능력개발 사업의 체계를 살펴보면 |그림 12-12|과 같이 나타낼 수 있다.

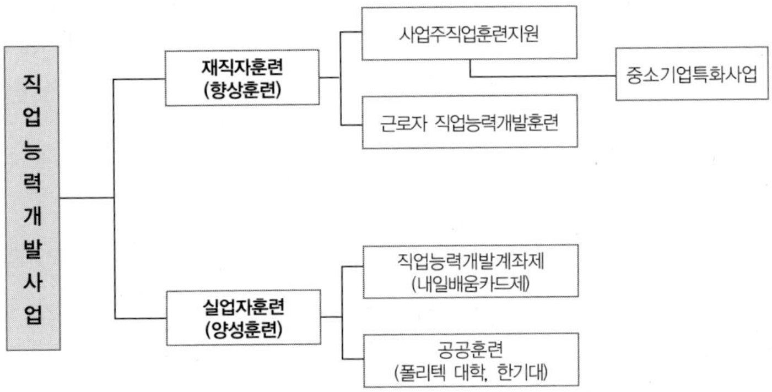

|그림 12-12| 우리나라 직업능력개발사업 체계

3) 우리나라의 직업훈련 실시 현황

고용보험의 3대 사업 중의 하나인 직업능력개발사업은 구직자를 대상으로 하는 구직자지원사업과 재직근로자를 대상으로 하는 근로자지원사업으로 구분되며, 재직근로자 지원사업에는 사업주 지원사업과 근로자 지원사업으로 구분이 된다.

(1) 구직자지원사업

① 내일배움카드제

실업자 및 자역엉자 등에게 내일배움카드를 발급하고 일정 금액의 훈련비를 지원함을써 직업능력개발훈련에 참여할 수 있도록 하며, 직업능력개발 훈련이력을 종합적으로 관리하는 제도로 만 15세 이상의 실업자, 비진학 예정의 고교3학년 재학생 등 훈련상담 결과 취·참업을 위한 훈련 필요성이 인정되는 자를 대상으로 지원한다. 세부적인 지원대상은 다음과 같다.

① 구직신청을 한 만 15세 이상의 실업자
② 사업기간이 1년 이상이면서 연매출액이 15,000만 원 미만인 개인사업자 또는 특수형태근로종사자
③ 비진학 예정의 고교 3학년 재학생
④ 다음연도 9월 1일 이전 졸업이 가능한 대학(교) 재학생
⑤ 농, 어업인으로서 농, 어업 이외의 다른 직업에 취업하려는 사람과 그 가족
⑥ 1개월 간 소정 근로시간이 60시간 미만(주 15시간 미만 포함)인 근로자로서 고용보험 피보험자가 아닌 사람
⑦ 군 전역 예정인 중·장기복무자
⑧ 결혼이민자와 이주청소년, 난민인정자 등

내일배움카드제의 지원내용은 훈련비와 훈련장려금으로 구성되어 있으며 훈련비 지원내용은 <표 12－3>과 같다. 훈련장려금은 단위기간(1개월)별 소정훈련일수의 80% 이상을 출석한 경우 월 최대 116천원의 훈련장려금을 지급하며, 1일 5시간 미만의 훈련과정은 월 최대 5만원, 1일 5시간 이상인 훈련과정은 월 최대 116천 원을 지급한다.

〈표 12-3〉 내일배움카드제 지원내용

지원대상		훈련비 지원율
일반실업자 등		최대 200만원까지 훈련비의 20~95%지원 (훈련비의 5~80% 및 지원한도를 초과하는 금액은 자비부담)
취업성공패키지 참여자	2유형	최대 200만원까지 훈련비의 50~95%지원 (훈련비의 5~50% 및 지원한도를 초과하는 금액은 자비부담)
	1유형	최대 300만원까지 훈련비의 전액 또는 90% 지원 (지원한도를 초과하는 훈련비는 자비부담)

② 국가기간 · 전략산업직종훈련

국가기간 · 전락산업직종훈련은 기계, 동력, 자동차, 전자 등 우리나라의 중요 산업분야에서 인력이 부족한 직종에 대한 직업능력개발훈련을 실시하여 기업에서 요구하는 수준의 기술 · 기능인력양성 · 공급 및 실업문제를 해소하기 위한 제도로 거주지 관할 고용센터에서 신청이 가능하다. 지원대상은 내일배움카드제와 같다.

국가기간 · 전략산업직종훔련의 지원내용은 내일배움카드제와 같이 훈련비와 훈련장려금으로 구성되어 있다. 훈련비는 훈련비 전액을 지원하며, 훈련과정 수강 중 취 · 창업한 사람이 해당과정을 계속 수강하는 경우에도 훈련비는 계속지원된다(훈련장려금 제외). 또한 계좌발급일로부터 6개월 이내 훈련과정에 참여하지 않는 경우에는 계좌한도가 전액 소멸되어 더 이상 지원되지 않는다. 훈련장려금은 단위기간(1개월)별 소정훈련일수의 80% 이상을 출석한 경우 월 최대 216천원~316천 원의 훈련장려급을 지급하고, '취업성공패키지' 지원사업 참여자는 월 최대 10만 원을 6개월까지 추가 지급한다.

③ 청년취업아카데미

청년취업아카데미는 기업, 사업자 단체, 대학 또는 민간 우수훈련기관이 직접 산업현장에서 필요한 직업능력 및 인력 등을 반영하고 청년 미취업자에게 대학 등과 협력하여 연수과정 또는 창조적 역량 인재과정을 실시한 후 취업 또는 창직, 창업활동과 연계되는 사업으로 실무역량을 갖춘 인재를 양성함으로 학교 교육과 취업 현실간의 차이를 좁혀 일자리 미스매치 해소를 목적으로 한다. 지원대상은 만 34세 이하 대학(전문대 포함) 재학생, 졸업예정자인 청년은 누구나 참여가 능하다.

청년취업아카데미 지원내용은 청년들이 원하는 직무분야 관련 교육훈련 프로그램을 무료로 제공(2016년 기준 350개 과정)하고 학점인정(협약대학), 연수과정 수료 후 협약기업으로 취업연계를 지원한다. 또한 청년취업성공패키지를 통해 2단계 훈련프로그램으로 청년취업아카데미를 참여할 경우 월 254,000원의 참여수당을 지급한다. 청년취업아카데미의 교육과정은 연수과정, 창작과정, 실수중심교육과정으로 나뉜다.

(2) 근로자지원사업

① 근로자직업능력개발훈련

근로자직업능력개발훈련은 근로자의 직무능력향상 및 경쟁력 강화를 도모하기 위하여 근로자가 자율적으로 직업능력개발훈련에 참여할 경우 훈련비용의 일부를 지원하는 제도이다. 지원대상은 신청일자 기준 고용보험 가입근로자로 세부적인 지원대상은 다음과 같다.

① 우선지원 대상기업에 재직 중인 근로자
② 기간제 근로계약을 체결한 기간제 근로자
③ 1주 동안의 소정 근로시간에 비하여 짧은 단시간 근로자
④ 파견근로자보호 등에 관한 법률에 따른 파견근로자
⑤ 일용근로자
⑥ 고용보험료 체납액이 없는 자영업자
⑦ 근로자 카드를 신청한 일로부터 180일 이내에 이직 예정인 자
⑧ 경영상의 이유로 90일 이상 무급휴직, 휴업중인 자
⑨ 대규모 기업에 재직중인 45세 이상인 자

⑩ 근로자카드를 신청한 날로부터 고용보험 가입기간이 3년 이상이고, 그 기간 동안에 사업주 및 근로자 개인 지원 훈련과정 수강이력이 없는 자
⑪ 육아휴직자
⑫ 일학습병행제 훈련에 참여한 근로자

근로자직업능력개발훈련은 훈련비를 보험연도에 200만원 이내로 지원하며 훈련구분에 따른 지원 금액은 <표 12－4>와 같다.

〈표 12-4〉 근로자직업능력개발훈련제도 지원내용

훈련구분	지원금액	상세내용
일반과정 (집체훈련)	수강료 중 정부지원금의 60~100%	음식 및 기타 서비스 직종은 60% 지원
외국어과정	수강료 중 정부지원금의 60%	• 정규직 : 45,000원/20시간, 비정규직 : 54,000원/20시간 (수강료의 60%내) • 고용노동부 장관이 고시한 금액을 초과할 수 없음
원격훈련과정	수강료 중 정부지원금의 100%	• 단 외국어 과정은 50% 지원 • 고용노동부 장관이 고시한 금액을 초과할 수 없음

(3) 기업지원사업

① 사업주지원훈련

사업주지원훈련은 사업주가 근로자, 채용예정자, 구직자 등을 대상으로 직업능력개발훈련을 실시할 경우 훈련비 등 소요비용의 일부를 지원함으로써 사업주 직업능력개발훈련 실시를 촉진하고 근로자의 능력개발 향상을 도모하는 제도이다. 사업주지원훈련은 근로자 등을 대상으로 고용노동부장관으로부터 인정받은 교육훈련을 직접 또는 훈련기관에 위탁하여 실시하고 있는 고용보험 가입 사업주를 지원하며 훈련대상은 고용보험피보험자, 고용보험 피보험자가 아닌자로서 해당 사업주에게 고용된자, 채용예정자, 직업안정기관에 구직등록한 자를 지원한다.

사업주지원훈련은 연간 지원한도금액이 500만 원 미만인 경우에는 500만 원까

지 지원하며 사업주가 '보험료징수법'에 따라 부담하는 해당 연도 고용안정 · 직업능력개발사업 보험료의 100분의 100을 지원한다. 세부적인 훈련비 및 임금지원 내용은 <표 12－5>와 같다.

〈표 12-5〉 사업주지원훈련제도 지원내용

<table>
<tr><th colspan="2">구분</th><th>지원내용</th></tr>
<tr><td rowspan="4">훈련비</td><td>우선지원기업</td><td>• (자체훈련) 자체표준훈련비 120%
• (위탁훈련) 50인 미만 사업장 : 위탁표준훈련비 100%
50인 이상 우선지원기업 : 위탁표준훈련비 90%</td></tr>
<tr><td>중견기업
1000인 미만</td><td>• (자체훈련) 자체표준훈련비 80%
• (위탁훈련) 자체표준훈련비 60%</td></tr>
<tr><td>대기업
1000인 이상</td><td>• (자체훈련) 자체표준훈련비 50%
• (위탁훈련) 자체표준훈련비 40%</td></tr>
<tr><td>중견, 대기업</td><td>• 기간제 단시간 파견 일용근로자, 은퇴예정자 등을 대상으로 하는 훈련 또는 국기훈련을 실시하는 경우
• (자체훈련) 자체표준훈련비 100%
• (위탁훈련) 자체표준훈련비 70%</td></tr>
<tr><td rowspan="2">임금</td><td>훈련참여 근로자</td><td>• 소속 근로자에게 7일(대기업 60일) 이상 유급 휴가를 부여하고 30시간(대기업 180시간) 이상 훈련을 실시한 경우, 훈련참여 근로자에게 지급한 임금의 일부지원
- 소정훈련시간×시간급최저임금액×100%(우선지원대상기업 150%)
• 기간제근로자, 단시간근로자, 파견근로자, 일용근로자 등에게 훈련을 실시한 경우 훈련 참여 근로자에게 지급한 임금의 일부 지원
- 소정훈련시간×시간급최저임금액×100%(우선지원대상기업 120%)</td></tr>
<tr><td>대체인력</td><td>• 중소기업이 소속근로자에게 30일 이상 유급휴가를 부여하고 120시간이상 훈련을 실시하면 대체인력을 고용한 경우, 대체인력에게 지급한 임금의 일부 지원
- 소정훈련시간×시간급최저임금액×100%</td></tr>
<tr><td colspan="2">훈련수당</td><td>• 채용예정자, 구직자 등을 대상으로 1개월 120시간 이상 양성훈련을 실시하면서 훈련생에게 훈련수당을 지급한 경우 소요비용의 일부 지원
- 1월 20만원 한도 내에서 사업주가 훈련생에게 지급한 금액</td></tr>
<tr><td colspan="2">숙식비</td><td>• 훈련시간이 1일 5시간 이상 훈련과정 중 훈련생에게 숙식을 제공한 경우 소요비용의 일부지원
• 식비 : 1일 3,300원까지 지원
• 숙식비 : 1일 11,040원까지 지원(1개월 이상 훈련으로 주5일 이상 연속하여 훈련을 실시하고 휴일에도 기숙사 운영하는 경우 1개월 276,000원까지 지원</td></tr>
</table>

② 국가인적자원개발컨소시업

국가인적자원개발컨소시업은 훈련인프라 부족 등으로 인해 자체적으로 직업훈련을 실시하기 어려운 중소기업들을 위하여 대기업 등이 자체 보유한 우수 훈련인프라를 활용하여 중소기업이 필요로 하는 기술인력을 양성・공급하고 중소기업 재직자의 직무능력향상을 지원하는 제도이다. 중소기업 재직 근로자 및 채용예정자를 훈련대상으로 향상과정(중소기업 재직자)과 채용예정자 과정(중소기업에 취업 예정인 채용예정자)으로 구성되어 있다. 국가인적자원개발컨소시업의 지원내용은 <표 12－6>과 같다.

〈표 12-6〉 국가인전자원개발컨소시엄 지원내용

지원내역	지원내용	지원한도 (연간20억)	지원조건
시설, 장비비	훈련에 소요되는 시설 임차료, 증/ 개축 비용, 장비구매/ 리스 비용	연간 15억 한도 (소요비용의 80%)	대응투자 20%
프로그램 개발비	직무분석, 교재 및 커리큘럽 개발, 구매 비용	연간 1억 한도 (소요비용의 100%)\	해당없음
운영비 (인건비)	훈련수요 조사, 협약기업 관리 및 지원 인력 인건비	연간 4억 한도 (소요비용의 100%/전담, 보조인력 인건비는 80%)	대응투자 20%
운영비 (일반운영비)	훈련수요 조사비용, 홍보비, 컨소시업 운영위원회 운영 비용 등	연간 4억 한도 (소요비용의 100%/전담, 보조인력 인건비는 80%)	해당없음

(4) 일학습병행제

일학습병행제는 산업현장에서 요구하는 실무형 인재를 기르기 위해 기업이 취업을 원하는 청년 등을 학습근로자로 채용하여 기업현장(또는 학교 등의 교육기관)에서 장기간의 체계적인 교육을 제공하고, 교육훈련을 마친자의 역량을 국가(또는 해당 산업계)가 평가하여 자격을 인정하는 제도이다. 일학습병행제는 독일・스위스식 도제 제도를 한국에 맞게 설계한 도제식 교육훈련제도로 산업계 주도로 기업현장에서 현장교사(트레이너)가 국가직무능력표준(NCS) 기반의 교육훈련프로

그램과 현장훈련교재에 따라 일을 함과 동시에 공동훈련센터 등에서 이론교육을 시킨 후 산업계의 평가를 통해 자격 또는 학위를 부여하는 교육훈련제도로 자격연계형과 대학연계형으로 나뉜다. 자격연계형은 국가직무능력표준(NCS)를 반으로 일과 학습을 병행한 뒤 국가가 인정하는 자격을 얻는 방식이며, 대학연계형은 일을 하면서 학위를 취득하는 방식을 말한다. 지원대상은 특성화고, 인반계고, 전문대, 4년대 대학졸업(예정)자 등 청년취업희망자(다만 한습근로자로 참여하려면 일학습병행제 선정기업이 일학습병행훈련을 시키기 위한 인력으로 채용하며, 훈련실시일 기준 2년이내 입사한 근로자여야 함)를 학습근로자의 대상으로 하고, 참여대상 기업의 규모는 상시 근로자 50인 이상을 대상으로 하되 기술력을 갖추고 CEO의 인력양서 의지가 높은 기술기업을 선정한다.

일학습병행제는 참여기업의 훈련비 및 참여 청년에 대한 지원으로 구성되어 있다. 참여기업에 대해서는 교육 훈려에 필요한 인프라를 구축해주고 학습 근로자 모집이원과 교육훈련과정 운영에 필요한 비용을 지원해준다. 세부적인 지원내용은 <표 12-7>과 같다. 참여청년은 조기취업 이후 교육훈련 기회를 제공하고, 과정수료 시 NCS 기반의 수료증을 교부하고 대학과 연계된 경우에는 학위를 부여받게 된다. 또한 교육과정이 종료되면 일반 근로자로 전환되며, 교육과정 수료자에게 직장 내에서 기존 학력을 가직 직원과 임금, 승진 등에서 동등한 대우를 받을 수 있다.

〈표 12-7〉 일학습병행제 훈련비 지원내용

지급사항		지원내용
프로그램개발지원		1개~최대3개 과정 개발지원 기업 당 연간 900만 원(전문가 활동비)
학습도구 지원·컨설팅		300만 원(훈련 실시일로부터 1년 간)
현장훈련지원 (OJT)	신 직업 자격형	직종별단가×조정계수(3)×인원×시간 - 단 1,000인 이상 기업은 조정계수(2) 적용
	모듈 자격형	직종별단가×조정계수(1.5)×인원×시간 - 단 1,000인 이상 기업은 조정계수(1) 적용
현장외 훈련 (Off-JT)		직종별단가×조정계수(3)×인원×시간 - 단 1,000인 이상 기업은 조정계수(2) 적용

지급사항	지원내용
기업현장교사 훈련	학습근로자 수에 따란 연가 400만 원 ~ 1,600만 원 한도 내 지원
HRD담당자 수당	기업단 연간 300만 원 한도
시설 · 장비 대부	연간 최대 20억, 연이율 1%
학습근로자 훈련지원금	학습근로자 임금에 따라 최대 월 40만 원 (훈련실시 기간 동안 지원)
식대 · 숙시비 지원	최대 212,500원 지급

참고문헌

김병숙(2007). 직업정보론. 서울 : 시그마프레스.
고용노동부(2010). 고용노동백서.
노동부 · 한국고용정보원(2007). 고마워요 직업정보.
노동부(2008). 2008년판 고용보험백서.
노동행정연수원(2010). 고용관련법기본과정(고용노동부 직원 연수교재). 한국교육대학교 노동행정 연수원 고용정책교육팀.
한국고용정보원(2007). 2006 워크넷 통계연보.
__________(2008). 2007 워크넷 통계연보.
www.ei.go.kr
www.hrd.go.kr
www.keis.or.kr
www.law.go.kr
www.pqi.or.kr
www.q-net.or.kr
www.work.go.kr

[부록 1] 한국표준직업분류 : 대분류의 개요

[1 관리자] (Managers)

의회의원처럼 공동체를 대리하여 법률이나 규칙을 제정하거나 정부조직의 장으로서 정부를 대표·대리하며 정부 및 공공이나 이익단체의 정책을 결정하고 이에 대해 지휘·조정한다. 정부, 기업, 단체 또는 그 내부 부서의 정책과 활동을 기획, 지휘 및 조정하는 직무를 수행한다. 현업을 겸할 경우에는 정책을 결정하고 관리, 지휘, 조정하는데 직무시간의 80% 이상을 사용하는 경우에만 관리자 직군으로 분류한다.

이 대분류에 포함되는 대부분의 직업은 제4수준과 제3수준의 직무능력을 필요로 한다. 관리자 직군은 최고 경영진으로서 기관이나 기업을 대표하며 기업 내 중간 관리자를 관리하는 고위 관리직과 관리직(기업 내 중간 관리자 포함)으로 나뉘어져 있다. 고위 관리직은 공공 및 기업 고위직이며, 관리직은 행정 및 경영지원 관리직, 전문서비스 관리직, 건설·전기 및 생산 관련관리직, 판매 및 고객서비스 관리직으로 구분된다.

이 대분류의 직업은 다음의 5개 중분류로 구성되어 있다.

11 공공 및 기업 고위직

12 행정·경영 지원 및 마케팅 관리직

13 전문서비스 관리직

14 건설·전기 및 생산 관련관리직

15 판매 및 고객서비스 관리직

특별한 전문지식이나 기술이 요구되는 관리자급 종사자인 경우 주된 업무가 특별한 전문지식이나 기술을 응용하는 것이라면 그 직업은 전문직 종사자로 분류되지만, 그것이 단지 관리업무상의 기초로서만 요구되는 것이라면 관리자로 분류된다. 현업을 겸하는 경우에는 시간을 기준으로 전체의 80% 이상을 관리업무에 할애할 경우에만 관리자로 본다.

예를 들어, 주된 업무가 질병을 예방하고 진단・치료하는 일이라면 '대분류 2 전문가 및 관련 종사자'에 속하나, 주된 업무가 의학적 전문지식을 활용하기보다는 의학 관련 연구・개발을 관리하거나 사업체를 관리・운영하는 것이라면 관리자로 분류된다.

그러므로 관리자는 반드시 상당한 하부조직을 가져야 하며, 이러한 하부조직원의 업무를 지휘 및 조정하는 것이 주 업무인 경우에 해당된다. 또한 관리자는 직위나 직급에 의한 것이 아니라 개개인이 수행하는 업무의 특성에 따라 분류되어야 한다.

✺ 관리자의 주요 개정내용

① 경영활동에서 마케팅 분야의 중요성이 높아지고, 관련 분야 직무가 분화되면서 '마케팅 및 광고・홍보 관리자'를 소분류로 신설하고, 이하 세세분류로 '마케팅 관리자'와 '광고 및 홍보 관리자'를 배열하였다.

② '문화 및 예술 관련 관리자'를 '공연・전시 예술 관련 관리자'로 '영상관련 관리자'를 '방송・출판 및 영상 관련 관리자'로 항목명을 변경하여 분류명과 포괄범위가 일치하도록 하였다.

③ 공동주택 관리가 강화되면서 '공동주택 관리자'를 신설하고, '건설 관련 관리자'를 건축, 토목, 조경 관리자로 세분하였다.

[2 전문가 및 관련종사자] (Professionals and related workers)

특정 분야의 전문지식과 경험을 바탕으로 개념과 이론을 이용하여 해당 분야에 대한 연구・개발, 자문, 지도(교수) 등 전문 서비스를 제공하는 자를 말한다. 주로 자료의 분석과 관련된 직종으로 물리, 생명과학 및 사회과학 분야에서 높은 수준의 전문적 지식과 경험을 기초로 과학적 개념과 이론을 응용하여 해당 분야를 연구하고 개발 및 개선하며 집행한다. 전문지식을 이용하여 의료 진료활동과 각 급 학교 학생을 지도하고 예술적인 창작활동이나 스포츠 활동 등을 수행한다. 또한 전문가의 지휘 하에 조사, 연구 및 의료, 경영에 관련된 기술적인 업무를 수행하는 관련 종사자들도 이 분류에 포함된다.

이 대분류에 포함되는 대부분의 직업은 제4수준과 제3수준의 직무능력을 필요로 한다. 또한 일부 직업은 교육과정의 변화에 따라 직능수준의 확정이 어려운 경우도 있는데, 예를 들어 간호사, 안경사의 경우 4년제 대학과 전문대학에서 동시에 배출되고 있다.

이 대분류의 직업은 다음의 8개 중분류로 구성되어 있다.

21 과학 전문가 및 관련직

22 정보통신 전문가 및 기술직

23 공학 전문가 및 기술직

24 보건・사회복지 및 종교 관련직

25 교육 전문가 및 관련직

26 법률 및 행정 전문직

27 경영・금융전문가 및 관련직

28 문화・예술・스포츠 전문가 및 관련직

✺ 전문가 및 관련종사자의 주요 개정내용

① 세분류 '자연과학 연구원' 하위분류인 천문 및 기상학 연구원을 '지구 및 기상 과학 연구원'과 '천문 및 우주 과학 연구원'으로 세분하고, 학문분야의 인접성 및 관련성을 고려하여 세세분류 배열 순서를 조정하였다.

② '정보시스템 개발 전문가'를 '컴퓨터 시스템 및 소프트웨어 전문가', '데이터 및 네트워크 관련 전문가'로 소분류 수준에서 세분하고, '웹 운영자'는 소분류 '정보 시스템 및 웹 운영자' 이하, '웹 개발자'는 '컴퓨터 시스템 및 소프트웨어 전문가' 하위분류로 이동하였다. 또한 '산업 특화 소프트웨어 프로그래머'와 '모바일 애플리케이션 프로그래머'를 세분・신설하고, '데이터 분석가'는 비정형 데이터 분석을 포괄할 수 있도록 기존 분류명칭 및 직무 범위를 조정하였다.

③ 중분류 '공학 전문가 및 기술직'에서는 직무내용이 상이하고 각각 고용규모

가 큰 '건축가'와 '건축공학 기술자'를 세분류 수준에서 분리하였다. 전기·전자와 기계공학 분야 기술 고도화 및 고용규모를 고려하여 '전기·전자 및 기계 공학 기술자 및 시험원'을 '전기·전자공학 기술자 및 시험원'과 '기계·로봇공학 기술자 및 시험원'으로 분리하였다. '로봇공학 기술자 및 연구원'은 세세분류 '로봇 및 그 외 기계공학 기술자 및 연구원'에서 분리하여 세분류로 상향·신설하였다. 사회적 중요성 및 인접분야 관련성을 고려하여 기존 소방, 안전관리, 환경공학, 가스, 에너지 분야 기술자 및 시험원의 분류체계를 소분류 '소방·방재 기술자 및 안전 관리원'과 '환경공학·가스·에너지 기술자 및 시험원'으로 재편하였다.

④ 중분류 '보건·사회복지 및 종교 관련직'에서는 '전문 의사' 이하 세세분류 명칭을 '소아과 의사'에서 '소아청소년과 전문 의사'로 '정신과 의사'에서 '정신건강의학과 전문 의사' 등으로 변경하는 한편, '한의사'를 '전문 한의사'와 '일반 한의사'로 '영양사'를 '임상영양사'와 '일반영양사'로 세분하였다. 장애인 등 취약계층의 재활 및 복지를 위한 보건 및 복지 관련 전문 인력인 '보조공학사', '임상심리사', '놀이 및 행동치료사', '상담 전문가'와 '청소년 지도사'는 상향 조정하거나 세분·신설하였다.

⑤ 세분류 '대학교수'와 '대학 시간강사'의 세세분류가 계열별 체계로 되어있던 것을 관련 표준 분류와의 정합성을 제고하기 위해 '한국표준교육분류(영역)' 대분류 기준 체계를 반영하여 영역별 체계로 재편하였다.

⑥ 중분류 '문화·예술·스포츠 전문가 및 관련직'에서는 소분류 '작가 및 언론 관련 전문가' 하위분류를 세분류 수준에서 '작가', '출판물 전문가', '기자 및 언론 관련 전문가', '번역가 및 통역가'로 재편하고, '평론가'는 직무특성 및 국제분류를 고려하여 상위분류를 '작가'에서 '기자 및 언론 관련 전문가'로 이동하였다. 소분류 '화가·사진가 및 공연예술가'의 분류명을 관련 직업을 모두 포괄할 수 있는 용어인 '시각 및 공연 예술가'로 변경하였다. 신성장 직종인 '미디어 콘텐츠 창작자'와 문화예술 분야 매개인력인 '공연·영화 및 음반 기획자'를 세분류로 신설하였다. 소분류 '식문화 관련

전문가'를 신설하고, 이하 세세분류를 '주방장', '요리 연구가', '그 외 식문화 관련 전문가'로 재편하였다.

[3 사무 종사자] (Clerks)

관리자, 전문가 및 관련종사자를 보조하여 경영방침에 의해 사업계획을 입안하고 계획에 따라 업무추진을 수행하며, 당해 작업에 관련된 정보(Data)의 기록, 보관, 계산 및 검색 등의 업무를 수행한다. 또한 금전취급 활동, 법률 및 감사, 상담 및 통계와 관련하여 사무적인 업무를 수행한다. 이 대분류에 포함되는 대부분의 직업은 제2수준의 직무능력을 필요로 하며 문서처리가 주 직무이다.

중분류는 직무유형을 중심으로 분류하고 종사자 수가 많은 경영과 회계 사무직을 우선하여 두고, 이어서 금융 및 보험, 법률 및 감사, 상담・안내・통계 및 기타 순으로 배열되어 있다.

이 대분류의 직업은 다음의 4개 중분류로 구성되어 있다.

31 경영 및 회계 관련사무직
32 금융 사무직
33 법률 및 감사 사무직
39 상담・안내・통계 및 기타 사무직

✷ 사무 종사자의 주요 개정내용

① '대학 행정조교'는 대학 행정의 보조자로서 교육 조교(TA), 연구조교(RA) 등과는 구분되며, 대학 내 고용규모가 상당하므로 '총무 사무원'에서 분리하여 세세분류로 신설하는 한편, 세분류 '기타 사무원' 하위분류에 행정 서비스를 대행해주는 '행정사'를 신설하였다.

② '금융 사무 종사자'의 경우 관련 분야의 전체대비 규모 등을 고려하여 은행, 금융, 보험으로 분류되어 있던 것을 은행, 보험, 증권, 기타 금융으로 구분하여 세분하였다.

③ '사무 종사자' 이하 안내원은 정해진 공간에서 해당 시설, 기관에 방문한

사람을 대상으로 시설물의 위치, 운영시간, 담당자 등의 일반적인 사항을 안내하는 경우에 한하는 것으로 정의하였다. 박물관, 문화재, 전시회, 박람회와 같은 시설 또는 공간에서 장소를 이동하여 견학, 해설하는 업무의 경우에는 '서비스 종사자'로 이동하였다.

④ '고객 상담 및 기타 사무원'에 '의료 서비스 상담 종사원'(피부과, 성형외과, 안과, 치과, 한방병원, 건강검진 센터 등의 병원 코디네이터)을 신설하였다.

[4 서비스 종사자] (Service Workers)

공공안전 및 신변보호를 위한 보안 관련 서비스, 돌봄 및 보건·복지 관련 서비스, 이·미용, 혼례·장례 등 개인 생활서비스, 운송 및 여가·스포츠 관련 서비스, 조리 및 음식 관련 서비스 등 대인 서비스를 제공하는 업무를 수행한다. 이 대분류에 포함되는 대부분의 직업은 제2수준의 직무능력을 필요로 한다. 중분류 순서는 서비스 제공의 성격 상 공공성이 큰 영역을 우선으로 한다.

이 대분류의 직업은 다음의 4개 중분류로 구성되어 있다.

41 경찰·소방 및 보안 관련 서비스직
42 돌봄·보건 및 개인 생활 서비스직
43 운송 및 여가 서비스직
44 조리 및 음식 서비스직

✱ 서비스 종사자의 주요 개정내용

① 중분류 '경찰·소방 및 보안 관련 서비스직'에서는 '해양 경찰관'과 '일반 경찰관'에 수사관을 분류명에 병기하여 치안경찰과 함께 검찰 수사관 및 형사를 포괄할 수 있도록 하고, '시설 및 특수 경비원'을 시설, 호송, 기계, 특수 등으로 세분하였다. 소년 보호관의 분류명은 '소년원 학교 교사'로 변경하였다.

② 국제분류(ISCO-08)와의 정합성을 제고하고 사회변화로 인한 돌봄·복지 및 대인 서비스 분야 인력 수요 증가를 고려하여 관련 분류체계를 정비하였다. 보건, 의료, 복지, 미용 및 예식, 장례 등 대인 서비스 직무 전반을 아우를

수 있도록 중분류명을 '돌봄 · 보건 및 개인 생활 서비스직'으로 변경하였다. 세분류 '돌봄 서비스 종사원' 이하 세세분류 '요양 보호사'와 '노인 및 장애인 돌봄 서비스 종사원'을 신설 하였다. '보육 관련 시설 서비스 종사원'을 신설하여 키즈카페나 대형 상업시설 내 탁아시설 등 보육 관련 시설의 아동 돌봄 종사원을 분류하였다. 반려동물을 키우는 인구가 증가하고 관련 인력 수요가 증대됨에 따라 세분류 '반려동물 미용 및 관리 종사원'을 신설하고, 이하 세세분류에 '반려동물 미용사', '반려동물 훈련사', '수의사 보조원'을 배열하였다.

③ 주 5일 근무제 정착에 따른 여가시간 증대로 관련 인력수요 증가를 반영하여 여가관련 직종의 직무범위를 넓히기 위해 세분류 명칭을 '여행 및 관광 통역 안내원'에서 '여가 및 관광 서비스 종사원'으로 변경하여 미술관 및 박물관의 전시품, 예술품을 설명하고 안내하거나 박람회, 전시회에서 전시 내용을 안내하는 직무를 대분류 '사무 종사자'에서 '서비스 종사자'로 이동하였으며, 일반 관광 가이드와 직능수준, 직무내용 등에서 구분되는 '문화 관광 및 숲 · 자연환경 해설사'를 신설하였다.

[5 판매 종사자] (Sale Workers)

영업활동을 통해 상품이나 서비스를 판매하거나 인터넷 등 통신을 이용하거나 상점이나 거리 등에서 상품을 판매 및 임대하며, 상품을 광고하거나 상품의 품질과 기능을 선전하는 등의 활동을 수행하며, 매장에서 계산하는 활동도 수행한다. 이 대분류에 포함되는 대부분의 직업은 제2수준의 직무능력을 필요로 한다. 중분류는 잠재적인 고객이 갖는 구매의사의 정도를 기준으로 영업과 판매를 구분하였고, 판매직은 매장유무에 따라 매장 판매 및 상품 대여직과 통신 및 방문 · 노점 관련 판매직으로 구분된다.

이 대분류의 직업은 다음의 3개 중분류로 구성되어 있다.

51 영업직

52 매장 판매 및 상품 대여직

53 통신 및 방문 · 노점 판매 관련직

✺ **판매 종사자의 주요 개정내용**

① 국내 노동시장 특성을 고려하여, 현업과 일선 관리(first-line managing) 업무를 함께 수행하는 점주(shopkeepers) 및 일선 관리 종사원(shop supervisors)을 단순 판매직 및 관리자와 구분할 수 있도록 세분류를 신설하였다. 대분류 '관리자'와 구분을 명확히 할 수 있도록 분류명에 '소규모'와 '일선 관리(first-line)'를 명기하였다. 대여(렌탈) 제품 시장 성장을 반영하여 중분류 '매장 판매직'의 분류명이 '상품 대여원'을 포괄할 수 있도록 '매장 판매 및 상품 대여직'으로 변경하였다.

② '자동차 영업원'을 신차와 중고차 영업원으로 세분하고, 관계법령 변화를 반영하여 '간접 투자증권 판매인'을 '투자 권유 대행인'으로 명칭 및 직무범위를 변경하였다. 인력규모를 고려하여 '대출 모집인'과 '신용카드 모집인'을 신설하였다.

③ '상점 판매원'과 '상품 대여원' 이외의 판매직 중 통신, 방문, 노점 판매직을 소분류 '통신 관련 판매직'과 '방문 및 노점 판매 관련직'으로 재편하였다. 이동전화 단말기와 통신 서비스의 판매가 함께 이루어지는 특성을 고려하여 '단말기 및 통신 서비스 판매원'으로 명칭 및 직무범위를 변경하였다.

[6 농림 · 어업 숙련 종사자]

(Skilled Agricultural, Forestry and Fishery Workers)

자기 계획과 판단에 따라 농산물, 임산물 및 수산물의 생산에 필요한 지식과 경험을 기초로 전답작물 또는 과수작물을 재배 · 수확하고 동물을 번식 · 사육하며 산림을 경작, 보존 및 개발한다. 또한 물고기의 번식 및 채취 또는 기타 형태의 수생 동식물을 양식 · 채취하는 업무를 수행한다. 이 대분류에 포함되는 대부분의 직업은 제2수준의 직무능력을 필요로 한다.

이 대분류의 직업은 다음의 3개 중분류로 구성되어 있다.

61 농 · 축산 숙련직

62 임업 숙련직

63 어업 숙련직

✺ 농림어업 숙련 종사자의 주요 개정내용

① 세분류 '조림 · 영림 및 벌목원' 중 '영림'을 '산림경영'으로 알기 쉽게 변경하였으며, 동물원 등에서 관람 또는 공연을 위해 동물을 사육하는 '동물 사육사'를 출하 목적의 동물이나 가축 사육자와 구분하기 위하여 '동물원 사육사'로 변경하였다.

[7 기능원 및 관련기능 종사자] (Craft and Related Trades Workers)

광업, 제조업, 건설업 분야에서 관련된 지식과 기술을 응용하여 금속을 성형하고 각종 기계를 설치 및 정비한다. 또한 섬유, 수공예 제품과 목재, 금속 및 기타 제품을 가공한다. 작업은 손과 수공구를 주로 사용하며 기계를 사용하더라도 기계의 성능보다 사람의 기능이 갖는 역할이 중요하기 때문에 자동화된 기계의 발전에 따라 직무영역이 축소되는 추세이지만, 생산과정의 모든 공정과 사용되는 재료나 최종 제품에 관련된 내용을 알 수 있어야 한다. 이 대분류에 포함되는 대부분의 직업은 제2수준의 직무능력을 필요로 한다.

이 대분류의 직업은 다음의 9개 중분류로 구성되어 있다.

71 식품가공 관련기능직

72 섬유 · 의복 및 가죽 관련기능직

73 목재 · 가구 · 악기 및 간판 관련기능직

74 금속성형 관련기능직

75 운송 및 기계 관련기능직

76 전기 및 전자 관련기능직

77 정보 통신 및 방송장비 관련 기능직

78 건설 및 채굴 관련 기능직

79 기타 기능관련직

✵ **기능원 및 관련기능 종사자의 주요 개정내용**

① 국제분류(ISCO-08) 체계와의 정합성을 제고하고 유사 · 인접 분야 직무 체계의 정합성을 제고하기 위해 중분류 '정보 통신 및 방송장비 관련 기능직'을 신설하고, '전기 및 전자기기 설치 및 수리원'과 '영상 및 통신 장비 관련 기능직'에 분산되어 있던 컴퓨터와 이동전화기, 정보 통신 기기, 방송 · 통신장비 관련 설치 및 수리원을 하위분류로 재편하였다. '의복 제조 관련 기능 종사자' 이하 가죽 수선원과 모피 수선원을 통합하고, '자동차 튜닝원'(드레스업 튜닝 제외)을 신설하였다.

[8 장치 · 기계 조작 및 조립 종사자]
(Plant, Machine Operators and Assemblers)

장치 · 기계 조작 및 조립 종사자는 기계를 조작하여 제품을 생산하거나 대규모적이고 때로는 고도의 자동화된 산업용 기계 및 장비를 조작하고 부분품을 가지고 제품을 조립하는 업무로 구성된다. 작업은 기계조작 뿐만 아니라 컴퓨터에 의한 기계제어 등 기술적 혁신에 적응할 수 있는 능력을 포함하여 기계 및 장비에 대한 경험과 이해가 요구되며, 기계의 성능이 생산성을 좌우한다. 또한 여기에는 운송장비의 운전업무도 포함된다. 이 대분류에 포함되는 대부분의 직업은 제2수준의 직무능력을 필요로 한다.

이 대분류의 직업은 다음의 9개 중분류로 구성되어 있다.

81 식품가공 관련 기계 조작직
82 섬유 및 신발 관련 기계 조작직
83 화학 관련 기계 조작직
84 금속 및 비금속 관련 기계 조작직
85 기계제조 및 관련 기계 조작직
86 전기 및 전자 관련 기계 조작직
87 운전 및 운송 관련직
88 상 · 하수도 및 재활용 처리 관련 기계 조작직

89 목재 · 인쇄 및 기타 기계 조작직

✺ 장치 · 기계 조작 및 조립 종사자의 주요 개정내용

① 자동화 · 기계화 진전에 따라 기존에 통조림기, 살균기, 냉장기, 건조기 등으로 세분되어 있던 '과실 및 채소 가공 관련 기계 조작원'과 연조기, 조방기, 정방기, 권사기, 혼합기, 소면기, 래핑기 등으로 세분되어 있던 '섬유 제조 기계 조작원' 등 복합 · 다기능 기계 조작직의 분류를 통합하였다.

② '음료 제조 관련 기계 조작원'을 알코올성 음료와 비알코올성 음료로 세분하고, '차 · 커피 및 코코아 제조기 조작원' 중 분말류의 제조기 조작원은 세분류 '기타 식품가공 관련 기계 조작원'으로 액상 가공 음료 제조기 조작원은 '비알코올성 음료 제조기 조작원'으로 범위를 조정하여 산업분류 체계와 정합성을 제고하였다.

③ 상대적으로 인력규모가 작은 '화물열차 차장', '철도 신호원', '철도 수송원'을 '철도운송 관련 종사원'으로, '갑판장', '갑판원', '기관부원'을 '선박부원'으로 통합하였다. 세분류 '화물차 및 특수차 운전원' 이하 세세분류를 화물차의 총중량 규모에 따라 '경 · 소형 화물차 운전원', '중형 화물차 운전원', '대형 화물차 운전원'으로 재편하였다. 관련법에 따라 건설기계로 분류되는 '콘크리트 믹서 트럭 운전원'과 '덤프트럭 운전원'을 '화물차 및 특수차 운전원'에서 '건설 및 채굴기계 운전원' 이하 세세분류로 이동하였다.

[9 단순노무 종사자] (Elementary Occupations)

주로 수공구의 사용과 단순하고 일상적이며, 어떤 경우에는 상당한 육체적 노력이 요구되고, 거의 제한된 창의와 판단만을 필요로 하는 업무를 수행한다.

대부분 직업이 단 시간의 직업 내 훈련(On the Job Training)으로 업무수행이 가능하며, 일반적으로 제1수준의 직무능력을 필요로 한다. 단순노무직 내부에서의 직업이동은 일부 직업에서의 강도 높은 노동으로 인한 체력이 문제되는 점을 제외하고, 직무 자체로만 본다면 상대적으로 매우 용이한 편이라 할 수 있다.

중분류는 건설, 운송, 제조, 청소, 음식, 농림어업과 기타 단순노무직 순으로 배열되어 있다.

이 대분류의 직업은 다음의 6개 중분류로 구성되어 있다.

91 건설 및 광업 관련단순노무직

92 운송 관련단순노무직

93 제조 관련단순노무직

94 청소 및 경비 관련단순노무직

95 가사·음식 및 판매 관련단순노무직

99 농림·어업 및 기타 서비스 단순노무직

✺ 단순노무 종사자의 주요 개정내용

① '자동판매기 관리원'을 제외한 각종 수금업무를 담당하는 '수금원'은 '사무 종사자'로, 경비원 중 특수 및 시설 경비 직무는 '서비스 종사자'로 대분류를 이동하고, 직무내용 및 직능유형을 고려하여 '건물 관리원'은 '아파트 경비원', '건물 경비원'으로 한정하였다. 또한 정수기, 공기청정기, 가습기, 매트리스 등 대여 제품 유지·관리 직종이 증가함에 따라 '대여 제품 방문 점검원'을 신설하였다.

[A 군인] (Armed Forces)

의무 복무 여부를 불문하고 현재 군인 신분을 유지하고 있는 군인을 말한다. 직업정보 취득의 제약 등 특수 분야이므로 직무를 기준으로 분류하는 것이 아니라, 계급을 중심으로 분류하였다. 국방과 관련된 정부기업에 고용된 민간인, 국가의 요청에 따라 단기간 군사훈련 또는 재훈련을 위해 일시적으로 소집된 자 및 예비군은 제외된다. 이 대분류에 포함되는 대부분의 직업은 제2수준 이상의 직무능력을 필요로 한다.

이 대분류의 직업은 다음의 1개 중분류로 구성되어 있다.

A0 군인

✹ **군인의 주요 개정내용**

① 이번 개정에는 의무복무 중인 사병 및 장교도 직업 활동에 포함하여 모든 군인을 직업분류 범위 안에 포괄하였다. 단, '의무복무 중인 군인'의 직업분류 포함 여부는 경제활동 상태의 판단 기준이 되지 않음에 유의해야 한다.

[부록 2] 직업상담사 2급 기출문제

CHAPTER 01 직업정보론의 개관

Q01. Andrus가 제시한 정보의 효용에 맞지 않는 것은 ?

① 장소효용 ② 형태효용 ③ 시간효용 ④ 통제효용

Q02. 직업선택 결정모형 중 처방적 직업결정 모형은?

① 타이드만과 오하라(Tideman & O'Hara)의 모형

② 힐튼(Hilton)의 모형

③ 브룸(Vroom)의 모형

④ 카츠(Katz)의 모형

Q03. 정보체계를 예언적 체계, 가치체계, 결정준거 등으로 설명한 모형은?

① Kaldor & Zytowski의 모형 ② Vroom의 모형

③ Fletcher의 모형 ④ Gelatt의 모형

Q04. 인간이 복잡한 정보에 접근하게 되는 구조에 근거를 둔 이론으로 직업선택결정 단계를 전제단계, 계획단계, 인지부조화단계로 구분한 직업결정모형은?

① 타이드만과 오하라(Tiedeman & O.Hara)의 모형

② 힐톤(Hilton)의 모형

③ 브룸(Vroom)의 모형

④ 수(Hsu)의 모형

Q05. 다음 중 직업정보 제공에 관한 설명으로 옳은 것은?

① 모든 내담자에게 직업정보를 우선적으로 제공한다.

② 상담사는 다양한 정보를 수집하기 위해 지속적으로 노력한다.

③ 진로정보 제공은 상담의 초기단계에서 이루어지며, 이 경우 내담자의 피드백은 고려하지 않는다.

④ 내담자가 속한 가족, 문화보다는 표준화된 정보를 우선적으로 고려하여 정보를 제공한다.

Q06. 다음 (   ) 안에 들어갈 직업정보를 전달하는 유형별 장단점으로 옳은 것은?

구 분	비 용	학습자 참여도	접근성
인쇄물	저	수동	용이
시청각 자료	고	(A)	제한적
면접	저	적극	(B)
작업 경험	(C)	적극	제한적

① A－수동, B－제한적, C－고 ② A－적극, B－제한적, C－고
③ A－수동, B－용이, C－저 ④ A－적극, B－용이, C－저

Q07. 다음 중 공공직업정보의 특성에 해당되는 것은?
① 필요한 시기에 최대한 활용되도록 한시적으로 신속하게 생산되어 운영된다.
② 특정 분야 및 대상에 국한되지 않고 전체산업 및 업종에 걸친 직종을 대상으로 한다.
③ 정보 생산자의 임의적 기준에 따라 관심이나 흥미를 유도할 수 있도록 해당 직업을 분류한다.
④ 특정 직업에 대해 구체적이고 상세한 정보를 제공하기 위해서는 조사 분석 및 제공에 상당한 시간 및 비용이 소요되므로 해당 직업정보는 유료로 제공한다.

Q08. 다음 직업정보의 종류 중 민간직업정보의 특성에 대한 설명으로 맞는 것은?
① 특정시기에 국한되지 않고 지속적으로 제공된다.
② 특정한 목적에 맞게 해당분야 및 직종을 제한적으로 선택할 수 있다.
③ 무료로 제공된다.
④ 다른 정보에 미치는 영향이 크며 관련성이 높다.

Q09. 민간직업정보의 일반적인 특징과 가장 거리가 먼 것은?
① 한시적으로 정보가 수집 및 가공되어 제공된다.
② 객관적인 기준을 가지고 전체 직업에 관한 일반적인 정보를 제공한다.
③ 직업정보 제공자의 특정한 목적에 따라 직업을 분류한다.
④ 통상적으로 직업정보를 유료로 제공한다.

Q10. 직업정보시스템의 정보관리 순서로 적절한 것은?

① 수집－분석－가공－체계화－제공－평가

② 수집－가공－분석－제공－평가－체계화

③ 수집－분석－평가－가공－체계화－제공

④ 수집－분석－체계화－제공－가공－평가

Q11. 직업정보 수집시의 유의점으로 틀린 것은?

① 명확한 목표를 세운다,

② 직업정보는 계획적으로 수집하여야 한다.

③ 수집한 정보는 항상 유효하기 때문에 불필요한 자료라도 별도 보관하여 활용하도록 한다.

④ 자료를 수집하면 자료의 출처와 저자, 발행연도와 수집일자를 기입해야 한다.

Q12. 직업정보를 가공할 때 유의해야 할 내용으로 틀린 것은?

① 시청각적 효과를 첨가한다.

② 직업에 대한 장・단점을 편견 없이 제공한다.

③ 가장 최신의 자료를 활용하되, 표준화된 정보를 활용한다.

④ 직업은 전문적인 것이므로 가능하면 전문적인 용어를 사용하여 가공한다.

Q13. 직업정보의 일반적인 평가 기준과 가장 거리가 먼 것은?

① 어떤 목적으로 만든 것인가
② 얼마나 비싼 정보인가
③ 누가 만든 것인가
④ 언제 만들어진 것인가

Q14. 직업정보 수집방법으로서 면접법에 관한 설명으로 가장 적합하지 않은 것은?

① 표준화 면접은 비표준화 면접보다 타당도가 높다.

② 면접법은 질문지법보다 응답범주의 표준화가 어렵다.

③ 면접법은 질문지법보다 제3자의 영향을 배제할 수 있다.

④ 표준화 면접에는 개방형 및 폐쇄형 질문을 모두 사용할 수 있다.

Q15. 직업정보의 관리과정에 대한 설명으로 틀린 것은?

① 직업정보 수집시에는 명확한 목표를 세운다.

② 직업정보 분석시에는 하나의 항목에 초점을 맞춰 집중적으로 분석해야 한다.

③ 직업정보 가공시에는 전문적인 지식이 없어도 이해할 수 있도록 가공해야 한다.

④ 직업정보 가공시에는 직업이 가지고 있는 장·단점을 편견없이 제공해야 한다.

Q16. 직업정보 분석시 유의점으로 틀린 것은?

① 전문적인 시각에서 분석한다.

② 직업정보원과 제공원에 대해 제시한다.

③ 동일한 정보에 대해서는 한 가지 측면으로 분석한다.

④ 원자료의 생산일, 자료표집방법, 대상 등을 검토해야 한다.

Q17. 직업정보의 가공에 대한 설명으로 가장 적합하지 않은 것은?

① 효율적인 정보제공을 위해 시각적 효과를 부가한다.

② 정보를 공유하는 방법과도 연관되어 있다.

③ 긍정적인 정보를 제공하는 입장에서 출발해야 한다.

④ 정보의 생명력을 측정하여 활용방법을 선정하고 이용자에게 동기를 부여할 수 있도록 구상한다.

CHAPTER 02 직업과 직업분류

Q01. 다음 중 직무분석단계를 바르게 나열한 것은?

① 직무분석－직업분석－작업분석 ② 직업분석－직무분석－작업분석
③ 작업분석－직무분석－직업분석 ④ 직무분석－작업분석－직업분석

Q02. 분석하려는 직업에 종사하는 경험이 많은 전문가들을 한 자리에 모아 놓고 짧은 시간에 브레인스토밍기법으로 직무를 분석하는 방법은?

① 데이컴법 ② 비교확인법 ③ 면접법 ④ 최초분석법

Q03. 한국표준직업분류(2017)의 직무와 직업에 대한 설명으로 틀린 것은?

① 자기 집에서의 가사활동은 직업으로 인정한다.
② 직무란 생산활동에 종사하는 개별 종사자에 의하여 계속적으로 수행되었거나 수행되도록 설정, 교육, 훈련된 업무이다.
③ 직업은 유사한 직무의 집합을 의미한다.
④ 연금법, 생활보호법 등의 사회보장에 의한 수입이 있는 경우 직업으로 보지 않는다.

Q04. 다음 중 한국표준직업분류(2017)에서 직업으로 보는 활동은?

① 주식배당 등과 같은 재산수입이 있는 경우
② 경마, 경륜 등에 의한 배당금 수입이 있는 경우
③ 토지나 금융자산을 매각하여 수입이 있는 경우
④ 계절적으로 행해지는 생산활동에 의해 수입이 있는 경우

Q05. 다음은 한국표준직업분류의 직무능력수준 중 무엇에 관한 설명인가?

> 일반적으로 17~18세에 시작하여 1~3년 정도 계속되는 교육으로서 ISCED 상의 제 5수준의 교육과정(기술전문 교육과정 수준) 정도의 정규교육 또는 훈련을 필요로 하며, 이러한 교육과정의 수료로 초급대학 학위와 동등한 학위가 수여되는 것은 아니다.

① 제1직능 수준 ② 제2직능 수준 ③ 제3직능 수준 ④ 제4직능 수준

Q06. 한국표준직업분류(2017)의 포괄적인 업무에 대한 직업분류 원칙이 아닌 것은?

① 주된 직무 우선 원칙 ② 최상급 직능수준의 우선 원칙
③ 수입 우선의 원칙 ④ 생산업무 우선 원칙

Q07. 다음은 한국표준직업분류(2017년)의 분류 원칙상 무엇에 근거한 것인가?

제빵원이 빵을 제조하고 이를 판매한 경우 판매원으로 분류하지 않고 제빵원으로 분류

① 수적우위 원칙
② 최상급 직능수준 우선 원칙
③ 최하급 직능수준 우선 원칙
④ 생산업무 우선 원칙

Q08. 한국표준직업분류(2017)에서 다수직업 종사자에 대한 분류 원칙을 바르게 나열할 것은?

A. 수입 우선의 원칙	B. 취업시간 우선의 원칙	C. 조사시 최근의 직업 원칙

① A→B→C ② B→A→C ③ B→C→A ④ C→A→B

Q09. 한국표준직업분류(2017)의 계층적인 분류체계 구성 순서로 맞는 것은?

① 대대분류－대분류－중분류－소분류－세분류
② 대분류－중분류－소분류－직종분류－세세분류
③ 대분류－중분류－소분류－세세분류－세분류
④ 대분류－중분류－소분류－세분류－세세분류

Q10. 한국표준직업분류상 직업으로 볼 수 있는 활동은?

① 주식투자에 의한 시세차익이 있는 경우
② 자기 집의 가사 활동에 전념하는 경우
③ 사회복지시설 수용자의 시설 내 경제활동
④ 의무복무가 아닌 부사관

Q11. 다음은 한국표준직업분류에서 직업분류의 일반원칙이다. ( )에 알맞은 것은?

동일하거나 유사한 직무는 어느 경우에든 같은 단위직업으로 분류되어야 한다. 하나의 직무가 동일한 직업단위 수준에서 2개 혹은 그 이상의 직업으로 분류될 수 있다면 ( )의 원칙을 위반한 것이라 할 수 있다.

① 단일성 ② 배타성 ③ 포괄성 ④ 경제성

Q12. 다음 ( )안에 알맞은 것은?

국제표준직업분류(ISCO−08)에서 ( )은(는) '자영업을 포함하여 특정한 고용주를 위하여 개별 종사자들이 수행하거나 또는 수행해야할 일련의 업무와 과업(tasks and duties)'으로 설정하고 있다.

① 직무 ② 직업 ③ 직위 ④ 직군

Q13. 한국표준직업분류 대분류와 직능수준이 틀리게 연결된 것은?

① 관리자−제4직능 수준 혹은 제3직능 수준 필요

② 판매 종사자−제2직능 수준 필요

③ 군인−제2직능 수준 필요

④ 단순노무 종사자−제1직능 수준 필요

Q14. 한국표준직업분류에서 직업의 성립 조건에 해당하지 않는 것은?

① 경제성 ② 윤리성 ③ 사회성 ④ 우연성

CHAPTER 03 산업과 산업분류

Q01. 한국표준산업분류(2008)의 개요에 대한 설명으로 틀린 것은?

① 산업활동의 범위에 영리적, 비영리적 활동 및 가사활동 모두 포함된다.

② 한국표준산업분류는 통계목적 이외에도 일반행정 및 산업정책 관련법령에서 그 법령의 적용대상 산업영역을 한정하는 기준으로 준용되고 있다.

③ 산업분류는 산출물·투입물의 특성, 생산활동의 일반적인 결합형태와 같은 기준에 의하여 분류된다.

④ 사업체 단위는 공장, 광산, 상점, 사무소 등으로 산업활동과 지리적 장소의 양면에서 가장 동질성이 있는 통계단위이다.

Q02. 다음 중 한국표준산업분류(2008)상 산업분류기준에 해당되지 않는 것은?

① 투입물의 특성

② 생산활동의 일반적인 결합형태

③ 생산된 재화 또는 제공된 서비스의 특성

④ 생산단위가 수행하는 산업활동의 차별성

Q03. 다음에서 설명하고 있는 것은?

한국표준산업분류상 통계단위 중 하나로 "재화 및 서비스를 생산하는 법적 또는 제도적 단위의 최소결합체로서 자원배분에 관한 의사결정에서 자율성을 갖고 있으며, 재무 관련 통계 작성에 가장 유용하다."

① 산업 ② 기업체 ③ 산업활동 ④ 사업체

Q04. 한국표준산업분류(2008)의 통계단위는 생산활동과 장소의 동질성의 차이에 따라 다음과 같이 구분된다. ( )안에 들어갈 가장 알맞은 것은?

구 분	하나 이상의 장소	단일 장소
하나 이상의 산업활동	XXX XXX	XXX
단일 산업활동	( )	XXX

① 기업집단 ② 지역단위 ③ 기업체단위 ④ 활동유형단위

Q05. 한국표준산업분류(2008)의 산업분류 적용원칙에 대한 설명으로 틀린 것은?

① 생산단위는 투입물과 생산공정을 제외한 산출물을 고려하여 그들의 활동을 가장 정확하게 설명된 항목에 분류해야 한다.

② 복합적인 활동단위는 우선적으로 최상급 분류단계를 정확히 결정하고, 순차적으로 중, 소, 세, 세세분류 단계항목을 결정하여야 한다.

③ 산업활동이 결합되어 있는 경우에는 그 활동단위의 주된 활동에 따라서 분류하여야 한다.

④ 수수료 또는 계약에 의하여 활동을 수행하는 단위는 자기계정과 자기책입 하에서 생산하는 단위와 동일항목에 분류되어야 한다.

Q06. 한국표준산업분류(2008) 통계단위의 산업결정에 관한 설명으로 틀린 것은?

① 부차적 산업활동은 주된 산업활동 이외의 재화생산 및 서비스 제공활동을 말한다.

② 주된 산업활동과 부차적 산업활동은 보조활동의 지원 없이 수행될 수 있다.

③ 생산단위의 산업활동은 그 생산단위가 수행하는 주된 산업활동의 종류에 따라 결정된다.

④ 모 생산단위에서 사용되는 재화나 서비스를 보조적으로 생산하더라도 그 생산되는 재화나 서비스의 대부분을 다른 산업체에 판매하는 경우 별개의 사업체로 간주하여 그 자체활동에 따라 분류하여야 한다.

Q07. 한국표준산업분류(2017)의 통계단위의 산업결정에 대한 설명으로 틀린 것은?

① 생산단위의 산업활동은 그 생산단위가 수행하는 주된 산업활동의 종류에 따라 결정된다.

② 단일사업체의 보조단위는 그 사업체의 일개 부서로 포함된다.

③ 계절에 따라 정기적으로 산업을 달리하는 사업체의 경우에는 조사시점에 경영하는 사업으로 분류된다.

④ 벌목과 제재 등과 같이 수직적으로 결합되는 경우에는 일반적으로 최종단계의 활동에 따라 분류된다.

Q08. 한국표준산업분류의 대분류에 해당하지 않는 것은?

① A 농업, 임업 및 어업 ② D 전기, 가스, 증기 및 공기조절 공급업

③ L 부동산업 ④ R 기타 공공, 수리 및 개인서비스업

Q09. 한국표준산업분류에의 생산단위의 활동형태에 관한 설명으로 틀린 것은?

① 모생산단위의 생산품을 포장하기 위한 캔, 상자 및 유사제품의 생산은 보조단위로 본다.

② 주된 산업활동이란 산업활동이 복합형태로 이루어질 경우 생산된 재화 또는 제공된 서비스 중 부가가치 활동이 가장 큰 활동을 의미한다.

③ 부차적 산업활동은 주된 산업활동 이외의 재화생산 및 서비스 제공활동을 의미한다.

④ 보조활동에는 회계, 창고, 운송, 구매, 판매촉진, 수리업무 등이 포함된다.

Q10. 한국표준산업분류의 분류구조 및 부호체계에 관한 설명으로 옳은 것은? 2

① 부호처리를 할 경우에는 알파벳 문자와 아라비아 숫자를 함께 사용토록 했다.

② 권고된 국제분류 ISIC Rev.4를 기본체계로 하였으나, 국내설정을 고려하여 독자적으로 분류항목과 분류부호를 설정하였다.

③ 중분류의 번호는 001부터 999까지 부여하였으며, 대분류별 중분류 추가여지를 남겨놓기 위하여 대분류 사이에 번호 여백을 두었다.

④ 소분류 이하 모든 분류의 끝자리 숫자는 01에서 시작하여 99에서 끝나도록 하였다.

CHAPTER 04 고용직업분류와 국가직무능력표준(NCS)

Q01. 한국고용직업분류(KECO)에 대한 설명으로 틀린 것은?

① 10진법 중심의 분류이다.

② 직능유형(skill type)중심이다.

③ 대분류보다는 중분류 중심체계이다.

④ 직업분류의 기본 원칙인 포괄성과 배타성을 고려하여 분류하였다.

Q02. 한국고용직업분류(KECO)의 중분류 명칭으로 옳은 것은?

① 의료 및 사회복지 관련직 ② 음식 및 식품가공 관련직

③ 경비 및 청소 관련직 ④ 운송 및 기계관련직

Q03. 다음 중 국가직무능력표준(NCS)의 기본 구성요소로서 능력단위의 하위 구성항목에 대한 설명으로 옳은 것은?

① 능력단위분류번호－능력단위를 구분하기 위하여 부여되는 일련번호로서 6자리로 표현

② 능력단위정의－능력단위의 명칭을 기입한 것

③ 능력단위요소－능력단위를 구성하는 중요한 핵심 하위능력을 기술

④ 지식・기술・태도－능력단위별로 업무수행을 위해 기본적으로 갖추어야 할 직업능력

Q04. 국가직무능력표준(NCS)에 관한 설명으로 틀린 것은?

① 산업현장에서 직무를 수행하기 위해 요구되는 지식・기술・태도 등의 내용을 국가가 체계화한 것이다.

② 한국고용직업분류를 중심으로 분류하였으며, 대분류 → 중분류 → 소분류 → 세분류 순으로 구성되어 있다.

③ 능력단위는 NCS분류의 하위 단위로서 능력단위요소, 수행준거 등으로 구성되어 있다.

④ 직무는 NCS분류의 중분류를 의미하고, 원칙으로 중분류 단위에서 표준이 개발된다.

CHAPTER 05 직업사전과 직업전망

Q01. 한국직업사전(2017)의 직무정보에 관한 설명으로 틀린 것은?

① 직업코드는 특정 직업을 구분해 주는 단위로서 한국표준직업분류체계를 기준으로 3자리 숫자로 표기한다.

② 본 직업명칭은 산업현장에서 일반적으로 알려진 명칭, 혹은 그 직무에 통상적으로 호칭되는 명칭이다.

③ 직무개요에는 직무담당자의 활동, 직무담당자가 사용하는 기계, 설비 및 작업보조물 등을 포함한다.

④ 수행직무는 직무담당자가 직무의 목적을 완수하기 위하여 수행하는 구체적인 작업 내용을 순서에 따라 서술한 것이다.

Q02. 한국직업사전을 발간하기 위해 주로 사용하는 직무조사 실시 방법은?

① 직업전문가 자문조사 ② 설문지 조사

③ 현직종사자 직무관찰 및 면접 ④ 동영상 촬영

Q03. 한국직업사전(2017)의 부가 직업정보에 관한 설명으로 틀린 것은?

① '산업분류'는 해당 직업을 조사한 산업을 나타내는 것으로 한국표준산업분류의 소분류 산업을 기준으로 했다.

② '정규교육'은 독학, 검정고시 등을 통해 정규교육 과정을 이수하였다고 판단되는 기간도 포함된다.

③ '숙련기간'은 해당직무를 평균적인 수준 이상으로 수행하기 위한 향상훈련도 포함된다.

④ '직무기능'은 해당 직업 종사자가 직무를 수행하는 과정에서 자료, 사람, 사물과 맺는 관련된 특성을 나타낸다.

Q04. 한국직업사전(2017)의 부가 직업정보에 대한 설명으로 옳은 것은?

① "산업분류"는 한국표준산업분류 대분류 산업을 기준으로 하였다.

② "정규교육"은 독학, 검정고시 등은 제외하였다.

③ "숙련기간"에는 해당직무를 평균적인 수준 이상으로 수행하기 위한 향상훈련도 포함된다.

④ "직무기능"은 해당 직업 종사자가 직무를 수행하는 과정에서 자료, 사람, 사물과 맺는 관련된 특성을 나타낸다.

Q05. 한국직업사전에서 제공하는 부가 직업정보에 대한 설명으로 틀린 것은?

① 정규교육은 해당 직업의 직무를 수행하는데 필요한 일반적이 정규교육수준을 의미하는 것으로 해당 직업 종사자의 평균 학력을 나타낸다.

② 숙련기간은 정규교육과정을 이수한 후 해당 직업의 직무를 평균적인 수준으로 스스로 수행하기 위하여 필요한 각종 교육기간, 훈련기간 등을 의미한다.

③ 작업강도는 해당 직업의 직무를 수행하는데 필요한 육체적 힘의 강도를 나타내며, 심리적 · 정신적 노동강도는 고려하지 않았다.

④ 관련직업은 본직업명과 기본적인 직무에 있어서 공통점이 있으나 직무의 범위, 대상 등에 따라 나누어지는 직업이다.

Q06. 한국직업사전(2017)의 부가직업정보에서 작업강도에 대한 설명으로 틀린 것은?

① 아주 가벼운 작업 : 최고 4kg의 물건을 들어올리고, 때때로 장보, 대장, 소도구 등을 들어올리거나 운반한다.

② 가벼운 작업 : 최고 8kg의 물건을 들어올리고, 4kg 정도의 물건을 빈번히 들어올리거나 운반한다.

③ 힘든 작업 : 최고 40kg의 물건을 들어올리고 10kg 정도의 물건을 빈번히 들어올리거나 운반한다.

④ 아주 힘든 작업 : 40kg 이상의 물건을 들어올리고 20kg 이상의 물건을 빈번히 들어올리거나 운반한다.

Q07. 한국직업사전(2017)의 부가직업정보 중 작업강도에 관한 설명으로 옳은 것은?

① 작업강도는 해당 직업의 직무를 수행하는 데 필요한 육체적 힘의 강도를 나타낸 것으로 3단계로 분류하였다.

② 작업강도는 심리적·정신적 노동강도는 고려하지 않았다.

③ 보통작업은 최고 40kg의 물건을 들어올리고 20kg 정도의 물건을 빈번히 들어올리거나 운반한다.

④ 운반이란 물체를 주어진 높이에서 다른 높이로 올리거나 내리는 작업을 의미한다.

Q08. 한국직업사전(2017)의 부가정보 중 "자료"에 관한 설명으로 틀린 것은?

① 종합 : 사실을 발견하고 지식개념 또는 해석을 개발하기 위해 자료를 종합적으로 분석한다.

② 분석 : 조사하고 평가하며 평가와 관련된 대안적 행위의 제시가 빈번하게 포함된다.

③ 계산 : 사칙연산을 실시하고 사칙연산과 관련하여 규정된 활동을 수행하거나 보고한다. 수를 세는 것도 포함된다.

④ 기록 : 데이터를 옮겨 적거나 입력하거나 표시한다.

Q09. 한국직업사전에서 각 직업의 직업명세란에 있으며 사물(things)에 관한 기능들 중 책임과 판단이 가장 복잡한 기능은 다음 중 어느 것인가?

① 설치 ② 정밀작업 ③ 조절 ④ 운전

Q10. 한국직업사전(2017)의 부가직업정보에 해당되지 않는 것은?

① 직무기능(DPT) ② 숙련기간 ③ 자격/ 면허 ④ 직무개요

Q11. 한국직업사전의 부가직업정보 중'숙련기간'에 포함되지 않는 것은?

① 해당 직업에 필요한 자격·면허를 취득하는 취업 전 교육 및 훈련기간

② 취업 후에 이루어지는 관련 자격·면허 취득교육 및 훈련기간

③ 해당 직무를 평균적으로 수행하기 위한 각종 교육·훈련기간 수습교육, 기타 사내교육, 현장훈련

④ 해당 직무를 평균적인 수준 이상으로 수행하기 위한 향상 훈련

Q12. 한국직업사전(2017) 작업환경에 대한 설명에서 위험내재에 포함되지 않는 것은?

① 방사선 ② 기계 ③ 가스 ④ 전기

Q13. 한국직업사전에 수록되어 있는 정보 중 유사명칭에 대한 설명으로 틀린 것은?

① 직업수 집계에서 제외된다.

② 본직업명을 명칭만 다르게 부르는 것이다.

③ 한국직업사전의 부가직업정보에 해당한다.

④ 본 직업을 직무의 범위, 대상 등에 따라 나눈 것이다.

Q14. 한국직업전망(2017)의 직업별 정보 구성체계에 해당하지 않는 것은?

① 하는 일 ② 근무환경 ③ 산업전망 ④ 고용전망

Q15. 한국직업전망(2017)의 수록직업 선정에 관한 설명으로 틀린 것은?

① 수록직업은 한국표준직업분류의 중분류 직업에 기초하여 종사자 수가 일정 규모 이상인 경우를 원칙으로 선정하였다.

② 청소년 및 구직자의 관심이 높거나 직업정보를 제공할 가치가 있다고 판단되는 직업을 추가 선정하였다.

③ 직업선정 시 KECO의 세분류 직업 429개 중 승진을 통해 진입하게 되는 관리직은 제외하였다.

④ 직무가 유사한 직업들은 하나로 통합하거나 소분류(3-digits) 수준에서 통합하였다.

Q16. 한국직업전망(2017)에 대한 설명으로 틀린 것은?

① 정량적, 정성적 분석을 통한 전망 결과를 현장전문가, 직업 및 고용 전문가 등의 검증을 통해 최종 확정하였다.

② 고용 전망 결과는 향후 10년간의 연평균 고용증감률을 고려하여 6개 구간으로 나누어 제시하였다.

③ 한국고용직업분류 24개의 중분류를 통합 또는 분할하여 17개 직군으로 재편하였다.

④ 관련 정보처로서 직업정보와 관련된 정부부처, 공공기관, 학회 등의 기관명칭, 홈페이지 주소 등을 수록하였다.

CHAPTER 06 노동력의 이해

Q01. 인구통계에 있어서 "성비 105"의 의미는?

① 남녀 임금차이가 105%란 의미이다.

② 총인구 중 남자 100명당 여자 105명이란 의미이다.

③ 총인구 중 여자 100명당 남자 105명이란 의미이다.

④ 경제활동에 남자가 5% 더 많이 참가하고 있다는 의미이다.

Q02. 다음 중 경제활동참가율의 의미로 옳은 것은?

① 생산가능인구 중에서 노동력인구가 차지하는 비율

② 생산가능인구 중에서 취업자가 차지하는 비율

③ 생산가능인구 중에서 비경제활동인구가 차지하는 비율

④ 생산가능인구 중에서 실업자가 차지하는 비율

Q03. 다음 중 비경제활동인구가 아닌 사람은?

① 전업주부

② 구직활동은 하고 있으나 직업을 구할 수 없는 자

③ 일을 할 수 없는 노인과 장애인

④ 자발적으로 자선단체나 종교단체에 관여한 자

Q04. 경제활동인구조사에서 조사구내에서 사는 부인이 조사구 외에 사는 남편이 운영하는 식당에서 매일 일하는 경우 부인의 경제활동상태에 대한 판단으로 맞는 것은?

① 조사구 밖의 남편식당에서 일하므로 비경제활동인구로 본다.

② 남편의 일을 도와주고 있으므로 취업자 중 무급가족 종사자로 본다.

③ 부부가 함께 운영하고 있으므로 취업자이며 자영자로 본다.

④ 조사 대상자가 아니므로 조사에서 제외한다.

Q05. 15세 이상 인구가 36,784천 명, 취업자가 22,223천 명, 실업자가 661천 명이라고 할 때 실업률은?

① 1.7% ② 2.9% ③ 3.0% ④ 3.5%

Q06. A국가의 전체 인구가 5,000만 명 중 은퇴한 노년층과 15세 미만 유년층이 각각 1,000만 명이다. 또한 취업자가 1,500만 명이고 실업자가 500만 명이라고 한다. 이 국가의 실업률(A)과 경제활동참가율(B)은?

① A－35%, B－40%　② A－25%, B－50%
③ A－33%, B－50%　④ A－33%, B－40%

Q07. 우리나라의 여성경제활동참가율도 상당한 수준으로 높아졌다. 그런데 여성의 경우 연령별로 경제활동참가율을 작도해보면 남성의 경우와 달리 특이한 모양을 보이게 되는데 대체로 그 모양은 어떠한 형태로 나타나는가?

① U자형　② 역 U자형　③ M자형　④ W자형

Q08. 다음 중 노동력의 지역 간 이동 이론에서 도시공식부문과 비공식무문의 개념을 도입한 것은?

① 농민층분해론　② 루이스 모형　③ 페티－클라크 법칙④ 토다로 모형

Q09. 다음 표에서 실업률은?

총인구	생산가능인구	취업자	실업자
100만 명	60만 명	36만 명	4만 명

① 4.0%　② 6.7%　③ 10.0%　④ 12.5%

Q10. 경제활동인구조사에서 종사상지위별 취업자분류에 해당하지 않은 것은?

① 자영업자　② 임시근로자　③ 무급가족종사자　④ 관리자

Q11. 취업자 800명, 실업자 200명, 비경제활동인구 1,000명 일 때 경제활동참가율은?

① 40%　② 50%　③ 약 67%　④ 80%

CHAPTER 07 노동시장 : 노동의 수요와 공급

Q01. 노동시장의 유연성에 대한 설명으로 틀린 것은?

① 노동시장의 유연성이란 일반적으로 외부환경변화에 인적자원이 신속하고 효율적으로 배분되는 노동시장의 능력을 지칭한다.

② 다기능공화, 배치전화, 직업장간 노동이동 등을 통해 생산과정변화에 대한 근로자의 적응력을 높이는 것을 기능적 유연성이라 한다.

③ 작업을 하청의 형태로 외부에 주거나 용역업체에 의해 노동자를 고용하는 것은 노동시장의 유연성이라 할 수 없다.

④ 일시휴업이나 휴가증가, 주휴 2일제 등은 노동시장 유연성의 유형 중 하나이다.

Q02. 다음 중 노동시장 유연성(labor market flexibility)에 관한 설명으로 틀린 것은?

① 노동시장 유연성이란 일반적으로 외부환경변화에 인적자원이 신속하고 효율적으로 재배분되는 노동시장의 능력을 지칭한다.

② 외부적 수량적 유연성이란 해고를 좀 더 자유롭게 하고 다양한 형태의 파트타임직을 확장시키는 것을 포함한다.

③ 외부적 수량적 유연성의 예로는 변형시간근로제, 탄력적 근무시간제 등이 있다.

④ 기능적 유연성이란 생산과정 변화에 대한 근로자의 적응력을 높이는 것을 의미한다.

Q03. 노동시장의 유연성을 높일 수 있는 방안과 가장 거리가 먼 것은?

① 신속한 고용조정능력을 갖춘다.

② 전직실업자의 신속한 재취업능력을 높인다.

③ 국제노동기구와의 연대를 모색한다.

④ 노동수요측면의 능력위주 인사관행을 확립한다.

Q04. 기업에서 단기노동수요를 증가시키는 요인으로 맞는 것은?

① 상품수요의 증가　　② 실업의 감소

③ 노동생산성의 체감　　④ 고용보험료의 인상

Q05. 경제활동 참가 또는 노동공급을 결정하는 요인에 대한 설명으로 사실과 가장 거리가 먼 것은?

① 비근로소득이 클수록 경제활동 참가는 낮아진다.

② 취학 전 자녀수가 많을수록 경제활동 참가는 낮아진다.

③ 교육수준이 높아질수록 경제활동 참가는 증가한다.

④ 기업의 노동시간이 신축적일수록 노동공급이 감소한다.

Q06. 다음 사례에 해당하는 것은?

A는 대형마트에서 주당 20시간 근무하고 있는 단시간근로자(파트타임근로자)이다. 시간당 임금이 7천원에서 9천원으로 인상되어 A는 주당 근로시간을 30시간으로 확대하기로 하였다.

① 수요효과 ② 공급효과 ③ 소득효과 ④ 대체효과

Q07. 노동공급과 관련한 소득－여가 선호모형에 대한 설명으로 틀린 것은?

① 경제활동참가 여부는 시장임금률의 변화에 영향을 받는다.

② 어느 가구원의 노동공급 결정 여부는 비근로소득 또는 타가구원의 소득에 영향을 받는다.

③ 소득－여가 선호모형에서 요구임금률이 시장임금률보다 높은 경우에 경제활동에 참가한다.

④ 소득－여가 무차별곡선상의 한점에 접하는 접선의 기울기는 요구임금률을 의미한다.

Q08. 노동공급의 소득효과에 관한 설명으로 맞는 것은?

① 임금 이외 소득의 증가로 노동공급량을 증가시키는 것이다.

② 임금소득의 증가로 여가를 증가시키고 노동공급량을 감소시키는 것이다.

③ 임금소득의 증가로 노동공급량을 증가시키는 것이다.

④ 노동의 소득효과가 대체효과보다 크면 노동공급 곡선이 우상향하는 형태로 나타난다.

Q09. 후방굴절형 노동공급곡선에 대한 설명으로 옳은 것은?

① 임금이 일정 수준이상으로 오르면 임금이 오를수록 노동공급이 감소하게 되는 데 이를 반영하여 노동공급곡선이 후방굴절형으로 된다.

② 임금변화의 대체효과가 소득효과보다 클 때 임금과 노동시간 사이에 부의 관계가 나타나는 것을 말한다.

③ 노동공급의 변화율을 노동가격의 변화율로 나눈 값이 점차 감소하는 현상을 그래프로 나타낸 것을 말한다.

④ 인구가 일정 규모이상이 되면 임금이 오를수록 노동 공급이 감소하는 것을 그래프로 나타낸 것을 말한다.

Q10. 개인의 후방굴절형 노동공급곡선의 설명으로 맞는 것은?

① 임금이 상승함에 따라 노동시간을 증가시키려고 한다.

② 소득－여가 간의 선호체계분석에서 소득효과가 대체효과를 압도한 결과이다.

③ 소득－여가 간의 선호체계분석에서 대체효과가 소득효과를 압도한 결과이다.

④ 임금이 하락함에 따라 노동시간을 줄이려는 의지를 강력하게 표현하고 있다.

Q11. 임금상승에 따라 노동공급고선이 후방굴절(상당부분에서 좌상향으로 굽어짐)을 보이는 이유는?

① 임금상승 시 대체효과가 소득효과보다 크기 때문이다.

② 임금상승 시 소득효과가 대체효과보다 크기 때문이다.

③ 임금상승 시 소득효과가 대체효과가 같아지기 때문이다.

④ 임금상승 시 노동자들이 일을 더하려고 하기 때문이다.

Q12. 임금상승에 따라 후방굴절하는 구간에서의 노동공급곡선에 대한 설명으로 옳은 것은? (단, 여가는 소득효과가 양(+)인 정상재이다.)

① 여가가 정상재이기 때문에 항상 후방굴절한다.

② 여가에 대한 대체효과의 크기가 소득효과의 크기보다 크다.

③ 여가에 대한 대체효과의 크기가 소득효과의 크기와 같다.

④ 여가에 대한 대체효과의 크기가 소득효과의 크기보다 작다.

Q13. 만일 여가(leisure)가 열등재라면, 임금이 증가할 때 노동공급은 어떻게 변하는가?

① 임금수준에 상관없이 임금이 증가할 때 노동공급은 감소한다.

② 임금수준에 상관없이 임금이 증가할 때 노동공급은 증가한다.

③ 낮은 임금수준에서 임금이 증가할 때는 노동공급이 증가하다가 임금수준이 높아지면 임금증가는 노동공급을 감소시킨다.

④ 낮은 임금수준에서 임금이 증가할 때는 노동공급이 감소하다가 임금수준이 높아지면 임금증가는 노동공급을 증가시킨다.

Q14. 다음 중 노동수요의 탄력성을 결정하는 요인이 아닌 것은?

① 다른 요소와의 대체가능성

② 총생산비에 대한 노동비용의 비중

③ 다른 생산요소의 수요의 가격탄력성

④ 상품에 대한 수요의 탄력성

Q15. 노동수요의 탄력성에 관한 설명으로 틀린 것은?

① 생산물에 대한 수요가 탄력적일수록 노동수요도 탄력적으로 된다.

② 총생산비에 대한 노동비용의 비중이 클수록 노동수요는 비탄력적으로 된다.

③ 노동을 다른 생산요소로 대체하는 것이 용이할수록 노동 수요는 탄력적으로 된다.

④ 노동 이외 생산요소의 공급탄력성이 작을수록 노동수요는 비탄력적으로 된다.

Q16. 노동의 수요탄력성이 0.5이고 다른 조건이 일정할 때 임금이 5% 상승한다면 고용량의 변화는?

① 0.5% 감소한다. ② 2.5% 감소한다. ③ 5% 감소한다. ④ 5.5% 감소

Q17. 노조가 임금인상 투쟁을 벌일 때, 고용량 감소효과가 가장 적게 나타나는 경우는?

① 노동수요의 임금탄력성이 0.1일 때 ② 노동수요의 임금탄력성이 1일 때

③ 노동수요의 임금탄력성이 2일 때 ④ 노동수요의 임금탄력성이 5일 때

Q18. 외국인 노동자들의 모든 근로자 합법화되었을 때 외국인 노동수요의 임금탄력성이 0.6이고 임금이 15% 상승하면, 외국인 노동자들에 대한 수요는 몇 % 감소하는가?

① 6% ② 9% ③ 12% ④ 15%

Q19. 다음 중 노동공급의 탄력성 결정요인이 아닌 것은?

① 노동조합의 결성과 교섭력의 정도

② 노동이동의 용이성 정도

③ 여성의 취업기회의 창출가능성 여부

④ 다른 생산요소로의 노동의 대체 가능성

Q20. 다음 중 노동공급의 탄력성 공식으로 맞는 것은?

① $\text{노동공급의 탄력성} = \dfrac{\text{노동공급량의 변화량(\%)}}{\text{임금의 변화량(\%)}}$

② $\text{노동공급의 탄력성} = \dfrac{\text{임금의 변화량(\%)}}{\text{노동공급량의 변화량(\%)}}$

③ $\text{노동공급의 탄력성} = \dfrac{\text{임금의 변화율(\%)}}{\text{노동공급량의 변화율(\%)}}$

④ $\text{노동공급의 탄력성} = \dfrac{\text{노동공급량의 변화율(\%)}}{\text{임금의 변화율(\%)}}$

Q21. 경쟁시장에서 아이스크림 가게를 운영하는 A씨는 5명을 고용하여 1개당 2000원에 판매하고 있다. 시간당 12000원을 임금으로 지급하면서 이윤을 극대화하고 있다. 만일 아이스크림 가격이 3000원으로 오른다면 현재의 고용수준 에서 노동의 한계생산물가치는 시간당 얼마이며, 이때 A씨는 노동의 투입량을 어떻게 변화시킬까?

① 9000원 증가시킨다.　② 18000원 증가시킨다.

③ 9000원 감소시킨다.　④ 18000원 감소시킨다.

Q22. 처음 7명의 노동자의 평균생산량은 20단위였다. 노동자를 추가로 한 사람 더 고용함으로써 평균생산량은 18단위로 감소하였다. 이때 추가 고용된 노동자의 한계생산량은?

① 4단위　② 5단위　③ 6단위　④ 7단위

Q23. 다음 중 노동수요의 특성에 대한 설명으로 틀린 것은?

① 유발수요이다.　② 결합수요이다.

③ 유량의 개념이다.　④ 저량의 개념이다.

Q24. 이윤극대화를 추구하는 어떤 커피숍 종업원의 임금은 시간당 6,000원이고, 커피 1잔의 가격은 3,000원일 때 이 종업원의 한계생산은?

① 커피 1잔 ② 커피 2잔 ③ 커피 3잔 ④ 커피 4잔

Q25. 노동수요에 대한 설명으로 틀린 것은?

① 재화가격이 상승하면 노동수요곡선이 우측으로 이동한다.

② 장기에는 노동수요곡선이 단기보다 완만해진다.

③ 기술혁신이 이루어지면 노동수요곡선이 우측으로 이동한다.

④ 임금이 하락하면 노동수요곡선이 우측으로 이동한다.

CHAPTER 08 노동시장의 구조와 임금의 결정

Q01. 다음 중 경쟁노동시장모형의 가정으로 틀린 것은?

① 노동자 개인이나 개별고용주는 시장임금에 아무런 영향력을 행사할 수 없다.
② 노동자의 단결조직과 사용자의 단결조직은 없다.
③ 모든 직무의 공석은 내부노동시장을 통해서 채워진다.
④ 노동자와 고용주는 완전정보를 갖는다.

Q02. 내부노동시장이 형성되는 요인이 아닌 것은?

① 숙련의 특수성　② 교육수준　③ 현장훈련　④ 관습

Q03. 다음 중 내부노동시장이 갖는 장점이 아닌 것은?

① 내부승진이 많다.
② 장기적인 고용관계가 성립한다.
③ 기업의 특수한 인적자원 형성에 유리하다.
④ 임금비용이 경기변화에 유연하게 움직인다.

Q04. 다음 중 1차 노동시장의 특성과 가장 거리가 먼 것은?

① 고용의 안정성　② 승진기회의 평등
③ 자유로운 직업 간 이동 보장　③ 고임금

Q05. 이중노동시장에서 2차노동시장의 특징에 해당되는 것은?

① 기업 내부의 승진가능성이 높다.
② 종사자의 결근율이 낮다.
③ 종사자의 고용기간이 짧다.
④ 자신의 인적자본을 높이려는 열의가 강하다.

Q06. 다음 중 분단노동시장 이론과 가장 거리가 먼 것은?

① 빈곤퇴치를 위한 정책적인 노력이 쉽게 성공하지 못하고 있다.

② 내부노동시장과 외부노동시장은 현격하게 다른 특성을 갖는다.

③ 근로자는 임금을 중심으로 경쟁하는 것이 아니라 직무를 중심으로 경쟁하기도 한다.

④ 고학력 실업자가 증가하면 단순노무직의 임금도 하락한다.

Q07. 분단노동시장(segmented labor market)가설의 출현배경과 가장 거리가 먼 것은?

① 능력분포와 소득분포의 상이 ② 교육개선에 의한 빈곤퇴치 실패

③ 소수인종에 대한 현실적 차별 ④ 동질의 노동에 동일한 임금

Q08. 효율임금이론에서 고임금이 고생산성을 가져오는 원인으로 적합하지 않는 것은?

① 고임금은 노동자의 직장상실 비용을 증대시켜 노동자로 하여금 열심히 일하게 한다.

② 대규모 사업장에서 통제상실을 미연에 방지하는 차원에서 고임금을 지불하여 노동자를 열심히 일하도록 유도할 수 있다.

③ 고임금은 노동자의 사직을 감소시켜 신규노동자의 채용 및 훈련비용을 감소시킨다.

④ 균형임금을 지불하여 경제전반적으로 동일노동·동일임금이 달성되도록 한다.

Q09. 임금기금설(wage-fund theory)에 관한 설명으로 틀린 것은?

① 임금기금의 규모는 일정하므로 시장임금의 크기는 임금기금을 노동자의 수로 나눈 값이 된다.

② 임금기금설은 노동공급측면의 역할을 중시한 노동의 장기적인 자연가격결정론에 해당된다.

③ 임금기금설은 고임금이 고실업률을 야기시킨다고 하여 고용이론에 영향을 주었다.

④ 임금기금설에 따라 노동조합의 교섭력을 통한 임금의 인상이 불가능하다는 노동조합무용론이 제기되었다.

Q10. 임금-물가 악순환론, 지불능력설, 한계생산력설 등에 영향을 미친 임금결정이론은?

① 임금생존비설 ② 임금철칙설 ③ 노동가치설 ④ 임금기금설

Q11. 다음 중 임금 학설에 관한 설명으로 틀린 것은?

① 임금생존비설은 임금상승이 노동절약적 기계도입에 따른 기술적 실업의 발생으로 산업예비군을 증가시켜 다시 임금을 생존비수준으로 저하시킨다는 학설이다.

② 임금기금설은 어느 한 시점에 근로자의 임금으로 지불될 수 있는 부의 총액 또는 기금은 정해져 있고, 이 기금은 시간이 지남에 따라 변화될 수 있다는 학설이다.

③ 임금교섭력설은 고용기회나 노동공급량에 불리한 영향을 미치지 않으면서도 일정한 범위 내에서 임금이 교섭력강도에 따라 변화할 수 있다는 학설이다.

④ 임금철칙설은 노동자의 임금이 생활비에 귀착되며, 생활비를 중심으로 약간 변동이 있더라도 궁극적으로는 임금이 생활비에 일치된다는 학설이다.

Q12. 다음 중 임금수준의 결정원칙이 아닌 것은?

① 사회적 균형의 원칙　② 생계비 보장의 원칙

③ 소비욕구 반영의 원칙　④ 기업의 지불 능력의 원칙

Q13. 다음 중 연봉제의 장점과 가장 거리가 먼 것은?

① 능력주의, 성과주의를 실현할 수 있다.

② 과감한 인재기용에 용이하다.

③ 종업원 상호간의 협조성이 높아진다.

④ 종업원들의 경영감각을 배양할 수 있다.

Q14. 임금체계의 유형 중 연공급의 단점에 대한 설명으로 틀린 것은?

① 위계질서의 확립이 어렵다.

② 동기부여효과가 미약하다.

③ 비합리적인 인건비 지출을 하게 된다.

④ 능력·업무와의 연계성이 미약하다.

Q15. 연공급의 특징과 가장 거리가 먼 것은?

① 기업에 대한 귀속의식 제고　② 전문기술인력 확보 곤란

③ 근로자에 대한 교육훈련의 효과 제고　④ 인건비부담의 감소

Q16. 다음 중 직무급의 장점과 가장 거리가 먼 것은?
① 직무에 상응하는 임금지급이 가능하다. ② 직무가치의 객관성 확보가 가능하다.
③ 배치전환이 용이하다. ④ 능력위주의 인사관리가 가능하다.

Q17. 근로조건의 차이에 의해 발생하는 임금의 차이는?
① 보상소득격차 ② 보상임금격차
③ 동등임금비율 ④ 조건부 임금격차

Q18. 다음 중 임금격차를 발생시키는 원인으로 볼 수 없는 것은?
① 생산성이 다르기 때문이다.
② 직업에 수반된 위험이 다르기 때문이다.
③ 가정환경이 다르기 때문이다.
④ 차별이 있기 때문이다.

Q19. 시장경제를 채택하고 있는 국가의 노동시장에서 직종별 임금격차가 존재하는 이유로 적절하지 않은 것은?
① 직종에 따라 근로환경의 차이가 존재하기 때문이다.
② 직종에 따라 노종조합 조직율의 차이가 존재하기 때문이다.
③ 직종 간 정보의 흐름이 원활하기 때문이다.
④ 노동자들의 특정 직종에 대한 회피와 선호가 다르기 때문이다.

Q20. 다음 중 보상적 임금격차를 발생시키는 요인이 아닌 것은?
① 작업환경의 쾌적성 여부 ② 성별 간의 소득차이
③ 교육훈련 기회의 차이 ④ 고용의 안정성 여부

Q21. 다음 중 보상임금격차의 예로서 가장 적합한 것은?
① 사회적으로 명예로운 직업의 보수가 높다.
② 대기업의 임금이 중소기업의 임금보다 높다.
③ 정규직 근로자의 임금이 일용직 근로자의 임금보다 높다.
④ 상대적으로 열악한 작업환경과 위험한 업무를 수행하는 광부의 임금은 일반 공장 근로자의 임금보다 높다.

Q22. 최저임금제의 기대효과가 아닌 것은?

① 산업 간, 직업 간 임금격차 해소 ② 경기활성화에 기여

③ 생산성 향상 ④ 청소년 취업촉진

Q23. 효율임금(efficiency wage) 가설이란?

① 기업이 생산의 효율성을 달성하기 위해 적정임금을 책정한다는 것

② 기업이 시장임금보다 높은 임금을 유지해 노동생산성 증가를 도모한다는 것

③ 기업이 노동생산성에 맞춰 임금을 책정한다는 것

④ 기업이 생산비 최소화 원리에 따라 임금을 책정한다는 것

Q24. 효율임금정책이 높은 생산성을 가져오는 원인에 관한 설명으로 틀린 것은?

① 고임금은 노동자의 직장상실비용을 증대시켜서 작업 중에 태만하지 않게 한다.

② 고임금 지불기업은 그렇지 않은 기업에 비해 신규노동자의 훈련에 많은 비용을 지출한다.

③ 고임금은 노동자의 기업에 대한 충성심과 귀속감을 증대시킨다.

④ 고임금 지불기업은 신규채용시 지원노동자의 평균자질이 높아져 보다 양질의 노동자를 고용할 수 있다.

Q25. 여성이 특정 직종에 집중되면서 여성노동시장의 경쟁이 격화됨으로써 여성의 임금수준이 저하되는 현상은?

① 위협효과 ② 파급효과 ③ 대체효과 ④ 혼잡효과

CHAPTER 09 실업과 노동시장정책

Q01. 노동시장과 실업에 관한 설명으로 틀린 것은?

① 최저임금제는 비숙련 노동자에게 해당된다.

② 해고자, 취업대기자, 구직포기자는 실업에 포함된다.

③ 효율성 임금은 노동자의 이직을 막기 위해 시장균형 임금보다 높다.

④ 최저임금, 노동조합 또는 직업탐색 등이 실업의 원인에 포함된다.

Q02. 다음은 무엇에 관한 설명인가?

경기가 하강할 때 주노동자가 실직하게 됨에 따라 가족 중 비경제 활동인구로 머물던 이차적 노동력이 가계의 속을 유지하기 위하여 노동시장에 참가하여 실업률을 높이게 된다.

① 잠재실업효과　　② 실망노동자효과

③ 부가노동자효과　　④ 노동공급의 기회비용효과

Q03. 실업에 관한 설명으로 맞는 것은?

① 경기 후퇴 시에는 일반적으로 실망노동자 효과가 부가 노동자 효과보다 크다.

② 잠재실업자는 통계청의 경제활동인구조사에서 실업자의 일부로 집계된다.

③ 잠재실업자의 취업이 가능할 정도까지 경기부양을 실시하는 것이 원칙이다.

④ 세계적인 경기순환에 따른 실업의 증가에는 대책이 없다.

Q04. 실업률을 낮추기 위한 대책과 가장 거리가 먼 것은?

① 직업훈련 기회의 제공　　② 재정지출의 축소

③ 금리 인하　　④ 법인세 인하

Q05. 경기적 실업에 대한 대책에 해당하는 것은?

① 지역 간 이동촉진　　② 총수요의 확대

③ 기업의 퇴직 예고제　　④ 구인·구직에 대한 전산망 확대

Q06. 마찰적 실업을 해소하기 위한 정책이 아닌 것은?

① 구인·구직에 대한 전국적인 전산망 연결

② 직업안내와 직업상담 등 직업알선기관에 의한 효과적인 알선

③ 고용실태 및 전망에 관한 자료제공

④ 노동자의 전직과 관련된 재훈련을 실시하고 지역 간 이동을 촉진시키는 지역 이주금 보조

Q07. 다음 중 실업에 관한 설명으로 틀린 것은?

① 자발적 실업에는 마찰적 실업과 탐색적 실업이 해당한다.

② 경기적 실업은 구조적 실업보다 장기적으로 지속되기 쉽다.

③ 마찰적 실업과 탐색적 실업은 자발적 실업이고 항상 존재하기 때문에 인위적으로 줄일 수 없다.

④ 잠재적 실업은 노동의 한계생산물이 거의 0에 가까운 실업을 의미한다.

Q08. 다음 중 구조적 실업의 대책이라고 할 수 없는 것은?

① 경기활성화

② 직업전환교육

③ 이주에 대한 보조금

④ 산업구조변화 예측에 따른 인력수급정책

Q09. 다음 현상을 설명하는 실업의 종류와 대책을 연결한 것으로 옳은 것은?

성장산업에서는 노동에 대한 초과수요로 인하여 노동력의 부족현상이 야기되고 사양 산업에서는 노동에 대한 초과공급으로 인하여 노동력의 과잉현상이 야기되고 있다.

① 마찰적 실업－구인, 구직정보망 확충　② 경기적 실업－유효수요의 증대

③ 구조적 실업－인력정책　④ 기술적 실업－기술혁신

Q10. 다음 중 사회적 비용이 상대적으로 가장 적게 유발되는 실업은?

① 경기적 실업　② 계절적 실업　③ 마찰적 실업　④ 구조적 실업

Q11. 다음 중 마찰적 실업에 관한 설명으로 옳은 것은?

① 경기침체로부터 오는 실업이다.

② 구인자와 구직자간의 정보의 불일치로 인해 발생한다.

③ 기업이 요구하는 기술수준과 노동자가 공급하는 기술수준의 불합치에 의해 발생한다.

④ 노동절약적 기술 도입으로 해고가 이루어짐으로써 발생한다.

Q12. 마찰적 실업을 해소하기 위한 정책이 아닌 것은?

① 구인 및 구직에 대한 전국적 전산망 연결

② 직업안내와 직업상담 등 직업알선기관에 의한 효과적인 알선

③ 고용실태 및 전망에 관한 자료제공

④ 노동자의 전직과 관련된 재훈련 실시

Q13. 마찰적 실업을 해소하기 위한 가장 효과적인 정책은?

① 성과급제를 도입한다.

② 근로자 파견업을 활성화한다.

③ 협력적 노사관계를 구축한다.

④ 구인·구직 정보제공시스템의 효율성을 제고한다.

Q14. 구인처에서 요구하는 기술을 갖춘 근로자가 없어서 발생하는 실업은?

① 구조적 실업 ② 잠재적 실업 ③ 마찰적 실업 ④ 자발적 실업

Q15. 케인즈(Keynes)의 실업이론에 관한 설명으로 틀린 것은?

① 노동의 공급은 실질임금의 함수이며, 노동에 대한 수요는 명목임금의 함수이다.

② 노동자들은 화폐환상을 갖고 있어 명목임금의 하락에 저항하므로 명목임금은 하방경직성을 갖는다.

③ 비자발적 실업의 원인을 유효수요의 부족으로 설명하였다.

④ 실업의 해소방안으로 재정투융자의 확대, 통화량의 증대 등을 주장하였다.

Q16. 다음 중 비수요부족실업이 아닌 것은?

① 마찰적 실업 ② 경기적 실업 ③ 구조적 실업 ④ 계절적 실업

Q17. 잠재적 실업에 관한 설명으로 가장 거리가 먼 것은?

① 노동의 한계생산성이 거의 0에 가까운 실업을 말한다.

② 표면적으로 취업상태에 있지만 실질적으로 실업상태에 있는 농촌의 과잉인구 등이 해당된다.

③ 구직의 가능성이 높았더라면 노동시장에 참가하여 적어도 구직활동을 했을 사람이 그와 같은 전망이 없거나 낮다고 판단하여 비경제활동인구화 되어 있는 경우를 말한다.

④ 불법체류 외국인 취업자들이 해당된다.

Q18. 다음 중 실업률과 물가상승률 간 역의 상충관계를 나타내는 곡선은?

① 래퍼곡선 ② 필립스곡선 ③ 로렌즈곡선 ④ 테일러곡선

CHAPTER 10 노사관계와 노동조합

Q01. 이원적 노사관계론의 구조를 바르게 나타낸 것은?

① 제1차 관계 : 경영 대 노동조합관계 / 제2차 관계 : 경영 대 정부기관관계
② 제1차 관계 : 경영 대 노동조합관계 / 제2차 관계 : 정부기관 대 노동조합관계
③ 제1차 관계 : 경영 대 종업원관계 / 제2차 관계 : 경영 대 노동조합관계
④ 제1차 관계 : 경영 대 종업원관계 / 제2차 관계 : 정부기관관계 대 노동조합관계

Q02. 노사관계의 3주체(tripartite)를 바르게 짝지은 것은?

① 노동자－사용자－정부
② 노동자－사용자－국회
③ 노동자－사용자－정당
④ 노동자－사용자－사회단체

Q03. 합리적인 법제도에 의한 노동관리와 온정주의적 노동관리가 병존하는 노사관계는?

① 민주적 노사관계
② 전제적 노사관계
③ 근대적 노사관계
④ 온정적 노사관계

Q04. 노사관계의 주체를 사용자 및 단체, 노동자 및 단체, 정부로 규정하고 이들 간의 관계는 기술, 시장 또는 예산상의 제약, 권력구조에 의해 결정 된다는 노사관계이론은?

① 시스템이론
② 수렴이론
③ 분산이론
④ 단체교섭이론

Q05. 노동조합 조직률 변동의 결정요인에 대한 설명으로 틀린 것은?

① 근로조건 열악 등에서 오는 불만과 분노의 양이 클수록 노조의 집단적 발언효과로 인하여 노조가입의 예상순이익이 증가할 수 있다.
② 노조의 정치활동으로 근로자의 간접임금이 높아질 가능성이 높아지면 예상순이익이 증가하여 노조가입에 대한 수요가 증가할 것이다.
③ 여성의 경제적 지위 향상에 대한 노조의 관심과 노력이 있으면 전체 노동력에서 여성고용의 비중이 증가함에 따라 노조가입은 증가한다.
④ 산업구조가 서비스업 중심으로 바뀜에 따라 화이트칼라의 구성이 높아지면 노조가입은 증가한다.

Q06. 노동조합이 가장 강조하는 임금수준의 결정기준은?

① 생계비기준 ② 지불능력기준 ③ 노동생산성기준 ④ 비교임금기준

Q07. 다음 중 가장 먼저 생성된 노동조합 형태는?

① 산업별 노동조합 ② 기업별 노동조합

③ 직업(종)별 노동조합 ④ 일반조합

Q08. 다음 중 기업별 노동조합에 관한 설명으로 틀린 것은?

① 기업별 노동조합은 노동자들의 횡단적 연대가 뚜렷하지 않고, 동종·동일산업이라도 기업 간의 시설규모, 지불능력의 차이가 큰 곳에서 조직된다.

② 기업별 노동조합은 노동조합이 회사의 사정에 정통하여 무리한 요구로 인한 노사분규의 가능성이 작다.

③ 기업별 노동조합은 사용자와의 밀접한 관계로 공동체의식을 통한 노사협력 관계를 유지할 수 있어 어용화의 가능성이 적다.

④ 기업별 노동조합은 각 직종간의 구체적 요구조건을 공평하게 처리하기 곤란하여 직종 간에 반목과 대립이 발생할 수 있다.

Q09. 기업별 노동조합에 대한 설명으로 맞는 것은 모두 몇 개인가?

> ㉠ 기업별 노동조합의 경우 노동자들은 노동계급으로서의 연대의식보다 동일 기업 내의 종업원의식을 강하게 가지는 경향을 가진다.
> ㉡ 기업별 조합은 시장지배력을 가지는 독과점 대기업 보다는 중소업체에서 쉽게 찾아질 수 있다.
> ㉢ 기업별 노동조합은 산업별 조합에 비해 개별 기업의 사정을 반영한 단체교섭이 이루어질 수 있으므로 단체협약의 체결이 상대적으로 용이하다. 경기가 하강할 때 주노동자가 실직하게 됨에 따라 가족 중 비경제 활동인구로 머물던 이차적 노동력이 가계의 속을 유지하기 위하여 노동시장에 참가하여 실업률을 높이게 된다.

① 0개 ② 1개 ③ 2개 ④ 3개

Q10. 특별한 기능이나 직업 또는 숙련도에 따라 조직된 배타적이며 동일직업의식이 강한 노동조합은?

① 일반노동조합 ② 산업별 노동조합

③ 직종별 노동조합 ④ 기업별 노동조합

Q11. 직업별 노동조합(craft union)에 관한 설명으로 틀린 것은?

① 동일직업의 노동자들이 소속 기업이나 공장에 관계없이 가입한 횡적 조직이었다.

② 저임금의 미숙련노동자, 여성, 연소노동자들도 조합에 가입할 수 있었다.

③ 조합원간의 연대를 강화하기 위해 공제활동에 의한 조합원간의 상호부조에 주력했다.

④ 산업혁명 초기 숙련노동자가 노동시장을 독점하기 위한 조직으로 결성하였다.

Q12. 노동조합의 기능에 대한 설명으로 틀린 것은?

① 노동조합은 각종 공제활동 및 복지활동을 할 수 있다.

② 노동조합이 결성된 사업장은 이직률이 상대적으로 낮다.

③ 노동조합은 임금을 인상시키는 기능을 수행한다.

④ 노동조합은 특정 정당과 연계하여 정치적 영향력을 발휘할 수 없다.

Q13. 다음 중 노동조합이 노동공급을 제한함으로서 발생할 수 있는 효과는?

① 노동조합이 조직화된 노동시장의 임금이 하락할 것이다.

② 노동조합이 조직화되지 않은 노동시장의 공급곡선이 상방 이동할 것이다.

③ 노동조합이 조직화된 노동시장의 노동수요곡선이 상방 이동할 것이다.

④ 노동조합이 조직화되지 않은 노동시장의 임금이 하락할 것이다.

Q14. 숍제도에 대한 설명으로 틀린 것은?

① 클로즈드숍(closed shop)하에서 노동조합은 노동공급을 독점할 수 있다.

② 유니언숍(union shop)하에서 노동자는 일정한 기간 내에 노동조합에 가입해야 한다.

③ 에이전시숍(agency shop)은 노조원에게만 조합비를 받는 제도이다.

④ 오픈숍(open shop)하에서 노동조합은 상대적으로 노동력의 공급을 독점하기 어렵다.

Q15. 노동조합조직의 유지 및 확대에 유리한 순서대로 숍제도를 열거한 것은?

① 클로즈드숍 > 유니온숍 > 오픈숍 ③ 유니온숍 > 클로즈드숍 > 오픈숍

② 오픈숍 > 유니온숍 > 클로즈드숍 ④ 오픈숍 > 클로즈드숍 > 유니온숍

Q16. 조합원 자격이 있는 노동자만을 채용하고 일단 고용된 노동자라도 조합원 자격을 상실하면 종업원이 될 수 없는 숍(shop)제도는?

① 오픈 숍(open shop) ② 유니온 숍(union shop)
③ 에이전시 숍(agency shop) ④ 클로즈드 숍(closed shop)

Q17. 우리나라의 항운노동조합에서 운영되고 있는 숍(shop)제도는?

① 오픈 숍 ② 클로즈드 숍
③ 유니온 숍 ④ 에이전시 숍

Q18. 기업이 노동자를 채용할 때는 노동조합에 가입하지 않은 노동자를 채용할 수 있지만 일단 채용된 노동자는 일정기간 내에 노동조합에 가입하여야 하며 또한 조합에서 탈퇴하거나 제명되는 경우 종업원자격을 상실하도록 되어있는 숍(shop)제도는?

① 클로즈드 숍 ② 오픈 숍
③ 에이전시 숍 ④ 유니온 숍

Q19. 노조의 단체교섭 결과가 비조합원에게도 혜택이 돌아가는 현실에서 노동조합의 조합원이 아닌 비조합원에게도 단체 교섭의 당사자인 노동조합이 회비를 징수하는 숍(shop)제도는?

① 유니온 숍 ② 에이전시 숍
③ 클로즈드 숍 ④ 오픈 숍

Q20. 단체교섭 형태 중 만일 어떤 방직회사 대표가 연합단체인 섬유노련과 임금과 노동조건에 대해 교섭한다면 이러한 교섭형태는?

① 집단교섭 ② 통일교섭
③ 대각선교섭 ④ 기업별교섭

Q21. 다음 Hicks의 교섭모형과 기대파업기간에 관한 설명으로 틀린 것은?

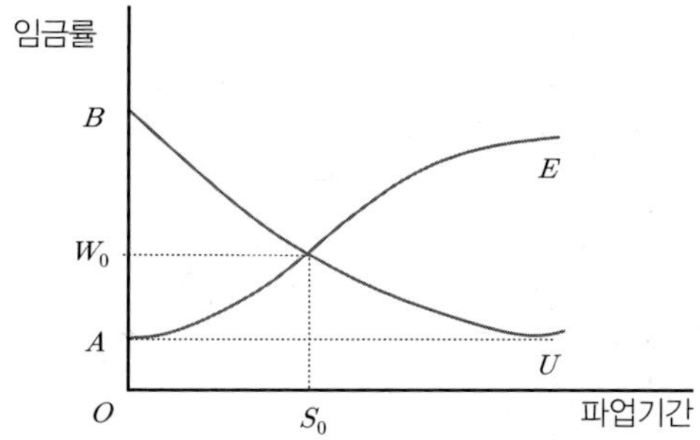

① B에서의 우하향 곡선이 노동조합의 저항곡선이다.

② 기간의 파업을 통해 교차점에 도달했으며 이때 결정된 임금률이 W_0로 됨을 보여준다.

③ 사용자는 노동조합이 OW_0보다 더 높은 임금을 요구하면 파업을 두려워하여 그 요구를 수용할 것이다.

④ 노사가 S_0에서 파업을 중단하는 것이 이익이 된다는 것을 안다면 W_0임금수준에서 교섭을 타결할 것이다.

Q22. 힉스(Hicks, J.R.)의 단체교섭이론에 관한 설명으로 틀린 것은?

① 파업기간이 길어질수록 사용자가 지불하려는 임금수준은 높아진다.

② 파업기간이 길어질수록 노조가 요구하는 임금수준은 낮아진다.

③ 노동조합의 요구임금과 사용자 측의 제의임금은 파업기간의 함수이다.

④ 파업이 발생하기 이전의 교섭과정을 설명하는 이론이다.

Q23. 노동조합으로 인해 비노조부문의 임금이 하락하고 있다면 이는 어떤 경우인가?

① 이전효과(spillover effect)만 나타나는 경우

② 위협효과(threat effect)만 나타나는 경우

③ 대기실업효과만 나타나는 경우

④ 비노동조합부문에서 노동수요곡선을 좌측으로 이동하는 효과가 나타나는 경우

Q24. 노동조합의 임금효과에 관한 설명으로 틀린 것은?

① 노동조합 조직부문과 비조직부문간의 임금격차는 불경기시에 감소한다.

② 노동조합 조직부문에서 해고된 근로자들이 비조직 부문에 몰려 비조직 부문의 임금을 떨어뜨릴 수 있다.

③ 노동조합이 조직될 것을 우려하여 비조직 부문 기업이 이전보다 임금을 더 많이 인상시킬 수 있다.

④ 노조조직부문에 입사하기 위해 비조직 부문 근로자들이 사직하는 경우가 많아 비조직 부문의 임금이 상승할 수 있다.

Q25. 파업의 경제적 비용과 기능에 대한 설명으로 틀린 것은?

① 사적비용은 노동자측의 비용과 기업측의 비용의 합이 된다.

② 사용자의 사적비용은 직업적인 생산중단에서 오는 이윤의 순감소분보다 적을 수도 있다.

③ 사회적비용이란 경제의 한 부분에서 발생한 파업으로 인한 타 부분에서의 생산 및 소비의 감소를 의미한다.

④ 파업에 따른 사회적 비용이 가장 작은 분야는 서비스 산업부문이다.

CHAPTER 11 인적자원의 순환과정과 직업선택(진로선택의 이행)

Q01. 인적자본이론에서 연령이 적은 근로자일수록 이동경향이 높게 나타나는 이유가 가장 거리가 먼 것은?

① 연령이 적을수록 위험선호형이기 때문이다.
② 연령이 적을수록 새로운 직장에서 받는 임금이 높을 가능성이 크기 때문이다.
③ 연령이 적을수록 새로운 직장에서 임금을 회수할 기간이 길기 때문이다.
④ 연령이 적을수록 이동비용이 적기 때문이다.

Q02. 인적자본이론에 관한 설명으로 가장 거리가 먼 것은?

① 일반적으로 능력이 높은 사람일수록 인적자본투자를 더 많이 한다.
② 부모가 부자일수록 자녀의 인적자본투자가 많아진다.
③ 교육과 훈련이 생산성 증대를 가져오고, 이것이 보다 높은 노동이익을 가져온다는 점이 실증적으로 입증되었다.
④ 인적자본투자량은 내부수익률과 시장이자율의 비교에 의해 결정된다.

Q03. 기업특수적 인적자본형성의 원인이 아닌 것은?

① 기업간 차별화된 제품생산 ② 생산공정의 특유성
③ 생산장비의 특유성 ④ 일반적 직업훈련의 차이

Q04. 기업문화가 기업에 미치는 영향을 설명으로 틀린 것은?

① 기업문화는 항상 답습에 의해 그대로 유지된다.
② 기업문화는 구성원의 의사전달에 영향을 미친다.
③ 기업문화는 기업 내 부서 간의 갈등에도 영향을 미친다.
④ 기업문화는 기업전략에 영향을 미친다.

Q05. 기업문화의 모형 중 7S 모형에 해당되지 않는 것은?

① 공유된 가치(shared value) ② 구조(structure)
③ 기술(skill) ④ 만족(satisfaction)

CHAPTER 12 직업정보 시스템

Q01. 다음 중 워크넷(Work-Net)의 주메뉴에 해당되는 것은?

① 취업지도 ② 직업정보 ③ 훈련과정 ④ 수강신청

Q02. 워크넷에서 제공하는 채용정보 중 기업형태별 검색에 해당하지 않는 것은?

① 강소기업 ② 대기업

③ 중소기업 ④ 일학습병행기업

Q03. 워크넷에서 채용정보 검색조건에 해당하지 않는 것은?

① 희망임금 ② 학력 ③ 경력 ④ 연령

Q04. 해외취업 · 창업 · 인턴 · 봉사 등의 해외진출 관련 정보를 통합하여 제공하는 사이트는?

① 월드잡플러스(worldjob.or.kr) ② 일모아사이트(ilmoa.go.kr)

③ 커리어넷(career.go.kr) ④ 빅데이터(data.go.kr)

Q05. 국가 직업훈련에 관한 정보를 검색할 수 있는 정보망은?

① JT-NET ② T-NET ③ HRD-NET ④ Training-Net

Q06. Q-Net에서 제공하는 자격정보에 관한 설명으로 틀린 것은?

① 국가자격정보는 한국산업인력공단에서 시행하는 자격정보만을 제공한다.

② 국가공인민간자격 정보를 민간자격정보서비스(www.pqi.or.kr)와 연계하여 제공한다.

③ 국가기술자격 통계연보를 제공한다.

④ 미국, 호주, 독일 등 외국의 자격제도 운영현황 정보를 제공한다.

Q07. 다음 중 직업안정기관에 대한 설명 중 틀린 것은?

① 고용안정센터는 취업지원업무의 전문화를 위하여 기존의 고용안정업무와는 별도로 설치된 기관이다.

② 직업소개 등 업무처리규정에 의하여 지방자치단체의 장은 취업정보센터 등을 설치・운영할 수 있다.

③ 일일취업센터는 일용근로자에 대한 취업알선 및 생활안정업무를 수행하기 위하여 설치된 기관이다.

④ 인력은행은 노동부와 지방자치단체가 공동으로 설치하여 운영하는 직업안정기관이다.

Q08. 직업능력개발훈련내용 대상에 따른 구분 중 다음은 어떤 훈련을 의미하는가?

주로 신규학교 졸업자 등 새로이 근로자가 되고자 하는 자 및 구직자에 대하여 직업에 필요한 기초적인 지식, 기술, 기능을 습득시키는 훈련

① 양성훈련 ② 향상훈련 ③ 전직훈련 ④ 집체훈련

Q09. 직업능력개발훈련 중 양성훈련 과정을 올바르게 설명한 것은?

① 근로자에게 직업에 필요한 기초적 직무수행능력을 습득시키기 위하여 실시하는 훈련

② 정보・통신매체 등을 이용하여 원격지에 있는 근로자에게 실시하는 직업능력개발훈련

③ 산업체의 생산시설을 이용하여 실시하는 직업능력개발훈련

④ 직업에 필요한 기초적인 직무수행능력을 가지고 있는 자에게 더 높은 직무수행능력을 습득시키기 위한 직업능력개발훈련

Q10. 국가기술자격 중 기사등급의 응시자격이 없는 자는?

① 응시하고자 하는 종목이 속하는 동일직무분야에서 4년 이상 실무에 종사한 자

② 관련학과의 대학졸업자 등 또는 그 졸업예정자

③ 관련학과의 2년제 전문대학졸업자 등으로서 졸업 후 응시하고자 하는 종목이 속하는 동일직무분야에서 2년 이상 실무에 종사한 자

④ 기능사자격을 취득한 후 응시하고자 하는 종목이 속하는 동일직무분야에서 2년 이상 실무에 종사한 자

Q11. 국가기술자격의 검정기준 또는 응시요건에 대한 설명으로 옳은 것은?

① 기능사에 대한 응시자격은 고등학교 졸업 이상이다.

② 응시하려는 종목에 속하는 동일 및 유사 직무분야에서 3년 이상 실무에 종사한 사람은 기사 등급의 응시자격을 충족한다.

③ 기술사 등급에 대한 검정기준은 '응시하고자 하는 종목에 관한 공학적 기술이론 지식을 가지고 설계, 시공, 분석 등의 기술업무를 수행할 수 있는 능력의 유무'이다.

④ 기능사 등급에 대한 검정기준은 '응시하고자 하는 종목에 관한 숙련기능을 가지고 제작, 제조, 운전, 보수, 정비, 채취, 검사 또는 작업관리 및 이에 관련된 업무를 수행할 수 있는 능력의 유무'이다.

Q12. 다음의 보기는 어느 자격기준을 의미하는가?

응시하고자 하는 항목에 관한 숙련기술을 가지고 제작, 제조, 조작, 운전, 정비, 채취, 검사에 관련되는 업무를 수행할 수 있는 능력의 유무

① 기능장　② 기사　③ 산업기사　④ 기능사

Q13. 다음은 어떤 국가기술자격 등급의 검정기준에 해당하는가?

해당 국가기술자격의 종목에 관한 공학적기술이론 지식을 가지고 설계·시공·분석 등의 기술업무를 수행할 수 있는 능력의 유무

① 기능장　② 기사　③ 산업기사　④ 기능사

Q14. 다음 중 국가기술자격 종목에 해당하지 않는 것은?

① 임상심리사 2급　② 컨벤션기획사 2급

③ 그린전동자동차기사　④ 자동차관리사 2급

·· CHAPTER 01 ··

Q1	Q2	Q3	Q4	Q5	Q6	Q7	Q8	Q9	Q10
④	④	④	②	②	①	②	②	②	①
Q11	Q12	Q13	Q14	Q15	Q16	Q17			
③	④	②	①	②	③	③			

·· CHAPTER 02 ··

Q1	Q2	Q3	Q4	Q5	Q6	Q7	Q8	Q9	Q10
④	①	①	④	③	③	④	②	④	④
Q11	Q12	Q13	Q14						
②	①	③	④						

·· CHAPTER 03 ··

Q1	Q2	Q3	Q4	Q5	Q6	Q7	Q8	Q9	Q10
①	④	②	④	①	②	③	④	①	②

·· CHAPTER 04 ··

Q1	Q2	Q3	Q4						
①	③	③	④						

·· CHAPTER 05 ··

Q1	Q2	Q3	Q4	Q5	Q6	Q7	Q8	Q9	Q10
①	③	③	④	①	③	②	③	①	④
Q11	Q12	Q13	Q14	Q15	Q16				
④	③	④	③	①	②				

·· CHAPTER 06 ··

Q1	Q2	Q3	Q4	Q5	Q6	Q7	Q8	Q9	Q10
③	①	②	②	②	②	③	④	③	①
Q11	Q12	Q13							
②	③								

·· CHAPTER 07 ··

Q1	Q2	Q3	Q4	Q5	Q6	Q7	Q8	Q9	Q10
③	③	③	①	④	④	③	②	①	②
Q11	Q12	Q13	Q14	Q15	Q16	Q17	Q18	Q19	Q20
②	④	②	③	②	②	①	②	④	④
Q21	Q22	Q23	Q24	Q25					
②	①	④	②	④					

·· CHAPTER 08 ··

Q1	Q2	Q3	Q4	Q5	Q6	Q7	Q8	Q9	Q10
③	②	④	③	③	④	④	④	②	④
Q11	Q12	Q13	Q14	Q15	Q16	Q17	Q18	Q19	Q20
①	③	③	①	④	③	②	③	③	②
Q21	Q22	Q23	Q24	Q25					
④	④	②	②	④					

·· CHAPTER 09 ··

Q1	Q2	Q3	Q4	Q5	Q6	Q7	Q8	Q9	Q10
②	③	①	②	②	④	②	①	③	③
Q11	Q12	Q13	Q14	Q15	Q16	Q17	Q18		
②	④	④	①	①	②	④	②		

·· CHAPTER 10 ··

Q1	Q2	Q3	Q4	Q5	Q6	Q7	Q8	Q9	Q10
②	①	③	①	④	①	③	④	③	③
Q11	Q12	Q13	Q14	Q15	Q16	Q17	Q18	Q19	Q20
②	④	④	③	①	④	②	④	②	③
Q21	Q22	Q23	Q24	Q25					
③	④	①	①	④					

·· CHAPTER 11 ··

Q1	Q2	Q3	Q4	Q5					
②	③	④	①	④					

·· CHAPTER 12 ··

Q1	Q2	Q3	Q4	Q5	Q6	Q7	Q8	Q9	Q10
②	③	④	①	③	①	①	①	①	④
Q11	Q12	Q13	Q14						
④	④	②	④						

저/자/약/력

■ **한 성 덕**

숭실대학교 경제학과(학사) 및 대학원 경제학과 졸업(석사, 박사)
한국개발연구원 주임연구원
제7차 경제사회발전 5개년계획위원(사회보장부문)
대구광역시 21세기위원회 위원
한국보건사회연구원 초빙연구원(한국의 사회지표체계개편)
City University of New York, Graduate School(경제학과 객원교수)
한국직업능력개발원 자문위원(인적자원지표 및 지수개발)
대구대학교 사회과학대학 산업복지학과 교수
(사)산학연구원 원장 역임

〈저서 및 논문〉
우리나라 사회지표의 체계개선(공저)
한국인의 "삶의 질" 현황과 정책과제(공저)
국민복지계정체계 개발에 관한 연구
SAS사회통계(공저)
「국민복지추계의 방법론적 고찰」
「도시근로자의 생활수준향상과 중산층육성방안」
「한국의 소비생활지표체계 개선연구」
「삶의 질의 개념 및 측정방법」
「삶의 질 : 노년」(공동연구)
「대구시민의 "삶의 질" : 지표개발과 평가」

■ **주 석 진**

대구대학교 산업복지학과(학사)
대구대학교 대학원 산업복지학과 직업상담전공(석사)
대구대학교 대학원 상담학과 산업상담 및 산업심리전공(박사)
한국폴리텍Ⅳ대학 대전캠퍼스 교양학과 교수
대구장애인종합복지관 직업재활팀 근무
대구대학교 산업복지학과 겸임교수
대구가톨릭대학교 대학원 외래교수
한국복지사이버대학 외래교수
영진사이버대학 외래교수
한국HRD직업상담연구소장

〈저서 및 논문〉
직업상담과 직업정보(편저)
청소년의 직업가치가 진로성숙의 변화에 미치는 영향(박사학위논문)
「근로형태에 따른 장애인근로자의 근로조건 및 직무만족도 차이」

최신 직업정보와 노동시장

|공저자| 한성덕 · 주석진

|1판 1쇄| 발행 2018년 3월 10일

|발행인| 김동훈
|발행처| 공동체

|주소| 경기도 고양시 일산동구 호수로 358-39, 동문타워 I 905호(백석동)
|전화| 031)920-8305(대표)
|팩스| 031)920-8308
|e-mail| compub@naver.com
|출판등록| 2005년 10월 6일
|등록번호| 제396-2005-36호

|ISBN| 979-11-6105-267-0
정가 25,000원